KB145795

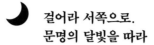 걸어라 서쪽으로,
문명의 달빛을 따라

유라시아 견문 2
히말라야에서 지중해까지

초판 1쇄 발행 2018년 3월 20일
초판 5쇄 발행 2020년 8월 25일

지은이   이병한
펴낸이   이영선
책임편집   김선정

편집   김선정 김문정 김종훈 이민재 김영아 김연수 이현정 차소영
디자인   김회량 이보아
독자본부   김일신 김진규 정혜영 박정래 손미경 김동욱

펴낸곳 서해문집 | 출판등록 1989년 3월 16일(제406-2005-000047호)
주소 경기도 파주시 광인사길 217(파주출판도시)
전화 (031)955-7470 | 팩스 (031)955-7469
홈페이지 www.booksea.co.kr | 이메일 shmj21@hanmail.net

ISBN 978-89-7483-921-5 04910
ISBN 978-89-7483-808-9 (세트)

이 도서의 국립중앙도서관 출판예정도서목록(CIP)은 서지정보유통지원시스템
홈페이지(http://seoji.nl.go.kr)와 국가자료공동목록시스템(http://www.nl.go.kr/
kolisnet)에서 이용하실 수 있습니다.(CIP제어번호: CIP2018006503)

이 도서는 아모레퍼시픽재단의 저술 지원을 받아 집필되었습니다.

유라시아 견문

히말라야에서 지중해까지

이병한 지음

2

서해문집

동방의 촛불,
선생과 후생

아라비아반도와 고려반도

아랍의 밤은 낮보다 아름답다. 작열하는 붉은 태양이 지고 청신한 푸른 어둠이
내리깔린다. 인도양에서 불어오는 소금 먹은 해풍이 사막의 모래 열풍을
잠식해든다. 저 육/해의 바람이 교차하는 곳에서, 지구의 낮과 밤이 교체되는
곳에서 지구 밖 행성이 우아한 자태를 드러낸다. 이슬람 세계, 서역西域의
월출은 유독 생김새가 신묘하다. 반달은 늘 좌/우로만 갈리는 줄 알았다.
아니었다. 페르시아만의 반달은 상/하로 나뉜다. 아래서부터 절반을 채운 달이
하루가 지나고 이틀이 지나면서 봉긋하게 부풀어 솟아오르는 것이다. 그렇게
지긋이 만월이 되어간다. 오만의 수도 무스카트에서 지낸 나흘간 하염없이
밤하늘을 실컷 올려다보았다. 아라비안 나이트의 진경을 만끽한 것이다.
지구를 무대로 펼쳐지는 태극의 우주 쇼, 인간은 감히 범접할 수 없는 천상의
예술이다. 달빛과 별빛 아래 라마단은 그저 지상의 축제였다. 하늘 아래 한갓
미물로서 나는 나지막이 조물주 الله(알라)를 찬탄할 뿐이었다.
시린 눈을 거두고 집에 들면 다시 아등바등 아옹다옹 인간사가 펼쳐진다.
인도에서부터 이집트까지 줄곧 〈قناة الجزيرة〉(알-자지라) 방송을 틀어두었다.

간혹 아라비아반도까지 شبه جزيرة كوريا (고려반도) 소식이 날아든다. 주로
북쪽 이야기가 많다. 유난히 불꽃이 튄다. 핵실험을 했다 하고, 미사일을 쏘아
올렸다고 한다. 애써 외면하고 싶은, 눈을 질끈 감아버리고 싶은 달갑지 않은
소식이다. 그러던 어느 날부터 남쪽 소식이 부쩍 잦아졌다. 혼용무도昏庸無道한
대통령의 민낯이 낱낱이 샅샅이 까발려졌다. 눈인사 나누며 지내던 아랍의
동네 친구들마저 '순씨르-', '쏜-시르' 하면서 한국 걱정을 대신 해준다.
겸연쩍기 짝이 없었다. 얼굴이 화끈 달아올랐다. 자괴감이 일었다. 수치심이
들었다. 휘영청 달빛 아래 숨을 곳마저 마땅치 않았다. 머리칼부터 피부색까지,
광대뼈부터 눈동자까지, 무슬림 사이 내 몰골은 영락없는 동북아의 반도인,
كوري(쿠리)였다.
또 다른 불꽃이 튀어 올랐다. 촛불이 타올랐다. 남쪽의 소식이 톱뉴스가 되고
신문의 1면을 장식하기 시작했다. 나도 덩달아 고무되었다. 고조되었다.
만월이 차오르듯 한껏 고양되었다. 토요일마다 일과를 멈추고 광화문 현장과
실시간으로 접속했다. 촛불 집회를 중계하는 온라인 방송을 여러 창 열어두고,
각종 SNS를 통하여 현장 사진과 문자도 받아보았다. 신명이 났다. 신바람이

났다. 내 안의 신성神性이, 불성佛性이 밝혀지는 것 같았다. 조선식으로
人乃天인내천, 내 안의 하늘님을 모시는 각별한 경험이었다. 내 위의 저 하늘을
우러러 한 점 부끄러움이 없을 듯하였다. 서아시아에서도, 북아프리카에서도,
남유럽에서도 디지털 촛불 시민으로 빙의하여 오롯한 일체감을 누린 것이다.
과연 21세기는 멋진 신세계였다. 인터넷과 모바일은 황홀한 신대륙이었다.
자부심이 일었다. 자긍심이 생겼다. '광화문'에 가려진 '光化門'이 귀환하는
듯하였다. 서울은 각성과 자성으로 광채를 뿜어내는 발광체의 대문이 되었다.
그 밝은 에너지와 맑은 기운이 지중해까지 와닿은 것이다. 자랑스러웠다.
사랑스러웠다. 애향심으로 그윽하고 애국심으로 그득했다. 끝내 '동방의
등불'이 켜진 것만 같았다. 백 년 전 타고르의 기도가 이루어진 것 같았다.
'من نا أنا من كوريا'(아나 민 쿠리야). 저는 한국 사람입니다, 제가 저 근사한
나라에서 왔습니다, 저 빛나는 고을에서 날아온 동방객사입니다, 사방팔방
동네방네 널리널리 알리고 싶어졌다.

촛불 1년. 나는 바지런히 옮겨 다녔다. 탄핵 인용 소식을 접한 곳은 베를린이다.
쾌재를 불렀다. 새 나라님의 당선을 확인한 곳은 모스크바다. 휘파람을
불었다. 더 이상 먼 곳까지 신경을 곤두세우지 않기로 했다. 가뿐한 마음으로
사뿐한 걸음으로 현장에 집중키로 했다. 동/서 유럽을 훑고 중앙아시아를
지나 러시아를 거쳐 연해주의 극동 도시 블라디보스토크까지 다다랐다.
지구 최장 일만 킬로미터 시베리아 횡단 철도의 종착점인 곳이다. 볼가강과
바이칼 호수와 아무르강을 지나 푸른 바다까지 이르렀다. 돌연 저 바다의
이름이 '東海동해렷다! 감흥이 치솟았다. 자유항구 블라디보스토크는 반도와
중원과 열도와 시베리아가 만나고, 동해와 북해가 연결되는 육/해로 연결망의
허브였던 것이다. 이곳에서 200킬로미터, 자전거로 내리 사흘을 달리면 극동
러시아의 최남단 하산까지 도달한다. 나선을 거쳐 평양에 이르는 기차표를
구할 수도 있다. 풍계리가 지척인 북방의 국경 도시이기도 하다.

핵실험의 여파 또한 곧장 체감할 수 있었다. 태평양을 사이로 말[를] 폭탄이 쏟아지자 동해가 곧장 출렁이기 시작했다. 매주 눈에 들던 만경봉호가 더 이상 보이지 않는다. 먹구름처럼 몰려왔던 시커먼 극동 함대들은 좀처럼 떠날 낌새가 없다. 순식간에 군함이 상선을 대체한 것이다. 시장과 전장이 아슬아슬 힘을 겨룬다. 채널을 고정한 〈Россия-1〉(로씨야-1)에서는 연신 Корейский полуостров(고려반도)를 둘러싼 흉흉한 보도가 줄을 잇는다. 다시 그 뜨거운 환희의 겨울이 오기도 전에 북극의 찬바람이 쌩쌩한 것이다. 북방의 삭풍을 먼저 맞으며 별을 헤아리는 내 마음은 갈수록 헛헛하다. 벌써 1년, 허허롭기 그지없다. 겨우 1년, 열망과 절망 사이 허망을 배회한다.

횃불, 촛불, 혼불

촛불은 정녕 새 정치였다. 낡고 늙은 87년 체제의 구정치를 혁파하는 펄떡거리는 새 기운이 넘실거렸다. 그 팔팔한 기세로 쌍팔년도 사람들도 뒷자리로 물렸다. 정당들이 앞장선 적이 없다. 시민이 전위였고 정당은 들러리였다. 정파적 이익을 내세운 것이 아니었다. 양심의 발현이었다. 맑고 환한 마음으로 탁하고 흐릿한 세상을 꾸짖었다. 리利가 아니라 의義를 따졌다. 사사로움을 거두고 정의로움을 희구하는 공적 주체의 집합적 등장이었다. 하여 촛불은 좌파도 우파도 아니요, 진보도 보수도 아니었다. 차라리 공맹의 사도이자 퇴계와 율곡의 후예였으며 녹두장군의 의병에 더 가까웠다. 太平天下태평천하를 염원하고 大同世界대동세계를 소망하던 저 의로운 선조들의 외침이 창조적 역사의 주체로서 벼락처럼 부활한 것이다. 그 순간 광화문은 치열한 학당이자 숭고한 성당이었다. 학당과 성당에 정당마저 결합함으로써 그 어떠한 근대적 폭력 혁명과는 질을 달리하며 헌법적 틀 안에서 맹자의 방벌론放伐論을 완수한 것이다. 왕답지 못한 왕을 몰아내듯, 대통령 자격 없는

자를 끌어내리고 내쫓아 버린 것이다. 서구적 민주의 형식을 빌려서 동방형
혁명, 君舟民水군주민수를 완성한 것이다.

촛불 안에서 동東과 서西는 회통했다. 촛불 속에서 고古와 금今은 합작했다.
촛불로 인하여 성聖과 속俗은 공진화했다. 속물의 때를 벗고 나를 태움으로써
남을 밝히는 촛불로 화하였다. 나를 정화함으로써 너와 내가 함께 살아가는 이
땅을 淨土정토로 전변시키는 弘益人間홍익인간의 유토피아가 발현되었다. 곰과
호랑이가 쑥과 마늘을 먹는 고행 끝에 인간이 되었다. 인격 도야, 수행하지
않은 민중은 동물만도 못할 수 있다. 사람은 본능의 충족 너머 욕심마저
추구하는 요물인지라 언제든 흉물이자 괴물이 될 수도 있기 때문이다. 하여
병신년 촛불 또한 뜬금없는 일이 아니라고 하겠다. 돌발적인 사태도 아니었다.
120년 전, 동학의 횃불이 면면하여 끝내 동방의 촛불로 진화한 것이다.
저 멀리 서역에서 눈시울 적시며 지켜본 촛불은 필시 혼불의 귀환이었다.
'사람이 먼저다'라는 근대적 민주주의를 돌파하는, '사람다운 사람이
먼저다', 즉 원초의 민주주의, 태곳적 민주주의가 현현한 것이다. 다시 한 번
인내천人乃天, 오래도록 숙성해온 새 천년의 새 정치였다.

촛불과 혼불이 고요한 아침의 나라, 동방의 예외적 현상만도 아니다. 20세기의
구정치, 좌/우 이념을 대체하는 '정치적 영성'의 물결이 도처에서 도도하다.
지난 1년 히말라야에서 지중해까지 줄기차게 목도한 21세기의 뉴노멀,
신상태이기도 하다. 경제적 이성(산업화)과 정치적 이성(민주화) 이후, 탈세속화
시대의 정치적 영성화가 대세를 이루어간다. 중세로 퇴각한다는 말이 아니다.
성과 속이 공진화한다는 것이다. 성으로써 속을 정화하고, 속으로써 성을
단련시킨다. 이성과 영성이 상호 진화한다. 그러나 통탄스럽게도 이 동향이
좀체 한글 공론장에 가닿지 못한다. 말하고 글 쓰는 사람들의 중대한 임무
방기다. 아직도 구미歐美를 맹종하며 자유주의와 사회주의, 좌/우와 보/혁의
언저리를 헛되이 맴돌고 있을 뿐이다. 헛개화에서 진개화로 이행하지 못한다.

다른 민주, 깊은 민주, 改新개신 민주를 탐구하지 못한다. 시야가 원체 줍기 때문이다. 세계관이 워낙 협소하기 때문이다. 그릇이 작으니 그 좁은 동네서도 협치도 못하고 연정도 못하는 것이다. 정치판을 살판으로 살려내지 못한다. 죽자 살자 굿판이 된다. 선거판에 매몰되어 에너지가 고갈된다. 체력과 지력과 염력이 소진된다. 돌림노래를 반복할 뿐이다. 반동적이고, 퇴행적이다.

부디 넓어지고 깊어져야 한다. 세계지도를 펼치고 지구본을 빙글빙글 돌리며 지난 백 년과 다음 백 년을 견주며 천년만년을 통으로 꿸 수 있는 안목을 키워야 한다. 동아시아와 서유럽 사이 드넓은 세상이 자리한다. 힌두/불교 문명권과 이슬람 문명권에 유라시아 인구의 절반이 살아간다. 인도는 미래의 G2이며, 이슬람은 21세기 최대 종교다. 그곳에서는 이미 '다른 백 년'의 물결이 유장하다. 혁명과 건국이라는 20세기의 논리를 지나 中興중흥과 復國복국이라는 21세기의 섭리를 펼쳐내고 있다. 19세기 유럽과 아시아의 대분기 이래 서아시아의 대분열체제, 남아시아의 대분할체제, 동아시아의 대분단체제가 유라시아의 대통합으로 수렴되어 간다. 접하지 못한 것을 접해보아야 한다. 맛보지 못한 것을 맛보아야 한다. 듣지 못한 것을 들어보아야 한다. 맡지 못한 것을 맡아보아야 한다. 듣도 보도 못한 구대륙과 첫사랑인 양 낯설게 조우해야 한다. 멋진 신세계보다 더 근사한 옛 세계를 천진한 호기심으로 부딪쳐보아야 한다. 그래야 지난 백 년의 고정관념이 산산이 부서진다. 비로소 20세기의 맹신이 송두리째 무너진다. 기어이 아집과 독선이 뿌리째 흔들린다. 창조적 파괴다. 생산적 붕괴다. 익숙한 것들과의 결별이다. 新生신생이자 再生재생이다. 또 다른 창세기, 또 한 번 개벽이다.

선천과 후천, 선생과 후생

後天후천 세상이 열리고 있다. 근대사의 후반전이 개막하고 있다. 전기 근대가
가고 후기 근대가 온다. 先天선천 세상, 서구적 근대는 저물었다. 지구적 근대의
새벽, 여명이 동터온다. 더 이상 좌/우나 보수/진보가 척도가 아니다. 서구적
근대가 독주하던 선천 세상의 어그러진 잣대였을 뿐이다. 고금이 소중하다.
성속이 관건이다. 고금 합작이 시대정신이고, 성속 합작이 세기의 프로젝트다.
민주주의 또한 진화한다. 20세기의 민주화는 만인이 주인 되기였다. 一人일인의
권력을 萬人만인에게 나누어주었다. 민주화 1.0이다. 그러나 그 일인을
聖人성인으로 만들고자 하는 각별한 노력을 방기하고 말았다.
고로 21세기의 민주주의는 만인이 성인이 되(고자 노력하)는 것에 달려 있다.
만인이 성인 되기가 민주화 2.0이다. 만인이 일인처럼 성인에 이르도록 다함께
분발하고 격려하는 집합적 수행이 수반되어야 한다. '깨어 있는 시민'이란
군자와 보살에 다름 아니다. 만인이 저마다 內聖外王내성외왕을 구현해야 한다.
그래야 비로소 주권자라고 자부할 수가 있다. 민주시민교육 또한 일인의
聖學성학을 모두가 더불어 공부하는 것이다. 이 각고의 수행이 동반되지 않는,
성인이 되고자 분발하지 않는 중생의 민주주의는 말짱 도루묵이다.
더 나은 사람이 되어야 하겠다는 '타는 목마름'이 없으면 민주주의는 삽시간에
추락한다. 작심삼일이라도 좋다. 삼 일마다 작심을 거듭하여 삼십 일, 삼백
일, 삼천 일, 삼만 일이면 경지에 이른다. 그 분발과 분투 속에서 비로소
다른 미래가, 다른 민주가, 새 정치가 그 뽀얀 자태를 드러낼 것이다. 개헌과
開闢개벽이 공진화하는 깊은 민주주의Deep Democracy다.
전기 근대에서 후기 근대로의 이행, 선천 세상에서 후천 세상으로의 전환은
내 삶과도 공교롭게 포개진다. 3년 견문을 마감하는 2018년이면 꼬박
마흔이다. 지난 40년 나보다 앞서가신 분들을 나침반으로 살았다. 부모님과
선생님, 선배님을 북극성으로 삼았다. 이제는 달라져야 하겠다. 先生선생과

後生후생 사이, 후자로 무게중심이 옮아간다. 이제 내가 선생 자리에 들고
후생들을 만나야 할 차례다. 앞으로 40년은 나보다 뒤에 오는 이들과 동행해야
할 것 같다. 그들이 후천 세상을 열어가고 후기 근대를 밝혀가는 사업에 정과
성으로 후원하고 싶다. 고로 후배, 후학, 후세라고 쉬이 말하지도 못하겠다.
'후생님'이라고 아껴 부르기로 했다.

후생님을 생각하노라니 등골이 오싹하고 뒷골이 서늘하다. 선생님이 내주신
길을 따라가고 밟아가는 것은 그래도 쉽고 편한 일이었다. 누군가 뒤따라온다는
느낌은 북극의 빙하처럼 송연하고 서릿하다. 차마, 감히, 함부로 살아갈 수가
없다. 도무지 게을러질 수가 없다. 도저히 나태해질 수도 없다. 절로 옷깃을
여미게 된다. 後生可畏후생가외의 본뜻을 곰곰이 곱씹어보고 속뜻을 음미해보는
요즘이다. 뒷물이 앞물을 밀어낸다. 후생이 선생을 밀고 간다.

첫 번째 후생님을 뵈었다. 광화문에서 촛불이 막 타오르던 무렵이었다.
베이징에 살고 있는 17세 소년의 편지를 받았다. 제자를 자처하고 자청하는
글이었다. 浩然之氣호연지기가 차고 넘쳤다. 기백과 기상이 넘쳐흘렀다.
내 마음 저 깊은 곳에서 촛불 하나가 환하게 밝혀지는 순간이었다. 영원과도
같은 일순이었다. 외로우면 부모님을 떠올리며 분발심을 키웠다. 지치면
선생님을 생각하며 채찍질로 삼았다. 이제는 후생님의 존재가 최상의 격려이자
최고의 훈장님이 되었다. 그 '첫 불'을 은은한 군불로 지피면서 촛불처럼
처음처럼 정진하게 되었다.

그래서 제1권의 머리말도 고쳐두고 싶다. "내 길을 가고 싶었다. 새 길을 내고
싶었다"라고 했었다. 수정한다. 혼자 가는 길이 아니었다. 후생님들과 함께
가는 길이다. 아니, 그들이야말로 진정 주인이자 주인공일 터이다. 그분들을
모시고 가는 길이다. 나를 따르라, 깃발을 든 것이 아니었다. 마음 같아서는
고운 비단을 깔아드리고 싶다. 안타깝게도 실력이 여태 가난하다. 그저 먼지가
덜 나도록 넝마라도 덮어드린다. 이 뿌연 옛길에 다른 미래의 단서가 있습니다,

다른 백 년의 밑천이 있습니다. 부디 다른 세상의 밀알이 되어주십시오, 기꺼이 허리를 굽혀 도약판이 되고 디딤돌이 되어드리겠습니다, 제 어깨를 힘껏 밟고 일어나 더 넓은 세계를 학습하고 더 깊은 세상을 탐구하며 훨훨 더욱 높이 비상할 수 있기를 바랍니다….

북방의 한가위, 동해 위로 솟은 둥근 달님을 바라보며 두 손 모아 소원을 빈다. 달아달아 밝은 달아, 이태백이 놀던 달아. 이태백은 시선詩仙 이백, 아랍 출신의 낭인이었다. 일생을 동서남북 유라시아를 유랑하다 대당제국의 궁정 시인이 된 희대의 색목인이다. 조상님들도 내 나라, 네 나라 가르지 않고 이태백을 노래하던, 아련하고 아름다운 옛 세계가 있었다. 중원을 서역을 북방을 배타하지도 배척하지도 않으셨다.

정유년(2017) 극동에서 한가위를 맞아 병신년(2016) 서역의 라마단을 떠올린다. 아래로부터 절반을 채워 만월을 향해 가던 페르시아의 반달을 추억한다. 유라시아의 색목인들과 말을 섞고 글을 나누고 술잔을 기울였던 옛 반도인도 회감해본다. 첫손에 꼽을 이가 홀연한 구름[孤雲], 최치원이다. 고운 또한 태백에 전혀 못지않았다. 중원과 남방과 서역과 북방이 합류하는 장안長安을 터전으로 삼아 천하를 주유하던 반도인이자 유라시아인이며 세계인의 원형이었다. 그 옛날 옛적 옛사람 최치원을 후생님의 등불이자 혼불로 삼기를 권한다. 그리하여 기어코 '천하의 가장 넓은 자리에 거하고, 천하의 가장 바른 자리에 서서, 천하의 가장 큰 도를 행하는' 21세기의 大丈夫대장부가 되어주었으면 좋겠다. 첫 후생님, 楮石堂저석당 金主鉉김주현 군에게 삼가 이 책을 드린다.

2017년 10월 4일 섭씨 0도의 한가위,
블라디보스토크의 新韓村신한촌에서

이스파한(이란).

쉐다곤 사원(양곤).

두 개의 이름, 버마와 미얀마

아웅산 수치,
'장군의 딸'은 어떻게 '레이디'가 되었나?

장군의 딸

'황금의 땅'에 내렸다. 해가 질 무렵이었다. 어둠이 깔리면서 거대한 쉐다곤 사원은 더욱 우뚝해졌다. 미얀마(옛 버마)의 옛 수도 양곤의 밤을 온통 황금빛으로 물들였다. 일견 시간이 멈춘 곳 같았다. 남자들은 긴 치마로 몸을 두른 론지를 입었다. 여자들은 비비 크림이라도 되는 양 다나카 나무즙을 얼굴에 발랐다. 그들이 삼삼오오 짝을 지어 인야 호수로 행진했다. 목적지는 대학로University Avenue에 자리한 2층 목조 가옥. 그 앞에서 입을 맞추어 'Lady! Lady!'를 외쳤다.

환호에 화답하듯 아웅산 수치가 등장했다. 나무상자로 만든 연단 위에 올라섰다. 가택 연금 시절 토요일 오후 4시면 늘 이런 식으로 연설을 했다고 한다. 자그마한 키에 호리호리한 몸매, 꽃가지를 비녀처럼 꽂은 상징적인 모습 그대로였다. 2015년 11월 7일, 총선 전야 마지막 선거

유세였다. 가까이서 보니 옅은 화장 사이로 주름이 자글자글하다. 1945년생, 벌써 일흔을 넘겼다. '레이디'가 된 지도 어언 30년이다.

1988년이었다. 20년 넘게 지속된 군사독재에 맞서 학생과 시민들이 궐기했다. 8월 8일이 상징적인 날이다. 그래서 '8888' 또는 '88항쟁'으로 기억된다. 마침 아웅산 수치가 귀국해 있었다. 어머니의 마지막 곁을 지켜드리기 위해서였다. 근 30년 만에 양곤으로 돌아온 것이다. 그곳에서 뜻밖으로 아버지와 조우한다. 그녀는 아버지에 대한 기억이 전혀 없다. 두 돌이 못 되어 돌아가셨기 때문이다. 해방 공간, 정적에 의해 암살되었다. 그 아버지의 초상이 양곤 도처에 널려 있었던 것이다. 거리를 메운 수천의 학생과 수만의 시민이 손에 들고 있던 것도 아버지의 사진이었다. 그중 일부는 군홧발에 짓밟히고 총에 맞아 죽어갔다. 아버지의 사진도 찢기고 깨져 나갔다. 다급해진 학생들이 수치의 집으로 몰려들었다. 간절히 동참을 요구했다. 그녀는 다름 아닌 미얀마의 독립 영웅 아웅산(1915~1947)의 딸이었기 때문이다. 역사도 인생도 우연으로 점철된다. 그래서 운명이라 할 것이다. 그녀의 삶도 역사 속으로 휘말려 들어간다. 쉐다곤 사원과 양곤대학에서 대중연설을 시작했다. 1947년 아버지의 연설을 빼다 박은 내용이었다. '장군'을 환기함으로써 '레이디'가 탄생하는 순간이었다. 환생인 듯하였다.

수치가 미얀마를 떠난 것이 1959년이다. 열네 살 때였다. 어머니가 인도 대사로 취임했다. 그래서 10대의 추억이 남아 있는 곳도 인도의 뉴델리*다. 20대에는 영국으로 유학을 간다. 옥스퍼드대학에서 공부했다. 그곳에서 만난 이가 티베트 문학 연구자 마이클 에어리스다. 책벌레

---

* 인도 델리 남쪽의 신도시로, 1912년 영국령 인도의 수도가 콜카타에서 델리로 옮겨지면서 신도시 건설이 계획되어 1931년 새로운 수도가 되었다.

아웅산 장군의 딸임을 전면에 내세운 수치의 선거 전략.

였던 그는 동양의 불교 국가에서 온 아리따운 여학생에게 금세 빠져들었다. 둘의 사랑은 결혼으로 이어졌고, 아이들의 국적은 자연스레 영국(미얀마의 옛 식민모국)이 되었다. 그것이 반세기 후 대통령이 되지 못하는 족쇄가 되리라고는 상상하지 못했을 것이다.

1960년대 후반에는 뉴욕에서 생활했다. 유엔(UN)에서 근무하는 영국 대표단의 일원이었다. 당시 미국은 격동기였다. 68혁명의 한복판이었다. 우드스톡에는 히피들이 집결했고, 유엔 건물 밖에서는 베트남전쟁을 반대하는 반전 시위가 매일같이 일어났다. 그럼에도 그녀의 일상은 당대의 풍조와는 멀찍했다. 가정과 직장을 오고가는 무사한 나날이었다. 떠들썩한 뉴욕을 떠나 이른 곳은 히말라야의 불교 왕국 부탄이다. 그곳에서 남편은 왕실의 가정교사 노릇을 하며 박사 논문을 마무리 지었다. 수치는 영국 대사관에서 업무를 수행했다. 영국으로 돌아간 남편은 교수가 되었고, 수치는 두 아이의 엄마이자 주부 역할에 충실했다. 1988년까지 그녀의 삶은 평온하고 평탄했다.

'8888' 이후 수치는 세계적인 명망가가 된다. 노벨평화상을 수상한 것이 불과 3년 후, 1991년이다. 마침 소련이 해체된 해였다. '역사의 종언'이 선포되었다. 자유민주주의는 만국이 도달해야 할 최종 목적지가 되었다. 동아시아도, 동유럽도 민주화의 궤도에 진입했다. 미얀마도 다르지 않았다. 수치는 순식간에 미얀마 민주주의의 상징으로 등극했다. '군사정부 대 아웅산 수치'라는 프레임이 널리널리 퍼져갔다. 미국과 영국에서 망명생활을 하는 '버마 민주화' 인사들도 가세했다. 언론 활동과 로비를 통하여 미얀마 군사정권에 대한 국제사회의 압력을 가중시켰다. 가장 적극적으로 호응한 세력은 미국의 네오콘*이다. 미얀마를 '폭정의 전초기지'라고 지목했다. '악의 축' 이라크 후세인의 운명을 지켜본 미얀마 군부는 2005년 양곤에서 네피도로 천도했다. 양곤과 만달레이 사이, 밀림 깊숙이 자리한 이 행정수도는 지하 벙커로 점철된 인공 요새다.

10년 만에 그 행정수도의 주인공이 바뀌게 되었다. 돌아보면 2015년 총선은 아웅산 수치에게 최적기였다. 그해 2월 13일이 아웅산 장군 탄신 100주년이 되는 날이었기 때문이다. 아웅산을 기리는 기념행사가 연중연시 성황이었다. 그 기세에 힘입어 수치가 이끄는 민주주의민족동맹(NLD)이 압도적인 승리를 거두었다. 대승이고 낙승이었다. 아웅산에서 아웅산 수치로, 새 시대가 열린 것이다.

---

* 네오-콘서버티브(neo-conservatives)의 줄임말로, 공화당을 중심으로 한 미국의 신보수주의자들을 일컫는다.

버마식 사회주의

아웅산과 수치 사이에 네윈Ne Win(1911~2002)이 있었다. 아버지의 옛 동료이자, 딸의 정적이었다. 그가 쿠데타를 일으켜 정권을 접수한 것이 1962년이다. 1988년까지 장장 26년을 집권했다. 유별난 일만은 아니었다. 한국에서 박정희가 등장한 것이 1961년이다. 대만도 태국도 군사정권이었다. 인도네시아에서는 1965년 군사정변이 일어났다. 필리핀도 독재정부였다. 도처에서 군대는 근대의 첨단이고 첨병이었다. 그럼에도 결정적인 차이가 있었다. 미국의 암묵적인 지지나 개입이 없었다. 이른바 '근대화' 이론에 기초한 개발독재를 추진하지 않았다. 네윈이 표방한 것은 '버마식 사회주의'였다. 자력갱생을 주창한 마오쩌둥 사상의 변종이었다.

네윈은 1911년생이다. 수치가 미얀마로 돌아온 1988년에는 이미 노인이었다. 네윈은 군부 후계자에게 권력을 이양했다. 말년에는 명상과 요가에 전념했다고 한다. 오전과 오후 두 차례씩 영성을 갈고 닦았다. 독재자의 최후는 평화로웠다. 침상에서 숨을 거둔 것이 2002년이다. 근한 세기를 살아낸 것이다. 실로 엄혹한 시절이었다. 태어났을 때부터 조국 '버마'는 영국의 식민지였다. 대영제국의 식민지 간에도 위계가 있었다. 양곤(당시 랑군)에는 총독이 없었다. 인도 콜카타(당시 캘커타)의 총독이 버마를 대리 통치했다. 영국과 인도의 중층적 식민지였다.

혈기왕성한 민족주의자였던 그에게 뜻하지 않은 기회가 찾아왔다. 대동아공영권을 세우자는 일본이 접근해온 것이다. 버마 해방을 선도할 최정예 30명을 선발했다. 중국 최남단 하이난섬海南島으로 데려가 혹독한 군사훈련을 시켰다. 그곳에서 군대에 대한 절대적인 충성 교육을 받았다. 세계에서 가장 긴 미얀마의 군부독재가 일본군의 진두지휘 아래 배양되었다.

미얀마의 '선군先軍 정치'는 최장수일뿐더러 가장 순수한 형태의 군사독재다. 민간 정부 위에 군부가 군림하기보다는 군대 자체가 곧 국가였다. 경제와 행정 등 국가 전 영역이 군대와 일체화되었고, 장군들이 장관으로 국사를 처리했다. 네윈 나름으로는 이유가 없지 않았다. 그는 군부가 전권을 쥐지 않으면 미얀마는 산산조각 날 것이라고 여겼다. 근거가 없지도 않았다. 이웃 인도에서는 파키스탄이 분할되어 나갔고 (1947), 그 파키스탄에서마저 방글라데시가 떨어져 나갔다(1971). 동아시아의 대분단과 남아시아의 대분할을 주시하고 있었다.

전시 상태도 그치지 않았다. 대전이 끝나자 냉전이 닥쳐왔다. 미얀마는 직접적인 영향을 받았다. 대륙에서 중국공산당에 패배한 국민당군이 미얀마까지 패주해 왔다. 미얀마 동북부의 샨주州에 근거지를 마련하고 윈난성雲南省 재탈환의 기회를 노린 것이다. 대만으로 패퇴한 장제스가 무기 공급을 지속했다. 미얀마 군부로서는 응전하지 않을 수 없었다. '두 개의 중국'이 자국 내에서 경합하는 상황을 종식시켜야 했다. 자연스레 군부에 힘이 실렸다. 성과도 거두었다. 1961년 국민당 잔군을 완전히 국경 밖으로 몰아낸다. 라오스와 태국으로 밀어낸 것이다.《유라시아 견문》제1권에서 소개했던 태국 고산지대의 화교 마을이 그렇게 생겨난 것이다.

그러나 사태가 종식된 것이 아니었다. 이번에는 샨주의 소수민족들이 준準독립에 해당하는 자치를 요구했다. 동부에서는 카렌족이, 북부에서는 카친족이 일어섰다. 실제로 미얀마는 30개가 넘는 다민족, 다인종, 다언어, 다문화, 다종교 국가다. 일종의 '미니 제국'이다. 영토도 영국과 프랑스를 합한 것보다 크다. 그 영토의 절반이 고산지역이다. 그래서 소수민족들이 5천만 인구의 4할을 점한다. 인문지리에서 중국의 윈난성과 흡사한 것이다. 네윈은 협상으로 타결될 성질의 사안이 아니라고 여겼다. 우격다짐 소제국의 실상을 국민국가의 틀 속으로 우겨 넣었다. 무릇 권력은 총구에서 나오는 법이다. 이듬해 쿠데타를 일으키고 나라의 빗장을 걸어 잠근다. 자발적 쇄국 정책, 주체 노선이었다.

따라서 1988년의 민주화 운동을 88항쟁으로만 기억해서는 미진하다. 다른 민주화 요구도 있었다. 평야에서 (버마족이 절대다수인) 시민들이 봉기하자, 산악지대의 소수민족들도 덩달아 궐기했다. 중국과 태국의 국경선을 따라 소수민족들이 재집결했다. 윈난성의 와Wa족과 생활세계를 공유하는 미얀마의 70만 와족이 가장 먼저 이탈해 갔다. 전체 인구의 10퍼센트를 차지하는 최대 소수민족 샨족 역시 태국으로 솔깃했다. 이들도 혈통으로 따지자면 버마족보다는 타이족에 더 가깝다. 친족들의 살림살이도 태국 쪽이 더 나아 보였다.

그리하여 1989년 전격적으로 국명을 '버마'에서 '미얀마'로 수정한다. '버마족 패권'에 저항하는 소수민족들의 불만을 일부나마 누그러뜨리기 위해서였다. 실은 '버마'라는 이름부터가 영국이 부여한 것이다. 식민지 이전의 마지막 왕조가 '미얀마'였다. 수도의 이름을 '랑군'에서 '양곤'으로 바꾼 것과 같은 이치다. 일종의 '역사 바로 세우기'였다. 사정이 이러하다면 해외로 망명한 민주화 운동가들이 '버마'를 고수하고 있음을 일방으로 편들기가 힘들어진다. 버마족이 중심이 된 '영국식 민주주의로의 이행'만이 8888의 전부가 아니었기 때문이다. 소제국의 실제에 부합하는 연방제형 국가로의 전환 또한 88항쟁의 자명한 요구였다.

실제로 1989년과 1990년 사이에 미얀마 군부와 소수민족들 간의 다양한 정전협정이 체결된다. 무려 17개의 반군 조직과 평화협상을 체결했다. 1960년대부터 봉기하여 가장 강경하던 카친 독립군을 비롯하여, 카렌 민족군과도 화해했다. 독립 이후 근 반세기 만에, 항상적이었던 내전 상태가 (일시적으로) 종식된 것이다. 고산지역에 살아가는 수백만의 소수민족들도 비로소 일상의 평화를 누리게 되었다. 비록 불완전했을망정 적지 않은 성과였다. 그럼에도 외부에서는 좀처럼 주목하지 않는다. 오로지 '민주 대 독재'라는 프레임으로 세계를 바라보기 때문이다. 카메라와 마이크는 늘 아웅산 수치로만 향해 있었다.

미얀마식 자본주의

내전 상태를 봉합함으로써 미얀마 군부는 개발독재형 군사정부로 이행했다. 왕년의 한국, 태국, 대만, 필리핀과 같은 권위주의 정부를 지향했다. 문제는 미국이 더 이상 '개발독재' 정권을 지원하지 않았다는 점이다. 미국의 세계전략이 '근대화'에서 '민주화'로 옮아갔기 때문이다. 민주정권 아래서 신자유주의 정책을 관철시킴으로써 개발독재 정권이 축적했던 국부를 회수해 가는 것이 세계화의 목표였다. 이를 거부하는 미얀마에는 봉쇄와 제재를 강화했다. 자폐를 선택했던 나라를 더 고립시키는 설상가상의 전략을 취한 것이다. 그러나 미얀마 옆에는 중국이 있었다. 선교의 전통이 없는 이 나라는 남들 내정에는 짐짓 심드렁했다. '핵심 이익'에 위배되지 않는 한, 사사건건 개입하지 않는다. 세계에서 가장 크고 가장 빨리 성장하는 중국으로 우회하여 개발독재를 실시할 수 있었다. 차츰 중국의 번영이 미얀마 변경까지 흘러넘치기 시작했다.

이웃 태국의 정책도 바뀌었다. 냉전기 태국은 미 중앙정보국(CIA)의 지원하에 미얀마의 소수민족을 무장시켜 미얀마 군정의 전복을 꾀했다. 그러나 1987년 태국이 '민주정권'으로 이행하면서 실리를 취하는 쪽으로 방향을 바꾼다. 미얀마의 풍부한 자원과 노동력을 활용하는 데 군사정권의 지속이 나쁘지 않았다. 태국의 민주정부와 미얀마 군사정부의 이해관계가 맞아떨어진 것이다. 곧이어 싱가포르, 인도네시아, 인도 등도 군사정부를 승인했다. 1997년에는 아세안(ASEAN)에도 가입했다. 명실상부 국제사회의 일원이 된 것이다. 자연스레 '버마식 사회주의'가 '미얀마식 자본주의'로 전환되어 갔다. 동유럽과는 상이한 동남아식 탈냉전이었다.

당장 양곤의 번화가부터 변화했다. 영국 식민지 시절의 건물들이 각광받기 시작했다. 부티크 호텔로 재개장하거나 레스토랑으로 바로 변신했다. 미얀마 중산층은 반세기 만에 소비생활을 누리게 되었다. 10대들은 리바이스 청바지를 입을 수 있었고, 장교들은 명품 골프장에서 여가시간을 보내게 되었다. 때마침 동북아에서 한류도 불어왔다. 내가 머무는 동안에도 TV에서는 온종일 한국 드라마를 방영하고 있었다. 그 덕을 톡톡히 누렸다. 아웅산박물관의 관장이 몹시 환대해준 것이다. 손자가 〈주몽〉의 열렬한 팬이란다. 박물관 안내를 자청하여 아웅산 장군의 일대기를 설명해주는 친절을 베풀었다.

산간의 소수민족들도 이익을 취하는 쪽으로 달라졌다. 미얀마와 중국 간 국경무역이 재개되자 그들이 가장 먼저 이득을 취할 수 있었다. 한 손에는 미얀마의 자원을 들고, 다른 손에는 중국의 산업혁명이 생산하는 상품을 쥐었다. 중국식 개혁개방을 미얀마에 전파하는 전위부대가 된 것이다. 윈난성에 사는 소수민족들과 핏줄로 연결된 '관시'關係 또한 주효한 전략이 되었다. 점차 산골의 시골마을이 국제무역도시가 되어 갔다. 내가 이틀 밤을 보낸 망라라는 국경 마을은 '작은 중국'에 방불했다. 양곤이나 만달레이보다 더 흥청망청했다. 24시간 현금자동입출금기가 곳곳에 설치되어 있고, 밤새 문을 여는 술집도 적지 않았다. 내가 윈난의 쿤밍에서 미처 사용하지 못한 위안화를 마저 사용할 수도 있었다. EXO의 히트곡이 흘러나오는 카페에서 맥주를 홀짝거리며, 북조선의 나진·선봉도 이러할 것인가 잠시 상상해보았다.

인구 이동의 방향 또한 확연히 달라지고 있다. 특히 1988년 이후 태어난 신세대가 대거 북진하고 있다. 더 나은 삶의 기회를 위하여 국경지대로 이주하고 있는 것이다. 부작용도 없지 않다. 향락과 부패도 스며들고 있다. 혼자 앉아 있노라니 유혹의 손길이 다가온다. '레이디 보이'lady boy라고 불리는 트랜스젠더부터 러시아와 우크라이나의 금발 미녀들까지 섹스산업이 활황이다. 주 고객은 중국 남부에서 온 사업가나 미얀마의 화교 자본가들이라 한다. 그들을 위한 카지노와 보신용 야생동물 식당도 성업 중이다. 시진핑이 반부패 칼날을 휘두르면서, 마카오 출입이 어려워진 부호들이 부쩍 이곳을 찾는다고도 했다. 이 지하경제를 수호하기 위하여 중국의 푸젠성福建省이나 광둥성廣東省 출신의 조폭들도 진출하고 있다. 미얀마의 동북부는 확연히 대중화경제권에 편입한 모양새다. 숙소 직원들도 영어는 알아듣지 못해도 중국어는 곧잘 말했다.

상부구조가 하부구조와 무연할 수 없겠다. '미얀마식 자본주의'로 이행하면서 군부 또한 헌법 개정을 연구하기 시작했다. 태국과 인도네시아의 개발독재 모델을 참조했다는 후문이다. 군부가 의회에서 일정한 지분을 확보하는 술책을 강구했다. 양곤에서 만난 영국 BBC 특파원은 더 흥미로운 견해를 제시했다. 1920~30년대 영국의 버마 통치를 참고했을 것이란다. 당시 대영제국은 버마의 의회에 가능한 한 천천히 권력을 이양하는 방법을 궁리했다. 과연 미얀마 군부는 '미얀마식 민주주의'로 가는 7단계 로드맵*을 발표했다. 2003년이었다. 그리고 그때부터 군부와 아웅산 수치 간의 비밀협상도 개시되었을 것이란다. 군정에서 민정으로의 '점진적 이행'에 양 세력이 합을 맞추고 있다는 것이다. 제법

---

* 7단계의 궁극적인 목표는, 민주화로의 이행 속도는 최대한 늦추면서 군부의 권력 지분은 의회 내에서도 최대한으로 보장받는 수순이었다.

그럴싸한 견해다. 헌데 어찌된 영문인지 정작 그가 쓴 기사를 찾아보니 이런 얘기는 한 줄도 나오지 않았다.

그의 '추론'에 내가 보탠 것은 중국과의 관계였다. 이미 상징적인 장면이 연출되었다. 2015년 6월, 선거에 앞서 아웅산 수치가 중국을 방문했다. 시진핑과 리커창 총리는 그녀를 '국빈'으로 예우하며 연쇄 회동을 가졌다. 중국이 미얀마의 군부뿐 아니라 야당의 대표도 인정하겠다는 의사를 표시한 것이다. 중국은 미얀마의 민주화를 지지한다는 책임대국으로서의 풍모를 과시했고, 아웅산 수치는 미얀마의 최대 투자국인 중국이 자신을 승인했다는 점을 유권자들에게 보여주었다. 내부적으로는 군부와, 대외적으로는 중국과 일정한 조율을 마친 끝에 11월 총신이 열렸던 것이다. '관리된 민주화'였다.

역사의 단층

선거 사흘 후 민주주의민족동맹(NLD) 당사를 찾았다. 도로변에 자리한 허름한 건물이었다. 정문이랄 것도 마땅히 없었다. 아무나 들어갈 수 있었다. 그런 외국인들이 종종 있는 모양이다. 내가 사무실 안을 두리번거려도 아무도 신경 쓰지 않았다. 그 가운데 말쑥한 양복 차림의 백발 백인 노인이 있었다. 눈이 마주치자 두 팔 벌려 맞아준다. 자기 자리로 안내하여 홍차까지 대접한다. 나는 〈프레시안〉에서 파준 명함을 건네고 저널리스트 행세를 하기 시작했다.

노인은 베트남전 참전 용사였다. 군복을 벗고 목회자가 되었다. 그리고 동남아시아로 돌아왔다. 총 대신 성경을 든 것이다. 비록 전쟁에서는 졌을망정 복음을 전파해야 한다는 사명감마저 저버릴 수는 없었다고 한다. 수단을 바꾸어 공산주의와의 성전聖戰을 지속한 것이다. 그의 삶도 고단했다. 베트남에서는 추방되었고, 캄보디아에서는 비자 발급이 중단되었다. 마지막 선교지가 미얀마였다. 주로 고산지역의 소수민족에게 선교 활동을 했다. 평야에 내려와서는 민주화 운동을 지원했다. 그 일념으로 미얀마에 산 지 20년이 되어간다. 그 사이 기독교를 믿는 소수민족인 카렌족 여인과 새 가정을 꾸렸다. 딸은 열세 살이다. 그는 시종일관 들떠 있었다. 수치의 승리로 말미암아 청년 시절의 회한을 비로소 만회한 듯 보였다. 그녀에게 동지애 혹은 전우애를 느끼는 듯했다. 나는 가만히 듣고만 있었다. 일흔을 넘긴 어르신과 논쟁하고 싶지는 않았다. 게다가 집권 여당을 목전에 둔 NLD 당사 안에서 말이다.

내 생각은 좀 다르다. 낙관을 금한다. 도리어 걱정이다. 이미 필리핀과 캄보디아를 둘러보고 난 차였다. 또 이웃 나라 태국은 민주화 이후의 혼돈 끝에 군사정부로 돌아간 상태다. 더 불길한 것은 '폭정' 이후의 나라들 때문이다. 1990년대 유고슬라비아 해체 이후의 발칸이 떠오른다. 2000년대 후세인 제거 이후의 이라크가 연상된다. 2010년대 카다피 이후의 리비아도 비슷하다. 인종 학살과 종족 간 폭력이 분출했다. 미얀마는 건국 이래 70년 가까이 내전 상태를 지속해온 나라다. 그 내분을 억지로 억눌렀던 군부가 약화되고 다수결로 운영하는 선거제가 가동되면 어떤 사태가 일어날 것인가. '민주 내전'을 우려하지 않을 수 있을까. 소련이 떠나고 난 아프가니스탄*도 '민주주의 국가'였다.

외부에서는 이번 총선을 군부와 아웅산 수치의 대결로 묘사하지만,

---

* 이데올로기적으로 보면 소련군 철수 이후의 아프가니스탄은 사회주의 위성국에서 민주주의 국가로 이행한 것이지만, 실질적인 차원에서는 종족적·종파적 내홍이 극심해짐으로써 민주주의 아래서의 무정부 상태로 빠져들고 만다. 알-카에다부터 탈레반까지 다양한 이슬람 무장단체들이 아프가니스탄을 근거지로 삼을 수 있었던 까닭이기도 하다.

실제로 총선에 참여한 정당은 양당만이 아니었다. 무려 100개에 육박한다. 산간지역에서 소수민족을 대변하는 지방 정당들이 대거 등장한 것이다. 그럼에도 의회에서 이들이 차지한 비중은 극히 미미하다. 일부 지역에서는 종교상·안보상의 이유로 참정권이 원천 봉쇄되었다. 그 비중이 20퍼센트에 달한다. 그들이 보기에 이번 선거는 '버마족 패권주의'의 압승일지 모른다. 의회를 장악한 버마족이 군부와 타협하여 장기 집권을 획책할 것이라는 우려가 없지 않다. 전혀 허황한 전망만도 아니다. 수치는 선거를 전후하여 서북부 아라칸주에서 발생한 무슬림 난민 사태에 시종 묵묵부답이었다. 결국 그들이 정착한 곳은 방글라데시의 난민촌이다. 실제로 로힝야족은 버마족과 어울려 살아본 경험이 없다. 차라리 인도양 건너 중동의 오만과 더 가깝다. 스스로를 글로벌 무슬림 공동체의 일원으로 여기는 것이다.

미얀마의 60퍼센트를 점하는 버마족은 독실한 소승불교 신자들이다. 군사정부와 결탁해왔던 불교계에서는 '불교 근본주의'라 할 법한 현상마저 불거지고 있다. 스님들이 무슬림에 가장 적대적이다. 버마를 복원하여 불교 정토를 만들자고 한다. 때문에 이슬람과 기독교계 소수민족 문제를 건드리는 것은 긁어 부스럼이기 십상이다. 수치 또한 표를 먹고 살아야 하는 현실 정치인이 되었기 때문이다. 수치를 대신할 대통령이 누구냐에 온통 관심이 집중된 사이에도, 내가 더 주목한 소식은 카렌족의 일부가 재무장을 시작했다는 뉴스다. 부디 그녀만은 아버지의 운명을 따르지 않기를 바란다.

미얀마에 가기 전, '중국과 인도 사이'라고 생각했었다. 막상 가보니 영국풍이 여실했다. 쇄국 정책 탓에 더더욱 영국의 흔적이 고스란히 남아 있었다. 특히 양곤이 그러하다. '랑군'이야말로 대영제국이 만들어낸 '신도시'였기 때문이다. 벵골만을 사이로 인도의 콜카타와 마주하고 있는 개항장으로 최적의 위치에 자리했다. 싱가포르나 말레이시아와의 연결망으로서도 제격이었다. 즉 영국으로 말미암아 미얀마의 중심이 만달레이에서 양곤으로 옮아간 것이다. 나라 이름도 다수민족의 이름을 따서 '버마'라고 불렸다. 나아가 영국령 인도의 일부로 편입시키기까지 했다. 시종 미얀마의 지리적·역사적 맥락을 무시한 식민 통치가 관철되었던 것이다. '역사적 미얀마'와 무관한 '근대적 버마'가 들어섰던 것이다. 1886년을 기점으로 옛것과 새것 사이에 현격한 낙차가 생겨났다. 미얀마가 싹둑 버마로 동강 나서 근대 세계로 내던져진 것이다.

그러므로 오늘날 미얀마가 직면하고 있는 산적한 과제 또한 대영제국 시절로 거슬러 오르지 않고서는 그 전모를 온전히 살피기가 힘들다. 미얀마 근대사를 통으로 훑어갈 여력은 없다 하더라도 작금 '민주 내전'의 기운을 되지피고 있는 분열의 기원만은 따져볼 필요가 있겠다. 여기에는 대영제국만큼이나 대일본제국도 깊이 관여되어 있기 때문이다. 동과 서의 두 제국이 충돌했던 역사적 유산이 지금껏 짙은 그늘을 드리우고 있는 것이다. 2차 세계대전의 실상은 실로 복잡다단하다. 대일본제국과 대영제국이 최후를 다투었던 임팔 전투(1944)를 복기해본다.

002

제국의 충돌, 긴 내전의 시작

버마족과 대일본제국 vs
소수민족과 대영제국

지는 해와 뜨는 해

'글로벌 코리아'라는 말을 실감한다. 가는 곳마다 한국 분들이 계신다. 현지에서 보고 느낀 얘기를 청해 듣는다. 그러면 그 나라 못지않게 한국 사회가 돌아가는 꼴을 간접적으로 관찰할 수 있다. 특파원을 만나서 인상적인 경우는 좀처럼 드물다. 대개 취재보다는 번역에 능하다. 외신을 소개하는 중계자에 그친다. 구태여 그곳에 살아야 할까 싶다. 사람 탓만은 아니다. 제도적 문제다. 장기간 체류하며 전문가로 숙련되지 못한다. 스쳐 지나갈 뿐이다. 그러니 축적이 안 된다. 좀 알 만하면 귀국한다. "박사님보다 아는 게 적을걸요." 겸손함이 아니라 겸연쩍음이다.

대기업 주재원들도 만난다. '지역 전문가'로 파견된다. 회사에서 학습 비용을 제공하고 그에 합당한 현장 보고서를 꾸준히 작성한다. 보고서가 직무 평가에 반영되니 열심히 하지 않을 수 없는 눈치다. 덕분에 개별 기업들이 보유하고 있는 지역 정보가 만만치 않을 것이라는 생각이다. 그럼에도 한계 또한 뚜렷하다. 대개 가정부 딸린 집과 운전수를 곁들인 차를 제공받는다. 식사도 업무비로 처리할 수 있다. 아무래도 좋은 곳을 찾는다. 교류하는 이들도 관료나 기업가들이다. 사무실 밖, 자동차 밖의 세계는 잘 모른다. 그 사회의 밑바닥까지 훑어 전체를 망라하기는 힘든 것이다. 전 지구적 자본주의는 전면적 접촉보다는 점과 점의 연결로 작동한다.

내가 선호하는 경우는 사업가다. 현장에서 승부를 거는 경영인들이다. 현지인과 매일같이 살을 부딪치며 살아간다. 경영은 절반 이상이 사람 관리다. 나와 남의 마음을 다독이고 다스려야 한다. 자연스레 그들의 가치관과 세계관에 익숙해진다. 그 나라의 역사와 문화에 무심할 수가 없다. 상호 진화, 상호 융화가 일어난다. 그중 일부는 공부에도 열심을 낸다. 낮에는 근무하고 밤에는 학습하는 '주경야독'을 실천하는 것이다. 실무와 독서가 공共진화하여 독자적인 안목에 이른다. 간혹 이런 분을 만나면 견문의 질이 확 달라진다. 백 쪽의 책을 읽는 것보다 백 분의 대화가 월등하게 이롭다.

미얀마에서도 그런 분을 만났다. 10년 넘게 공장을 운영하면서 미얀마(및 동남아시아) 공부를 병행하셨다. 물론 생면부지였다. 그러나 온라인 코리아는 촘촘했다. 인터넷 카페, 이메일, 카카오톡으로 이어지는 세 번의 연결망으로 이틀 사이에 접속되었다. 마침 내가 미얀마에 머무는 동안 임팔 전투 현장을 가볼 계획이라 하신다. 그때 임팔Impal이라는 지명을 처음 들었다. 영국의 2차 세계대전사는 독일과의 전쟁에 치중되어 있다. 일본은 중국과 미국에 편중되어 있다. 그래서 대일본제국과 대영제국이 다투었던 임팔 전투는 상대적으로 소략하다. 그런데 이참에 들여다보니 결정적인 역사의 분수령이었다. 우연한 인연으로 '유라시아 •41

대전'의 전모를 한층 입체적으로 조망할 수 있게 된 것이다. 미얀마의 교통망은 부실하고 열악하다. 혼자라면 가기 힘들었을 것이다. 그분 덕에 지프차를 빌려 돌아볼 수 있었다. 운수대통이었다.

1941년 12월 하와이 진주만 공습 이후 일본은 파죽지세였다. 홍콩, 필리핀, 싱가포르, 말레이시아, 인도네시아 등을 차례차례 점령해갔다. 특히 싱가포르가 중요했다. 일본 해군이 태평양과 인도양을 갈랐다. 영국과 호주, 미국 사이의 바닷길을 끊어냈다. 해양을 접수한 일본은 태국으로 들어가 미얀마로 북상했다. 내륙의 미얀마는 싱가포르 못지않게 전략적으로 중요한 장소였다. 위치가 절묘하다. 중국과 인도 사이에 자리한다.

이곳을 차지하면 중화민국과 영국령 인도 간의 '버마 로드'를 끊어낼 수 있다. 국민당 정권의 마지막 생명선을 절단 냄으로써 마침내 중국 대륙 정복을 완수할 수 있었다. 나아가 벵골만을 지나 인도까지 도달할 수도 있었다. 그러면 대동아大東亞도 모자라는 말이 된다. 중국과 인도를 모두 장악하여 '대아시아 공영권'을 실현할 수 있는 것이다. 16세기 도요토미 히데요시의 야망이 20세기에 실현되는가 싶었다.

해가 뜨는 나라가 약진하면서 해가 지지 않는 나라는 저물어갔다. 일본의 미얀마 진격은 콜카타와 델리, 런던을 경악시켰다. 최대 식민지였던 인도마저 풍전등화가 된 것이다. 인도의 규모는 싱가포르나 홍콩에 비할 바가 아니다. 인도의 상실은 곧 대영제국의 몰락을 의미한다. 영국은 양곤에서 만달레이로, 만달레이에서 인도의 아삼으로 거듭 후퇴했다. 대영제국 역사상 가장 긴 철수였다. 떠나는 모습도 볼썽사나웠다. 런던의 자본가들에게 막대한 수익을 안겨주었던 석유지대에 불을 질렀다. 추격하는 일본군이 사용하지 못하도록 하기 위해서였다. 시커먼 연기가 불교 성지인 파간 일대를 한 달이나 뒤덮었다. 그 먹구름을 뚫고

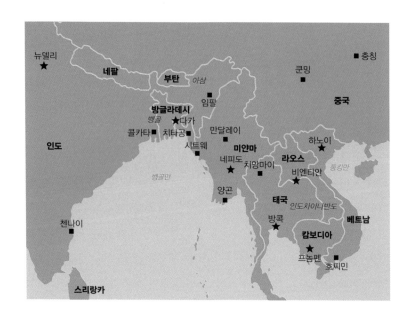

동양의 태양이 솟아올랐다. 아편전쟁 이후 백 년, 서구의 지배가 저물고 아시아의 세기가 도래하는 듯하였다.

불꽃과 태양과 벼락, 괴뢰국의 탄생

1942년 8월, 양곤을 점령한 일본군 사이에 몇몇 미얀마인이 섞여 있었다. 맨 앞에 섰던 이가 아웅산이다. 그 옆에 있던 이가 네윈이다. 아웅산은 그들 사이에서 테자Teza라고 불렸다. 미얀마어로 '불꽃'이란 뜻이다. 네윈도 개명한 이름이다. '빛나는 태양'이라는 뜻이다. 불꽃과 태양, 욱일승천기에서 영감을 받은 이름들이다.

약 2년 전으로 거슬러 오른다. 1940년 8월 14일, 양곤에서 밀항선을 탄 청년이 중국 푸젠성의 샤먼廈門 항에 내린다. 1930년대 양곤대학 학생운동의 지도자였다. 영국의 식민경찰을 피해 도주한 것이다. 난생처음 경험한 바다 여행으로 지칠 대로 지쳤다. 막상 중국 땅에 내렸으나 돈도 없고 할 일도 없었다. 허송세월 끝에 중국공산당 소식을 접한다. 한때는 그도 버마공산당에 가담한 적이 있다. 마침내 출구가 보이는 듯했다. 동아시아의 해방구, 옌안延安으로 가고자 했다.

우연한 운명이 그를 낚아챘다. 옌안이 아니라 도쿄로 가게 되었다. 중국이 아니라 일본, 공산주의가 아니라 군국주의에 기울게 되었다. 대일본제국의 한 장교가 그를 발탁한 것이다. 타이베이臺北를 거쳐 도쿄에 이르렀다. 당시 도쿄는 제국일본의 수도에 그치지 않았다. 대동아공영권의 '황도'皇都였다. 미침 나치독일과 조인식을 마친 시점이었다. 축하 행사가 한창이었다. 욱일승천기와 나치 깃발이 붉은 물결을 이루었다. 청년은 압도당했다. 신세계의 서막을 목도하고 있다고 여겼다.

아웅산을 발탁한 이가 스즈키 게이지鈴木敬司다. '아라비아의 로렌스*'에 빗대어 '버마의 스즈키'라고 할 수 있는 인물이다. 특무기구인 남기관南機關**의 기관장이었다. 미얀마(및 동남아시아) 내부에서 영국에 저항할 수 있는 반군을 키우고자 했다. 군복을 벗고 언론인으로 신분을 세탁하여 동남아 일대를 주유했다. 그러다 대어를 낚은 것이다. 장래가 촉망되던 미얀마의 청년 지도자를 도쿄까지 끌어들이는 데 성공한 것이다. 그의 주도면밀한 지도 아래 청년은 '아웅산 장군'으로 성장했다. 독

---

* 데이비드 린 감독의 1962년작. 1차 세계대전 당시 아랍의 독립운동에 적극 참여했던 영국군 장교 T. E. 로렌스의 실화를 바탕으로 한 작품으로, 영화 속에서 주인공은 아랍 민족으로부터 '아라비아의 로렌스'라는 영웅적인 칭호를 받는다.

** 동남아시아에서 유럽의 제국주의에 저항하는 한편으로 대일본제국과 협력하는 세력을 키우고자 설치한 공작단체.

제국일본과 협력한 30명의 미얀마 독립운동가.

버마 독립식을 묘사한 그림. 일장기와 버마 국기가 나란히 걸려 있는 것이 눈에 띈다.

일과 일본을 모델로 삼은 강력한 국가 건설을 염원했다. 하나의 민족, 하나의 국가, 하나의 정당, 하나의 영도, 미니멀한 파시즘은 황홀한 것이었다. 영국식 개인주의와 민주주의는 어지럽고 혐오스런 것이었다. 영국은 지는 해이고, 일본은 뜨는 해였다. 아웅산은 기모노를 입고 일본어로 말하고 일본어 이름도 지었다. 자발적 창씨개명이었다.

사상 개조를 마치고 미얀마에 잠입했다. 비밀공작을 개시했다. 옛 학생운동권 동료들부터 접촉했다. 세계의 정세를 설명하고 일본의 현재를 설파했다. 호응한 이들을 이끌고 중국의 하이난섬으로 이동한다. 이미 일본이 점령한 상태였다. 이번에는 이동이 한결 쉬웠다. 스즈키 대령이 선박을 제공했기 때문이다. 서른 명의 최정예 집단이었다. '30인의 지사'라고도 한다. 6개월간 지옥훈련이 시작되었다. 일장기에 경례하고, 일본 군가를 부르고, 일본식 제식 훈련을 받았다. 스즈키의 훈시도 이어졌다. 아시아의 전통과는 어울리지 않는 개인주의-자유주의-자본주의를 박멸하자고 선동했다. 그동안 얼마나 많은 유럽인을 죽였는가도 자랑스레 떠벌렸다. 시베리아 전투에서는 러시아 여성과 아이의 목을 일본도로 베어버렸다고 했다. 영국 식민지 출신의 신청년들은 감동하고 감격했다. 감화되었다. 그럼에도 훈련은 너무 고되었다. 몇몇 친구들은 포기하려 했다. 이들을 격려하며 무리를 이끈 이가 아웅산과 네윈이다. 두 사람은 별도의 특별 훈련까지 소화했다. 둘은 30명이 아니라 3천만의 지도자가 되어야 했기 때문이다. 훗날 미얀마를 지배하는 '선군 정치'가 그곳에서 그렇게 잉태되었다.

1941년 11월, 이들은 진주만 공습 한 달 전에 태국의 방콕으로 이동했다. 하와이를 미국에서 해방시키는 작전과 동시에 동남아시아 또한 유럽에서 해방시킬 작정이었다. 버마독립의용군이 정식으로 닻을 올렸다. 이번에는 스즈키 대령도 미얀마식 이름을 갖기로 했다. 모교Mogyo

라고 지었다. '벼락'이라는 뜻이다. 벼락이 되어 영국의 우산을 박살 내자고 했다. 미얀마 저잣거리에서는 기묘한 소문이 돌기 시작했다. 모교가 미얀마 왕조의 마지막 황제였던 민동의 장남 밍군 왕자의 아들이라는 것이다. 그는 미얀마가 영국의 식민지가 되자 만달레이를 떠나 인도차이나의 사이공으로 탈출했고, 거기서 다시 배를 타고 도쿄로 건너갔다는 것이다. 미얀마와 같은 불교 국가인 일본의 힘을 빌려 기독교 국가를 몰아내기 위함이었는데, 마침내 그가 '영국령 버마'를 타파하고 '미얀마'를 복원하기 위하여 돌아오고 있다는 것이다. 물론 뜬소문이고 괴담이다. 스즈키와 아웅산이 합작하여 조작한 것인지도 모른다. 진실이야 어떠하든 불꽃과 태양, 그리고 벼락의 등장에 미얀마인들은 환호했다. 그들이 56년 영국의 통치를 분쇄시켰다.

1943년 8월 1일, 독립 행사가 열렸다. 아웅산은 버마군의 수장이 되었다. '하나의 피, 하나의 소리, 하나의 사명'이 군대의 모토였다. 지금까지도 미얀마 군부의 슬로건으로 이어지고 있다. 하이난섬에서 훈련된 그 30명의 지사들이 해방 이후 미얀마 정치를 통솔했기 때문이다. 물론 독립은 형식적인 것이었다. 1931년의 만주국과 유사한 괴뢰국이었다. 그럼에도 효과는 대단했다. 동남아시아는 대만, 조선, 만주와는 달리 서구의 식민 지배를 반세기 이상 경험한 곳이다. 전혀 다른 문화와 가치를 신봉하는 외세의 억압과 착취를 오래 겪었다. 그래서 비록 허울일망정 독립의 감각적 경험은 상당한 것이었다. 자신들의 국가國歌를 부르고 국기에 경례할 수 있었다. 아웅산과 네윈은 도쿄에서 열린 대동아회의에도 참석했다. 처음으로 식민지가 아니라 '국제사회'의 일원으로도 대접받은 것이다. 이로써 1945년 이후 되돌아온 영국은 결코 미얀마를 지배할 수 없게 된다. 대동아가 동남아 탈식민의 기폭제였음을 통째로 부정할 수가 없는 것이다.

1945년 말, 영국은 스즈키를 B·C급 전범으로 기소하여 미얀마로 연행했다. 하지만 그를 석방시켜준 이가 아웅산이다. 그리고 네윈은 집권 시절 일본을 방문할 때마다 남기관 인사들과 재회했다. 그들과 해후할 때면 다카스키 신사쿠高杉晋라는 이름을 썼던 옛 시절로 돌아갔다. 일본어로 대화하며 추억에 잠기기를 즐겼다. 가끔은 자신의 1962년 쿠데타와 군사독재를 일본의 유신維新에 빗대기도 했다. 그리고 스즈키 대령은 1981년, 미얀마 독립에 공헌했다는 이유로 국가의 최고 영예인 아웅산 훈장을 받는다. 대동아의 후일담은 제법 길다.

임팔 전투: 제국의 종언, 내전의 기원

일본군이 북진하면서 '버마군'의 규모는 커져갔다. 곳곳에 있는 민족주의자들을 충원해갔다. 식민 지배를 종식하겠다는 열정으로 활활 타오르는 버마족 군대였다. 여기서부터 문제가 발생했다. 영국군은 말이 '영국군'이었지 그 다수를 점한 것은 인도인이었다. 그리고 영국군에서 인도인 다음으로 큰 비중을 차지했던 것이 카렌족이다. 전형적인 분리 통치였다. 다수민족인 버마족을 군대와 경찰에서 철저하게 배제했다. 외부에서 온 인도인과 산간지역에 사는 소수민족들을 무장시켜 미얀마 통치의 헌병으로 삼았던 것이다. 즉 '버마독립군'의 진격으로 카렌족의 무장을 해제시켜간 꼴이다. 카렌족은 영국인 장교와 인도인 병사를 따라 인도의 아삼으로 철수하지 않았다. 고산지대로 돌아가 가족을 지키기로 했다. 버마족으로부터 카렌족을 수호해야 한다고 여긴 것이다. 판도라의 상자가 열리고 있었다. 램프 속의 지니가 스멀스멀 기어 나오고 있었다.

아삼에서 전열을 재정비한 영국은 대반격에 나섰다. '국제연합'군이었다. 이라크에 있던 사단을 인도로 옮겨왔다. 이집트에 있던 2개 사단도 이동시켰다. 유라시아의 서부에 있던 대영제국 군대가 유라시아의 동부 전선으로 결집한 것이다. 여기에 장제스의 국민당도 2개 사단을 파견했다. 미국은 공군을 지원했다. 1944년 3월, 동남아시아 최대의 전투가 시작되었다. 동아시아와 남아시아, 나아가 유럽과 아시아의 운명을 가름하는 중차대한 전쟁이었다. 대일본제국은 임팔을 통해 아삼으로 진격하려 했고, 아삼에서 출발한 대영제국은 임팔로 향했다. 영국이 투입한 병력은 50만이었다. 5만 대의 탱크에 인도의 코끼리까지 싹쓸이하여 투입했다. 이에 맞선 일본(과 버마독립군 및 일본에 동조했던 인도국민군)의 병력은 20만을 헤아렸다. 임팔 전투는 양측의 사생결단 총력전이었다.

총성이 그치고 포성이 멈추었을 때, 일본군의 절반에 가까운 8만이 전사했다. 연합군도 2만이 희생되었다. 이로써 전세가 역전되었다. 이제 일본이 퇴각했다. 영국의 미얀마 재점령이 시작되었다. 일본도 호락호락하지만은 않았다. 만달레이성을 보루로 삼았다. 만달레이 일대에서 두 제국이 대치했다. 대일본제국과 대영제국의 전선이 미얀마를 절반으로 갈랐다. 유럽의 서부 전선과 동부 전선을 합한 것보다 더 거대한 전선이었다. 만달레이성에서 격전이 일어났다. 미얀마 마지막 왕조의 찬란한 역사를 간직하고 있던 장소가 화염에 휩싸였다. 영국이 재탈환한 만달레이는 '식민지 근대성'의 흔적이라고는 조금도 찾아볼 수 없는 잿더미였다. 초토화되었다.

이제는 양곤이었다. 최후의 결전을 앞두고 영국은 병사를 충원했다. 카렌족을 재등용했다. 카친족도 동원했다. 다급한 김에 자치권을 약속했다. 독립까지도 운운되었다. 버마족은 영국으로부터의 독립을 위하여 일본을 선택한 것이었고, 카렌족과 카친족은 버마로부터의 독립을 위하여 영국에 의지한 꼴이었다. 동/서 양대 제국의 충돌 이면에서 종족 간 전쟁이 진행되고 있었던 것이다. 버마족은 식민모국 영국에 협조하는 카렌족과 카친족을 즉결 처분하는 일이 다반사였다. 카렌족이 운영하는 교회와 고아원에도 불을 질렀다. 그러면 카렌족도 버마족 마을을 습격하여 보복을 개시했다. 정글에서는 카친족의 활약이 돋보였다. 다리와 철도를 폭파해 일본의 보급로를 파괴하고 통신을 방해했다. 일본군을 흉내 내어 목을 벤 숫자가 5천을 헤아렸다. 그중 적지 않은 수가 버마족이었을 것이다.

미얀마에서 대일본제국은 3년 천하로 붕괴했다. 그러나 그 누구도 대영제국의 복귀를 원하지는 않았다. 유라시아의 동과 서 끝자락에 자리한 양대 제국이 서로가 서로를 소진시키며 제국주의 시대를 마감하고 있었다. 그러나 그 다음이 명료하지 않았다. 해방 이후가 불투명했다. 버마족과 카렌족, 카친족 모두가 무장하고 있었다. '독립'에 대한 구상도 저마다 달리했다. 1945년 8월, 신생 버마 군대가 생겨났다. 아웅산과 네윈이 이끄는 버마족은 일본이 훈련시켰다. 반대편에는 영국이 훈련시킨 카렌족과 카친족이 있었다. 직전까지 서로가 서로를 향해 총구를 겨누었던 이들이 절반씩을 차지했다. 한 지붕 두 가족은 출발부터 위태로웠다. 일사불란해야 할 군 조직이 따로 놀기 시작했다. 세계 최장기의 미얀마 내전이 이미 격발되고 있었다.

어떤 광복군의 후예

영국에 의지해 독립을 이루고자 했던 것은 카렌족과 카친족만이 아니었다. 충칭으로 천도한 중화민국도 영·미와 연합하여 일본을 대륙에서 축출하고자 했다. 여기에 조선인도 가세했다. 충칭 임시정부에서 한국

광복군을 임팔 전투에 투입하기로 한 것이다. 영국도 마다할 이유가 없었다. 다시 한 번 분리통치와 이이제이以夷制夷를 가동시킬 수 있었다. 카렌족·카친족을 통하여 버마족을 상대했듯이, 일본과의 전쟁에는 조선인을 활용할 수 있었다. 무엇보다 일본어를 읽을 수 있는 어학 능력이 요긴했다. 일본군의 노획 문서를 영어로 번역하고 대일 선전전을 수행하는 데 적임자였다. 이 업무에 최종 선발된 이가 9명이다. 정글에서도 생존할 수 있는 강인한 체력과 학습 능력을 겸비한 우수한 인력이었다.

이들이 인도의 콜카타로 이동한 것이 1943년 8월이다. 그리고 델리로 이동해서 문서 번역과 전단 작성 방법을 배웠다. 장소는 영국군이 주둔하던 레드포트Red Fort였나. 무굴제국의 황궁을 영국군이 사용하고 있었던 것이다. 이들을 훈련시킨 사람은 프랭크 윌리엄스 선교사였다. 조선말로 강의했다. 그는 충남 공주에서 30년 넘게 선교 활동을 했던 인물이다. 1940년 일제에 의해 조선에서 강제 추방되어 인도까지 밀려났던 것이다. 인생사 새옹지마, 3년 후 델리에서 대영제국의 미얀마 재탈환에 투입될 한국광복군을 가르치게 된다. 그도 광복군과 더불어 조선반도로 돌아가고 싶었을지 모른다. 그가 평생을 바쳐 일군 교회와 학교가 공주에 있었기 때문이다.

9명의 광복군은 당시에 이미 충칭과 쿤밍, 콜카타와 치타공, 만달레이와 양곤을 넘나들었다. 오늘날 'BCIM 회랑', 즉 방글라데시(B)-중국(C)-인도(I)-미얀마(M)로 기획되고 있는 지역을 앞서 경험한 것이다. 그러나 도둑처럼 해방을 맞은 조국은 분단국이 되었다. 그리고 곧 통일전쟁(한국전쟁)이 발발했다. 그중 한 분은 대한민국 국군으로서 북조선 인민군과 맞섰다. 중국국민당이 아니라 중국공산당과 뜻을 맞추었던 이들과 대결했다. 그리고 15년 후에는 동남아시아로 파견되었다. 그곳에서도 또 다른 내전(베트남전쟁)이 한창이었다. 남베트남에 파병된 한국군을 통솔하는 고위간부가 된 것이다. 전장은 시장이기도 했다. 그곳에서 제법 큰돈을 모았다. 돌아와서는 군복을 벗었다. 알짜배기 중견기업의 사장이 되었다. 그리고 1990년대 한국 자본주의의 세계화 물결을 타고 재차 동남아시아로 진출했다.

나를 임팔 전투의 현장으로 인솔해준 분이 바로 그 광복군의 외손자였다. 그는 베트남과 캄보디아, 라오스, 그리고 미얀마를 잇는 한국인 교민지《인도차이나》를 발행하고 있다. 월간 정보지로 벌써 50호를 넘게 발행했다. 그 독특한 한인 잡지에 동남아 국가들의 역사와 문화를 설명하는 글을 연재하고 있는 것이다. 동남아시아에서 갈수록 늘어나고 있는 한국인들의 '아류 제국주의'를 나름으로 교정해가고 있는 셈이다. 그럼으로써 외할아버지가 20세기에 지은 업(카르마Karma)을 풀어내고 싶다고 하셨다. 미얀마인만큼이나 그도 불심이 두터운 분이었다.

임팔 전선에 투입된 광복군 얘기도 그 잡지에서 발췌한 것이다. 실로 2차 세계대전의 내막은 복잡하고 다단했다. 동유라시아 전선은 더더욱 그러했다. 일본을 편들었던 아웅산과 네윈의 무덤에 침을 뱉을 수 있을 것인가. 미얀마 독립의 반대편에 섰던 한국광복군을 나무랄 수 있을 것인가. 게다가 베트남전쟁까지 참여했던 이의 운명은 무어란 말인가. 도저히 '민주주의 대 전체주의'의 대결로 잘라 말하기 어렵다. 아시아의 냉전 또한 자유주의/자본주의와 사회주의/공산주의의 다툼이 전부가 아니었다. 그런 양분법이야말로 두터웠던 역사를 말소해버리는 이데올로기이자 프레임이다. 그래서는 동아시아의 대분단체제도, 남아시아의 대분할체제도 제대로 살필 수가 없다. 여전히 20세기는 올바른 이름을 갖지 못했다. 이제 독립(1945)과 독재(1962) 사이에 자리했던 미얀마의 '가지 못한 길', 해방 공간으로 진입한다.

만달레이 황궁.

003

미얀마의 봄

독립과 독재 사이,
미얀마의 '가지 못한 길'

아웅산, 친일에서 친영으로

영국이 만달레이를 재점령하자 아웅산은 총구를 돌려세웠다. 비밀리에
영국과 내통했다. 영국이 양곤으로 진격하면 내부에서 합세하겠다는 뜻
을 전했다. 작전은 1945년 5월 3일 단행되었다. 유럽에서 히틀러가 자
살한 지 이틀 후였다. 버마독립군은 출정하는 척하다가 회군했다. 일본
을 향해 총을 쐈다. 배반이고 반란이었다. 주구가 주군을 물었다. 아웅
산은 일본 군복 차림 그대로 영국 사령관을 만났다. 기민하다고도, 기만
적이라고도 할 수 있겠다. 혹은 둘 다였다. 독립을 위해서라면 수단과
방법을 가리지 않았다. 기회주의자였다. 도덕이 통용되지 않는 난세였
으니, 도덕적 판단은 삼가기로 한다.

　유럽에서 독일이 패배하고 아시아에서 일본이 패전하면서 유럽은
재차 동남아시아로 돌아왔다. 영국, 프랑스, 네덜란드가 속속 복귀했

다. 그러나 대동아의 '해방'을 맛본 동남아의 탈식민을 돌이킬 수는 없었다. 인도차이나에서도, 인도네시아에서도 무장투쟁이 일어났다. 일본 점령하에서 군사적으로 더욱 단련되었다. 본국의 사정도 달라졌다. 특히 영국 국민들은 '제국의 영광'에 넌덜머리를 냈다. 1945년 7월 선거에서 노동당이 압승했다. 내정에 집중하라 했다. 복지국가를 만들라 했다. 대영제국은 해체 수순에 들어갔다. 식민지는 점점 뒷전이 되었다. 매듭을 잘 짓지도 못했다. 곳곳에서 대영제국의 파편으로 분단/분할 체제가 들어섰다.

중동에서는 팔레스타인이 갈라졌다. 그들의 땅에 이스라엘이 삽입되었다. 유럽인과 유대인의 모순을 중동으로 배출시킴으로써 아랍인과 유대인 간 분단체제가 생겨났다. 남아시아에서는 인도와 파키스탄이 분리되었고, 훗날 파키스탄마저 분화하여 방글라데시가 생겨났다. 남아시아 대분할체제다. 동남아시아에서는 말레이시아에서 싱가포르가 떨어져 나갔다. 미얀마도 비슷한 궤적을 따를 뻔했다. 버마국, 샨국, 카렌국, 카친국으로 더 잘게 쪼개질 수 있었다. 영국은 아웅산을 버마족 대표로만 인정했다. 소수민족을 따로 독립시켜 영향력을 지속하려는 흑심이었다. 특히 기독교 신도가 다수인 카렌족을 영연방의 하나(카렌국)로 편입시켜 홍콩처럼 통치하려 했다.

아웅산은 '버마연방공화국'Union of Burma으로 응수했다. 각 소수민족 대표들을 찾아가 달래고 얼렀다. 도출된 것이 1947년 2월의 팡롱 협정이다. 팡롱은 가장 많은 소수민족이 살고 영토도 가장 넓은 샨주의 산간 마을이다. 이곳에서 각 주의 고도 자치를 허용하는 연방제 국가를 합의한 것이다. 그래도 버마족에 대한 의심이 말끔히 사라진 것은 아니었다. 그래서 10년 후, 즉 정부 수립 10주년이 되는 1958년에는 연방 탈퇴 여부를 다시 선택할 수 있도록 권한을 부여했다. 이 또한 아웅산의 기민한 방책이었는지 기만적인 책략이었는지는 알 수 없다. 잉크가 마르기도 전에 사문서가 되었기 때문이다. 협정서에 날인했던 당사자가 5개월 후 암살되었다. 열세 발의 총알이 아웅산의 몸에 박혔다. 초대 정부의 예비 국무위원 9명도 현장에서 즉사했다. 7월 19일의 비극은 '순국자의 날'로 기념되고 있다.

서른두 해, 아웅산의 삶은 짧고 굵었다. 학창 시절은 공부벌레였다. 영어와 버마어에 능하고 인도 불교 경전의 언어인 팔리어까지 섭렵했다. 독서 습관이 유명하다. 묵독이 아니라 낭송을 했다. 불교 경전을 읽듯이 영어책을 소리 내어 읽어갔다. 양곤대학 총학생회장을 거쳐 전국 대학생 위원장이 되었다. 이때 네루와 친분을 맺는다. 전대협 의장이 되고 만달레이에서 열린 첫 총회에 네루를 초청한 것이다. 네루는 약관의 아웅산에게 깊은 인상을 받았다. 1940년 인도 국민회의 대의원 총회에 초대했다. 간디와 네루의 옆자리에 서면서 아웅산은 세계적인 인물로 부상했다. 곧장 영국 식민경찰의 표적이 되었고, 낭인 신세가 되었다. 그를 낚아챈 것이 대일본제국의 스즈키 대령이었다.

그를 암살한 쪽은 우파 진영이다. 영국 식민지 시절 마지막 총리를 지냈던 노정객의 앙갚음이었다. 사전에 영국과 교감이 있었다는 음모설도 있지만 문서로 밝혀진 것은 없다. 꼭 그랬을 것 같지만은 않다. 버마 공산당의 약진을 저지하기 위해서라도 아웅산은 활용 가치가 있는 인물이었다. 좌파 또한 아웅산의 목숨을 노리고 있었던 것이다. 카렌족도 카친족도 그랬을지 모른다. 총구 여럿이 아웅산을 겨누고 있었다. 방아쇠를 먼저 당긴 쪽이 우파였을 뿐이다.

오래 살았더라면 이집트의 나세르, 유고슬라비아의 티토, 인도네시아의 수카르노, 베트남의 호찌민에 견줄 만한 세계사의 주역이 되었을지 모른다. 역사적 인물 대신 상징적 신화가 되었다. 양곤에는 '보족 아웅산 시장'이 있다. 보족Bogyoke은 '장군'이라는 뜻이다. 보석, 수공예, 의류 등 수백 개의 가게가 밀집해 있다. 남대문시장쯤 되겠다. 시내 한복판에 자리한 경기장 이름도 '보족 아웅산 스타디움'이다. 그의 초상화와 사진을 파는 가판대도 많다. 국부國父의 존엄을 누리는 것이다. 무엇보다 이름을 남겼다. 꼬물꼬물 두 살배기 딸이 일흔이 되어 정권 교체를 이루었다. '아웅산 수치'라는 이름, 혈통이야말로 최대의 정치 자산이었다.

불교 사회주의자, 우누

1948년 1월 4일, 오전 4시 20분. 영국 국기 유니언잭이 내려갔다. 미얀마(버마연방공화국)의 깃발이 올라갔다. 꼭두새벽에 행사가 열린 것은 미얀마의 민간 신앙에 따른 것이었다. 기운이 가장 좋은 때라고 했다. 영국인들은 납득하기 힘들었을 것이다. 그러나 따르지 않을 도리가 없었다. 이제 미얀마의 주인은 미얀마인이었다.

신생 독립국의 수장이 된 인물이 우누U Nu(1907~1968)이다. 우연이었다. 운명이었다. 천운이 따랐다. 다른 일정으로 예비 국무회의에 참석하지 못했다. 그의 부재를 확인한 암살자들이 자택까지 찾아갔지만 그곳에도 없었다. 홀로 살아남아 초대 총리가 된 것이다. 그러나 전망은 밝지 않았다.

미얀마에 대한 오해가 없지 않다. 탈식민 동남아 국가들 가운데 가장 유망했다는 것이다. 초창기 리콴유가 싱가포르를 "버마처럼 잘살게 해주겠다"고 말한 것이 널리 회자된다. 식민지 시절 활황을 구가했음은 사실이다. 인도와 동남아를 잇는 대영제국의 이음새였다. 세계적인 쌀 수출국이자 석유 생산국으로 파운드가 흘러들었다. 양곤대학 역시 동남아

버마연방공화국의 초대 총리, 우누.

최고 대학의 지위를 누렸다. 작가 키플링도, 조지 오웰도 미얀마에서 한때를 보냈다. 그런데 이후 '버마식 사회주의'로 낙후한 국가가 되고 말았다는 비난인 것이다.

과장이 없지 않다. 군사정부를 비판하기 위해 '상상된 과거'를 동원한다. 해방 공간, 미얀마는 허허벌판이었다. 영국과 일본, 동/서의 양대 제국이 충돌하면서 식민지 근대성은 싹 그리 사라졌다. 300명의 무장 세력만 있으면 양곤을 제외한 어느 도시도 탈취할 수 있는 무정부 상태였다. 한때는 제2도시 만달레이마저도 카렌족과 버마 공산당이 점령했다. 나라를 이끌 예정이었던 가장 우수한 지도자들을 한순간에 잃은 채, 또 수많은 내부 구성원들이 분열된 상태로 신생 정권이 출범했던 것이다. 출발부터 고난의 행군이었다.

우누는 1907년생이다. 독실한 불교 집안의 자제였다. 전 생애에 걸쳐 불교의 영향이 물씬하다. 양곤대학 시절 별명이 '철학자 누' 혹은 '돈키호테'였다. 홀로 전통 복장을 고수했다. 그럼에도 영어 공부에는 열성이었다. 영어로 글을 쓰는 작가가 꿈이었다. 극본을 써서 영국 문단에 응모했다. 그 원고를 버나드 쇼에게 직접 보냈다는 일화에서 돈키호테의 기질이 잘 드러난다. 방학이면 혼자 시골 방을 얻어 집필에 전념했다고 한다. '버마의 버나드 쇼'가 되겠다며 허세를 부렸다.

아웅산과는 막역한 선후배 사이였다. 1936년 대규모 학생 시위도 둘이 주도한 것이다. 영국은 우누에게 유학을 권했다. 작가가 되고 싶어

하는 그를 영문학으로 유혹했다. 단칼에 거절했다. 도리어 전국을 돌아다니며 식민주의를 비판하는 연설에 박차를 가했다. 그때는 공산주의에 심취한 모양이다. 이번에는 '공산주의자'라고 자처하고 다녔다. 그럼에도 레닌이나 스탈린을 흠모하지는 않았다. '버마의 고리키'라고 했다. 역시나 작가적 정체성이 강했던 것이다. 신실한 불자였기에 과학적 유물론은 도저히 수용할 수 없었다고 한다. 결국은 '사회주의자'로 낙찰이 되었다. 우누는 '불교 사회주의자'였다. 총리로서 좋은 업(카르마)을 짓고 가겠다고 했다.

그는 미얀마를 '불교 사회주의 국가'로 만들고자 했다. 불교에 바탕해 사회주의를 접목하려 했다. 미얀마의 장래로 표방한 '피다우타' Pyidawtha 또한 '낙토'樂土 혹은 '정토'淨土로 풀 수 있는 개념이다. 정갈한 땅이자 즐거운 땅이다. 산업국가보다는 농업사회주의, 불교경제를 지향했다. 실제로 1950년대 불교 중흥이 역력했다. 식민지 시기 사라졌던 사찰과 불교학교(Sangha)들이 대거 부활했다. 일국주의에 그치지도 않았다. 1954년부터 1956년까지 대규모 국제 불교대회를 개최했다. 스리랑카부터 라오스까지 수많은 승려와 불교학자들이 회합했다. 세계 3대 불교 성지의 하나로 꼽히는 파간의 위상을 십분 활용했다. 남아시아와 동아시아, 동남아를 잇는 인드라망의 허브였다. 불교를 공유하는 문명적 공속감으로 탈식민 국가들의 민족주의를 다스리고자 했다. 불살생과 비폭력의 불교사상은 국제정치로도 번안되었다. '비동맹'이 그것이다. 미얀마는 소련의 위성국 되기를 거부하고 비동맹 운동의 주역이 되었다.

대외적으로는 비동맹 운동을, 대내적으로는 불교 중흥에 역점을 두었지만, 실제로 양곤에서 가장 바쁜 사람은 우누보다는 네윈이었다. 최대의 안보 위협이 된 국민당 잔군을 축출해야 했고, 공산당과 소수민족의 봉기도 진압해야 했다. 버마공산당도 한국전쟁 발발을 기회로 여겼다. 조선노동당이 남진하자 버마공산당도 남하했다. 중국공산당의 지원을 요청한 것도 판박이였다. 이 안팎의 냉전/내전 속에서 네윈은 불교 사회주의가 한가한 타령이라고 여겼다. 청년 장교들을 중심으로 별도의 기구를 만들었다. 문민 통제를 받지 않는 군부 내 사조직이었다. 갈수록 이들에게 힘이 쏠렸다. '불교 사회주의'를 대체한 '버마식 사회주의'가 공식화된 것이 1962년이다.

우탄트의 비동맹 노선

우누가 총리가 되고 각별히 도움을 청한 이가 우탄트U Thant(1909~1974)였다. 우탄트는 학생운동의 막후 브레인이었다. 1930~40년대 양곤대학 기관지를 비롯해 주요 문건을 전담하다시피 집필했다. 아웅산이 현실주의자, 우누가 낭만주의자라면 우탄트는 실용주의자에 빗댈 수 있는 인물이다. 집안 배경이 특별하다. 중국계와 인도계, 이슬람계가 섞였다. 태생부터 세계인, 지구시민이었다.

　우누의 비동맹 노선을 완성한 것도 우탄트였다. 1950년대 미얀마는 외교 강국이었다. 1954년 한 해에만 국제 불교회의와 콜롬보 회의를 동시에 성사시켰다. 인도와 파키스탄, 실론(현 스리랑카), 미얀마, 인도네시아가 참여한 콜롬보 회의는 이듬해 반둥 회의(아시아-아프리카 회의)의 디딤돌이었다. 반둥 회의의 사무총장 역시 우탄트였다. 대외적으로는 네루, 나세르, 저우언라이, 수카르노가 주목받았지만 막후에서 실무 작업을 주도한 사람은 우탄트였다. 실제로 신생 중화인민공화국을 가장 먼저 방문한 이들 가운데 우누와 우탄트가 있었다. 자금성에서 마오쩌둥과 저우언라이를 만났다. 돌아오는 길에는 베트남에 들러 하노이에서

비동맹 노선을 추구하면서 제3대 유엔 사무총장을 역임한 우탄트.

호찌민도 만났다. 이스라엘을 가장 먼저 승인한 국가 중의 하나도 미얀
마였다. 홀로코스트에 희생당한 유대인들을 안타까이 여겼다. 이스라엘
의 좌파 세력에도 호감을 품었다. 그들의 '유대교 사회주의'가 미얀마의
'불교 사회주의'와 통하는 구석이 있다고 여겼다.

영·미와 소련도 방문했다. 런던에서는 여든의 윈스턴 처칠을 만났
다. 그는 미얀마 왕국을 전복했던 랜돌프 처칠의 아들이다. 묵은 감정은
털어내자며 위스키로 건배했다. 피식민국의 우누와 우탄트가 식민모국
에 용서와 자비를 베풀었다. 모스크바에서는 흐루쇼프를 만났다. 사회
주의에는 우호적이되 '사회주의 국제주의'라는 계서階序제*에는 거리를
두었다. 소련의 속국이 된 동유럽에 동정을 품었다. 미국도 빼놓지 않았

---

     *   계서제란 봉건적인 계급/계층적 또는 서열식 질서를 일컫는데, 모스크바
          를 정점으로 삼아 사회주의 모국 소련이 위성국들을 거느리는 사회주의
          진영의 차등적 국제질서를 빗대어 표현한 것이다.

다. 말런 브랜도가 오스카 상을 받고 애너하임에 디즈니랜드가 개장하던 시절에 미국을 둘러보았다. 그럼에도 미국식 소비문화에는 전혀 호의적이지 않았다. 욕망의 절제를 가르치지 않는 '아메리칸 드림'에 혀를 내둘렀다.

유라시아와 아메리카를 망라한 이 지구적 행보에 전략을 짜고 대화를 조율하고 연설문을 쓰고 언론과 소통했던 이가 바로 우탄트였다. 그 발군의 능력을 인정받아 1957년에는 유엔 미얀마 대사로 임명된다. 그리고 불과 4년 후에 만장일치로 제3대 유엔 사무총장에 당선된다. 우누의 조언자이자 조력자에서 세계 평화의 기획자로 승진한 것이다. 쿠바 미사일 위기, 이스라엘-아랍 전쟁 등 냉전기 주요 사건의 중재자 역할을 했다. 임기 말에는 베트남전쟁 해결에 주력했다. 미국과의 갈등으로 줄담배를 피우다 암까지 생겼다. 사상은 없고 처세에만 능한 훗날의 동아시아 출신 유엔 사무총장과는 격이 달랐던 것이다. 미얀마의 전통에 서구식 교양까지 겸비한 현대판 보살이었다.

마지막 황제, 개혁 군주 민동

2015년 11월의 미얀마 총선을 현장에서 지켜본 지 4개월이 더 지났다. 수치의 최측근이 대통령이 될 모양이다. 그녀는 외교부 장관을 맡는다는 얘기가 흘러나온다.* 위태위태하다. 국정 경험이 전혀 없는 이들이다. 아마추어 정부다. 현실적으로 군부(=관료)에 기대지 않을 수 없을 것이다. 냉정하게 말하면 수치가 '계몽 군부'의 얼굴마담인지 모른다. 미

* 2016년 3월, 아웅산 수치의 최측근인 틴초가 대통령이 되고, 수치는 국가자문역 겸 외교부 장관이 되었다.

안마에 머무는 동안 수치의 글들을 읽어보았다. 감흥이 없었다. 심드렁했다. 구태여 미얀마의 지도자가 아니더라도 할 수 있는 말들이다. 역사와 유리된 진공의 언어다. 사론史論이 결여된 이론신앙이다. 민주주의에 대한 고백성사만으로는 더 이상 식상함을 피하기 힘들다.

미얀마에서 내가 가장 인상적으로 읽은 책은《The Making of Modern Burma》(근대 버마 만들기)였다. 저자가 우탄트 민트U Thant Myint이다. 우탄트의 손자다. 피는 못 속인다. 안목이 빼어나다. 글 솜씨도 뛰어나다. 1850년대 미얀마의 마지막 황제 민동(재위 1853~1878)의 개혁 정책을 꼼꼼하게 되살핀다. 일본의 메이지유신에 못지않은 대대적인 개혁이었다. 교토에서 도쿄로의 천도에 빗댈 만큼 만달레이를 새 왕조의 수도로 개조했다. 미얀마의 근대를 담보하는 '신도시'였던 것이다. 이곳에서 중국식 관료제를 도입하여 신진 엘리트를 양성하고, 영국식 군사제도를 모방하여 국방을 튼튼히 하고자 했다. 미국, 영국, 프랑스에 사절단을 파견하여 산업혁명도 시찰했다. 문무 제도를 정비하여 불교 국가의 근대화, 개신改新 불교를 꽃피우고자 했다. 중국화와 서구화의 결합으로 동남아 최초의 대승大乘 국가가 발진했던 것이다.

민동 본인부터 솔선수범했다. 전륜성왕轉輪聖王(Cakravartiraajan), 즉 불교적 성군이 되고자 분발했다. 정법正法(다르마Dharma)으로 지상을 다스리는 달마가 되고자 했다. 그리하여 남유라시아 불교 세계의 역할모델이 될 것을 다짐했다. 국제 불교대회를 처음 주최한 것도 민동이었다. 그래서 훗날 1954년에 열린 국제 불교대회는 '제6회'라고 표기되었다. 우누의 '불교 사회주의'란 민동을 계승한 것이었다. 대영제국으로 단절된 역사를 복원하려 한 것이다. 언뜻 1950년대 '미얀마의 봄'은 1850년대 미얀마의 만개滿開인 듯 보였다.

실제로 1850~60년대는 미얀마 왕조의 절정기였다. 마치 베트남이

만달레이 황궁의 민동 황제 동상.

민망 황제 아래 대남제국의 절정을 구가하고 있을 때 프랑스의 식민지가 된 것처럼, 미얀마 또한 전성기에 직면하여 영국의 침략을 겪은 것이다. 역시 만만치가 않았다. 세 차례의 정복전쟁 끝에야 식민지가 되었다. 그만큼 내부 역량이 탄탄했던 것이다. 메이지 일본과의 차이라면 지리가 숙명이었다. 인도를 삼킨 영국이 지척에 자리했다. 영국산 무기에 인도인 용병을 합하니 당해낼 재간이 없었다. 봉건적이어서, 후진적이어서, 정체되어서, 개혁이 모자라서 패한 것이 아니다. 대영제국의 군사력에 굴복했던 것이다.

두 세대에 걸친 식민 통치로 미얀마의 전통적 국가체제와 사회질서는 무너졌다. 콜카타에 근거지를 둔 영국 총독의 군대와 경찰, 사법제도가 이식되었다. 기층사회와 유리된 상층부였다. 제도와 문화가 어긋나기 시작했다. 이 식민지 통치기구마저도 일본과 영국의 혈투 속에서 붕괴되었다. 전통의 근대화에도 실패하고, 식민지 근대화도 사라져버린 것이다. 이 폐허 속에서 제도적 공백을 채워간 것이 네윈의 군사정부였다. 나는 '버마식 사회주의'를 옹호할 뜻이 조금도 없다. 다만 한없이 딱할 뿐이다. 가엾고 안타깝다. 20세기 제3세계의 비극을 미얀마식으로 변주했던 것이다.

부디 수치가 1950년대 '미얀마의 봄'을 복기하기를 바란다. 아버지가 합의했던 연방제 국가와 우누의 불교 사회주의, 우탄트의 비동맹 노선을 곰곰이 곱씹어보기를 권한다. 나아가 19세기 민동의 종교개혁과 르네상스, 불교적 계몽주의도 살펴보았으면 좋겠다. 다른 문명화, 다른 근대화의 맹아가 자라나고 있었다. 그리하여 다시 출발하는 미얀마 또한 '다른 백 년'의 든든한 동반자이기를 바란다.

쉽지는 않을 것이다. 아무리 따져봐도 그녀의 삶과 사상은 영국산이다. 새 시대를 여는 맏딸이기보다는 구시대의 막내이기 십상이다. 나로서는 2016년 신정부 출범 이후의 '민주화 세대'에 기대를 걸게 된다. 2048년 독립 100주년을 맞이하는 미얀마의 주역이 될 이들이다. 재차 지리가 역사에 영향을 미칠 것이다. 새 천년 중국은 중화문명의 중흥을 설파한다. 인도는 힌두 국가(힌두뜨와Hindutva) 건설이 한창이다. 20세기형 진보를 대체하는 문명 회복, 재활과 부활의 흐름이 뚜렷하다. 인도와 중국, 양대 문명대국 사이에 자리한 미얀마의 향방도 크게 다르지 않을 것 같다. 그 미래를 미리 접해보고자 양곤대학을 방문했다. 각 나라의 주요 대학에서 학생들과 대화하고 구내서점을 살펴보고 학생식당에서 한 끼를 때우는 것이 내 나름의 의례다. 그런데 어이없는 경우를 당했다. 외국인의 출입을 금한단다. 교문만 서성이다 황망히게 돌아섰다. 가야 할 길이 꽤나 먼 듯하다.

004

'민주주의 근본주의'라는 신화

어쩌면 트럼프보다
힐러리가 더 위험하다!

오바마 독트린

민주주의민족동맹(NLD) 당사의 풍경 하나가 떠오른다. 아웅산 수치의 사진이 전면을 장식하고 있는 가운데, 오바마의 사진이 조그맣게 붙어 있었다. 2008년의 젊고 싱싱한 모습이었다. 그새 희끗희끗 머리칼이 많이 새었다. 한 나라의 집권당을 목전에 둔 정당 사무실에 미국 대통령 사진이라. 마땅치 않았지만 너그러워지기로 했다. 사진으로 담을까 하다가 셔터를 누르지도 않았다. 자칫 침소봉대가 될 수 있었다. 'HOPE', 'CHANGE', 'Yes, We can' 등 당시의 희망찬 구호들은 민주화 시대로 진입하는 NLD의 다짐으로도 손색이 없어 보였다. 실제로 오바마는 2012년 미얀마를 방문하여 수치에 힘을 실어주기도 했다. 미국의 소프트파워, 매력 공세를 펼쳤다.

　잊고 있던 그 사진을 다시 떠올린 것은 미국의 시사지 《애틀랜틱》The

Atlantic에 실린 '오바마 독트린'The Obama Doctrine을 읽으면서다. 2016년 3월 중순, 온라인판이 공개되었다. 퇴임을 앞두고 그의 외교 정책을 회고하는 인터뷰였다. 분량이 매우 길다. 이 잡지의 지난 10년 기사 가운데 가장 길지 않을까 싶다. 정리가 잘된 것 같지도 않다. 다소 산만하다. 편집자도 그렇게 느낀 모양이다. 기사 말미에 핵심을 요약하는 친절을 베풀었다. 내가 더 줄이면 이러하다. '중동은 더 이상 미국에 가장 중요한 지역이 아니다. (동)아시아가 가장 중요하다. 중동에 관여를 계속해도 사태가 개선되기는 힘들다. 미국의 패권을 감소시킬 뿐이다. 세계는 미국의 패권 저하를 바라지 않는다.' 고로 미국은 중동에서 발을 빼야 한다는 뜻이렷다.

이 기사가 공개된 직후, 푸틴은 시리아에 파병한 러시아군을 철수한다고 발표했다. 극명한 대조를 이룬다. 9·11 이후 군사 개입에 거듭 실패한 미국과 견주어 러시아는 불과 반년 만에 시리아의 (일시적인) 안정을 이루었다. 21세기 첫 15년간 미국이 이라크와 아프가니스탄에 쏟아부은 비용이 1조 6천억 달러(비공식 통계로는 6조 달러)다. 그럼에도 이라크는 IS(이슬람국가)가, 아프가니스탄은 탈레반이 장악해가고 있다. 반면 러시아의 시리아 진출은 5억 달러에 그쳤다. 3,000배 혹은 12,000배의 차이다. 러시아는 시리아 사태 해결을 발판으로 이란, 이라크, 레바논, 이집트 등 중동 전역에 영향력을 확대할 것으로 보인다. 미국의 관여 축소와 러시아의 개입 확대가 동시에 일어나고 있는 것이다. 서유라시아에 새 판이 짜여간다.

인터뷰를 다른 식으로 독해할 수도 있다. 오바마는 지난 7년간 군산복합체와 얼마나 치열하게 각투(혹은 암투)해왔는지를 은근하게 드러낸다. 군산복합체는 군부와 군수산업계만으로 그치지 않는다. 정보기관, 첩보기관, 금융기관에 언론계와 학술계, 시민단체까지 망라한다. 더 정확하게 말하면 '군-산-학 복합체'다. 미국의 호전적 정책에 편승하여 실리를 취하는 이익집단이다. 오바마는 워싱턴의 '외교안보 전문가'들이 거듭 잘못된 훈수를 두었다고 역정을 낸다. 군산학 복합체의 이익에 복무하며 대통령의 의지를 꺾으려는 이들이 적지 않았다는 것이다.

실은 베트남전쟁(1960~1975)부터 그러했다. 당시 대통령이던 케네디와 존슨은 동남아의 정글에 개입하는 것이 가치 있는 일이라고 여기지 않았다. 그러나 대통령의 눈과 귀를 가려 잘못된 정보를 제공하고 그릇된 판단을 유도하는 이들이 백악관 안팎에 포진하고 있었다. 2차 세계대전으로 굴기하여 한국전쟁과 베트남전쟁을 통해 성장하고 '테러와의 전쟁'이라는 항구적인 전시체제를 기획한, 보이지 않는 손이 있는 것이다.

이들이 강조하는 것은 미국의 신뢰성credibility이다. 당장 이익이 아니더라도, 혹은 그 기회비용이 높다 하더라도, 미국의 위신에 손상이 가는 일에는 적극 대처해야 한다는 것이다. 그러지 않으면 동맹국과 적대국 및 전 세계에 잘못된 신호를 보낼 수 있기 때문이다. 그들은 '제국의 책무'라고 말할 것이다.

오바마는 이의를 제기한다. '제국의 고충'을 덜어내자고 한다. '세계의 경찰' 노릇과 일정한 거리를 두자는 것이다. 그래서 시리아 사태에 무력 행사를 거부하고, 남중국해에서도 실질적인 군사 조치를 취하지 않았다. 오랜 적성국이었던 이란과는 화해하고, 쿠바는 직접 방문했다. 그의 진지한 고뇌에 일정하게 공감한다. 문제는 그의 퇴임 후다. 후임자는 어떠할 것인가?

내부자와 외부자

하나의 유령이 미국을 떠돌고 있다. '트럼프 대통령'이라는 유령이. 11월 트럼프가 대통령이 될지도 모른다는 우려가 상당하다.* 이 말에는 다소간 어폐가 있다. 그가 유력한 후보가 되었다는 말은 그만큼 미국 국민의 지지를 받고 있다는 뜻이다. 그렇다면 과연 '누가' 우려하고 있는지를 깐깐하게 따져볼 필요성이 생긴다.

2016년 미국 대선은 9·11 이후 16년, 뉴욕발 금융위기 이후 8년, 21세기 초 미국의 중간결산 격이다. 가장 큰 특징은 미국 정치를 규정했던 양당 과점제가 크게 흔들리고 있다는 점이다. 민주당에서는 샌더스가, 공화당에서는 트럼프가 당내 주류 세력을 위협한다. 20세기형 정당정치, 보수 대 진보라는 구도가 깨지고 있는 것이다. 엘리트 대 풀뿌리, 내부자 대 외부자의 새 구도로 재편되었다.

여전히 20세기의 시각으로 세상을 관찰하는 자칭 민주개혁파가 적지 않다. 그들은 동일한 현상도 다르게 해석한다. 샌더스의 활약에서는 미국 민주주의의 역동성을 추키고, 트럼프의 약진에서는 미국 민주주의의 위기를 짚는다. 제 눈에 안경이고, 제 논에 물대기다. 정파적 사고의 병폐가 몹시 깊다. 오히려 트럼프 현상이야말로 '참여민주주의', '풀뿌리 민주주의'에 가깝다. 기층의 바람몰이로 엘리트 정당정치를 뒤흔들고 있다. 공화당-민주당의 양당 과두제에 도전하는 '민주적 열정의 표출'이다. 신자유주의(민주당)와 신보수주의(공화당)의 적대적 공존에 균열을 내는 '신민주주의'의 물결이다.

이 '새 정치'로 말미암아 거대 양당 구조의 실상 또한 백일하에 드러나고 있다. 공화당 주류파에서 트럼프보다는 차라리 힐러리를 지지하겠

*   이 글은 미국 대선 전에 쓰인 글이다.

다는 주장마저 공공연히 들린다. 억만장자 트럼프는 군수기업과 금융계의 지원이 필요 없다. 자본의 입김에서 홀연 자유롭다. 민주당 및 공화당과 유착되어 상징자본을 누려왔던 주류 언론과 주류 지식인들도 힐러리 지지로 합세하는 모양새다. 그들이 펜대를 굴리고 세 치 혀를 놀림으로써 관리할 수 있는 인물이 힐러리이기 때문이다. 그녀는 그들과 '말이 통하는 사람', 이른바 '내부자'다.

따라서 샌더스를 지지했던 표가 힐러리로 옮아갈지 미지수다. 공화당 대 민주당, 보수 대 진보라는 20세기형 구도가 지속된다면 그러할 것이다. 하지만 내부자 대 외부자, 엘리트 대 풀뿌리의 구도라면 어찌될 것인가. 트럼프의 열렬한 지지자들은 힐러리를 '극혐'한다. 그녀가 진보적이라서가 아니다. 주류 엘리트이기 때문이다. 균열선은 좌/우가 아니라 내/외로 그어졌다. 그래서 '사회주의자'라는 아웃사이더 샌더스에 더 호감을 가지는 것이다. 시좌와 시선을 달리함으로써 레드 콤플렉스마저 단숨에 극복한 것이다.

같은 이유로 네오콘과 월가가 힐러리를 더 선호한다는 사실이 확연해질수록 샌더스를 지지했던 표심도 흔들릴 공산이 크다. 힐러리보다는 트럼프로 갈아탈 수도 있지 않을까? 힐러리의 당선은 미국의 현상 유지에 그친다. '최초의 여성 대통령'이라는 명예에도 불구하고 그녀의 남편과 현직 대통령과 양당의 전임 대통령과 크게 다르지 않을 것이다. 20세기의 연장선, 쇼는 계속될 것이다. 반면 트럼프의 당선은 긍/부정을 아울러 미국의 근본적인 변화를 의미한다.

이념적 지향에서 양 극단을 달리는 샌더스와 트럼프가 외교 정책에서는 수렴되고 있음도 흥미로운 대목이다. 둘 다 오바마가 지적했던 워싱턴의 파워 엘리트들과 단절되어 있다. 주요 싱크탱크의 유명인사들에게 자문을 구하지 않는다. 더 중요하게는 두 사람 모두 적극적인 대외 정책과 거리가 멀다는 점이다. 트럼프의 모자에 새겨진 "Make America Great Again"을 오독하지 말아야 한다. 그(와 지지자)가 꿈꾸는 '위대한 미국'은 순전히 아메리카 안에서의 일이다. 남의 나라 사정에는 관심이 크지 않다. 이들에게 위대한 미국이란 워싱턴과 뉴욕과 할리우드의 글로벌 엘리트들이 좌지우지하는 미국화된 세계가 아니다. 보통 사람들도 열심히 일하면 더 나은 삶을 보장받을 수 있었던 19세기와 20세기의 미국을 향수한다. 토박이, 토착파, 전통파, 반세계화주의자들이다. 미국(만)을 사랑하는 백인 청교도들이다.

트럼프는 오바마에서 한발 더 나아갔다. 동맹국에 대한 관여마저 뜨악하다. 미국의 동맹국을 보호하는 것이 미국의 핵심 이익이라는 '교조'에서 벗어났다. 대신에 미국의 보호에 대한 비용을 더 지불하라고 한다. 지불할 수 없다면 떠나겠다고 으름장이다. 즉 트럼프가 미국의 안과 밖으로 발신하는 메시지는 단순하다. 미국을 내버려둬라, 우리도 너희를 내버려두겠다Leave America alone, and We will leave you alone. 마침내 미국에서도 국가간체제의 제1원칙에 충실한 정치인이 등장한 것이다. 상호 내정 불간섭이다. 그래서 냉전기 제국과 속국의 비대칭적 교환으로 작동했던 '미국식 조공체제'를 파기하려 든다. 느지막한 탈냉전의 조짐이다.

오늘의 미국은 더 이상 20세기의 미국이 아니다. 우리도 고달프고 너네도 불만인 '가치동맹'(=십자군적 세계관의 근대화)일랑 마침표를 찍자는 것이다. 트럼프는 민주주의를 유일사상으로 섬기는 이데올로그가 아니다. 전 세계를 민주화시켜야 한다는 사명감으로 똘똘 뭉친 근대의 선교사도 아니다. 사업가다. 손익을 따진다. 수지가 맞지 않으면 접는 편이 득이라고 생각한다. 기업가적 합리성으로 미국의 현재를 꽤나 정확하게 파악하고 있는 것이다. 미국의 분수와 처지를 제대로 꿰고 있다.

국제주의와 제국주의

트럼프를 가리켜 '고립주의'라고 말하는 이들이 있다. 그 반대편에는 '국제주의'를 세운다. 노련하고 노회한 프레임 짜기다. 폐쇄적인 고립주의보다는 국제주의가 한결 진취적으로 보인다. 기만적인 말장난이다. 9·11 이후 16년, 줄곧 '국제주의'가 가동되었다. 아프가니스탄부터 리비아까지, 이슬람 세계는 온통 아수라장이 되었다.* 국제주의보다는 호전주의가 정명正名에 더 가까울 것이다. 혹은 제국주의라고 해도 크게 틀리지 않을 성싶다.

국제주의를 대표하는 인물이 힐러리다. 한때는 영부인으로, 한창때는 국무부 장관으로 전 세계를 누비고 다녔다. 민주주의와 자유와 평등, 인권을 매우 중시하는 진보파이기도 하다. 바로 그러한 이유로 독재정권을 타도하고자 하는 열렬한 호전주의자이기도 하다. 이라크와 이란에 가장 적대적인 인물이 힐러리였다. 장관으로 실적도 거두었다. 리비아의 카다피를 제거했다. 북아프리카의 독재자를 사살함으로써 IS가 창궐하게 되는 빌미를 제공한 것이다. '민주주의 근본주의'와 '이슬람 근본주의'의 악순환을 한층 악화시킨 장본인이 바로 그녀다.

지옥으로 가는 길은 선의로 포장되어 있다고 했다. 서늘한 진실을 담고 있는 격언이다. 자유민주주의 이외의 어떠한 이념과 체제도 승인하지 않는 이들이 현대 세계의 가장 과격한 근본주의자들이다. 사회주의와의 경쟁에서 승리함으로써 자기 교정과 자기 성찰 능력도 상실했다. 그 안하무인으로 탈냉전 이후의 세계를 테러와 난민의 세기로 만든 것

---

* 아프가니스탄, 이라크, 시리아, 리비아까지 '민주주의' 확산을 위한 미국의 '체제 전환' 정책의 결과로 이 나라들은 공히 심각한 내전 상황으로 치닫게 되었다. 그 무정부 상태는 역설적으로 테러리즘과 이슬람 근본주의가 더욱 만연할 수 있는 최적의 환경을 만들어주었다.

이다. 힐러리가 대통령이 된다면 풀뿌리 민주주의 세력은 (좌/우를 막론하고) 실망할 것이다. 군산복합체는 환영할 것이다. 그녀의 신념을 발판 삼아 재차 이윤을 창출할 수 있는 기회를 엿볼 수 있을 것이다. '국제주의'의 다음 불장난은 중동이 아니라 동아시아일지도 모른다.

파시스트와 리얼리스트

'트럼프 대통령' 저지를 선도하고 있는 공화당 주류 인사들은 파시즘을 우려한다. 부시 정부 아래서 활개 쳤던 인사들이 뻔뻔하게 그런 주장을 편다. 듣자니 민망하다. 정보 조작과 대중 선동으로 아프가니스탄과 이라크를 불구의 나라로 만든 주역들이다. 트럼프가 그들의 기득권을 흔들자 돌연 파시즘을 걱정하는 시늉을 내는 것이다. 후안무치하다. 현대 정치인의 기본 자질을 갖추었다.

트럼프야말로 아프가니스탄과 이라크 '침공'을 비판하고 있다. 금기였던 이스라엘에 대해서도 시비조다. 중동 평화에 기여하지 않고 호전적 태도를 일삼는다며 비난을 퍼붓는다. 오바마처럼 돌려 말하지 않고 돌직구를 던진다. 이스라엘에 대해서도 할 말은 하는 대통령이 되겠다는 기상이 용맹하다. 물론 무슬림과 히스패닉과 여성과 소수자에 대한 그의 발언은 끔찍하다. 도가 지나치다. 하지만 카메라가 돌아가고 있음을 알아채지 못했을 때 힐러리는 흑인 청년들을 약탈자super-predators라고 경멸하여 곤욕을 치른 바 있다. 힐러리가 더 빼어난 것은 미디어 앞에서의 연출과 연기에 능수능란하다는 점이다. 세련되고 모던한 정치인이다. 가면극에 탁월하다.

트럼프는 일견 인종차별주의자로 보이지만, 그가 제출하고 있는 국제 전략은 지극히 현실적이다. 미국에 직접적인 안보 위협을 가하지 않는 한, 민주주의와 인권을 수호한다며 남의 나라에서 무력을 사용하지 않을 것이라고 한다. 이라크의 후세인과 리비아의 카다피가 있는 편이 중동 안정에 더 이로웠다고도 한다. 외국의 독재 상태를 개선하기 위해서는 시장을 개방시켜 경제발전을 유도하는 것이 더 합리적이라고도 한다. '정경 분리', '선경후정'先經後政에 가깝다. 그는 담대한 아이디얼리스트가 아니다. 철저하게 계산적인 리얼리스트다.

리얼리스트는 미국 외교사에서 특별한 의미를 가진다. '민주화'를 표방하며 실패를 반복하는 호전파의 대척점에 자리한다. 가장 유명한 이로는 닉슨 대통령의 안보보좌관 키신저를 꼽을 수 있다. 베트남전쟁의 수렁에서 미국을 구해내기 위하여 중국과의 화해를 도모했다. 공산주의 확산 저지를 명분으로 전쟁을 지속하기보다는 중국공산당과 손을 잡음으로써 탈냉전을 견인했다.

트럼프도 엇비슷하다. 그는 강력한 지도자가 이끄는 국가는 비록 민주적이지 않더라도 필요악으로 인정한다. 유독 푸틴을 높이 사는 이유이다. 미국이 푸틴을 적대시할수록 중국과 러시아가 결속하여 미국에 대항한다며, 러시아와의 화해가 필요하다는 실용적인 판단도 내린다. 응당 우크라이나에서 '민주화'를 선동하기보다는 유럽의 문제는 유럽에 맡기자고 한다. 냉전의 유산인 북대서양조약기구(나토NATO)*에도 부정적이다. 이 모든 현실주의자로서의 면모는 죄다 외면하고 돌출 발언만을 부각시켜 파시스트로 낙인찍는 것 또한 민주개혁 진영의 커다란 편

---

* 2차 세계대전 후 동유럽에 주둔하고 있던 소련군과 군사적 균형을 맞추기 위해 미국, 영국, 프랑스, 캐나다 등을 회원국으로 하여 1949년 발족한 서유럽 지역의 집단안전보장기구. 1966년 프랑스의 탈퇴로 본부를 파리에서 벨기에의 브뤼셀로 이전했다. 소련 붕괴 후에는 동유럽 국가들로까지 확장되어 현재 정식 회원국은 29개국이다.

견이며 편향일 것이다.

《1984》

나는 트럼프가 대통령이 되지 않기를 바란다. 유명한 사람보다는 유능한 인물이 지도자가 되어야 한다. 유능한 이보다는 유덕한 사람이 최고 지도자가 되어야 한다. 덕德을 쌓은 사람이 복福을 베풀 수 있다. 인간은 논리로 설득되지 않는다. 솔선수범하여 감화시키고 감득시켜야 한다. 이성적 토론을 통한 합리적인 의사결정? 민주주의의 이상은 근대의 신화다. 호모 사피엔스에 대한 계몽주의적 오해 위에 세워진 모래성 같은 제도이다.

트럼프 현상 또한 민주주의가 쇠퇴해서 일어나는 것이 아니다. 가면 아래 민낯이다. 백 년도 안 된 이 새파란 제도는 20세기 후반 줄곧 오작동했다. 당장 세계지도를 펼치고 민주주의 국가들을 살펴보기를 바란다. 그중 훌륭한 거버넌스를 갖춘 국가가 얼마나 되는지 따져보기 바란다. 열 손가락 꼽기도 쉽지 않다. 아무리 후하게 점수를 주어도 1할이 채 안 된다. 공시적으로도, 통시적으로도 미심쩍은 제도다. 그럼에도 외면하고 간과했을 뿐이다. 고도성장이 지속되었기 때문이다. 경제발전의 풍요가 민주주의의 실상을 가렸던 것이다.

나는 1인 1표에 기반한 민주주의가 화석연료 시대의 예외적인 정치제도였다는 생각을 점점 굳혀가고 있다. 아테네에서 반짝했다가 2천 년이 넘도록 부정당하고 기각되었던 제도가 (일시적으로) 부활한 마법의 비결에도 지하자원의 남용이 있었다고 여긴다. 인간 사회에 과도한 에너지가 일시에 투입되면서 그 무질서(자유 상태)를 제도적으로 흡수하는 정치 형식이 필요했던 것이다. 민주주의의 성립 과정과 석탄·석유의 발견 과정, 그리고 민주주의를 유일신앙으로 삼는 학문과 사상의 확립 과정은 중동과 유럽으로 서진하면서 차차 살펴갈 작정이다.

즉 20세기의 번영은 석탄과 석유를 때며 이룬 것이지, '각성한 노동자', '깨어 있는 시민'들의 집합적 의지로 성취한 것이 아니었던 듯하다. 민주주의는 인민의 붉은 피가 아니라 땅 밑의 검은 기름을 먹고 피어났던 것이다. 헌데 그 지하자원이 갈수록 줄어들고 있다. 저성장 혹은 성장 없는 살림살이가 일상이 되어가고 있다. 아버지만큼 잘사는 아들이 나오기 힘든 시대로 진입한다. 20세기만큼 풍요로운 세기 또한 도래하기 어려울 것이다. '자연 상태'로 되돌아간다. 그럴수록 민주주의의 오작동은 더 빈번하게 일어날 것이다. '인간 해방'의 욕망을 충족시켜줄 자원이 한정되어 있기 때문이다. 욕망의 절제를 미덕으로 삼고, '자유인'을 동경하기보다는 성인聖人을 존경했던 정치문화가 재차 기지개를 펼 것이다. 인권Human Right을 내세우기보다는 인성人性 도야가 강조될 것이다. 목전의 내 이익을 대변해주겠다는 사람보다는 나의 양심을 충족해주고 도덕성을 고무해주는 인물을 지도자로 선호하게 될 것이다.

독일의 유력지 〈슈피겔〉은 트럼프를 세계에서 가장 위험한 인물이라고 지목했다. 옳은 말씀이다. 근대의 마지막 신화, '민주주의 근본주의'를 근저에서 허물고 있는 이단아이기 때문이다. 서둘러 봉합하려 든다. 〈뉴욕 타임스〉, 〈르몽드〉, 〈가디언〉, 〈슈피겔〉, 〈아사히신문〉, 〈한겨레〉 등 각국의 민주와 진보를 상징하는 언론들도 대동소이하다. 혹시 이들이야말로 '민주주의 근본주의'를 사수하는 최후의 프로파간다 기구는 아닐까. '새 정치'의 출현을 가로막고 있는《1984》의 빅브라더Big Brother 일 수 있다.

미얀마에서 식민경찰로 한때를 보내다 작가가 되기로 결심한 이가 조지 오웰이었다. 미얀마에서는 농반진반으로 '1984년의 미얀마'를 예측한 예언서라며《1984》를 높이 산다. 그런 구석이 크다. 그런데 그뿐일까. 오웰은 미얀마에서 영국의 '문명화 사업'에 환멸과 염증을 느꼈다. 기만적인 '백인의 책무'에 구역질을 했다. 그래서 제국의 옷을 벗고 펜을 들었던 것이다. 제국주의의 본질을 직시한 오웰은 사회주의자가 되었다. 스페인 내전(1936~1939)에도 투신했다. 따라서《1984》를 공산주의 국가에 대한 은유만으로 읽어내는 것도 '냉전적 독해'에 그친다. 그 반대편 민주주의 사회는 얼마나 달랐던 것일까? 그런 의심과 회의 자체가 원천 봉쇄되어 있다는 점에서《1984》의 가공할 상태와 유사하지 않은가. 19세기 영국의 문명화 사업과 20세기 미국의 민주화 사업은 연속적인 것이다. 빅브라더가 진화한 것이다. 그래서 민주주의 밖을 상상하지 못한다. 고작 다시 민주주의, 더 더 민주주의이다.

트럼프가 대통령이 되면 '사상 해방'은 폭발할 것이다. 20세기 전반의 파시즘과 후반의 공산주의를 '전체주의'로 묶고 그 맞은편에 민주주의를 세웠던 20세기형 프레임이 붕괴할 것이다. 공화당과 민주당이 합작하여 그를 조기에 축출하고 양당 과점제로 돌아가기 위해 흔들기를 그치지 않는 '민주 내전' 상태로 빠져들지도 모른다. 그러나 당선이 안된다 하더라도 미국은 장기적으로 트럼프의 방향으로 흘러갈 것이다. 세계를 향해 활짝 열렸던 문은 차츰 닫혀갈 것이다. 벽을 치고 담을 쌓을 것이다. 제국의 활력 또한 현저히 줄어들 것이다. 자연스레 대서양과 태평양과도 멀어져갈 것이다. 미국의 위상 저하와 함께 서구형 민주주의 또한 쇠락해갈 것이다. 한 시대의 지배이념은 패권국의 이념이라 했다. 2076년이면 미국 건국 300주년이 된다. 세 번의 백 년을 온전히 나는 나라가 거의 없음이 역사의 증언이다. 신대륙도 예외는 아니지 않을까. 미국의 쇠락과 더불어 '진보'라는 근대의 신화 또한 퇴화해갈 것이다. 아메리카의 새 문명이 회군하면서, 유라시아의 옛 문명들이 회생

回生할 것이다.

200년 전 독일의 철학자 헤겔은 나폴레옹을 가리켜 '시대정신'이라 했다. '문제적 개인'이라고도 했다. 그를 흉내 내어 트럼프를 21세기 미국의 시대정신을 담지한 문제적 인물이라 할 수 있겠다. 헤겔이 나폴레옹에게서 시대정신을 보았을 때, 미국을 직접 견문하며 민주주의를 살핀 이가 프랑스의 청년 귀족 토크빌(1805~1859)이었다. 《미국의 민주주의》를 출간한 것이 1835년이다. 건국 60여 년, 파릇파릇한 미국을 관찰했다. 그럼에도 '타는 목마름으로' 민주주의를 선동하지는 않았다. 그는 반신반의했다. 득과 실을 고루 따졌다. 밝음과 어둠을 함께 살폈다. 특유의 균형감각으로 고전의 반열에 오를 책을 썼다.

토크빌이 21세기를 산다면 어디로 갈 것인가? 나는 인도라고 생각한다. 건국(1947) 70주년을 목전에 두고 있다. '세계 최대의 민주주의 국가'가 인도다. 미국부터 40개 민주주의 국가들을 합해야 인도의 규모에 이르게 된다. 민주주의의 장래는 어떻게 될 것인가? 21세기는 어떤 방향으로 흐를 것인가? 인도에서 결판날 것이다. 북아메리카보다는 남유라시아를 주목해야 한다. '인도의 민주주의'를 써야 할 시점이다. 과연 거대한 변화가 진행 중이었다. 인도로 간다.

장기 20세기의 종언

역사'들'은 귀환하고
문명'들'은 회생한다

진보의 종언

오후 2시, 일상을 멈추었다. 평소라면 아랍어와 페르시아어를 배웠을 시각이다. 새벽에는 나랏말로 글을 쓴다. 오전에는 남의 나라 말로 책을 읽는다. 오후에는 새 말을 익혀간다. 지난 2월 델리 입성 이래, 단조로운 일과를 반복한다. '인도에서 왜 아랍어와 페르시아어?' 할지도 모르겠다.

대영제국에 앞서 무굴제국(1526~1857)이 있었다. 무굴은 몽골의 적자였다. 서북에서 남진하여 델리에 터를 잡았다. 몽골화된 이슬람, 혹은 이슬람화된 몽골의 후예였다. 이슬람이 국교의 지위를 누리면서 아랍어가 보급되었다. 조정은 페르시아어를 통해 제국을 경영했다. 산스크리트어와 페르시아어 간의 사상 교류가 활달했다. 천 년의 전성기를 보낸 이슬람 문명이 인도에 소개되었고, 힌두 문명의 정수를 담은 고전들이 아랍어와 페르시아어로 번역되었다. 토착 문화와 외래문화가 대융합되었다. 지금도 도로 간판에는 힌디어와 함께 아랍어와 페르시아어가 새겨져 있다.

인도는 이란과 지척이다. 파키스탄과 아프가니스탄을 사이에 두고 있다. 서인도는 아라비아해를 '지중해' 삼아 중동과 마주 본다. 내 아랍어 선생님은 아랍에미리트연방(UAE)의 두바이에서 왔고, 페르시아어 선생님은 이란의 테헤란에서 왔다. 벵골만에서는 동아시아가 가깝지만(Look East), 아라비아해에서는 서아시아가 이웃(Look West)이다. 동아시아는 불교로 연결되었고, 서아시아는 이슬람으로 이어졌다. 이 남아시아와 서아시아 간 문명 혼합을 샅샅이 기록한 연구서들은 또 영어와 일본어가 많다. 오전과 오후, 하루를 통하여 반천 년 인도(사)의 유산을 훑어가는 셈이다. 이 땅에서 펼쳐졌던 힌두 문명과 이슬람 문명, 유럽 문명 간 교섭의 파노라마를 추체험한다. '유라시아 르네상스'의 대장관이다.

이날만은 일대일 수업을 받지 않았다. 단골 카페에 진을 쳤다. 커피도 짜이茶도 아니고, 킹피셔 맥주를 주문했다. 40도 불볕더위에 얼음을 넣어 마시는 킹피셔는 언제나 일품이다. 한 모금 목을 축이고, 노트북을 열었다. 유튜브에서 라이브로 중계되는 JTBC의 2016 대한민국 총선 개표 방송에 접속했다. 지난 2012년 총선 때는 미국 LA에 있었다. 이번에는 뉴델리다. 4년 사이 기술은 더 진보했다. 실시간으로 연결된다. 시공간의 장벽이 온라인에서 사라졌다. 하건만 나라 꼴은 더 나빠졌다. 언론사와 여론조사 기관의 예측은 더 흉흉했다. 새누리당 180석을 운운했다. 나는 만반으로 취할 준비가 되어 있었다. 심란한 마음으로 화면을 응시했다. 한 병을 비우고 두 병째를 시킬 무렵, 출구조사가 발표되었다. 취기가 싹 가셨다.

설마 과반이 무너질 리야. 계속 주시했다. 인도양의 해가 지고, 달이 떴다. 12시를 지나 새 날이 되었다. 제1당마저 교체되었음을 확인했다.

제1당이 바뀌었다. 의회 권력이 교체되었다. 그제야 인터넷 창을 닫았다. 노트북도 접었다. 마지막 잔을 깨끗하게 비웠다. 속이 시원했다. 후련했다. 혼군昏君을 혼쭐내주었다. '백성은 배를 띄우기도 하지만 침몰시키기도 한다'고 했던가. 국민이 '배신의 정치'를 심판했다. 과연 민심은 무섭다. 가히 천심은 무겁다. 가뿐해진 마음으로 숙소로 향했다. 요금을 세 배로 뻥튀기하는 오토릭샤 기사가 오늘만은 전혀 짜증스럽지 않았다. 쏘아보지도, 실랑이하지도 않았다. 옛다, 흔쾌히 지불했다. 기분을 좀 내었다. 기분 좋게 잠자리에 들었다.

일어나니 이메일과 카톡 메시지가 여럿이다. 한반도와 아대륙은 3시간 반의 시차가 난다. 동방의 아침에서 남방으로 보내온 전갈들이다. '그래도 한국 민주주의는 건강하다, 아직은 살아 있다.' 신이 난 모양이다. 잠이 확 달아났다. 속을 차려야겠다고 생각했다. 인도의 민주주의에 앞서 한국의 민주주의부터 잠시 짚고 넘어가야겠다. 쓰던 글을 미루고, 새 글을 쓰기 시작했다. 하룻밤 사이, 걱정의 방향이 바뀌었다.

뉴스가 뉴스를 덮는다. 오늘의 뉴스가 어제의 뉴스를 지운다. 뜻밖의 결과가 망각을 더욱 부추긴다. 선거를 앞두고 야당들은 가관이었다. 막장이었다. 더한 막장이 못한 막장을 덮었을 뿐이다. 어부지리漁父之利였다. 어부지리로 제1당이 교체되었고, 어부지리로 제3당이 약진했다. '묻지마 투표'였다. 비호남에서는 전국 여당을, 호남에서는 지방 여당을 심판했다. 진검승부는 없었다. 반대편의 실력은 따지지 않았다. 재차 과거에 대한 회고적 투표였다. 미래에 대한 생산적 논쟁은 없었다. 소 뒷걸음으로 쥐 잡은 격이었다.

그래서 큰일이다. 과잉 대표되었다. 표심을 제대로 반영하지 못하는 소선거구제의 혜택을 이번에는 야당들이 누렸다. 그런데도 유권자의 현명하고 절묘한 선택이라며, 황금분할이라며 과대평가한다. 서둘러 교화의 자세를 거두고 대중의 집합지성에 머리를 조아린다. 정당도 언론도 직시보다는 포장과 아부에 능하다. 기시감이 인다. 지난 2004년 탄핵 바람을 타고 일어났던 한 정당이 있었다. 한 시절 반짝하고, 금세 졌다. 실력 이상의 역할이 주어지자 지레 주저앉았다. 깜냥이 안 되고 재량이 아닌데도 과분하게 오르면 추락만이 기다릴 뿐이다.

얻은 바도 없지 않다. 어르신들이 20세기의 미망에서 벗어났다. 박정희 향수에서 깨어났다. 분단체제에 기생했던 산업화의 기적이 흘러간 옛 노래임을 인정한 것 같다. 불행한 개인사의 공주에 대한 연민과 동정만으로는 손주들의 장래가 열리지 않음을 수긍한 것 같다. 그들마저 여왕의 오기와 독선에 학을 뗀 것이다. 지지를 철회하고 투표장에 가지 않는 것으로 탄핵에 동참했다. 반동과 복고의 세월에 제동을 걸었다.

그러니 오해는 하지 말자. 오판은 삼가야 한다. 민주화 시대의 적통을 자처하는 정당도 정당투표에서는 세 번째로 밀려났다. 정체를 알 길 없는 오합지졸 제3당이 보수 표를 흡수해주었기에, 수도권에서 승리하고 영남에서 선전했을 뿐이다. 나의 자력갱생自力更生보다는 남의 자중지란自中之亂 덕이었다. 근본적인 전환기, 이행기로 진입했다. 산업화+민주화=근대화로 질주했던 '장기 20세기'가 종언을 고하고 있다. 공연한 어깃장, 흰소리만은 아닐 것이다. 일국적 차원이 아니라 유라시아적 지평에서 조망할 필요가 있다. 마침 선거운동 기간, 흥미로운 칼럼 한 편을 읽었다.

역사의 귀환

〈파이낸셜 타임스〉를 즐겨 읽지는 않는다. 한 달에 한 번 정도 살핀다. 일반 기사는 거의 보지 않는다. 하루만 지나면 가치가 없어지는 인스턴트 정보가 숱하기 때문이다. (기자들에게는 죄송한 말이지만) 인공지능이 단순 기사를 쓰게 될 날이 머지않았다고 여긴다. 그래서 주로 칼럼만 살핀다. 글로벌 공론장의 동향을 관찰하기 위해서다. 그러다 반가운 이름을 접했다. 피터 프랭코판Peter Frankopan. 실크로드사를 전공한 역사학자다. 내 킨들에도 그의 책이 저장되어 있다. 중국 신장新疆을 주유하며 읽었던 기억이 난다. 칼럼의 제목은 더욱 눈에 들었다. '역사의 귀환'The return of history이다. 패러다임에 분명하다. 프랜시스 후쿠야마의 '역사의 종언'을 비틀었다. 혹은 비꼬았다.

독법이 과감하고 시원하다. 내 취향이다. 나는 이중 부정으로 점철된 글을 싫어한다. 판단 보류를 사려 깊음으로 포장하는 미문美文을 내켜하지 않는다. 과학과 객관을 표방하는 논문에도 호의적이지 않다. 장차 이 또한 인공지능이 대신 쓰는 편이 나을 것이다. 근대적 역사학, 근대적 사회과학도 막간幕間에 이르렀다고 여긴다. 시비是非를 가리고 포폄褒貶을 주저치 않았던 옛 학문의 미덕이 되살아날 것이다. 자신을 걸고 써야 한다. 자신을 지우고 쓰는 글은 문장[文]이 아니라 데이터data다. 구태여 사람이 쓰지 않아도 된다. 인문은 인人과 문文의 결합, 사람의 흔적이다.

프랭코판은 25년 전을 회고한다. 1991년이다. 소련이 해체된 해다. 희망이 넘쳤다고 한다. 소비에트연방에서 15개의 공화국이 독립했다. 동서독은 통일되었고, 동서구는 통합되었다. 변화의 바람은 유럽, 서유라시아만으로 그치지 않았다. 남아프리카에서는 만델라가 대통령이 되었고(1994), 남아메리카에서는 피노체트가 물러났다(1990). 동유라시아도 보조를 맞추었다. 한국에서는 문민정부가 출범하고 여/야 정권이 교체되었다(1993). 독재와 억압의 시대가 종언을 고하는 듯했다. 인류의 진보가 막바지에 이르렀다고 했다. 기민한 후쿠야마는 니체를 흉내 냈다. '최후의 인간'*을 전망했다. 자유민주주의가 항상적이고 항구적인 상태가 될 것이고, 정치적 변동이 없는 그 (지루한) 세계에서 인류는 격렬한 스포츠와 위험도가 높은 사업 등으로 재미와 의미를 추구할 것이라고 했다. 크게 잘못짚었다.

프랭코판은 지난 25년을 '(자유)민주주의의 쇠퇴'라고 정리한다. 승리와 도취의 기억은 이미 희미하다. 긍정과 낙관도 사라졌다. 테러와 난민의 세기에 진입했다. 유럽연합(EU)의 지속 여부마저 불투명하다. 그는 새 역사의 방향을 실크로드에서 찾는다. 실크로드에 자리한 국가들이 재차 역사의 중추로 복권되고 있음을 목도한다. 새로운(=익숙한) 미래가 열리고 있다고 한다. 수차례의 밀레니엄, 종교와 철학과 사상과 상품과 동식물과 사람들이 오고갔다. 폭력과 전쟁과 병균도 주고받았다. 그 유라시아 연결망이 재부상하고 있다는 것이다. 역사의 종언은커녕 역사의 출발로 되돌아가고 있다고 한다.

응당 정치도 달라지고 있다. 이스탄불(터키)과 모스크바(러시아)와 테헤란(이란)과 베이징(중국)을 주목한다. 종교와 문명이 상이한 옛 제국들에서 노정되고 있는 정치적 유사성에 착목한다. 황제와 차르와 술탄의 기억이 되살아나고 있다. 민주주의보다는 전통적인 제국 통치에 근접해가고 있다. 강력한 권위를 가진 지도자(와 지배층)가 중간층의 발흥을 억제한다. 대자본에 식민화된 생활세계와 시민사회를 규율한다. 그래서 민주주의 국가들에서는 도저히 흉내 낼 수 없는 권위를 위임받고 행사한다. 왕년의 제국들 사이에 자리한 중앙아시아 국가들도 이런 경향을 따르고 있다. 최근 카자흐스탄, 우즈베키스탄, 아제르바이잔에서도 선거가 있었다. 공히 현역 대통령들이 재선되었다. 지지율이 80퍼

---

* 후쿠야마의 저서 《역사의 종언》의 원제는 '역사의 종언과 최후의 인간'(The End of History and the Last Man)인데, 이 제목은 니체의 저서 《최후의 인간》에서 따온 것이다.

센트를 오르내린다. 유라시아 도처에서 구미의 모델이 더 이상 환영받지 못하고 있다는 것이다. 그들은 그들의 미래를 그들 자신의 과거 속에서 구한다.

나는 프랭코판의 시대 인식에 기본적으로 공감한다. 다만 지난 200년의 '진보'만큼이나 역사의 귀환 또한 순탄치만은 않을 것이다. 과거의 반복과 복제만도 아닐 것이다. 그래서 단어를 고쳤으면 좋겠다. 귀환 Return만으로는 충분치 않은 진술이다. 20세기의 경험을 삭제할 수는 없는 노릇이다. 시간은 흘러가지 않고 쌓이는 것이고, 역사에 단절과 비약은 없는 법이다. 누적과 축적이 있을 뿐이다. 사회주의와 자유주의의 득과 실을 두루 겪었다. 그 담금질의 시간을 간과할 수 없겠다. 따라서 재생Revival이나 소생Resurgence 혹은 중흥Renaissance이라는 말이 더 어울린다. 역사가 종언을 고한 것이 아니다. 진보가 종언을 고한 것이다. 역사'들'은 귀환하고 있다. 문명'들'도 회생하고 있다. 지방적 근대가 물러나고, 지구적 근대가 만개한다.

〈파이낸셜 타임스〉는 구미의 주류 신문이다. 주류 가운데서도 주류다. 그런데도 이런 칼럼이 실린다. 시각은 보수적일지라도 수준은 갖춘다. 방향도 잡는다. 실로 좌/우는 부차적이다. 관건은 깊이와 방향이다. 이 칼럼을 읽은 날, 한국의 진보정당에서 운영하는 팟캐스트를 들었다. 총선 이후 당명을 '사민당'으로 바꾸잔다. 1990년대 논객을 대표하는 이의 입에서 나온 말이다. 이제서 사민주의(사회민주주의)*? 그 본산인 유럽에서도 퇴화하고 있는 이념이다. 유럽조차 유럽식으로 근대적 정치의 이념형과 멀어지고 있다. 하물며 21세기 천하의 중심이 되고 있는 동아

---

* 페이비언 사회주의의 노선을 계승해 폭력 혁명과 프롤레타리아 독재를 부정하고 정치적으로는 의회를, 경제적으로는 노동조합을 통하여 합법적으로 사회주의를 실현하려는 사상이나 운동.

시아에서 20세기의 사민주의를 내세우자고? 시대착오다. 고루하기 짝이 없다. 여태 '친밀한 적'에서 헤어나지 못했다.

아직도 유럽의 '지방 방송'을 세계 담론인 양 설파하는 유로파들이 적지 않다. 그들이 상징자본을 누리며 과도하게 발언권을 행사한다. 좌와 우, 보수와 진보, 민주 대 독재라는 진부한 구도를 거듭 설파하고 주입한다. 그래서 새 사상과 새 정치의 출현을 가로막는다. 이쯤이면 공론장도 물갈이가 시급하다. 올드미디어는 물론이요, 뉴미디어와 소셜미디어에도 새 담론이 부재하다. 무엇보다 인식과 사상의 지리 감각부터 혁신하고 쇄신해야 한다. 나로서는 부디 (동)아시아를 연구하는 '신진 대장부'들부터 호연지기浩然之氣를 발휘해주기를 바랄 뿐이다. 그래야 서쪽으로 기울어진 공론장도 균형을 찾을 수 있을 것이다. 좌/우만이 아니라 동/서와 고/금 간에도 중도를 취할 수 있을 것이다. 그래야 선거에 일희일비하지 않고 백년대계를 세우는, 치국治國과 평천하平天下에 일조하는 '대학'大學의 본연도 감당할 수 있을 것이다.

문명의 재생

자유(민주)주의의 종언을 앞서 짚은 이가 있다. '세계체제론'의 월러스틴Immanuel Maurice Wallerstein이다. 냉전의 종식을 자유주의의 승리라고 하지 않았다. 세계체제의 위기라고 했다. 사회주의에 이어 자유주의도 종언을 고할 것이라 했다. 석학의 통찰이다. 하지만 사회과학자의 한계도 노정했다. 세계를 중심—반半주변—주변이라는 도식으로만 파악했다. 자본주의 세계체제가 사회주의 세계체제로 이행하는 또 다른 단선적 진보만을 전망했다. 그래서 좌파들의 글로벌 친목 모임 이상의 의미를 찾기 힘든 세계사회포럼(WSF)World Social Forum*에 과도한 기대를 걸기도 했다. 무엇보다 문명이라는 역사공동체의 저력을 전혀 고려하지 않았다. 세계체제론에는 유교 문명과 힌두 문명, 이슬람 문명의 고유함과 독자성이 비집고 들어갈 틈이 전혀 없다. 자본과 국가를 규율할 수 있는 지역적 동학, 고전 문명의 유산을 간과한다.

이쪽에 방점을 둔 이는 미국의 정치학자 새뮤얼 헌팅턴Samuel Huntington이었다. '문명의 충돌'을 예언했다. 9·11이 상징적이다. 그러나 과장이었다. 기독교 문명과 이슬람 문명의 충돌이었을 뿐, 이슬람 문명과 중화문명은 그러하지 않았다. 힌두 문명과 이슬람 문명도 전면전으로 치닫지 않았다. 중화문명과 힌두 문명은 불화와는 거리가 멀다. 갈수록 더 약여한 현상은 문명 간 길 닦기와 다리 놓기다. 중화문명은 철두철미 인문주의다. 유일신을 믿지 않는다. 인문정신으로 종교를 포섭한다. 힌두 문명은 넉넉한 다신교다. 예수도, 마호메트도, 싯다르타도, 공자도 여럿 중 하나로 흡수해버린다. 이들 문명권에서 공히 실크로드가 환기되고 있다. 오래된 길을 복기하고 복구하고 있다.

한국도 미래의 영감을 스스로의 역사에서 구할 때가 되었다. 특히 대당제국기의 삼국시대와 양국시대, 몽골제국기의 고려, 대청제국기의 조선은 유력한 청사진이 되어줄 것이다. 그 세 차례의 '유라시아 시대'에 한반도 국가들이 어떠한 이니셔티브(주도성)를 취했던가, 혹은 그러하지 못했던가를 곰곰이, 꼼꼼히 따져봄직하다. 고려는 삼국시대를 정리했다. 조선은 고려시대를 갈무리했다. 그런데 대한민국은 스스로의 관점과 언어로 조선을 마감하지 못했다. 그래서 민주화 이후 갈피를 잃은 것이다. 백 년간 따라하고 따라갔을 뿐, 독자적인 길을 개척하지 못한 것

---

* 선진국 중심으로 개최되는 세계경제포럼(다보스 포럼)에 맞서 반(反)세계화를 기치로 출범한 전 세계 사회운동가들의 회의. 2001년 1월 브라질에서 제1회 포럼을 개최한 이래, 해마다 다보스 포럼과 같은 시기에 열린다.

이다. 백 년 전 '자강'自强을 강조한 이가 백암白巖 박은식(1859~1925)이다. 지금이야말로 자강의 적기이다. 자각하고 자강해야 한다. 자업自業으로 자득自得해야 한다.

민民의 열망은 이미 끓어오르고 있다. 바다에서 새 기운이 꿈틀거린다. 문제는 그 여망을 받아 안을 엘리트 집단이 부재하다는 점이다. 민심과 천심을 받들어 지상의 길을 개척할 전위집단이 없다는 점이다. 다른 백 년을 이끌어갈 신진 대장부들이 등장하지 않았다. 요사이 TV 드라마를 계기로 정도전이 뜬다고 들었다. 헌데 그도 평지 돌출이 아니었다. 누적과 축적의 소산이었다. 목은牧隱 이색을 잊을 수 없겠다. 당대 유라시아의 최첨단이었던 신유학을 이 땅에 보급했다. 그의 문하에서 정도전도 정몽주도 자라났다. 도광양회韜光養晦, 즉 칼날의 빛을 칼집에 숨기고 어둠 속에서 힘을 기르듯 30년 한 세대를 절치부심했다. 해방 100주년을 준비하며 새 정치에 앞서 새 사상을, 새 정당보다는 새 학당을 세울 때이다.

잠시 우회했다. 샛길에 든 것만은 아닐 것이다. 정당과 학당, 정파와 학파의 차원에서도 인도인민당(BJP)은 흥미로운 사례다. 정파와 종파가 긴밀하게 결부되어 있다. 정당이 종교사회단체인 민족봉사단(RSS)의 산하 조직이다. 정교 분리가 아니라, 종교의 가르침을 정치를 통해 실현하고자 한다. 성聖으로 속俗을 규율하고자 한다. 속을 성으로 정화하려 한다. 힌두교[古]와 민주주의[今]가 공진화한다. 그래서 '개신改新 힌두교'라고 할 법하다. 인도의 민주주의에서 가장 인상적인 실험 또한 이 대목이 아닐까 싶다. 영국산 민주주의의 표피가 벗겨지고 진피에서 새살이 돋아나고 있다. 혼魂과 백魄의 분단체제를 극복해가고 있다. 다시 본궤도로 진입한다.

인도의 재발견

모디는 21세기의 간디인가,
인도의 히틀러인가

'2014년 체제'

획기적인 선거였다. 정초定礎 선거였다. 인도 현대사는 2014년 5월 16일 이전과 이후로 나뉠 것이다. 21세기의 인도가 발진했다. 그 주인공이 나렌드라 모디Narendra Modi 총리다.

인도의 총선거는 세계에서 가장 크고 가장 긴 선거다. 유권자만 8억, 실제 투표한 사람은 5억 5천만이었다. 유럽 총인구가 5억이고, 남/북 아메리카를 합해야 6억 5천만이다. 유럽보다 많고 아메리카 대륙에 조금 못 미치는 인구만큼의 유권자가 인도 총선에 참여한 것이다. 전 세계 민주주의 아래 살아가는 사람의 절반이 인도에 산다. 그 인도인들이 모디를 선택했다. 3억 가까이가 인도인민당(BJP)Bharatiya Janata Party을 지지했다. 세계에서 가장 큰 정당은 중국공산당이고, 세계에서 가장 많은 표를 받은 정당은 인도인민당이다. 모디는 총선을 대통령 선거처럼 이끌었다. 모디냐 아니냐를 묻는 구도로 몰고 갔다. 그리고 압도적인 카리스마로 압승을 이끌었다. 하원 543석 가운데 282석을 휩쓸었다. 한 정당이 단독으로 과반을 차지한 것은 1984년* 이래 처음이었다.

1984년보다는 1952년 제1대 총선에 빗댈 만하다. 네루가 이끄는 국민회의가 압승했다. 독립운동을 주도한 국민회의의 적수가 없었다. 그후 일당 우위 체제가 오래 지속되었다. 간디와 네루의 이름값으로 지속되는 유사 왕조가 인도의 20세기를 지배한 것이다. 1966년과 1980년 네루의 딸로 총리가 된 인디라 간디는 "짐이 곧 국가"(Indira is India)라고 말한 적도 있다.

2014년 모디의 맞은편에 섰던 이도 네루의 증손자이자 국민회의의 수장인 라훌 간디였다. 이로써 인도에서 가장 오래된 정당이자 가장 오래 집권했던 국민회의는 추락했다. 추락보다는 몰락이 더 어울린다. 44석을 얻는 데 그쳤다. 사상 최악의 결과다. 지방 정당의 수준으로 전락했다. 남인도의 타밀나두주州를 대표하는 지역 정당도 37석이다. 국민회의는 한 석도 얻지 못한 주가 태반이고, 수도 뉴델리에서도 전패했다. 당의 존립 여부가 의문시되는 지경이다. 20세기가 극적으로 막을 내린 것이다. '1952년 체제'를 마감하고, '2014년 체제'가 출범했다.

이 선거 혁명을 주도한 이가 21세기의 신청년들이다. 1990년대 이후에 태어나 처음으로 투표한 유권자가 1억에 육박했다. 건국 70년, 인도는 '젊은 국가'다. 청년층의 비율이 매우 높다. 40세 이하의 유권자들이 절반에 육박한다. 이들이 대거 모디를 선택한 것이다. 국민회의와 더불어 좌파 정당들도 몰락했다. 서벵골주와 케랄라주에서 장기 집권했던

* 국민회의가 단독 과반 정권을 달성한 마지막 해가 1984년이었다. 그 이후에는 줄곧 여러 정당이 연합, 연정을 이루는 형태로 정권이 운영되었다.

무굴제국의 황궁, 랄 킬라(레드포트).

인도공산당도 커다란 타격을 입었다. 새 유권자들은 20세기형 이데올로기로부터 완전히 자유로웠다.

국민회의의 자충수도 없지 않았다. 모디의 비천한 출신을 공격했다. 기차에서 짜이茶나 팔던 소년 시절을 부각시켰다. 모디는 정면으로 되받아쳤다. 라훌을 왕자님이라고 비꼬았다. "국민회의 없는 인도를 만들자!"고 선동했다. 청년들이 표로 심판했다. 금수저가 아니라 흙수저를, 내부자가 아니라 아웃사이더를 선택했다. 간디와 네루의 명문가 자제가 아니라 자수성가한 개인을 선호했다. 모디 물결Modi Wave이 인도를 휩쓸었다. 신/구 간의 대반전이었다.

모디는 기인이다. 완전한 채식주의자다. 달걀도 먹지 않는다. 금욕주의자이기도 하다. 독신을 고수한다. 유흥과 잡기를 즐기지도 않는다. 잠은 하루에 4시간만 잔다. 휴일도 휴가도 없다. 자투리 시간에는 요가와 명상을 한다. 일하는 시간을 더 생산적이고 효과적으로 보내기 위해서란다. 요기Yogi이고 구루Guru이다. '신자유주의적 성자'이다. 실제로 그런지는 모르겠다. 다만 그렇게 연출한다.

소셜미디어도 능숙하게 활용한다. 파워 트위터리언이다. IT 기술에 힌두 문명을 결합했다. 흡사 '디지털 구루'처럼 보인다. 대중연설 또한 탁월하다. 여느 정치가와는 다르다. 종교 행사 같다. 수많은 현자와 성자를 인용한다. 《베다》와 《우파니샤드》, 《바가바드 기타》 같은 고전부터 20세기의 비베카난다Vivekānanda(1863~1902)와 간디까지 종횡무진한다. 그래서 열광을 자아내기보다는 경외를 일으킨다. 그의 연설에는 산문적 열정이 분출하다가도 시적인 고요가 흐른다. 세속적 정치인에 영적인 지도자를 겸비한 것 같다. 역시나 실제로 그런지 확인할 길은 없다. 다만 지지자들의 마음속에는 그렇게 각인되어 있다. 여/야의 교체가 아니라 사상의 교체, 정권 교체보다는 시대 교체로 읽히는 까닭이다.

당선 이후 첫 번째 독립기념일 행사가 상징적이다. 무굴제국의 황궁, 랄 킬라Lal Quila(Red Fort) 앞에 섰다. 머리에는 주황색과 녹색이 섞인 터번을 둘렀다. 몸에는 하얀색 장의長衣를 걸쳤다. 영어는 한마디도 쓰지 않았다. 오로지 힌디어로만 한 시간이 넘는 연설을 대본 없이 소화했다. 그의 연설을 듣고자 델리의 교통지옥을 뚫고 새벽부터 사람들이 구름처럼 몰려들었다. 그 자리에 모인 사람들과 그 현장을 TV와 인터넷으로 지켜본 사람들은 새 역사가 시작되고 있음을 느꼈을 것이다. 모디는 단독으로 간디-네루 왕조를 종식한 첫 번째 지도자다. 가난한 하층 카스트 출신으로 국가수반에 오른 첫 번째 인물이다. 1950년생, 인도가 독립한 이후 태어난 첫 세대 지도자다. 인도의 정체성이 완연하게 달라지고 있다. '다른 백 년'의 초입에 들어선 것이다.

인도의 발견

국민회의는 대영제국의 산물이다. 1885년에 결성되었다. 초장부터 영국풍이 여실했다. 영국 유학 출신 법률가, 언론인, 관료들이 중심이었다. 초대 의장 흄A. O. Hume은 인도에 사는 영국인이었다. 영어 교육을 받은 엘리트 브라만과 자유주의적 영국 지식인들이 조직한 합작 기구였다. 총독부와도 막역했다.

1910년대 국민회의의 정치화를 촉발한 이가 베전트Annie Besant 여사다. 아일랜드인이었다. 1917년 콜카타 전당대회에서 국민회의 의장으로 추대되었다. 그녀는 인도를 아일랜드처럼 여겼다. 인도의 정치적 발전도, 사회적 진보도 대영제국 아래서만 가능하다고 여겼다. 그녀가 출범시킨 전인도자치요구연맹All-India Home Rule League도 아일랜드의 자치 운동을 인도에 이식한 것이다. 즉 국민회의Congress Party의 목표는 말

그대로 의회Congress를 통한 자치였다. 영국식 교양을 몸에 익힌 인도 엘리트들의 정치 참여를 요청한 것이지, 대영제국으로부터의 분리독립을 주장한 것이 아니었다. 혁명파가 아니라 개량파였다. 중국의 국민당 Nationalist Party과는 성격을 전혀 달리했다.

변화의 계기는 간디의 귀국이었다. 간디도 1888년, 열아홉 살 나이에 고향 구자라트를 떠나 영국에서 유학했다. 1915년에 귀국했으니 근 30년을 해외에서 생활한 셈이다. 특히 남아프리카 체험이 중요했다. 그곳에서 대영제국의 자유주의에 내재한 인종주의를 사무치게 경험한다. '영국 신사'를 흉내 내던 신청년이 '마하트마 간디'로 전환하는 결정적인 분수령이었다. 귀국할 무렵에는 양복을 벗고 넥타이를 풀었다. 인도의 전통 복장인 도티 차림이었다. 변호사가 아니라 성자를 연출했다. 자치 운동 또한 'Home Rule'이라는 영어식 명칭에서 '스와라지'Swaraj라는 힌디어로 명명했다. 잉글랜드와 아일랜드를 모방하는 것이 아니라 인도풍 사회운동을 펼치기 시작한 것이다.

간디는 국민회의와 대중운동도 결합하려 했다. 국민회의의 거점은 콜카타(캘커타), 뭄바이(봄베이), 첸나이(마드라스)* 등 연안의 식민도시였다. 이곳에서 국민회의의 주축을 이루는 근대적 지식인들이 배양되었다. 에드먼드 버크의 보수주의부터 존 스튜어트 밀의 자유주의까지, 영국의 정통 사상을 흡수하며 성장했다. 식민 통치를 대리 수행하는 고급 엘리트, '갈색 영국인'이었다. 이들은 인도의 일반 대중이 알아먹기 힘든 말을 썼다. 갈수록 기층과 유리되어 갔다.

이 연안 도시들의 외부, 인도의 아대륙으로는 광활한 토착 세계, 민

------

* 1995년 인도는 영국/영어식 지명 표기법에서 힌디어/현지어 발음에 충실한 표기법으로 수정했다. 이에 따라 캘커타→콜카타, 봄베이→뭄바이, 마드라스→첸나이 등으로 지명이 바뀌었다.

중 세계가 펼쳐졌다. 힌두 문명과 이슬람 문명이 여전했다. 간디는 이 신/구 사이의 분단체제를 메우고자 했다. 근대적인 법률 용어나 정치 개념을 사용하지 않았다. '스와라지'와 '아힘사'ahimsā(비폭력) 등 종교적 이고 토착적인 고유어로 소통했다. '소금 행진'* 등 민중과 더불어 불복 종 직접행동을 펼치기도 했다. 국민회의식 의회 투쟁은 일상과 너무나 동떨어진 것이었기 때문이다. 그러나 1948년 간디가 암살됨으로써 고/ 금 합작 노선은 단절되고 말았다.

독립인도의 주역은 단연 네루였다. 펀자브주의 브라만 출신인 그는 케임브리지대학을 포함해 영국에서만 8년을 공부했다. 네루의 사회주 의 또한 영국의 페이비언 사회주의**를 계승한 것이었다. 네루 본인도 말년에 스스로를 '인도를 다스린 마지막 영국인'이라고 묘사한 바 있다. 국민회의에 도전했던 인도공산당 또한 영국 유학파가 다수였다. 토착파 마오쩌둥이 장악한 중국공산당과는 판이했다. 소련과 얼굴을 붉히고 삿 대질을 한 마오쩌둥과는 달리 인도공산당은 고분했다. 모스크바와 런던 의 자장 아래 있는 이중적 종속성을 연출했다. 국민회의는 영국 같은 나 라를, 인도공산당은 소련 같은 나라를 염원했다.

네루는 종종 간디를 '중세 가톨릭 신자' 같다며 불평했다. 힌두교 마

---

* 1930년 영국이 식민지 인도인들의 소금 생산을 금지하고 영국산 소금에 세금을 부과하는 법을 통과시키자, 간디는 직접 소금을 만들기 위해 390 킬로미터나 멀리 떨어진 단디 해안을 향해 24일 동안을 걸어가기 시작했 다. 많은 인도인들이 이를 따라 행진함으로써 비폭력 저항 운동의 상징이 되었다.

** 1884년 영국에서 결성된 페이비언협회(Fabian society)의 노선으로, 계급 투쟁이나 폭력 혁명을 배제하고 의회제 민주주의에 적응하여 점진적인 방법으로 사회주의의 이상을 실현하고자 하는 노선을 말한다. 오늘날 복 지국가의 형성에 큰 영향을 주었다.

을 만들자며 물레를 굴리는 간디에 눈살을 찌푸렸다. 네루는 중공업에 바탕한 사회주의 근대 국가 건설을 추진했다. 세속주의를 헌법으로 못 박기도 했다. 그가 집필한 대저 《인도의 발견》(1946)을 읽노라면 힌두교를 포함한 모든 종교의 쇠퇴를 자명한 것으로 여겼음이 분명하다. 종교의 종언과 과학의 승리를 확신했다. 이성이 영성을 대신할 것이라고 자신했다. 그래서 소련처럼 종교를 탄압할 필요도 없다고 여겼다. 자연스레 소멸되어갈 것이기 때문이다. '베다'로 돌아가자는 힌두교도들과, 이슬람의 복원을 주장하는 무슬림들을 애석하게 여겼다. 과거로의 회귀는 있을 수 없는 법이다. 시간은 오로지 한 방향으로만 흐른다. 네루는 역사의 진보를 믿어 의심치 않는 근대의 신도이고 사도였다.

외부에서는 인도를 조금 다르게 보았다. 구좌파는 네루식 사회주의와 비동맹 외교에 호감을 품었다. 네루가 '발견'했다는 인도의 전통적인 마을과 대가족 공동체의 '사회주의적' 모습이 마르크스가 '아시아적 생산양식'이라고 일컬었던 것을 고스란히 투영한 것임을 눈치 채지 못했다. 일부는 케랄라와 서벵골에서 민주적으로 선출된 공산당 지방정권에 희망을 투사하기도 했다.

반면 신좌파는 서구의 물질주의에 대항하는 오리엔트의 정신주의의 메카로서 인도를 주목했다. 히피들의 유토피아로 인도가 호명되었다. 비틀스부터 스티브 잡스까지, 영성에 목마른 이들이 인도를 찾았다. 그들이 '발견'한 인도는 역설적으로 진보가 말소된 무역사적·초역사적 공간이었다. 영국 총독부가 구축한 '고대 인도'의 신성한 이미지가 68혁명의 전위(counter-culture)와 디지털 문명의 첨단(cyber-culture)에서 고스란히 복제되었다.

'친밀한 적'

인도의 주요 제도는 1947년 독립하면서 돌연 출현한 것이 아니다. 영국 식민지 시절부터 서서히 발전해온 것이다. 분기점은 영국의 직접통치가 시작되는 1858년이다. 1857년 세포이 대항쟁(혹은 제1차 인도독립전쟁)을 계기로 동인도회사에서 영국으로 통치권이 옮아갔다. 그리고 1858년 인도통치법이 처음 제정되었다. 인도의 장구한 역사 가운데 처음으로 중앙집권적 지배 아래 통합되었다고 할 수 있다. 그 전까지 무굴제국은 '소왕국 연합체'에 가까웠다. 중화제국처럼 말단까지 단일 언어(한문), 단일 사상(유학)으로 통치하는 중앙집권 체제가 아니었다. 주마다, 마을마다 고도의 자치를 누렸다. 델리에는 술탄이 자리했지만, 소왕국의 지배자들은 여전히 힌두 왕이었다. 대영제국이 구축한 철도와 우편, 전화와 신문 연결망을 통하여 '인도'라는 상상의 공동체가 비로소 형성되어 갔다.

그럼에도 인도인이 정치에 직접 참여할 수 있는 기회는 극히 적었다. 변화의 기폭제는 전쟁이었다. 유럽에서 발발한 1차 세계대전이 인도에도 영향을 미쳤다. 유라시아는 공진화했다. 영국 본토에서 노동자, 여성으로 참정권이 확대되어 가듯, 식민지 인도에서도 정치 참여의 기회가 열려갔다. 본국에서도, 식민지에서도 총력전에 동원하기 위해 '최대 다수의 최대 협력'이 필요했던 것이다. '신민臣民의 국민화'가 제국과 식민지에서 동시에 일어났다. 델리의 중심가에는 인디아 게이트가 우뚝하다. 1차 세계대전에 참여한 인도인들의 이름이 새겨져 있다.

그 희생의 소산이 1919년에 제출된 두 번째 인도통치법이다. 행정을 중앙과 주州로 분리했다. 주에서는 제한선거를 도입했다. 인도인 엘리트들에게 지방 행정을 맡기기 시작했다. 중앙과 지방의 양두dyarchy정치가 도입됨으로써 인도인이 정치에 개입할 수 있는 문호가 열린 것이다. 그리고 2차 세계대전 전야인 1935년, 다시 한 번 인도통치법이 개정된다. 이번에는 중앙에서도 제한선거가 실시되었다. 영국식 민주주의가 점진적으로 인도에 이양되었다.

독립 이후 건국 헌법은 1950년 1월에 발포되었다. 인도는 이날을 '공화국의 날'로 성대하게 기념한다. 올해(2016) 행사는 뭄바이에서 직접 지켜보았다. 공휴일 이상의 의미를 찾기 힘든 대한민국의 제헌절과는 꽤나 다른 풍경이었다. 헌데 그 헌법의 8할이 1935년의 인도통치법을 그대로 계승한 것이라고 한다. 경로 의존성, '식민지 근대성'의 산물이다. 몇 차례의 개정에도 불구하고 기본 골자는 크게 변하지 않았다. 인도에서 포스트-콜로니얼리즘post-colonialism이 '탈식민'보다는 '후기 식민' 이론으로 등장한 배경이라고 하겠다. 이 역설적 상황을 '친밀한 적'[*]으로 묘사하기도 한다.

즉 독립 이후 인도에서 민주주의를 자연스럽게 실시할 수 있었던 것도 식민지 제도를 크게 변경치 않고 계승했기 때문이다. 정치적 불안정을 초래하는 급진적 개혁 또한 실행하지 않았다. 국민회의의 주요 구성원들이 식민지 시대부터 대두한 중앙의 중간층 또는 지방의 농촌 지주 및 부농층이었기 때문이다. 이들의 기득권을 보호하기에는 의회제 민주주의가 안성맞춤이었다. 의회정치야말로 제3세계의 도처에서 일어나고 있던 급진적 혁명을 저지하는 최선의 방편이었다. 친영파 청산, 역사 바

---

[*] 인도의 정치심리학자이자 사회이론가인 아시스 난디(Ashis Nandy)가 1983년에 출간한 저서의 제목. 그는 식민주의가 지구상에서 공식적으로 끝났어도 식민 지배를 받은 사람들의 정신에는 남아 있다고 주장한다. 인도의 경우 영국의 지배를 벗어났으나 지배자의 가치와 규범을 내면화한 엘리트들이 여전히 식민주의 여파 속에서 살아간다는 것이다. 난디는 그들에게 내재한 식민주의를 '우리 안의 적', 곧 '친밀한 적'이라고 불렀다.

로 세우기는 일어나지 않았다.

바로 그러한 이유로 인도는 전후 신생 국가들의 핵심 과제였던 토지 개혁에 실패했다. 토지개혁이 단행되지 못함으로써 기층사회에서 카스트 제도도 지속되었다. 즉 신분제에서 민주제로 이행한 것이 아니다. 상층부의 민주제와 하층부의 신분제가 공존하는 형태로 귀착되었다. 그이중적 사회구조 아래서 도시에서는 정부 주도의 중공업화 정책인 '사회주의'가 관철되었고, 농촌에서는 '봉건주의'가 역할을 분담했다.

인도의 재발견

독일에서 베를린 장벽이 무너지던 해(1989), 인도에서는 국민회의가 처음으로 다수당의 지위를 잃었다. '전후체제의 탈각'이 본격화되었다. 국민회의 지도부는 어린 시절부터 영어 교육을 받고 영·미에서 유학을 한 특권층이었다. 반면 토착파들의 근거지는 힌두 사원이었다. 정교 분리를 주장하며 근대화라는 거대 서사를 추진해갔던 국민회의와 달리 가정과 마을, 일상은 여전히 종교적 리듬으로 영위되고 있었다. 탈냉전에 진입하자 정파政派보다는 종파宗派가 부각되기 시작했다.

소련이 해체되던 해(1991), 인도는 경제자유화 조치*를 발표했다. 세계화의 물결을 타고 외국에 나갈 수 있는 이들이 많아졌다. 흥미로운 역설과 조우한다. 힌두 문화를 계승하고 있는 인교印僑들과 접한 것이다. 정작 해외의 인도인들은 종교를 통해서 그들의 정체성을 간직하고 있었다. IT 혁명의 근거지 실리콘밸리에도 힌두 사원이 여럿이다. 그곳에

---

* 간디식 자급자족 경제 및 네루식 사회주의 공업화 정책을 폐기하고 시장 경제를 수용함으로써 자본주의 체제로 이행하는 정책.

서 히피와 힌디가 어울렸다. 마치 중국이 사회주의 실험을 하고 있을 때 화교들이 중화문명을 고수했던 풍경과 유사했다. '문화중국'을 가장 먼저 주창한 이도 '보스턴의 유림' 두웨이밍杜維明이었다. 인도 또한 재발견rediscovery되기 시작했다. 전통적이고 정통적인 힌두 문명이 복권recovery되기 시작했다. 흡사 20세기의 보수주의가 21세기의 급진주의로 반전하는 모양새였다. 본토에서도 '힌두 민족주의'를 주장하는 인도인민당(BJP)이 약진하기 시작했다.

물론 2014년 총선에서 모디와 인도인민당에 투표한 인도인들이 모두 힌두 민족주의자는 아니다. 구체제를 상징하는 국민회의를 심판하고자 했다. 더 많은 경제성장과 더 나은 정부를 원했다. 모디가 주지사를 역임했던 구자라트주는 '인도의 광둥'이라고 할 수 있는 곳이다. 두 자릿수 성장을 지속하며 경제적으로 가장 활력 있는 주가 되었다. 모디 개인에 대한 팬덤도 무시할 수 없다. 힌두뜨와Hindutva라는 말을 비틀어 모디뜨와Moditva라는 유행어까지 생겼다.

그럼에도 힌두 민족주의는 단연 화제의 중심이다. 모디 자신부터 세속주의를 '수입된 개념'이라고 말한다. 성聖과 속俗, 종교와 정치의 분리가 보편적인 근대화인가 회의를 표하고 있다. 유럽의 세속화를 인도에서도 관철해야 하는가 질문하고 있다. 인도가 추구하는 것은 근대화이지 서구화가 아니라고 단언한다. 그래서 개인의 신앙을 존중하는 것과 인도가 힌두 국가라는 것이 상치되는 원리인가 되묻고 있는 것이다. 청년들의 트위터와 페이스북에서는 'secular'를 'sickular'로, 'democracy'를 'demoncracy'로 비꼰다.* '근대 인도'에 대한 발본적인 문제의식이

---

* 'secular'(세속의)를 'sick(아픈)+ular'으로, 'democracy'(민주주의)를 'demon(악마)+cracy'로 변용했다.

표출되고 있는 것이다. 독립 이래 인도에서 지금처럼 정체성 논쟁이 치열한 적이 없었다. 흡사 백 년 전 중화민국에서 전개되었던 '동/서 문화 논쟁'*을 연상시킨다.

인도인민당은 민족봉사단(RSS)Rashtriya Swayamsevak Sangh의 하위 단체다. 민족봉사단이 창립된 것은 1925년이고, 인도인민당의 전신인 인도대중연맹이 설립된 것은 1951년이다. 500만의 조직원을 자랑하는 민족봉사단은 세계에서 가장 큰 사회단체다. 모디의 권력 기반이기도 하다. 아니, 모디의 뿌리라고 할 수 있다. 모디가 민족봉사단의 마을 모임에 처음 나간 것이 여덟 살 때라고 한다. 소년 단원이었다. 그 후 민족봉사단은 그의 삶의 지표이자 나침반이 되었다. 간곡히 결혼을 권하는 부모의 뜻을 어기고 열일곱 살에 집을 떠났다. 히말라야부터 인도양까지 아대륙을 방랑했다. 해가 뜨는 벵골만부터 해가 지는 아라비아해까지 주유했다. 35년 후 구자라트 주지사가 되면서 얻은 사옥이 그가 평생 가진 첫 번째 집이었다. 그만큼이나 민족봉사단의 성격을 둘러싼 논쟁 또한 뜨겁게 달아오르고 있다. 파시스트 조직이라며 쏘아보는 눈길이 적지 않다. 사연이 길고 깊다. 복잡하고 다단하다. 간디를 암살했던 고드세Nathuram Godse가 바로 민족봉사단 소속이었다.

------

* 1차 세계대전 이후 유럽에서 제기된 '서구의 몰락'에 호응하여 중국의 량치차오(梁啟超) 등이 서양 문화에 대한 동양 문화(특히 중국 문화)의 우위성을 강조하면서 시작된 논쟁. 당시 중국에서는 1915년 《신청년》(新青年)이 창간된 이래로 서구 문화의 이식을 통해 중국의 근대화를 도모하려는 신문화운동이 활발히 전개되고 있었다. 이러한 서구 근대 일변도의 사회적 풍조에 반대하며 전후 유럽을 살피고 돌아온 량치차오는 1920년 《구유심영록》(歐遊心影錄)을 발표하면서 서양 문화의 말기적 증상과 병폐를 구제하기 위한 중국 문화의 필요성을 역설했다. 이로부터 량수밍(梁漱溟)과 후스(胡適) 등 좌/우, 신/구를 망라한 당대의 주요 사상가들이 참여하는 거대한 동/서 문화논쟁을 낳게 된다.

인도는 대국이다. 13억, 세계 2위의 인구다. 경제성장이 가장 빠른 국가다. 중국을 앞질렀다. GDP로는 세계 7위, 실질 구매력으로는 G2를 이어 세계 3위다. 독립 100주년이 되는 2047년이면 인구는 첫째, 경제는 둘째가 될 전망이다. 더 이상 물질적 가난과 정신적 풍요라는 상투적 이미지가 통용되지 않는다. 인도 체류 5개월, 'Make in India', 'Digital India', 'Startup India', 'Standup India', 'Clean India' 등 각종 구호가 요란하다. 세계사의 주역이라는 자의식도 뚜렷해지고 있다. 규모에 걸맞은 역할과 책임을 다할 것이라는 소명도 강해지고 있다. 그럴수록 힌두교 국가라는 정체성도 강화되고 있다. 세계화와 힌두화가 공존한다. 중국만큼이나 세계적인 파장을 일으킬 것임에 틀림없다. 그 중심에 인도인민당과 민족봉사단이 자리한다. 소상하게 살펴보지 않을 수 없겠다. 구자라트로 가는 기차에 올랐다. 21세기의 인도가 출발한 곳이다. 2002년이었다.

007

구자라트,
21세기 인도의 출발
살인의 추억, 문명의 충돌

구자라트로 가는 기차

아마다바드에 내렸다. 구자라트주의 주도州都이다. 인도 같지가 않다.
깔끔하다, 깨끗하다고는 못하겠다. 덜 더럽다. 덜 지저분하다. 길바닥에
너부러져 자고 있는 개들도 보이지 않는다. 파리 떼도 덜한 편이다. 팔
다리를 잡아끌며 구걸하는 이도 드물다. 공기도 덜 탁하다. 델리는 매연
이 무척 심하다. 베이징보다 더하면 더했지 결코 덜하지 않다. 좀처럼
비도 내리지 않는다. 나뭇잎마다 먼지가 뿌옇게 쌓여 있다. 회색이 녹색
을 덮는다. 외출하고 돌아오면 머리칼이 빳빳해질 정도다. 아침저녁으
로 산책을 즐길 수가 없다. 취미생활을 유보당했다. 반면 아마다바드는
아라비아해에서 불어오는 바람이 청량했다. 바지런히 쏘다녔다.

　도시 풍경도 사뭇 다르다. 영국풍 식민지 건물이 즐비하게 늘어서 있
지 않다. 대영제국 시기 정치·경제적 중심지가 아니었다. 무미건조한

잿빛 콘크리트, 네루 시대의 소비에트식 모더니즘이 기저를 이룬다. 그 사이로 투명한 유리창이 빛나는 포스트모던형 고층 건물들이 솟아나고 있다. 하이테크 스마트 빌딩들이 경쟁적으로 마천루를 이룬다. 20세기 인도로부터 가장 먼저 벗어난 곳이 이곳 구자라트였다.

두바이와 싱가포르에 견주는 이도 있다. 적당한 비유는 아닌 것 같다. 규모가 다르다. 도시국가가 아니다. 구자라트는 인도 인구의 4퍼센트를 차지한다. 5천만의 준準국가다. 이 구자라트를 2002년부터 다스린 이가 모디 총리였다. '작은 정부, 많은 거버넌스'Less Government, More Governance를 내세웠다. 연평균 10.7퍼센트의 성장률을 자랑했다. 인도 평균인 7퍼센트를 훌쩍 앞지른다. 같은 시기 인도에서 생겨난 일자리 가운데 절반이 구자라트에서 창출되었다고 한다. 절대빈곤 감소도 으뜸이었다. 10년 만에 소득수준이 가장 높은 주가 되었다. 4위에서 1위로 껑충 뛰었다. '구자라트 모델'이 널리 칭송되었다.

순전히 모디 개인의 수완만은 아니다. 역사의 유산이고, 지리의 소산이다. 초기 근대(early modern)가 만개(full modern)했다. 지도를 보았으면 좋겠다. 구자라트는 인도양으로 툭 삐져나왔다. 긴 해안선을 보유한다. 아라비아해 건너의 오만이 남인도나 동인도보다 더 가깝다. 예로부터 인도양 경제권의 신경망이었다. 바닷길의 중간 역이었다. 자연스레 상업과 무역이 발달했다. 유능한 항해사도 많이 배출되었다. 그들이 아라비아해와 벵골만을 엮었다. 동/서 인도양 무역의 가교였다. 레바논에서 온 배와 중국에서 내려온 정크선이 이곳에 함께 정박했다. 아라비아의 양탄자가 동남아까지, 중국의 도자기가 아프리카까지 전해졌다. 구자라트 상인들은 이 중계무역을 통하여 양쪽에서 수익을 창출했다. 모험과 도전의 기업가 정신으로 충만했다. 대영제국 시절에도 그 기질은 유감 없이 발휘되었다. 제국의 연결망을 타고 중동과 동아프리카, 동남아시아 곳곳에 진출했다. 간디가 변호사 경력을 처음 시작한 곳이 남아프리카였음도 구자라트 출신이라는 점과 결코 무관치 않을 것이다. 인도양을 하나의 생활세계로 여겼던 '토착적 세계인'의 유산을 물려받았다.

그 '거대한 뿌리'는 1991년 경제자유화 이후 꽃을 피운다. 태평양 건너 미국의 동서부로도 진출했다. 실리콘밸리와 맨해튼에 사는 인도인의 40퍼센트가 구자라트인이라는 통계도 있다. 다소 과장된 것이 아닐까 싶지만, 그만큼 해외 진출이 많다고 하겠다. 유라시아와 아프리카에 이어 아메리카까지, 인도양과 태평양을 아우르는 지구-지역망glocal network을 만들어간다. 이 '글로벌 구자라트인'들의 고향 투자에 힘입어 아마다바드는 금융 중심의 첨단 도시로 변모 중이다. 면적은 런던의 금융가 시티보다 두 배가 더 크다. 장차 유라시아에서 자웅을 겨룰 만한 도시는 상하이가 유일하지 않을까 싶다. 인도형 지구화의 근거지다.

다시 한 번 더 지도를 보자. 구자라트는 아라비아해만 면한 것이 아니다. 유라시아 내륙과도 접한다. 이슬람 문명과의 경계지 혹은 접촉면이다. 이슬람이 동진하면서 가장 먼저 이른 곳도 구자라트였다. 구자라트는 인도에서 떨어져 나간 바로 그 파키스탄과 국경을 접하고 있다. 파키스탄에서 인도로 넘어온 이들이 적지 않기에, 피난민들은 반反파키스탄, 반反이슬람 정서가 강하다. 게다가 천 년 전 오늘의 아프가니스탄에서 진격해 온 튀르크-페르시안 무슬림들에게 정복당한 이야기가 아직까지도 민간 설화로 전해지고 있다. 무굴제국에 대한 기억도 왜곡되었다. 종교다원주의의 전범을 과시하며 '유라시아 르네상스'를 이끌었던 제국의 관용성은 은근슬쩍 지운다. 무슬림의 힌두 지배라는 단순 구도로 이해하는 것이다. 결국 구자라트에서도 '문명의 충돌'이 일어났다. 미국인들의 심층심리에 9·11이 각인되어 있듯이, 인도인들에게는 '2002년'이 집합적 기억으로 남아 있다.

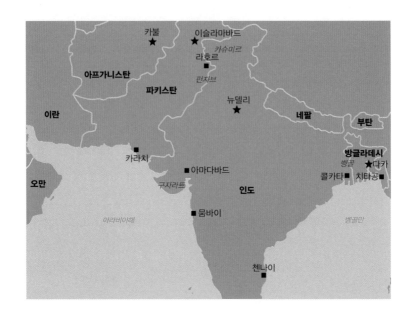

리액션

기차에서 말동무를 만났다. 친근하게 말을 건네는 이들이 많다. 서아시아인에 비해 동아시아인들이 많지 않아서일 것이다. 바다로 활짝 트인 서아시아와는 달리 동아시아는 히말라야를 건너야 한다. 한류 또한 '세계의 지붕'을 넘지는 못한 것 같다. "너, 성룡 닮았다"You look like Jackie Chan!라는 말을 여러 번 들었다. 지하철에서도, 오토릭샤 기사도, 숙소 직원도 그렇게 말한다. 별로 닮지 않았다. 아마도 성룡이 인도에서 가장 유명한 동아시아인인가 보다. 홍콩에서 만든 무협영화나 액션영화를 본 것도 아니다. 주로 할리우드에서 찍은 성룡 영화를 보았다. 구자라트로 가는 기차에서의 대화 또한 그렇게 시작되었다. 재키 챈 닮았다며, 사진을 찍자고 한다. 지난 5개월, 인도의 페이스북에 내 얼굴이 여럿 실렸을 것이다. 'Jackie Chan'이라는 태그를 달고.

그는 구자라트 출신의 부동산 사업가였다. 1970년생, 40대 중반이었다. 루이뷔통 가방에 버버리 구두를 신었다. 손에는 갤럭시 S7을 쥐었다. 더 많은 명품을 걸치고 있었을 터인데 내가 알아보지 못했을 것이다. 나도 배낭여행 다니던 대학생 시절이 아니다. 도무지 3등칸을 탈 엄두가 나지 않았다. 시큼한 땀내와 발 냄새에 짐짝처럼 실려 갈 자신이 없었다. 에어컨이 나오는 침실칸을 탔더니 평소에 만나기 힘든 부류를 만난 셈이다. 1991년 경제자유화 이후 등장한 이른바 '신중간층'이다. 국민회의 시절 중간층은 영어 교육을 받고 관직에 종사하는 이들이 많았다. 그러다 1990년대 이후에는 민간 부문이 활성화되었다. 부동산과 금융, IT, 문화산업이 약진했다. 아비투스*의 차이가 현저하다. 문화적 자긍심이 넘친다. '인도인'보다는 '힌두인'의 자부심을 표출한다. 라이프스타일도 영미풍이나 서구화 일변이 아니다. '브라만화'하고 있다.

그래서 과시적 소비주의와 일상의 금욕주의가 묘하게 뒤섞여 있다. 명품으로 치장한 외양과는 달리 그 또한 육식은 전혀 하지 않는다고 했다. 술도 입에 대지 않는다. 구자라트주는 금주가 지정된 곳이기도 하다. 자이나교**의 영향이 짙기 때문이다. 간디도 유학 가기 전, 고기를 절대 입에 대지 않겠다는 약조를 하고서야 가족의 허락을 구할 수 있었다. 정갈하고 청결한 삶을 신중간층의 상징자본으로 여긴다. 그 역시도 모

---

*   '아비투스'(habitus)는 영어의 'habit', 우리말로 '습속'이라 할 수 있는데, 한 개인이 사회화 과정을 거치면서 자신의 역사적·사회적 조건(계급 등)에 따라 습득하게 되는 하나의 성향 체계를 뜻한다. 프랑스의 사회학자 부르디외가 주창한 개념이다.

**   기원전 6세기경 일어난 무신론의 종교. 불교와 함께 인도의 영향력 있는 종교 중 하나로, 불살생, 불간음, 무소유, 금욕, 고행 등을 강조한다. 인간의 영혼은 본래 순수한데 속된 물질의 업에 속박되어 비참한 상태에 빠졌기 때문에, 고행을 통해 본래의 영혼을 되찾아야 한다고 설파한다.

디 '빠'였다. 국민회의에 대한 반감이 몹시 심했다. 정실 정치와 부정부패에 넌덜머리를 냈다. 국민회의 일당 우위 체제 시절을 '정실 사회주의'crony socialism로 접근해볼 수도 있겠구나 싶었다. 간디의 고향인 구자라트도 국민회의의 오랜 아성이었다. 반세기를 장기 집권했다. 처음으로 정권을 교체한 이가 모디였다.

한참을 우회하다 뜸 들이던 질문을 던졌다. 가장 궁금한 주제였던 '2002년'에 관한 것이었다. 델리로 이주한 지 10년째라니, 2002년에는 그도 구자라트에 살았을 것이다. 아차, 싶었다. 순간 그의 얼굴이 확 굳어졌다. 화색이 싹 사라졌다. 나보다 더 오래 뜸을 들이더니 "Reaction"이라는 말을 내뱉었다. '기차가 불타지 않았다면, 폭동 또한 일어나지 않았을 것이다.' 불편한 기색이 역력했다. 대화는 딱 거기까지였다. 어색해진 공기를 두 시간이나 더 견뎌야 했다. 인도의 인프라는 여전히 열악해서 잦은 정전만큼 열차 또한 느릿하다. 창밖의 풍경 또한 천천히 변한다. 15년 전 기억도 생생하다. 살인의 추억이다. 눈먼 자들의 도시였다.

사건은 방화에서 시작되었다. 58명의 힌두교도들이 타고 있던 기차에 불이 났다. 아요디아에 있는 힌두교 사원에 다녀오는 길이었다. 사연 많은 사원이다. 본래 힌두교 사원이었는데 16세기에 이슬람 사원이 되었다가(이슬람이 진출하고 무굴제국이 세워지면서 힌두교 사원을 허물고 그 자리에 모스크를 지었다), 1992년 힌두 민족주의가 부상하면서 모스크를 재차 허물고 힌두 사원으로 복구한 것이었다. 당시 망치와 해머로 모스크를 부수는 모습이 인도 전역에 중계되었다. 베를린 장벽 붕괴와는 또 다른 충격이었다. 이후 라마* 탄신을 기념하는 사원으로서 힌두교의 성지가 되었다. 무슬림들은 복수심에 불타올랐다. 결국 2002년 2월, 순례를 마치고 돌아오는 힌두교도들의 기차에 불을 지른 것이다.

마침 모디가 구라자트 주지사에 취임한 무렵이었다. 즉각 애도를 표했다. 장례식도 열었다. 불에 탄 시신들이 공개되었다. 그러자 그의 표현대로 '리액션'이 일어났다. 아마다바드를 비롯한 구자라트의 여러 도시에서 학살과 강간이 발생했다. 격분한 힌두교도들이 무슬림들에게 보복을 가한 것이다. 2,000여 명이 살해되었고, 400여 명이 강간당했다. 가옥 파괴로 20여만 명은 난민 신세가 되었다.

그런데 이 폭도들이 선거인 명부를 가지고 있었다는 증언이 잇따랐다. 인도의 선거인 명부에는 종교와 카스트가 기재되어 있다. 취지는 나쁘지 않다. 소수종파와 하층 카스트를 배려하기 위해서다. 다수결 선거에서는 무슬림과 같은 소수파들이 소외되기 십상이다. 소수자들은 그들만의 대표자를 따로 뽑을 수 있는 별도의 제도를 고안해준 것이다. 반면 힌두교도들은 무슬림들이 인구에 비하여 '과대 대표'되는 역차별에 불만이 많았다. 바로 그 명단을 활용하여 무슬림 가정을 표적으로 학살을 자행할 수 있었다는 것이다. 계획적이고 치밀한, 그래서 효율적인 작전이었다. 무슬림들이 소유한 상가들까지 체계적으로 파괴했다. 주정부의 암묵적 승인 혹은 막후 지원하에 일어난 것 아니냐는 의혹이 가시지 않았다. 민간인 학살을 주도한 이들이 황색 스카프에 카키색 바지를 입었다고도 한다. 민족봉사단(RSS)의 유니폼과 일치한다. 막 주지사가 된 모디는 민족봉사단의 골수 단원 출신이었다.

모디는 이 사건에 대해 오랜 침묵을 고수했다. 2013년, 관련이 없다는 대법원의 최종 판결이 나고서야 유감을 표시했다. 그 사이 그는 힌두 민족주의자들의 영웅으로 떠올랐다. 여기에는 오래된 불만이 누적되어

---

* 인도 신화에 나오는 비슈누 신의 7번째 화신(化身)이자, 인도의 대서사시 〈라마야나〉의 주인공. 〈라마야나〉는 아요디아를 수도로 하는 코살라 왕국의 왕자, 라마의 파란만장한 무용담을 내용으로 한다.

있었다. 간디-네루 왕조에서 힌두교가 역차별을 받는다고 여겼다. 국민회의 시절 두 명의 대통령이 무슬림이었다. 인구 대비 무슬림의 의석 수도 많은 편이었다. 세속주의라는 이름으로, 힌두교도가 절대다수인 국가에서 무슬림이 특혜를 누린다는 것이다. 그에 반해 모디는 무슬림을 우대하거나 편애하지 않는 인물로 간주되었다. 공정하고 공평했다. 실제로 그 사건 이후 구자라트에서 종파 간 분쟁이나 폭력이 일어나지도 않았다. 게다가 그는 빼어난 행정 능력을 입증했다. 철저한 금욕주의로 부패와는 일절 거리가 멀었다. 구자라트의 놀라운 경제성장도 힌두교의 내적인 가치와 결부된 것으로 이해되었다. 20세기 국민회의식 '인도 민족주의'에 대한, 21세기 '힌두 민족주의'의 리액션이었다.

민족봉사단(RSS), 힌두 민족주의의 부상

민족봉사단은 1925년에 결성되었다. 1차 세계대전 이후였다. 우연의 소산이 아니다. 1차 세계대전에서 인도인 용병의 역할이 혁혁했다. 그런데 다수가 무슬림이었다. 영국의 분리통치였다. 인도의 소수파인 무슬림과 시크교*도들을 경찰과 군대에 등용하여 다수파인 힌두를 다스렸다. 힌두교도들의 불만이 커지기 시작했다. 힌두의 땅에서 기독교와 이슬람이 판을 친다며, 역차별과 불공정에 분통을 터뜨렸다. 영국과 국민회의, 그리고 이슬람에 맞서 힌두의 대통합을 주장하는 민족봉사단이 등장했다.

정치단체는 아니었다. 정당도 아니었다. 사회봉사와 헌신을 조직의

---

* 15세기 말경 인도의 펀자브 지방을 중심으로 힌두교에서 갈라져 나온 종파.

목표로 삼았다. 자원봉사단체에 가까웠다. 다만 철저하게 힌두교에 바탕을 두었다. 정신의 수양과 육신의 수련을 강조했다. 힌두 의식을 양성하고 고무시켰다. 빛을 발한 것은 격동기였다. 영국이 떠나자 아대륙은 인도와 파키스탄으로 쪼개졌다. 수많은 힌두교도들이 인도로 이주했고, 그만큼의 이슬람교도가 파키스탄으로 피난 갔다. 한반도의 남북 간 인구 이동과는 차원이 다른 규모였다. 북인도 일대는 거대한 아수라장이었다.

이때 피난을 돕고 난민촌에서 봉사활동을 했던 이들이 민족봉사단 단원들이었다. 세 차례의 인도-파키스탄 전쟁*에서도 민족봉사단은 후방에서 맹활약했다. 중국과의 국경 전쟁을 치를 때도 수고를 마다하지 않았다. 군인은 멀리 있지만 민족봉사단 단원들은 곁에 있었다. 다친 곳을 치료해주고, 일용할 양식을 나누어주었으며, 잠잘 거처를 마련해주었다. 인도주의적 활동으로 민심을 샀다. 조직원들이 나날이 늘어났다. 말단 세포들이 마을마다 퍼져갔다. 불가촉천민 차별을 해결하고 힌두교를 더욱 평등한 종교로 개혁하는 데도 앞장섰다. 그중에는 결혼도 하지 않고 조직에 헌신하는 이들도 적지 않았다. 수도승처럼 엄격한 규율과 훈육 속에서 생활했다.

홈페이지에 접속하면 민족봉사단의 탄생과 성장을 20세기 조국에서 일어난 가장 중요한 현상으로 꼽고 있다. 허장성세만은 아닌 것 같다. 500만을 돌파하여 600만을 향해 간다. 세계에서 가장 큰 민간 조직이다. 경쟁자라면 비슷한 시기, 비슷한 활동으로 성장했던 무슬림형제

---

* 1947년 인도/파키스탄 분리독립 당시의 제1차 전쟁, 1965년 카슈미르 영유권을 둘러싼 제2차 전쟁, 1971년 동파키스탄이 방글라데시로 분리독립하는 제3차 전쟁을 통칭한다.

단*이 있을 것이다.

　민족봉사단과 파시즘을 결부시키는 독법이 없지 않다. 전혀 허황한 것만은 아니다. 실제로 1940년대, 파시즘에 기운 적이 있다. 영국을 격파하는 독일을 주시했다. 독일로 말미암아 대영제국도 무너질 수 있다는 기대가 피어올랐다. 나치의 인종적 순혈주의에도 솔깃했다. 인도는 이슬람과 기독교가 아니라 힌두의 땅이라는 그들의 소망과 통한다고 여겼다. 영·미의 자본주의와 소련의 사회주의를 넘어서자는 히틀러의 선동도 그럴듯하게 들렸다. 그에 반해 2차 세계대전에서 영국을 지원함으로써 독립을 구걸하는 국민회의 노선은 굴욕적으로 보였다. 힌두 사원에서《코란》을 인용하며 무슬림과 힌두의 공존을 호소하는 간디 또한 불경하다고 여겼다. 힌두 문명의 마지막 보루, 최후의 수호자를 자처했다. 과격파였던 고드세의 총구가 끝내 간디를 겨냥했던 까닭이다.

　초대 수상 네루는 건국 초기 3년간 민족봉사단을 비합법 단체로 만들었다. 1970년대 그의 딸 인디라 간디 역시 비상사태를 선포하며 민족봉사단 활동을 금지했다. 당시 수배령을 피해 지하로 잠수한 인물 가운데 한 명이 모디였다. 민족봉사단은 하방하지 않을 수 없었다. 더더욱 기층으로 파고들었다. 국민회의와의 불화 또한 중단된 것이 아니었다. 내연內燃하고 있었다. 그들의 시각에서 국민회의 시절은 대영제국의 연장선, 그 후신에 불과했다. 절치부심, 와신상담을 도모했다.

---

*　범이슬람주의를 표방하며 1928년 이집트의 하산 알반나에 의해 설립된 종교, 정치, 사회단체. 아랍 지역에서 가장 크고 영향력 있는 이슬람 조직이다.

인도인민당(BJP)과 새 정치

모디를 대처에 빗대는 이들이 있다. 혹은 푸틴에 견준다. 비유도 꼭 서방 사람들만 갖다 댄다. 내가 보기엔 1979년의 두 거인을 합한 것 같다. 동아시아의 덩샤오핑(1904~1997)과 서아시아의 호메이니(1900~1989)다. 중국의 개혁개방과 이란의 종교혁명을 결합한 것 같다. 모디는 CEO형 리더이자 토착적 민족주의자다. 차가운 경제적 합리성과 뜨거운 종교적 열정을 한 몸에 체현하고 있다. 덩샤오핑에게 1989년의 톈안먼 사태가 있다면, 모디에게는 2002년의 구자라트 사태가 있다.

1979년 이란의 이슬람 혁명이 인도에도 영향을 미쳤다. '리액션'을 촉발했다. 이란은 페르시아제국의 후예다. 시아파의 종주국으로 이슬람 세계에서 위상이 상당하다. 종교혁명의 파고가 아대륙까지 일 것이라고 전망했다. 대분할체제 하의 파키스탄(과 방글라데시)과 국경을 접하고 있는 인도로서도 무심할 수가 없었다. 도저히 국민회의에 나라를 맡겨둘 수가 없다고 여겼다. 이듬해(1980) 인도인민당이 창당한다. 1951년 설립된 인도대중연맹을 재편하여 정당으로 거듭났다. 인도식 '이데올로기의 종언'이었다. 좌/우파가 아니라 종파에 기반한 정당이 부상한 것이다. 1990년대 냉전체제가 와해되자 인도인민당은 대약진하기 시작했다.

창당 당시에는 상층 카스트가 주류였다. 브라만과 크샤트리아가 많았다. 그러나 이들은 전체 인구의 15퍼센트에 그친다. 다수결로 작동하는 의회민주주의에서는 약세일 수밖에 없다. 의회정치에 적응해야 했다. 지지기반을 확대했다. 주력 대상이 바로 '신중간층'이었다. 전통적 상층 카스트와 현대적 신중간층이 인도인민당의 중추를 이루었다. 그리고 이들이 견인하는 '힌두 민족주의'에 대중이 호응하기 시작했다. '하나의 힌두' 안에 계층과 계급, 젠더를 녹여냈다. 힌두로 대동단결하는 전략으로 영국산 국민회의와 소련풍 공산당은 물론이요, 무슬림, 여성, 하층 카스트 등 '소수자 정치'를 추구해왔던 자유주의 좌파 정당들을 역전시켜 갔다.

무엇보다 1991년 경제자유화 이후 태어난 청년들이 크게 호응했다. 2030세대가 유권자의 4할을 점할 만큼 현재의 인도는 젊은 국가다. 이들이 "인도를 정복하라, 좋을 날이 올 것이다"Conquest of India. Good days are ahead.라는 모디의 트윗에 격하게 반응했다. 리트윗에 리트윗을 반복하며 그들 자신과 인도의 카르마를 바꾸기를 열렬히 염원했다. 따라서 2014년 총선은 좌파에서 우파로, 진보에서 보수로의 일반적인 권력 교체가 아니었다. 시대 교체, '다른 백 년'의 출발이었다.

힌두 민족주의는 일시적인 현상이 아니다. 대세이다. 메가트렌드다. 국민회의마저 대대적인 혁신 작업에 들어갔다. 더 이상 정교 분리만을 일방으로 고수할 수 없게 되었다. 유엔 연설에서 힌두 고전을 인용하고 기후변화의 대안으로 요기Yogi적 삶을 선전하며 '세계 요가의 날'까지 이끌어낸 모디에게 영향을 받고 있다. 장차 국민회의의 '탈脫영국화'와 '재再인도화'가 예상되는 지점이다. 물론 그들에게도 유력한 자산이자 상징이 있다. 간디이다. 그간에는 그의 이름만 팔았지, 그의 사상을 따르지는 않았다. 1948년 간디 암살은 국민회의의 역사에도 상징적인 사건이었다. 간디는 국민회의와 민간 사회의 결합을 위해 분투했던 인물이다. 정치와 종교의 공진화, 성과 속의 습합을 위해 헌신했다. 그의 명저 《힌두 스와라지》는 인도의 전통 원리에 바탕한 마을 만들기가 그의 건국 이상이었음을 말해준다. 네루식 사회주의 세속국가는 간디의 신념과도 배치되는 것이었다. 짐작컨대 국민회의 또한 탈脫세속화에 합류할 것 같다.

즉 여/야를 막론하고 재再영성화의 물결이 역력하다. 근대 정치의 이

넘형으로부터 갈수록 벗어나고 있다. 인도식 정치, 힌두적 정치가 기지
개를 켠다. 문명론이 국가론을 대체한다. 혹은 문명론과 국가론이 결합
하여 근대적 정치이론을 갱신하고 있다. '다른 정치'이고 '새 정치'이다.
이제《힌두뜨와》Hindutva를 살필 때가 되었다. 1923년에 출간된 책이다.
20세기의 전투적 힌두교 사상가 사바르카르의 작품이다. 얇지만 깊은
책이었다. 뜨거운 책이었다.

008

정치적 힌두교, 힌두뜨와

종교혁명과 정치혁명을 아우르는
힌두형 문명국가 만들기

인도 좌파들의 거점, 네루대학에서

델리에 입성한 것은 지난(2016) 2월이다. 학연 덕을 보았다. 단 두 번의 연결망이 필요했다. 학부 시절 인도사를 배웠던 이옥순 선생님께 자문을 구했다. 지금은 인도연구원 원장이시다. 곧장 연세대에서 박사 공부를 한 인도인 친구를 추천해주신다. 사토쉬 쿠마르. 식민지 조선을 연구한다. 식민지 인도를 참조점으로 삼는다. 참신한 입각점이다. 나보다 나이도 어렸다. 이미 교수가 되었다. 최고 명문 네루대학에 자리를 잡았다. 네루대학 한국학과는 인도에서 가장 규모가 큰 한국학과이기도 하다. 그의 도움으로 장기 비자를 받을 수 있었고, 연구실까지 덤으로 얻었다. 나아가 개인교사 노릇도 해주었다. 인도에 대해 궁금한 것이 생기면 언제 어디서든 카톡으로 질문을 날렸다. 모교 선배라도 되는 양 한껏 부려먹었다.

때가 공교로웠다. 델리에 도착한 무렵부터 네루대학이 신문의 1면을 장식했다. 하루 이틀도 아니었다. 두 달 이상 지속되었다. '네루대학 사태'라 할 만했다. 캠퍼스 정문에는 늘 카메라와 마이크로 중무장한 보도진이 진을 치고 있었다. CNN부터 알-자지라까지 해외 언론도 주목했다. 뜻하지 않게 당대 인도의 핵심 문제로 곧장 진입할 수 있었다. 집권 2년차 인도인민당의 모디 정부와 직결된 사건이었다.

사달은 2월 9일에 났다. 네루대학의 총학생회장 쿠마르가 체포되었다. 아프잘 구루Afzal Guru를 추모하는 행사에 참여하여 반국가적 행동을 했다는 혐의였다. 아프잘은 9·11 직후인 2001년 12월 13일 발생한 인도 의회 테러 사건의 핵심 인물이다. 열 명이 죽었다. 파키스탄에 본거지를 둔 테러 단체의 지도자로, 카슈미르 출신이었다. 인도와 파키스탄은 대영제국에서 갈라져 나온 앙숙지간이다. 카슈미르는 남아시아 대분할체제의 모순이 응축된 핵심 장소다. 민감한 사안이 아닐 수 없었다. 한국으로 치자면 국가보안법의 범주에 해당한다. 쿠마르는 아프잘을 기리며 반反인도印度적 언사를 했다는 혐의를 부인했다. 사형에 반대한다는 인도주의를 내세웠다. 도리어 인도인민당의 '힌두 국가 만들기'가 대학의 자유를 침해하고 있다고 응수했다. 스마트폰으로 녹화된 그의 연설은 SNS를 통해 널리널리 퍼져갔다.

반응은 극명하게 갈렸다. 네루대학에서는 쿠마르의 즉각 석방을 요구하는 학생 시위가 일어났다. 다른 대학도 시위에 동참했다. 남인도의 첸나이대학에서는 학생들과 경찰이 충돌했다. 동인도의 콜카타대학에서는 좌/우파 학생들이 충돌했다. 좌파는 사상의 자유를 옹호했고, 우파는 매국적 사상을 규탄했다. 사태의 발원지인 네루대학에서는 교수들까지 힘을 보태었다. 학문의 자유를 옹호했다. 민주주의를 수호하고, 그릇된 민족주의에 저항한다 했다.

석방된 총학생회장 쿠마르의 연설 모습.

네루대학의 학생 시위 장면.

네루대학의 성격을 잠시 짚을 필요가 있다. 콜카타대학, 뭄바이대학, 델리대학 등 각 지역의 주요 대학들과는 꽤나 다르다. 이들 대학이 대영제국 시기에 들어선 식민지 대학의 후신이라면, 네루대학은 그 이름이 상징하듯 인도가 독립한 이후에 만들어진 신생 대학이다. 1960년대에 설립되었다. 그만큼 독립인도의 정신을 체현하고 있다. 대학원 중심, 연구 중심 대학이기도 하다. 기초과학 분야가 발달했고, 인문사회 분야는 '진보적' 색채가 뚜렷하다. 인도 좌파들의 거점 같은 곳이다. 모두가 마르크스주의자는 아니다. 네루주의자, 사회주의자, 자유주의 좌파 등 다양하다. 인도의 건국 헌법, 세속주의와 사회주의를 양대 축으로 삼는다. 학생 선발 방식도 남다르다. 성적 못지않게 다계층(카스트), 다언어, 다종교, 다지역, 다문명을 십분 고려한다. 소수종파와 하층 카스트를 우대한다. 1947년 입안된 인도 민족주의, 즉 '시민적 민족주의'의 보루이다.

그러나 섬처럼 고립되어 있다. 대학 밖에서는 '힌두 민족주의'의 물결이 도도하다. 민주주의의 역설이다. 민주주의가 확산되고 심화될수록 침묵하던 다수의 목소리에 힘이 실렸다. 근대적 가치가 아니라 힌두적 가치를 대변하는 인도인민당의 등장 때문이다. 이번에도 네루대학에 대한 비난과 성토가 그치지 않았다. 지하철역에서 캠퍼스로 가고자 했던 한 네루대학 교수가 오토릭샤 기사에게 구타당하는 일까지 벌어졌다. 그 소식에 나도 한동안 뙤약볕을 걸어다녔다. 지레 겁을 먹었다. 낯선 환경이 공포심을 배가시켰다. 탓에 캠퍼스 밖에서 벌어지고 있는 네루대학 규탄 시위 현장도 지켜볼 수 있었다. 학생 시위보다 규모가 훨씬 컸다. 인터넷 댓글이나 소셜미디어를 보아도 1 : 9의 비율로 네루대학에 대한 반감이 압도적이었다.

인도인민당과 네루대학 간의 갈등은 오래된 것이다. 인도인민당이 1980년에 창당했으니 30년을 넘는 세월이다. 네루대학이야말로 반反힌두국가의 허브로 간주되기 때문이다. 급진 좌파라는 색깔론에 반反애국적이라는 선동을 보탠다. '힌두 민족주의'의 대척점에 네루대학을 놓는 것이다. 네루대학이 '세속주의 인도'를 고수하는 세력의 마지막 근거지라고 한다. 그들이 보기에 세속주의, 즉 정교 분리란 인도의 이념이 아니다. 영국의 이념이다. 인도를 식민지로 만들었던 외세의 사상이다. 네루대학을 '내면화된 외세'의 표적으로 겨냥하고 있는 것이다.

시위가 한풀 꺾일 무렵 열흘간 캠퍼스 안에서 지내보았다. 네루대학이 자랑하는 한밤의 자유 강연과 노천 토론회도 직접 참여해보았다. 예민한 감성과 드높은 이상으로 푸르른 20대 청년들과 말도 섞을 수 있었다. 이 나라 저 나라 여러 대학을 다녀봤지만 이처럼 활력 넘치는 장소를 본 적이 드물다. 아카데미아의 이상이 살아 숨 쉬는 장소였다. 그럼에도 마냥 찬탄하기에는 어딘가 모자랐다. 공허함이 없지 않았다. 모디 정부를 신자유주의와 신보수주의의 결합이라고 비판하는 그들의 주장에 흔쾌히 동의하기 힘들었다. 너무 나이브하다. 파시즘이라는 말도 지나치게 남발한다. 그래서 상투적이고 피상적이다. 마치 10여 년 전의 나를 보는 듯했다.

2004년 뭄바이에서 열린 세계사회포럼에 참여한 적이 있다. 국가와 민족을 초월한 '사회주의 국제주의'에 부르르 떨던 시절이다. 유럽과 아프리카와 아시아와 아메리카의 사람들이 하나의 이상을 공유하고 있음에 짜릿하게 전율하던 때다. 그런데 지금은 퍽이나 다르다. 각자의 문명에 깊이 뿌리내리지 않는 이론의 향연에 질색팔색한다. 뿌리가 약한 사상은 머지않아 신기루처럼 사라진다. 회심回心이 아니라 전향轉向이 번다한 까닭이다. 좌/우의 도식은 피상적인 허울이라고도 여긴다. 근본根本을 튼튼히 갖추었다면 좌도 우도 크게 중요하지 않다는 입장이다.

촘스키의 네루대학 지지 성명에 한참 고무되어 있던 그들에게 나는 사바르카르를, 오로빈도를 물었다. 어이없다는 표정이었다. 백 년 전 힌두교 사상가들을 따져 묻는 이방인이 이상하다는 눈빛이었다. 따분해하는 눈치가 역력했다. 한국으로 치면 동학東學의 후신이라 할 법한 대종교나 천도교, 원불교 사상가에 해당할 것이다. 역시나 그들의 텍스트는 최첨단을 달렸다. 영국의 버소 출판사에서 나온 슬라보이 지제크와 조르조 아감벤, 아룬다티 로이 등을 읊조렸다. 영어 중심의 글로벌 공론장에 편입해 있는 것이다. 그런데 그런 내용이라면 내가 구태여 인도까지 올 이유도 없었다. 나와 그들 사이에 단단한 벽을 확인했다. 신/구 사이의 아득한 분단체제를 실감했다. 터벅터벅 숙소로 돌아와 허한 마음을 이메일로 나누었던 분이 경희대학교의 김상준 선생이다. 그분이 일독을 권한 책이 바로 사바르카르의 《힌두뜨와》였다. 잠을 아껴가며 읽었다. 빠져들었다.

힌두뜨와, 인도-페르시아 문명의 근대화

힌두뜨와Hindutva의 창시자는 사바르카르Vinayak Damodar Savarkar (1883~1966)이다. 사상의 정립에 앞서 역사부터 재인식했다. 1907년, 독자적인 역사관을 제출한다. 1857년으로부터 반세기가 되는 해였다. 그는 1857년에 정명正名을 부여했다. 대영제국이 일컫는 '세포이 항쟁'이라는 이름을 버렸다. '제1차 인도독립전쟁'이라는 새 이름을 붙였다. 단박에 그 의의를 격상한 것이다. 명시적으로 밝히지는 않았으나 영국에서 독립한 최초의 국가, 미국의 독립전쟁을 의식했을 법하다. '인도독립전쟁'이라는 말도 의미심장하지만 '제1차'라는 수사는 더더욱 비상하다. 제2차, 제3차를 내다보는 예언가로서의 발언이다. 혹은 무장독립투쟁을 격려하는 선동가로서의 발언이다. 재차 1907년이라는 시점을 간과할 수 없겠다. 1905년 러일전쟁이 있었다. 아시아의 일본이 유럽의 러시아를 격파했다. 세계사적 사건이었다. 그는 고무되었을 것이다. 개량주의 국민회의의 출범 이후 사그라들었던 독립'혁명'의 불씨를 되지피고자 했다.

'힌두뜨와'는 '힌두'Hindu와 '따뜨와'Tattva의 합성어다. '따뜨와'란 '본질', '원리' 등을 일컫는다. 즉 힌두뜨와는 '힌두 원리', '힌두성性'이라고 이해할 수 있다. 영어 문헌을 보면 '힌두 민족주의' 혹은 '힌두 근본주의'로 번역한 경우가 많다. '힌두 지하드(성전聖戰)'라고까지 과장하는 경우도 있다. 번역이 오역을 넘어 반역이 되는 대표적인 사례다. 사바르카르는 힌두교에 헌신하는 종교 근본주의자가 아니었다. 종교개혁파, '힌두교의 근대화'를 꾀한 인물이다. 설령 무슬림일지라도 그들이 태어난 이 땅을 소중히 여긴다면 힌두뜨와에 속할 수 있다며 배타하지 않았다.

그가 겨냥한 것은 유럽식 민족주의였다. 여러 이론가들이 있다. 어니스트 겔너, 앤서니 스미스, 에릭 홉스봄 등 다양하다. 종합 요약하면 근대 민족주의란 문명(종교)과의 단절을 통한 인위적인 공동체의식 만들기다. 국민국가라는 인공적인 정치체를 만들기 위해서다. 응당 교회보다 학교가 강조된다. 천주교도, 개신교도가 아니라 영국인, 프랑스인, 독일인, 이탈리아인으로 정체성을 개조시킨다. 아침마다 읽는 신문으로 형성되는 '상상된 공동체'가 구약과 신약에 기반한 '문명적 정체성'보다 우위에 서는 체제다. 그래서 세속주의, 즉 성聖과 속俗의 분리 운동이기도 했다. 사바르카르는 이러한 속성을 인도독립혁명이 따라야 할 하등의 이유가 없다고 여겼다. 유럽형 국민국가를 답습할 것이 아니라, 힌두형 문명국가를 재건할 것을 도모했다.

유럽, 특히 식민모국 영국만 겨냥했던 것도 아니다. 국민회의의 간디와도 대척점에 섰다. 《힌두뜨와》(1923)는 명백하게 그에 앞서 출판된 간

인도의 국회의사당, 사바르카르의 사진 앞에서 절을 올리는 모디 총리.

디의 《힌두 스와라지》(1910)에 도전한다. 간디는 결단코 무장투쟁에 반대했다. 자치(home rule)의 핵심은 수양(self-rule)에 있다고 했다. 그 신념을 접기보다는 투옥과 단식을 선택했다. 사바르카르는 네루와는 또 다른 의미에서 간디가 시대착오라고 여겼다. 그들이 살아가던 20세기는 난세亂世였다. 남아시아식으로 말하면 '아수라Asura장'이었다. 도(Dharma)가 실현되지 않는 아수라판에서는 그 반대편에 서 있는 세력, 즉 영국과 적대해야 했다. 그래야 영적 진화(self-rule)도 가능한 치세治世에 이를 수 있다. 그래서 사바르카르는 비폭력을 주장하며 감옥에 갈 것을 요구하는 간디에 맞서, 감옥에 가느니 차라리 군대에 입대할 것을 권했던 것이다.

특히 카스트의 두 번째 계급인 크샤트리아의 상무尙武정신을 강조했다. 동시대는 성자, 즉 브라만이 존경받는 태평성대가 아니다. 난세와 아수라는 무사와 전사들, 크샤트리아의 전성기다. 그러니 간디와 같은 절대적 아힘사(비폭력)를 고수하는 것이야말로 비도덕적이라는 것이다. 시공간적 특수성에 대한 고려가 없는 비폭력은 성스러움saintliness의 소산이 아니라 제정신이 아닌 것insanity이라며 직격탄을 날렸다. 사바르카르가 보기에 근대 국가의 핵심은 군사국가이며, 그 주체는 모름지기 군대였기 때문이다. 즉 그는 변호사 출신의 간디와 달리 영국의 정신문명에 대한 콤플렉스가 적었다. 오히려 크샤트리아의 상무정신을 계승하는 신흥무관학교를 세우자고 했다. 그 실현태가 바로 민족봉사단이다. 지금도 오로지 남성만이 가입할 수 있다.

간디가 끊임없이 영국과 인도 사이에서 사고했다면, 사바르카르는 힌두와 무슬림 사이에서 사고했음도 흥미로운 차이다. 그는 동시대의 어떤 힌두교 사상가들보다 이슬람에 대한 이해가 깊었다. 힌두교에 부족한 점을 이슬람이 가지고 있다고도 여겼다. 성/속을 분리하지 않는

'근대적 이슬람' 사상에 심취했다. 특히 인도의 독립혁명은 오스만제국의 해체를 반면교사로 삼아야 한다고 여겼다. 그는 동시대 터키를 개창한 케말 파샤Kemal Pasha(1881~1938)*의 실험을 주시하고 있었다. 터키는 오스만제국의 이슬람 문화를 뿌리 뽑고 유럽식 세속주의로 기울었다. 그 결과 민족 간, 종족 간, 종교 간 핵분열을 초래했다. 유럽식 민족주의를 도입함으로써 중동과 북아프리카 일대가 수많은 국가로 쪼개지고만 것이다. 만국이 만국에 투쟁하는 또 하나의 아수라장이었다.

독립인도가 이런 오류를 반복하면 안 될 것이라고 여겼다. 서둘러 민족과 종족과 종교를 초월하여 군림했던 무굴제국의 역사적 유산을 비판적으로 복원해야 한다고 주장했다. 무굴제국은 이슬람 제국이었다. 그 제국적 관용성과 공공성을 힌두뜨와 역시 학습해야 한다는 것이다. 그러므로 사바르카르를 이슬람과 적대하는 힌두 근본주의의 원조로만 간주하는 것은 치명적인 오독이다. 오히려 이슬람의 유산을 온전히 흡수함으로써 힌두 문명을 갱신하고 경장하고자 했다. 즉 그의 힌두뜨와는 무굴제국이 구현했던 '인도-페르시아 문명의 근대화'였다고 평가할 수 있다. 종교를 버린 정치혁명이 아니라, 종교혁명과 정치혁명을 겸장하는 또 다른 근대 혁명이었다.

이 활활 타오르는 정치적 힌두교 혹은 전투적 힌두교 문헌을 읽어가면서 나는 어쩐지 기시감이 일었다. 단재丹齋 신채호(1880~1936)였다. 단재의 글이 떠올랐다. 그 역시 '강도 일본'에 분개하여 조선의 역사를 재인식했던 바 있다. '아我와 비아非我의 투쟁'이라는 독자적 독법을 내세웠다. 그러나 평생을 투쟁사관으로 시종하지 않았다. 말년에 득의의 경지에 오른다. 아와 비아의 투쟁을 '소아'小我와 '대아'大我의 투쟁으로 진

---

*　　오스만제국 붕괴 이후 신생 터키공화국의 초대 대통령(재임 1923~1938).　　•129

화시키고 격상시켰다. 사상적으로 도약하고 비상한 것이다. 소아적 발상을 버리고 대아에 귀의한 것이다. 따라서 그의 말기 사상을 아나키즘, 즉 유럽의 무정부주의에 빗대는 것 또한 심각한 오독이다. 민족과 국가보다 보편 문명을 더 높이 섬겼던 동아시아 특유의 기제에 재접속한 것이다. '대동세계의 현대화'로 접근하는 편이 한층 적절하다고 본다.

물론 신채호만큼이나 사바르카르의 이상 또한 실현되지 못했다. 독립인도의 초대 수상 네루는 철저한 세속주의자이고 사회주의자였다. 국민회의가 오래 집권했다. 사바르카르는 그 독립인도에서 19년을 더 살았다. 발언권은 이미 사라졌다. 고드세가 간디를 암살하기 직전에 그의 사무실에 들렀다고 한다. 사바르카르는 고드세의 멘토였다. 다만 암살을 지시했다는 직접적인 물증은 나오지 않았다. 그래서 무죄를 선고받았다. 하지만 두 인물 간의 사상적 연결만은 명백한 것이었다. 1948년 11월 8일, 장장 5시간이나 이어졌던 고드세의 법정 최종 진술은 그가 사바르카르의 제자였음을 잘 보여준다. 간디와 네루, 국민회의 비판에서 판박이의 내용이었다.

1950년 1월 26일 인도공화국이 출범(헌법 선포)하기 하루 전, 사바르카르는 짤막한 성명서 하나를 발표한다. 공인으로서 마지막 역할이었다. 여전히 인도 헌법에 명시된 세속주의를 비판했다. 영국식 정치가 독립인도에서도 지속됨을 통탄했다. 영성이 부재한 정치가 인도에서 결코 오래갈 수 없을 것이라고 경고했다. 그는 결국 그렇게 숨을 거둔다. 그의 《힌두뜨와》가 21세기에 와서야 인도의 영감이 될 것이라고는 예상하지 못했을 것이다. 몽상가로서 끝났던 그의 삶이 예언가로서 되살아나고 있는 것이다. 새 천년의 개막과 함께 세계힌두협회(VHP), 민족봉사단(RSS), 인도인민당(BJP)이 삼위일체가 되어 힌두 국가 만들기가 한창이다.

이러한 동향을 흔히 '우경화'라고 한다. 그런 구석이 분명히 있다. 위태한 측면이, 아슬아슬한 지점이 적지 않다. 그럼에도 어떤 돌파구를 열고 있음 또한 분명하다고 하겠다. 20세기 민족해방운동의 어떤 곤경을 해결해가는 통과의례, 시행착오처럼 보인다. 민족해방의 결정적 역설, 즉 '혼/백의 분단체제'를 극복해가는 과정으로 접수되는 것이다.

009

민족해방의 역설,
혼/백의 분단체제
우경화와 힌두 근본주의를 경계하라

민족주의의 역설

모디 내각 인사들 가운데 꼴불견이 없지 않다. 대개 민족봉사단 출신이다. 나라 경영에 주력하기보다는 엉뚱한 짓에 더 공을 쏟는다. 교육부 장관은 성탄절에 학교가 쉬어야 할 이유가 없다 하여 구설수에 올랐다. 기독교를 배타한 것이다. 내무부 장관은 모든 주에서 소고기를 먹지 말아야 한다고 하여 물의를 일으켰다. 무슬림을 겨냥한 것이다. 힌두 대서사시 〈라마야나〉를 신화가 아니라 역사적 사실이라며 우기는 인물까지 있다. 모디는 이들을 경질했다. 국사國事를 그르치는 힌두 근본주의와는 일선을 그은 것이다. 아무래도 시행착오, 통과의례로 보인다. 덜 세련되고 덜 정련되었다. 힌두 국가 만들기는 이제야 걸음마를 뗐다.

역사관도 거칠기 짝이 없다. 지나친 힌두 민족주의가 제 발등을 찍는다. 가령 1947년 인도 독립으로 '1,200년' 외세 통치가 끝났다는 식이다. 어찌하여 100년(대영제국)도, 200년(동인도회사)도 아니고 1,200년인가? 8세기 서북부에서 이슬람이 침입해 왔기 때문이다. 그로부터 무굴제국까지 장장 천 년을 무슬림 국가가 득세했다는 것이다. 대영제국 또한 그 연장선상에서 이해한다. 바다에서 틈입한 또 다른 외세였다. 고로 1947년은 1,200년 만에 힌두 국가를 회복할 수 있는 기회였다고 한다. 이 호기를 놓친 것이 국민회의란다. 대영제국의 계승자들이었기 때문이다. 세속주의를 표방했을뿐더러 무슬림들에게 특권을 베풀었다는 것이다.

결국 외세의 침략 이전, 즉 7세기 이전으로 거슬러 오른다. 고대사, 나아가 상고사를 탐닉한다. 인도는 고대부터 하나의 민족, '힌두인'이었음을 자랑스러워한다. 일종의 자만사관이다. 그러나 자학사관의 자충수가 되고 만다. 그런 식으로 따지면 기원전 1300년 중부 유럽에서 아대륙으로 진출한 아리안족마저도 외세다. 힌두교 역시도 외래 종교가 된다. 《베다》를 유일한 경전으로, 산스크리트어를 유일한 보편어로 삼자는 정치적 기획 또한 자가당착이 되고 만다. 생활세계의 실감과도 한참 거리가 멀다. 인도인들이 가장 친근하게 여기는 비슈누, 시바, 칼리 등은 《베다》로부터 약 천 년 이후에나 등장하는 신들이다. 팔리어와 불교 문명이 인도에 미친 지대한 영향 또한 삭제해버리고 만다. 천 년의 불교, 천 년의 이슬람을 지우는 지독한 자폐사관에 봉착하는 것이다. 서아시아와 동아시아와의 촘촘하고 긴밀했던 연결망을 끊어버리는 것이다. 힌두교만 섬겨서는 인도의 장구한 문명사를 도저히 담아낼 수가 없는 법이다.

이들의 인도사 인식은 네루가 《인도의 발견》에서 구축한 인도사보다 더 앙상하고 빈약하다. 힌두 문명의 잠재력과 가능성을 도리어 축소시킨다. 게다가 양쪽 모두 북인도 중심이다. 델리를 중심으로 인도사 전

민족봉사단의 아침 조회 모습.

체를 규정하려 든다. 무슬림이 인도에 온 것이 8세기이고, 12세기 델리에 술탄 국가를 세운 것이 사실이다. 하지만 무슬림 권력은 데칸고원 이남까지 침투하지 못했다. 남인도는 별세계, 별천지였다. 가장 강성했던 무굴제국 아래서도 힌두 소왕국들이 고도의 자율성을 누리며 무슬림과 공존했다. 심지어 아삼 지방을 비롯한 동북 지역은 무슬림 지배 아래 들어간 적이 단 한 번도 없었다. 국지局地의 경험을 '민족사'로 과장하는 것이다.

외부인인 나로서는 힌두 문명의 저력에 바탕을 둔 독자적인 역사관을 제출해주기를 바란다. 제국사가 유력한 방편이 되어줄 것이다. 인도는 예외적으로 불교 제국과 이슬람 제국을 두루 겪은 장소다. 아소카 황제와 아우랑제브 대제의 전성기를 공히 경험했다.* 또한 무굴제국에서는 인도-페르시아 문명의 대융합을 일구었고, 대영제국에서는 무굴제국의 성취에 유럽 문명까지 보태어 '벵골 르네상스'를 일으켰다. 인도만이 보유한 독보적인 유산이다. 인류사에 길이 빛난다.

물론 무굴제국과 대영제국은 제법 달랐다. 영국령 인도는 영국의 또 다른 식민지, 미국과 호주가 아니었다. 원주민을 박멸하고 신세계를 건설할 수 없었다. 아메리카의 '인디언'과 유라시아의 '인도인'의 결정적인 차이다. 힌두교와 불교, 이슬람으로 단련된 인도인을 쓸어낼 수 없다. 숫자에서도 단연 압도적이었다. 소수의 영국인이 다수의 인도인을 표면으로 다스렸을 뿐이다. 그리고 본국으로 떠나버렸다. 건축물은 남았지만, 사람은 거의 남지 않았다.

---

* 아소카 황제는 기원전 3세기 마우리아 왕조의 제3대 왕으로서 인도 최초의 통일왕국을 세웠으며, 불교를 보호한 이상적인 왕으로 많은 설화를 남겼다. 아우랑제브 대제는 무굴제국의 제6대 황제(재위 1658~1707)로서 마우리아 왕조 이후의 인도에서 대륙의 대부분을 정복한 최초의 인물이다.

무굴제국은 그러하지 않다. 뿌리를 내렸다. 토착화되었다. 인구가 그 소산이다. 현재 파키스탄 인구는 2억, 방글라데시는 1억 5천만이다. 인도-파키스탄-방글라데시가 분할되지 않았다면, 인도 아대륙 총인구 16억 가운데 5억이 무슬림이었다는 말이 된다. 근 3할을 점한다. 단숨에 세계 최대의 국가이자, 세계 최대의 힌두교 국가이며, 세계 최대의 이슬람 국가라는 복합제국적 성격을 자랑했을 것이다. 그만큼이나 무슬림은 오래도록 인도 아대륙을 삶의 터전으로 삼았던 것이다. 떠돌이가 아니라 토박이가 되어갔다. 그러므로 뜨내기에 그쳤던 영국인과 토착화된 무슬림을 병렬로 '외세'라고 치는 것 또한 역사의 실상과 크게 어긋난다고 하겠다.

지금도 1억 5천만 무슬림의 다수가 펀자브부터 서벵골까지 북인도에 자리한다. 규모로 따지면 인도네시아(2억 5천만), 파키스탄(2억)에 이어 세 번째다. 중국과의 차이라고도 하겠다. 11억 힌두에 비하면 1할에 불과할지라도, 도무지 '소수민족', '소수종파'라고만 하기가 힘들다. 역시나 무슬림은 20세기에도 인도사의 주요 행위자였다.

이처럼 아대륙을 순차적으로 통치한 불교 제국—이슬람 제국—유럽 제국의 2천 년에도 불구하고, 인도는 여전히 힌두 문명을 지속하고 있음이야말로 퍽이나 인상적이다. 이곳에서 역사는 '진보'를 향해 질주하지 않았던 것이다. 층층이 축적되고 켜켜이 누적되었다. 그 독특한 역사의 지층을 이룬 기저야말로 여러 종교를 크게 감싸 안는 힌두교의 다종교·다문명적 성격이라 하겠다. 즉 정치적 제국성과 종교적 관용성이야말로 힌두 문명의 백미다. 그 넉넉했던 힌두교의 전통을 힌두 민족주의가 방기하거나 망각해서는 곤란할 것이다. 부디 20세기형 민족주의를 답습할 것이 아니라, '역사적 힌두뜨와'의 본성과 근성을 회복해주기를 바란다.

민주주의의 역설

교조적 민주화 이론에 따르면 성/속의 분리 과정, 즉 세속화는 민주화의 선결 조건이다. 처음에는 교황으로부터의 독립을, 다음에는 교회로부터의 단절을 추구했다. 인도의 국민회의 또한 그 이론에 충실했다. 헌법으로 세속주의를 명기하고, 힌두교에 가장 멀찍했다. 인도가 정체된 원인으로 힌두교를 지목하고, 발전에 뒤처지게 된 원흉이라 질타했다.

인도 민주주의의 커다란 역설은 민주주의의 확산과 심화로 말미암아 힌두교가 복권되고 있다는 점이다. 민주주의는 대중에게 힘을 부여한다. 그런데 그 절대다수 사람들의 생활세계가 여전히 힌두 문명 아래 자리했던 것이다. 출생과 결혼, 장례까지 삶의 주요 마디마디마다, 또 각종 축제와 명절 같은 한 해의 리듬 역시도 힌두교의 영향이 물씬하다. 즉 국민회의는 기층사회와 유리된 상부 조직에 그쳤다. 식민모국의 영향이 드센 엘리트 집단이었다. 그에 반해 인도인민당은 민간 사회에 뿌리박고 있는 토착적인 정당이다. 바람직한 정당의 이념형적 모습에 훨씬 더 가까운 것이다. 그래서 아래로부터의 힘, 종교의 정치적 동원도 가능했다. 동시에 종교의 근대화도 자극했다. '해방된 개인'들을 묶어주고 엮어주는 접촉제로 힌두 문명의 전통이 환기되었다. 1990년대 이래 인도 역시 급변하고 있다. 나날이 세계화되고 있는 인도에서 안정감과 소속감 등 정체성을 제공해주는 것이 힌두교다. 민주화와 세계화, 힌두화가 공진화한다. 성과 속이 따로 놀지 않는다.

20세기의 최첨단을 달렸던 국민회의와 인도공산당으로서는 무척이나 당혹스러운 현상이다. 무엇보다 1990년대 이후 태어난 21세기의 신청년들이 힌두뜨와에 가장 열렬하게 호응하고 있다. 20세기 후반 유력지였던 신문과 잡지 또한 이제는 극소수만 읽는 매체로 전락하고 말았다. 살펴보자니 그들만의 은어로 푸념을 늘어놓는다. 글로벌 자본주의와 전통적 복고주의에 세속적 민주주의가 납치당했다고 한다. 신중간층이 경건하고 정갈한 브라만식 라이프스타일을 추구하는 것 또한 '프티 부르주아의 허위의식'이라며 어깃장을 놓는다. '종교는 인민의 아편'이라는 문장을 재차 읊어대는 대목에서는 하품이 나왔다. 국민회의의 세속주의는 중산층 이데올로기이고 인도인민당의 힌두 국가 만들기는 반동적 수구파의 기획이라며, 인도의 장래를 '노동자 국가'에서 구하는 글은 차마 끝까지 읽어줄 수가 없었다. 그에 비하자면 '진보는 20세기의 아편이고 근대의 허위의식'이라고 되받아치는 힌두뜨와 논객들이 훨씬 더 참신해 보였다.

이러한 역설적 풍경은 비단 '세계 최대의 민주주의 국가' 인도에만 그치는 것이 아니다. 인도에 있다 보면 동아시아보다는 서아시아에 더 자주 눈을 돌리게 된다. 북부에 자리한 델리에서 석 달을 지내니 더더욱 그러했다. 비슷한 현상이 서아시아와 북아프리카 일대에도 만연하다. 인도와 더불어 탈식민주의 이론에 빈번하게 등장하는 국가로 알제리가 있다. 프란츠 파농(1925~1961)*이 널리 인용된다. 그가 프랑스 제국주의에 맞서 가담했던 집단이 민족해방전선(NLF)이다. 프랑스를 물리친 후 알제리에서 오래 집권했다. 그 민족해방전선 역시 세속주의와 사회주의, 아랍 민족주의를 표방했다는 점에서 인도의 국민회의와 유사한 노선이었다. 사실상의 1당 체제를 오래 누렸다는 점에서도 엇비슷했다.

알제리에서도 변화는 1980년대 말부터 전개된다. 다당제가 도입되

---

* 서인도의 프랑스령 마르티니크섬 태생의 흑인 사상가이자 정신의학자. 알제리 혁명(1954~1962)에 참가하였으며, 민족해방전선의 지도자 중 한 사람으로 활약했다. 식민지해방운동의 이론적 지도자로서 제3세계의 독립운동에 큰 영향을 끼쳤으며, 저서로 《검은 피부, 하얀 가면》(1952), 《지상의 저주받은 사람들》(1961) 등이 있다.

자 곧장 이슬람 정당이 약진했다. 종교에 뿌리내린 정치문화가 (재)부상한 것이다. 이들은 세계를 좌/우의 시각으로 살피지 않는다. 성/속의 관계로 접근한다. 그들의 관점에서 자유민주(시민민주)와 사회민주(인민민주)는 오십보백보다. 공히 영성을 배제한 세속 정치, 이성의 독재체제다. 그들의 실감으로는 이성이 영성을, 과학이 종교를 억압하는 20세기야말로 '암흑시대'다. 그리하여 교조적 민주주의에 맞서 전통과 문명을 수호하는 전투적인 종교운동이 정치적으로 분출한 것이다.

첫 물꼬를 틔운 것은 1979년 호메이니의 이란 혁명이었을 것이다. 그 후 북아프리카와 서아시아, 중앙아시아, 남아시아에 이르기까지 실로 거대한 파장을 일으키고 있다. 가히 시민민주주의와 인민민주주의를 대체해가는 '제3의 물결'이라 할 만하다. 기어이 21세기 유라시아사의 대세를 형성해가고 있다. 최근에는 이슬람 세계의 세속화를 가장 먼저 견인했던 터키마저도 탈세속화와 재이슬람화에 합류하고 있을 정도다. 근대 정치에 대한 반혁명, 대항혁명이 한창이다. 비근대적 정치가 만개하고 있다.

당장은 이 '새 정치'를 일방으로 편들기가 힘듦이 솔직한 고백이다. 실제로 민족봉사단 출신의 관료들이 노정하는 작태처럼 반동적인 측면이 없지 않다. 하지만 왕년의 신정神政정치를 반복하고 있는 것만도 아닐 것이다. 정교 일치와 정교 분리를 물과 기름처럼 맞세우는 이분법 자체가 근대의 편견일지 모른다. 본디 정치는 도덕과 불가분이었다. 단순히 자원의 분배 과정, 이해득실의 조정 과정에 그치지 않았다. 도덕의 구현이자 양심의 실현을 지향했다. 허나 근대 정치는 자유민주와 사회민주를 막론하고 도덕과 영성을 정치의 영역에서 배제하고 말았다. 호모 이코노미쿠스들의 이해타산을 조정하는 소인小人들의 정치가 민주주의였던 것이다. 이곳 인도에서, 또 유라시아의 동과 서에서 정치와 종교, 정치와 도덕이 다시 합류해가고 있다. 장차 민주주의의 대전환, 대반전을 예감하는 까닭이다.

민족해방의 역설

민족해방의 역설 또한 여기에 있을 것이다. 커다란 도착이 일어났다. 외세로부터의 해방과 전통으로부터의 해방이 착종되고 말았다. 민족해방운동의 대국을 쥔 쪽은 '자강파'보다는 '개조파'들이었다. 급진적 변혁을 추구했다. 이들의 민족해방은 야심찬 반면 모호한 것이기도 했다. 전통을 배척하면 할수록 식민모국과 닮아가는 자가당착이 일어났다. 개인의 자유, 정치적 독립, 시민권, 민주적인 정부, 과학적인 교육, 경제적인 발전 등등 식민모국의 '문명화 사업'을 흉내 내고 내면화한 것이다. 일급의 사상가와 운동가들마저 '민족개조론'에 빠져들었다. 그래서 장기간의 문화 내전을 초래했다. 결국은 영국 같은 인도가 되는 것이, 프랑스 같은 알제리가 되는 것이 민족해방의 목표처럼 되고 말았다. 말미암아 서구화된 혹은 식민화된 엘리트들과 토착적 민중 사이의 심대한 분단체제가 형성되었던 것이다. 민족의 이름으로 민족과 싸우는, 혼과 백의 분단체제였다.

그러나 인도의 국민회의나 알제리의 민족해방전선이 보여주듯, 문화적 헤게모니를 틀어쥐지는 못했다. 재생산에도 실패했다. 탈냉전이 시작되기가 무섭게 전통과 종교와 문명이 귀환하기 시작했다. 그들이 추진했던 '새 것 프로젝트'가 가능한 곳은 따로 있었다. 미국이나 캐나다, 호주 같은 '신대륙'이다. 원주민의 옛 문화를 완전히 제거하고 새 사람과 새 문화를 이식할 수 있었다. 즉 신대륙의 신문화는 정치적 운동의 산물만이 아니었다. 더 결정적으로는 지리적 이동의 산물이었다. 이민

국가의 탄생, 즉 이민을 통한 혁명이었다. 이주민들이 원주민들을 지워 버림으로써 생태환경과 인문지리의 전면적 개조를 실현할 수 있었던 것이다.

그러나 유라시아는 아메리카가 될 수 없었다. '아메리칸 아담'을 창조할 수가 없었다. 인류의 4대 문명, 기축문명의 근거지이기 때문이다. 200년 새파란 근대문명과는 비교를 불허하는 장구한 문명적 유산이 민중의 생활세계에 존속하고 있었다. 그 거대한 뿌리가 민주주의의 장착과 더불어 도저하게 재귀하고 있는 것이다. 제2의 민족해방운동이 기층에서 일어나고 있는 것이다. 일각에서는 근본주의와 정통주의로 비뚤어지고 있다. 또 다른 쪽에서는 탈근대적 정치로 새 물결을 만들어가고 있다. 반동과 반전이 커다랗게 교차한다. 어느 쪽이 대세가 될지 장담하기는 아직 힘들다. 다만 정/교 분리, 성/속 분리의 '근대 정치'가 영영 지속 가능하지는 않을 것 같다. 혼과 백을 재결합하는 제2의 민족해방운동이 유라시아 도처에서 굴기하고 있기 때문이다. 이들 신생 국가들이 건국기를 지나 수성기와 중흥기로 진입하고 있음에 주목해야 할 것이다. 주체성 확립(독립)에 이어 정체성 재건(중흥)이 시대정신이 되어간다. 정치적 건국 다음의 문화적 건국, 복국復國을 향해 진화하고 있다.

진중한 얘기를 오래 했다. 글을 쓰는데도 어깨가 굳는다. 목이 딱딱해진다. 조금 느슨해지기로 한다. 매주 일요일, 원고를 마치면 영화를 한 편씩 보았다. 춤과 노래가 일품인 인도 영화는 흥에 겨웠다. 태평양에 할리우드가 있다면, 인도양에는 발리우드가 있다. 또 하나의 글로벌 문화지리를 구축해가고 있다. 발리우드의 도시, 뭄바이로 간다.

힌두교의 봄맞이 축제, 홀리.

뭄바이, 글로벌 발리우드

태평양에 할리우드가 있다면
인도양에는 발리우드가 있다

봄베이와 뭄바이

작년(2015) 가을 부산국제영화제에 다녀왔다. 20주년을 맞이하는 뜻 깊은 해였다. 나는 인도 영화를 몰아서 보았다. 개막작부터 〈주바안〉 Zubaan이었다. 〈카슈미르의 소녀〉(원제는 Bajrangi Bhaijaan/Brother Bajrangi) 도 챙겨 보았다. 카슈미르는 인도와 파키스탄의 접경지, 남아시아 대분 할체제의 상징적인 장소다. 꼭 방문할 곳으로 꼽아두고 있었다. 영화제 는 10월이었고, 인도행은 11월이었다. 시운이 좋았던 것이다.

그 후 매주 한 편씩 인도 영화를 보았다. 콜카타와 첸나이, 뭄바이와 델리 등 여러 곳에서 보았다. 장소만큼이나 언어도 다양하다. 힌디어 외 에도 벵골어, 구자라트어, 타밀어 등 16개 언어로 제작된다. 비단 인도 에서만도 아니다. 인도의 안과 밖을 오가는 하늘길에서도 인도 영화를 접할 수 있었다. 양곤(미얀마)에서 콜카타로 가는 에어아시아도, 델리에서 콜롬보(스리랑카)로 가는 스리랑카항공도, 카트만두(네팔)에서 테헤란 (이란)으로 이동하는 에미리트항공도 기내 영화의 절반이 인도 영화였다. 남아프리카공화국부터 인도네시아까지, 인도양과 남유라시아는 단연 발리우드의 영향권이다.

실로 인도는 영화 강국이다. 1년에 1천 편 넘게 생산한다. 날마다 2~3편씩 만들어진다는 뜻이다. 매일같이 새 영화가 쏟아진다. 미국이나 중국보다도 앞선다. 세계 최대의 영화 생산국이다. 인구만큼이나 관객 숫자도 굉장하다. 극장을 찾는 사람이 하루 평균 1,500만 명이다. 1년이면 자그마치 40억이다. 흥행 성적도 상당하다. 〈타이타닉〉도 〈아바타〉도 인도에서는 흥행 수위를 차지하지 못했다. 자국 영화가 할리우드보다 경쟁력이 있는 몇 안 되는 나라 중 하나다. 인도 영화의 관객 비중이 근 90퍼센트에 달할 정도로 압도적이다.

이런 인도의 영화산업을 가리켜 '발리우드'Bollywood라고 통칭한다. '봄베이'(뭄바이)와 '할리우드'의 합성어다. 본래는 1970~80년대 해외로 이주한 인도인, 즉 인교印僑들이 붙인 별명이었다. 정작 뭄바이의 영화인들은 내켜하지 않았다. 할리우드의 아류 느낌이 나기 때문이다. 그들은 '마살라 영화'라고 했다. '마살라'는 '양념'이라는 뜻의 힌디어다. 온갖 양념을 버무려 먹는 인도 음식처럼 다양한 장르를 혼합한 인도 영화에 안성맞춤인 표현이다. 한 편의 영화에서 로맨스와 액션, 코미디를 모두 만끽할 수 있다. 그러나 해외 언론과 구미 학계에서 '발리우드'가 정착어로 굳어가고, 1991년 경제자유화 조치로 인도와 세계가 전면적으로 (재)접촉하면서 인도에서도 일상어로 자리 잡았다. 지금은 '발리우드 투어'가 뭄바이의 대표적인 관광상품이 되었다. 아랍인과 아시아인들로 문전성시를 이룬다.

뭄바이는 전형적인 식민도시였다. 런던(유럽)과 두바이(아랍)와 싱가포르(동남아)와 홍콩(동북아)을 잇는 대영제국의 중간 기착지였다. 무역과 상업이 발달한 개항장 도시로 급성장했다. 콜카타가 학문의 중심, 델리가 정치의 중심이었다면, 뭄바이는 단연 경제의 중심이었다. 돈이 흐르면 문화도 꽃피기 마련이다. 상업자본과 문화자본이 결합하고 결탁했다. 뭄바이로 파운드가 몰려들면서 영화산업도 커져갔다. 그러나 독보적인 지위는 아니었다고 한다. 주요 도시들에서 저마다의 영화를 만들었다.

1947년 남아시아 대분할체제의 성립이 영화판에도 영향을 미쳤다. 콜카타와 라호르(현재는 파키스탄) 등 북인도에 거점을 두고 있던 영화인들이 대거 뭄바이로 이주한 것이다. 독립 이후 힌디어가 제1언어가 된 것도 뭄바이에 유리했다. 지방어를 쓰는 첸나이와 하이데라바드 등에 비해 경쟁력이 생긴 것이다. 콜카타의 영화는 문학적이고 예술적이었다. 첸나이는 남인도 특유의 신화적 성격이 강했다. 구자라트 영화는 대중적이고 상업적이었다. 반면 뭄바이의 영화는 '민족적' 성격이 두드러졌다. 지방색을 지워냄으로써 독립 이후 인도 영화산업의 중추로 자리잡은 것이다.

봄베이가 뭄바이로 개명한 것이 1995년이다. 1947년 독립 이후 반세기가 더 지나서야 뭄바이라는 원래 이름을 회복한 것이다. 1991년 경제자유화 조치, 즉 인도판 '개혁개방'의 연장선에서 이해할 수 있다. 역시나 1990년대 이후 인도의 변화를 상징한다고 하겠다. '세계화와 힌두화'의 공진화의 산물이다. 느지막한 탈脫영국화였다. 공교롭게도 1995년은 한국에서 조선총독부 건물이 해체된 해이기도 하다. 탈냉전이 곳곳에서 역사 바로 세우기 사업을 촉발했던 것이다. 고쳐 말하면 냉전기는 식민기의 후반전, 후기 식민post-colonial이었다는 뜻도 된다.

1990년대 이래 등장한 신중간층의 문화적 취향도 확연하게 달라졌다. 더 이상 영국적인 것을 편애하지 않는다. 인도적인 것을 즐긴다. 더 정확하게는 힌두적이다. 이들이 힌두 영화를 적극 소비함으로써 발리우드가 융성하는 기초를 다졌다. 신보수주의 혹은 신전통주의라고 할 수 있는 문화적 동향과 맞물려 식민도시 봄베이가 글로벌 도시 뭄바이로 거듭난 것이다. 21세기 뭄바이는 복고와 첨단이 오묘하게 어우러지는 인도 최대의 도시다.

국민국가의 영토성에 충실했던 국민회의와 달리 힌두뜨와를 강조하는 인도인민당은 인도양과 태평양으로 퍼져 있는 2,500만 인교들을 중시했다. '비거주 인도인'이라는 별개의 범주를 만들어 이들의 투자를 적극 독려했다. 이중 국적을 부여하고 '해외 인도인들의 날'도 제정하여 크게 기념한다. 인도와 인교의 재결합을 상징하는 영화 장르도 있다. 이른바 '인교 로맨스'다. 1990년대 후반 재영 동포 혹은 재미 동포들의 인도 귀환과 본토 여성들과의 로맨스가 크게 유행했다. 대표적인 스타가 샤룩 칸이다. 2004년 공전의 흥행을 기록한 〈Swades〉(고향)의 주인공이었다. 미 항공우주국(NASA)에서 근무하는 뛰어난 과학자였던 그가 인도에 돌아와 가족과 마을의 일원이 되어가는 귀환의 서사를 선보인다. 응당 본토 아가씨를 만나 낭만적인 사랑에도 빠진다. 흡사 1994년 한국에서 방영되었던 〈사랑은 그대 품안에〉의 차인표를 연상시킨다.

지금은 온라인에서 공짜로 볼 수 있다. 근 20년 전 작품을 복기하노라니 극중 이름이 더 흥미롭다. 남자 주인공은 모한Mohan이고, 여자 주인공은 기타Gita이다. 곧장 모한다스 간디*와 《바가바드 기타》를 연상시킨다(간디 또한 영국에서 유학하고 남아프리카공화국에서 변호사로 활동하다 인도로

---

* 마하트마 간디의 본명이 모한다스 카람찬드 간디(Mohandas Karamchand Gandhi)였다.

돌아온 인물이다. 귀국 이후에는 힌두교와 자이나교를 비롯한 인도의 전통과 긴밀하게 결합되어 갔다). 20세기와는 또 다른 21세기형 귀환 서사라고 하겠다. 인도와 세계의 재결합, 지구화와 힌두화의 공진화를 매개하는 인물로 샤룩칸을 주목할 수 있는 것이다. 일약 발리우드를 상징하는 슈퍼스타로 등극하여 오늘까지 변함없는 명성을 누리고 있다.

인류印流: 멀티미디어 + 멀티내셔널

인도에서 1991년 이후 태어난 신세대만 3억 5천만에 이른다. 그들이 사는 세상은 전혀 딴판이다. 부모들이 자랄 때는 국영 방송국만 달랑 둘이었다. BBC와 MTV, Star TV 등 위성방송이 진출한 것이 1991년이다. 곧이어 인도의 독자적인 대중문화 채널인 ZEE도 등장했다. 인도판 MTV라고 할 수 있다. 영향력이 상당하다. 특히 영화음악에 주력한다. 음악 채널과 영화 채널이 결합되었다. 빌보드처럼 매주 순위도 발표한다. 나아가 발리우드 전체를 대상으로 독자적인 영화제도 주최한다. 개최 장소도 뭄바이에 한정되지 않는다. 두바이, 도하(카타르), 쿠알라룸푸르(말레이시아), 싱가포르, 자카르타(인도네시아) 등을 순회한다. 인도적이면서도 세계적인 영화제다.

　스포츠 채널도 각광이다. 영국에 EPL(English Premier League)가 있다면, 인도에는 IPL(Indian Premier League)가 있다. 크리켓 리그다. 유럽의 축구, 미국의 야구 못지않은 인기를 누린다. 파키스탄과 인도 간 숙명의 라이벌전은 레알 마드리드와 FC 바르셀로나의 더비 경기인 '엘 클라시코'에 빗대기도 한다. CF 모델의 상당수도 크리켓 스타들이 채우고 있다.

　미디어산업의 약진은 인도가 자랑해 마지않는 IT산업과도 결합되었다. 젊은이들의 상당수가 인터넷과 모바일로 영화와 방송을 소비한다.

'Saavn.com'은 발리우드 영화와 음악이 소비되는 전 지구적인 메카이다. 'Indiafm.com'은 발리우드 전용 포털 사이트다. 영화 생산부터 마케팅은 물론 비평까지 모든 영역을 망라한다. 올드미디어와 뉴미디어, 소셜미디어까지 융합된 멀티미디어 환경은 발리우드의 영토 확장에도 크게 기여했다. 처음에는 대영제국의 연결망을 따라 인도양에 산재했던 인교들에게 인기를 끌었고, 점차 지리적 범위를 넓혀 태평양을 건너 LA와 뉴욕까지 접속되었다. 싱가포르, 말레이시아, 피지, 나이지리아, 두바이에서 영국과 미국까지 아우르는 글로벌 문화산업으로 진화한 것이다. 이제는 기획과 제작, 유통 전 영역에서 인도와 인도양, 전 세계를 아우르는 연결망이 항상적이다. 발리우드 문화상품들이 전 지구적으로 환류하면서 영토에 구애받지 않는 공동체, '발리우드 공화국'을 만들어간다. 한류 못지않은 인류Indian Wave이다.

멀티미디어와 멀티내셔널의 혼합은 영화 자체의 텍스트와 내러티브에도 영향을 미치고 있다. 다매체 환경이 상시화하면서 상영관에서의 흥행뿐만이 아니라 개봉 이후의 지속적인 소비를 겨냥하게 되었다. 특히 발리우드 영화는 춤과 노래가 백미다. 영화 중 일부를 고스란히 떼어내어 뮤직비디오로 향유한다. 영화의 맥락 밖에서, 온라인에서도 소비를 극대화하는 전략이다. 내러티브에 종속되지 않고 별개의 독자성과 생명력을 누리는 춤-노래 시퀀스가 3~4분 단위로 편성되는 것도 그런 까닭이다. 영화 이후의 음악과 뮤직비디오는 발리우드의 이동적이고 유동적인 소비에 더더욱 박차를 가한다.

애당초 발리우드 영화에 춤과 노래가 두드러졌던 것은 지극히 인도적인 맥락의 산물이었다. 원체 나라가 크고 인구가 많다. 그렇다고 중화제국 같은 통일적인 권력 아래 있지도 않았다. 동일한 문자를 다르게 발음하는 한자 같은 표의문자도 없다. 20개의 공식어와 그보다 훨씬 많은

뭄바이의 한 멀티플렉스 극장.

발리우드 투어의 쇼 프로그램.

방언이 하나의 국가 아래 자리한다. 게다가 저마다 상이한 표음문자를 쓴다. 일상적인 다언어 상황에 노출되어 있는 것이다. 따라서 영화 자막을 통해서도 한계가 있기 마련이다. 지역마다 번번이 다른 자막을 깔아야 한다. 응당 대화가 많으면 많을수록 관객의 몰입도가 떨어진다. 그래서 비언어적 의사소통, 춤과 노래가 발달해간 것이다.

콜카타와 뭄바이, 델리 같은 대도시에서 인도인들의 첫 대면 풍경이 몹시 흥미롭다. 처음에는 영어로 통성명을 한다. 그리고 각자의 출신을 확인하면 소통하는 언어가 달라진다. 국내와 국외의 가름이 모호한 것이다. 응당 '민족문학'이라는 것도 성립하기가 힘들다. 민족문학이 감당할 수 없는 역할을 영화가 수행한다. 언어의 장벽을 음악과 몸짓으로 돌파하는 것이다. 춤과 노래가 또 하나의 언어로서 모국어의 역할을 대리 수행한다.

힌디어 영화는 아무래도 북인도 중심이다. 그러나 춤과 노래를 통하여 다민족, 다지역의 전통을 덧붙인다. 펀자브의 민속음악을 따오고, 타밀의 전통 춤을 빌려와서 콜라주하는 식이다. 즉 발리우드의 영화 생산 자체가 다민족적이고 초민족적이다. 협동과 협주에 익숙하다. 이러한 인도 내부의 경험이 수십 년간 누적되면서 글로벌 발리우드의 기초를 다진 것이다. 힌디어를 이해하지 못하는 인도양의 아프로-아랍Afro-Arab 관객들도 발리우드 노래만은 흥얼거릴 수 있는 까닭이다. 하긴 인도는 이미 아프로-아랍 세계를 내부에 품고 있다. 유라시아와 인도양이 만나는 곳에 인도 아대륙이 자리하기 때문이다.

글로벌 발리우드

한국에서 '국민의 정부'가 출범한 1998년은 〈타이타닉〉의 해이기도 했다. 정권 교체와 더불어 대학 새내기가 되었던 나는 1995년 창간한 《키노》와 《씨네21》을 읽으며 교양을 쌓아갔다. 그러나 어디까지나 할리우드의 영향권 아래 있는 태평양 국가의 현상이었다. 군사독재자 수하르토가 실각하고 정권 교체를 달성한 1998년의 인도네시아에서는 〈Kuch Kuch Hota Hai〉(가슴이 두근거려요)가 더 큰 인기를 모았다. 발리우드 작품이었다. 특히 인도네시아 최대 섬인 자바인들이 열광했다고 한다. 자바인들은 벵골만을 사이에 두고 남인도와 혈연과 지연으로 긴밀하다.

비단 인도네시아만이 아니었다. 아라비아해를 건너 남아프리카공화국의 더반에서도 〈Kuch Kuch Hota Hai〉는 8개월이나 장기 상영되었다. 1998년이면 남아공에서 만델라가 임기를 마친 해다. 만델라의 정당이 바로 '국민회의'였다. 남아공의 국민회의와 인도의 국민회의는 간디로 이어진다. 만델라를 이어 남아공 국민회의의 당수를 맡은 이가 간디의 증손녀인 엘라 간디Ela Gandhi였다. 그녀는 〈Kuch Kuch Hota Hai〉의 주제가를 총선 캠페인 음악으로 활용했다.

이처럼 탈냉전과 더불어 봇물이 터진 발리우드의 대약진은 느닷없는 현상이 아니었다. 냉전기에 뿌렸던 씨앗들을 하나 둘 거두어가는 수확이었다. 비동맹 외교를 통하여 선업善業을 짓고 공을 쌓았던 것이다. 1957년작 〈Mother India〉는 사회주의 진영과 비동맹 국가들에서 이미 큰 성공을 거두었다. 할리우드의 '문화제국주의'에 저항하는 사회주의 국가들과 아시아-아프리카 권역에서 널리 환대받았다. 1965년 반둥 회의 10주년 기념차 인도네시아의 자카르타를 방문했던 김일성도 수카르노의 추천으로 이 작품을 보았다고 한다. 이렇듯 비동맹 외교의 30년 역사가 있었기에 1990년대 이래 발리우드 영화들이 서아시아로, 북아프리카로, 중앙아시아로, 동남아시아로 진출하는 데 유리한 조건이 되었던 것이다. 구미적 근대에서 지구적 근대로 이행하는 길목에 발리우드가 자리한다고 하겠다. '인도형 지구화'의 진원지다.

고로 발리우드는 할리우드의 아류에 그치지 않는다. 또한 68혁명 이래 서구에서 유행했던 '제3세계 영화'나 '월드뮤직' 붐과도 다르다. 비서구가 원천을 제공하고 서구의 거대 자본이 제작하는 신식민주의적 생산 방식을 답습하지 않는다. 전통 악기와 토착어로 노래하며 일상에 지친 도시인들을 위무했던 뉴에이지풍 네오-오리엔탈리즘을 변주하지도 않는다. 대안적 근대화, 대안적 지구화라며 아카데미 특유의 호들갑을 떨고 싶지는 않다. 그간의 세계화를 보충하는 보완재라고 하는 편이 온당할 것이다. 구미의 일방적인 문화 패권이 저물고 지구적 문화를 향유하는 '민주화'와 '정상화'로 진입하고 있는 것이다. 탈근대가 아니라 꽉 찬 근대Full Modern로 들어서고 있다. 기울어진 운동장이 평평한 세계로 변해간다.

인도에 머문 6개월, 내가 보았던 30여 편의 작품 가운데 가장 인상적이었던 것은 2008년 개봉한 〈Jodhaa Akbar〉였다. 무굴제국 제3대 황제인 아크바르 대제(재위 1556~1605)는 무굴제국의 전성기를 이끌었던 황제 가운데 한 명인데, 특히 힌두 공주와 결혼한 술탄으로 유명하다. 무굴제국이 달성한 페르시아-힌두 문명의 융합을 상징하는 인물이다. 이 영화는 아크바르를, 페르시아어로 말하는 중앙아시아 출신의 외래인으로 묘사하지 않는다. '위대한 인도인'으로 접수한다. 나아가 대영제국 이전부터 이미 구현되었던 '세속주의'도 환기한다. 인도는 영국이 도래하기 전부터 종교로 배타하거나 차별하지 않았다. 유럽식 정교 일치가 부재했기에, 세속화=근대화의 공식도 통용될 수 없었다. 도리어 일찍이 종교적 관용과 아량으로 넉넉했던 무굴제국의 위엄을 과시한다. 힌두 문명과 이슬람 문명이 공존공생했던 역사적 전범을 화려한 영상미로 상기시켜 주는 것이다. 스크린 밖 '힌두 민족주의자'들보다 훨씬 더 진취적이고 세련되었다. 글로벌 발리우드에 딱 어울리는 작품이 아닐 수 없다. 이런 영화들이 많아졌으면 좋겠다. 발리우드의 장래에 성원을 보낸다. 어느새 나도 '발리우드 공화국'의 시민이 되었다.

발리우드 못지않게 인기를 끄는 또 하나의 인도 문화가 있다. 요가다. 이미 세계인이 즐기는 운동이자 수련으로 확고하게 자리를 잡았다. 인도의 세계화에 앞서 요가부터 세계화되었다. 인도를 견문하면서 요가를 빼놓을 수는 없는 일이다.

요가의 재再인도화

맥도널드 요가와 국풍 요가를 넘어
대승 요가로

요가의 세계화

나는 요가 마니아다. 2007년 입문했으니 올해로 9년차. 책 읽고 글 쓰다
보면 목과 어깨가 자주 굳는다. 근육이 뭉치면 머리도 탁해지기 십상이
다. 흐릿한 정신으로 쓰는 글은 아니 쓰는 것만 못하다고 여긴다. 타개
책으로 삼은 것이 요가 수련이었다. 효과가 톡톡했다. 요가 한 시간이면
말랑말랑하게 풀어줄 수 있다. 한창때는 술자리에서 슬며시 빠져나와
요가를 하고 돌아갈 정도였다. 여유가 있는 날이면 서너 시간씩도 했다.
못해도 1년에 300일은 했을 것이다. 지금껏 근 3천 시간을 수련했다는
말이 된다. 하루라도 요가를 하지 않으면 몸에 가시가 돋친 듯하다.

유라시아 견문을 다니면서도 곳곳에서 요가를 하고 있다. 북방의 울
란바토르에서도, 적도의 자카르타에서도, 지금은 테헤란에서 하고 있다.
얼굴에 철판을 깐다. 현지에서 1년 이상 살게 된 특파원 시늉을 낸다. 머

칠 수련해보고 가입하겠노라 하면 보통 2, 3일 자유이용권을 주는 것이다. 조금 오래 머무르는 곳에서는 그런 식으로 여러 요가원을 순회한다.

공통점과 차이점을 발견할 수 있다. 하타 요가, 빈야사 요가, 아슈탕가 요가 등은 이미 표준화되었다. 강사가 몽골인이고 중국인이고 일본인이라는 차이만 있을 뿐 동작은 비슷하다. 그런데 동남아시아로 진입하는 순간 풍경이 달라진다. 인도인 강사가 영어로 직접 가르친다. 그 경계가 베트남의 하노이다. 하노이부터 싱가포르, 쿠알라룸푸르, 자카르타, 만달레이는 인도에서 온 요기들이 주를 이룬다. 벵갈루루와 첸나이 등 남인도 출신이 많다. 남인도와 동남아가 벵골만을 '지중해'로 삼은 하나의 생활세계임을 실감하는 것이다. 19세기 이래 유럽에서 북미로 이주해간 숫자보다 남인도에서 동남아로 이주해간 인도인들이 더 많다. 히말라야가 자연적인 만리장성을 쌓고 있는 동북아시아와의 결정적인 차이다. 하여 동북아와 동남아를 아울러 동아시아라고만 묶고 마는 것도 동북아인들의 상투적인 편견일지 모른다. 종교망, 친족망, 생활망, 문화망에서 동남아는 동인도와 긴밀하다.

인도 견문 6개월, 응당 요가가 빠질 수 없었다. 석 달을 생활한 델리에서는 부러 마을 요가원을 찾았다. 대도시의 천편일률적인 요가에 싫증이 나던 차였다. 요가의 본고장을 찾았건만 콜카타나 뭄바이나 서울과 베이징과 별반 차이가 없었다. 구글에서 검색하니 숙소 가까운 곳에 작은 요가원이 나온다. 조금 더 일상적이고 전통적이지 않을까 기대를 품었다. 방문해보니 놀랍게도 내 또래의 한국인 여성이 운영하는 곳이다. 20대 후반, 배낭여행을 하다가 인도 사내랑 눈이 맞아서 눌러앉았단다. 그것도 특별한데, 내가 한국에서 다니던 홍대의 한 요가원과도 연이 닿았다. 그곳 원장님과도 잘 아는 사이라며, 함께 찍은 사진도 보여준다. 어쩜 이럴 수가. 남아시아하고도 인도, 인도하고도 델리, 델리하고도

'마유르 비하르'라는 후미진 동네에서, 홍대 요가원 출신 한국인과 조우하다니.

하루는 그들 부부의 집에 초대를 받았다. 김치찌개와 탄두리 치킨을 안주로 삼아, 참이슬 소주에 킹피셔 맥주를 섞은 인도-한국 우정주를 나누어 마셨다. 공교롭게도 그녀의 남편은 펀자브 출신. 무슬림이 많이 사는 북인도가 고향이었다. 그의 조부모는 카라치(현재 파키스탄)에서 오셨단다. 20세기 최대의 분단국가, 파키스탄과 인도가 갈라서면서 펀자브로 이주한 힌두교 피난민 집안이다. 동아시아 대분단체제와 남아시아 대분할체제를 비교하는 논문을 준비하고 있던 나로서는 솔깃하지 않을 수 없었다. 뜻하지 않게 자자손손 구전되는 생생한 분단의 경험담을 들을 수 있었던 것이다. 한국인의 글로벌 연결망과 요가의 세계화가 빚어낸 예기치 않은 인연이었다.

요가의 미국화

아무래도 남들보다 요가 소식에도 밝은 편이다. 2012년 런던 올림픽 때도 그랬다. 큰 이목을 끌지는 못했지만 남다른 시범종목 이벤트가 있었다. 세계 각지에서 모인 요기들이 런던의 주경기장 앞에서 기묘한 몸부림을 선보였다. 요가를 정식 종목으로 채택시키려는 노력의 일환이었다. 헌데 그 추진 주체가 이채롭다. 인도가 아니었다. 인도는 도리어 반대했다. 메달을 두고 경쟁하는 것은 요가의 본디 정신에 어긋난다는 입장을 피력했다.

인도다운 기질이다. 힌두교에도 '선교'Mission라는 개념이 없다. 나에게 좋다 하여 남에게 (강)권하지 않는다. 내가 싫어하는 것은 남에게도 행하지 말라 했던 동방의 윤리와도 차이가 있다. 나와 남의 관계보다는 철저하게 나에게 집중한다. 사회성을 담지한 '군자'君子보다는 개인성을 고수하는 '성자'聖者의 나라인 것이다. 정치적으로도 그러했다. 인도에서 생겨난 국가가 대외 팽창을 시도한 바가 거의 없다. 알렉산드로스의 동방 원정부터 무굴제국과 대영제국에 이르기까지 늘 외부에서 아대륙으로 진출해 왔다. 적자생존, 우승열패의 원리와는 좀체 거리가 먼 것이다. 요가와 금메달은 썩 어울리지 않는다.

요가의 올림픽 진출을 주도하고 있는 나라는 미국이다. 전미요가협회는 물론 미국 체육회도 전폭 지원한다. 그래서 올해(2016) 올림픽이 브라질의 리우가 아니라 시카고에서 개최되었더라면 수월하게 채택되었을 것이라고 한다. 이미 미국에서는 요가 대회가 열리고 있다. 올해는 32개국 대표 100여 명이 참가해 우열을 가렸다. 이들은 요가가 올림픽 종목이 되면 요가 중흥의 획기적인 계기가 될 것이라 주장한다. 더 많은 사람들이 즐길 수 있는 '대중 스포츠'가 되어야 한다는 것이다. 역시나 미국다운 발상이다. 표준화, 대중화, 민주화에서 단연 발군이다.

이미 요가는 대성황이다. 현재 미국의 요가 인구는 2천만 명으로 추산된다. 요가 월간지만 10여 개를 헤아린다. 수강비와 비디오, 요가복, 요가 매트 등 관련 산업은 6천억 달러 규모다. 요가 강사는 10만 명을 돌파해, 인도의 17만을 추격하고 있다. 인구 비율로 따지면 미국이 월등히 많다고도 하겠다. 기실 핫요가는 물론이요, 하타 요가, 탄트라 요가, 아슈탕가 요가 등 각종 요가의 명칭 또한 미국에서 고안된 것이다. 현재 미국의 특허청에 등록된 요가만 150여 개에 달하고, 요가원 상표는 2천 개를 넘는다. 그래서 수련법의 소유권을 다투는 법적 분쟁이 끊이지 않고 있다.

이 맥도널드화된 요가(McYoga)의 거두로 비크람 초드하리를 꼽을 수 있다. 캘리포니아에 살고 있는 억만장자로, 핫요가 제국의 건설자다. 저작권 분쟁의 중심에는 항상 그가 있다. 26개의 동작과 두 개의 호흡으로 구성된 1시간 30분의 표준적 수련법을 창안한 원조이다. 자세뿐 아니라 온도(섭씨 41도)와 습도까지 법적으로 보호받고 있다. 그래서 전 세계의 비크람 요가 학원에서는 모든 사람이 똑같은 환경에서 동일한 동작을 반복한다. 최초의 비크람 요가원이 LA의 올림픽대로변에 있다. 마침 내가 살던 집에서 15분 거리였다. 몇 차례 다녀본 적이 있다. 히터에서 나오는 뜨거운 바람이 나와는 궁합이 맞지 않았다. 더 짧은 시간에 더 많은 땀을 내고자 하는 인공적인 환경부터가 마땅치 않았다. 자연스럽지 않고 작위적이었다.

최근의 논쟁은 "Yoga to the People"이라는 요가 보급 운동으로 촉발되었다. 온도를 낮추고 수강료를 대폭 인하해 더 많은 사람에게, 덜 힘든 조건에서 요가를 보급하겠다는 취지다. 허나 비크람은 이들을 고소했고, 손해배상과 등록 말소를 요구했다. 핫요가는 반드시 자신이 정해둔 동작과 온도와 습도를 지켜야 한다는 것이다. 엄연한 '지적 재산권'에 해당하기 때문이다. 이 또한 지극히 미국적인 풍경이라 하겠다. 공유보다는 소유에 능하다. 실은 전미요가대회를 만들고 요가의 올림픽 종목 채택 로비를 주도하고 있는 인물 역시 비크람이다. '요가의 미국화'를 이끈 장본인인 것이다.

반反문화와 뉴에이지

비크람이 미국으로 건너와 LA에 첫 요가원을 차린 것이 1974년이다. 당시 적지 않은 요기와 구루들이 미국을 찾았다. 독립 이후 인도는 힌두교와 요가를 억압하지는 않았으되 딱히 장려하지도 않았다. 세속주의와 사회주의를 양대 축으로 삼아 '근대 국가'를 지향하면서 전통문화와 민간 문화와는 거리를 두었던 것이다. 그에 반해 구미에서는 근대성의 대안으로 동방의 종교와 수련법을 주목했다. 특히 1960년대를 뜨겁게 달구었던 68혁명과 반문화counter-culture의 영향으로 요기들의 미국 진출이 활발해졌다.

당시 반문화의 추세는 크게 둘로 대별해볼 수 있다. 하나는 마오쩌둥, 호찌민, 체 게바라로 상징되는 제3세계 사회주의에 대한 열광이다. 미국뿐 아니라 소련의 '적색 제국주의'와도 척을 지는 비서구 영웅들이 68혁명의 아이콘이 되었다. 그에 반해 서구의 물질주의에 반감을 품은 히피들은 개인의 영성을 고양하는 동방 종교에 감응했다. 전자는 세계의 혁명을, 후자는 개인의 혁명을 꿈꾸었던 셈이다. 군자(혁명가)가 될 것이냐, 성자(수도자)가 될 것이냐. 꼭 갈리는 것만은 아니었으되, 방점의 차이는 있었다고 하겠다. 전자의 흐름은 주로 탈식민주의, 탈근대주의 등 대학에 기반을 둔 고급 담론의 변화를 촉발했다. 후자는 시장과 접속하여 '뉴에이지'New Age라는 새로운 트렌드를 낳았다. 웰빙과 힐링 등 '대중문화의 종교화'가 전개된 것도 이 무렵부터다.

고등 종교와 대중문화 사이에 징검다리 역할을 한 것은 비틀스였다. 당대의 아이콘 존 레넌과 폴 매카트니는 직접 인도를 찾았다. '만트라'*와 '구루' 같은 어휘들이 유행하고, 호흡과 명상은 깨달음의 비법으로 널리 전파되었다. 비틀스가 스승으로 모셨던 마하리시도 일약 유명인사가 되었다. 그는 영국과 미국을 누비며 강연 여행을 다니느라 분주했고, 각종 잡지와 TV 토크쇼에서 마하리시를 접할 수 있었다.

1970년대 이후 탈혁명, 탈정치 분위기와도 딱 들어맞았다. 저마다

---

* 만트라(Mantra)는 진언(眞言), 즉 참된 말, 진실한 말, 진리의 말이라는 뜻이다. 다라니(陀羅尼)라고도 한다. 몸과 마음, 영성의 변화를 일으킬 수 있다고 여겨지는 발음, 음절, 낱말 또는 구절을 반복하여 읊조리는 수련이 발달되었다.

내면과 자아를 발견하기 시작했다. 기실 '자기 계발', '자기 관리', '자아 배려' 등 신자유주의의 수사학은 뉴에이지 운동의 세속화된 후속물이 기도 하다. 서구의 자본주의가 동방의 종교를 기민하게 소비하여 68혁 명의 파고를 타고 넘은 것이다. 반문화의 거점이었던 캘리포니아는 다 문화로의 전환에도 혁혁한 공을 세웠다. 아시아와 아메리카가 만나고, 동과 서가 융합되는 곳이었다.

하더라도 전통 요가의 꼴은 유지되었다. 여전히 신성과의 합일에 도 달하는 호흡과 명상이 강조되었다. 비둘기 자세와 고양이 자세 등 각종 포즈를 취하는 것은 요가의 지엽에 그쳤다. 그 말단이 요가의 전부인 양 돌출된 것은 극히 최근의 일이다. 몸을 가꾸는 데 방점이 찍힌 미국식 요가가 전면화된 것이다. 그 변화를 상징하는 이가 가수 마돈나다. 1998 년 발표한 마돈나의 앨범 《레이 오브 라이트》Ray of Light는 3개의 그레 미 상을 수상하고 2천만 장이 팔려 나간 메가 히트작이다. 이 앨범에 실 린 오리엔탈풍 노래에서 그녀는 샨티~ 샨티~ 산스크리트어를 암송한 다. 힌두교와 불교에 심취했음을 알리고, 매일 요가를 수련한다고도 밝 혔다. 요가가 MTV와 할리우드의 주류 문화로 등극하는 순간이었다. 슈 퍼스타 마돈나와 조우함으로써 요가는 아름다움과 젊음을 가꾸는 비법 으로 각광을 받았다. 헬스클럽에서 에어로빅을 밀쳐내고 요가가 그 자 리를 꿰차게 된다. 점차 명상은 줄고, 심박 수를 늘리고 땀을 흘리는 동 작들이 강조되었다. 이제는 매트 위를 벗어나 공중에서도 수상에서도 요가를 한다. 어느덧 가장 핫하고 쿨한 피트니스가 된 것이다.

전함 위에서 요가를 수련하는 인도 해군.

'구별 짓기'의 소비문화

요가는 그 자체로 독특한 스펙터클을 연출한다. 공원과 해변에서 수백 수천의 엉덩이가 하늘을 향해 일제히 치솟는 풍경을 심심찮게 목도할 수 있다. 야외 요가 수련이 일대 유행이다. 이 새 천년의 문화 현상에는 명품 요가 브랜드인 '룰루레몬'이 한몫했다. 룰루레몬이 창립한 해가 마돈나의 앨범이 발표된 1998년이다. 현재 북미와 유럽, 아시아 각국에 140여 개 매장을 두고 있다. 현 CEO 크리스틴 데이는 스타벅스에서 20년간 경력을 쌓은 베테랑 경영자다. 《포천》Fortune지가 뽑은 '독자들이 선정한 올해의 CEO'로 등극한 적도 있다. 스타벅스의 '커피로 여는 아침'의 이미지 마케팅을 룰루레몬으로 옮겨 '건강을 입는 옷'이라는 브랜드 이미지를 굳혔다. 탁월하고 노련한 경영자다.

룰루레몬의 슬로건은 '세상을 평범함에서 구하고 위대함으로 이끈다'이다. '작은 진리를 매주 고객들에게 전하는 기업'이라고도 한다. 실제로 SNS를 통해 '이 주의 어록'을 발표하고 있다. 대개 인도 성자의 잠언들이다. 《바가바드 기타》와 《우파니샤드》, 《요가 수트라》 같은 힌두 고전의 문구들도 인용한다. 차별화는 매점에서도 이루어진다. 요가 강사로 꾸려진 직원들은 '선생님'Educator이라 불리며, 고객은 '내빈'Guest이라고 한다. 요가로 맺어지는 공동체, '아슈람'Ashram을 지향하는 것이다. 야외 요가 또한 그 연장선에 있다. 그래서 대부분이 룰루레몬 요가복을 입고 참여한다. 애브릴 라빈도, 브룩 실즈도, 케이트 윈즐릿도 모두 룰루레몬을 입는다.

하지만 이들이 순전히 정신적 가치를 추구하며 '룰루레몬 중독자'Lululemon Addict를 자처하는지는 의문이다. 엉덩이와 몸매를 예쁘게 돋보이게 해주는 체형 보정 기능이 뛰어나다고 한다. 한 벌에 100달러가 넘건만 불티나게 팔리는 까닭이다. 룰루레몬을 입고 요가를 하는 늘씬

한 몸매가 어느새 영성적 삶을 영위하고 있음을 드러내는 '구별 짓기'의 징표가 된 것이다. 1960년대 반문화의 조류로 출발한 요가가 다문화의 한 요소가 되었다가 이제는 소비문화의 정점을 찍고 있는 것이다. 히피가 여피yuppie*가 되어갔듯, 뉴에이지가 새 시대를 열어젖힌 것 같지도 않다. 과연 문화의 전파란 토착화를 거치기 마련이다. 고대 인더스강에서 비롯한 특유의 영성 수련법이 20세기 태평양을 건넘으로써 탈인도화, 탈힌두화, 세속화되었다.

요가의 재인도화?

2015년 6월 21일, 뉴델리에서 야외 요가 행사가 열렸다. 룰루레몬이 주최한 것이 아니다. 인도가 주도한 첫 번째 '세계 요가의 날'이었다. 37,000명의 요기들 앞에서 모디 총리가 직접 시범을 보였다. 전 세계적으로 70만 명이 참여했다고 한다. 삐딱한 시선이 없지 않다. '힌두 국가 만들기'의 일환이라고 비판한다. 국가가 앞장서서 전통문화를 진흥시키는 '국풍'國風 운동의 혐의를 두는 것이다. 모디는 아랑곳하지 않는 모양새다. 학교와 군대에도 보급하겠노라 한다. 인도의 소프트파워라며 대외 홍보에도 열성이다.

　유엔 총회 연설이 상징적이다. 기후변화의 대안으로 요기적 삶(The Art of Living)을 강조했다. '요가'는 본디 산스크리트어다. 신성과 하나 됨을 의미한다. 동방식으로 옮기면 인성과 천성의 합일을 뜻한다. 인성을 갈고 닦아 천성을 밝히는 사람, 즉 인내천人乃天을 실천하는 이가 요기

------

*　도시 주변을 생활 기반으로 삼고 전문직에 종사하면서 신자유주의를 지향하는 젊은이들. 'young urban professionals'의 머리글자 'yup'와 'hippie'를 합성하여 만든 말이다.

이다. 요가의 그 다양한 자세 또한 신성과 하나 됨에 이르는 방법, 즉 수신修身의 기술이다. 하지만 어디까지나 내적인 평화의 달성과 해탈에 주력했다. 해방과 변혁이라는 정치적 기획과는 거리가 멀었다. 인도사史에는 '역성혁명'易姓革命이 부재하다.

그런데 모디의 연설은 조금 더 나아갔다. '지속 가능한 지도자'Sustainable Leadership라는 새로운 개념을 제출했다. 대안적 지도자 상을 입안하는 데 요기적 삶이 요긴하다는 것이다. '지속 가능한 지도자'의 핵심 덕목으로는 영성Spirituality을 꼽았다. 정치를 통하여 개인과 사회와 세계의 영적인 수준을 높여야 한다는 것이다. 그래야 나라 간International, 세대 간Intergenerational 문제를 지혜롭게 해결하여 조금 더 나은 지구를 후세에 물려줄 수 있다고 한다. 성장이냐 분배냐 해묵은 논쟁을 넘어서, '향상심向上心의 고취'라는 정치의 색다른 역할을 제시한 것이다. 언뜻 어디서 들어본 말인 것도 같다. "물질이 개벽하니, 정신을 개벽하자" 하셨던 백 년 전 조선인의 말씀이 떠오른다. 종교적 선각자의 발화가 세속적 정치인의 입에서 나오고 있는 것이다. 성과 속의 재결합, 재再영성화의 징후로 접수해도 되는 것일까.

나는 재차 모디의 연설을 동방식으로 번역하게 된다. '지속 가능한 지도자'란 성자보다는 군자에 더 가까운 인물이다. '리'利보다는 '의'義를 높이는 사람, 욕심보다는 양심을 따르는 사람, 단기적 이익보다는 장기적 이치를 따지는 사람, 이른바 '대장부'大丈夫다. 근대 민주주의는 개인의 이익에서 출발하는 소인 정치였다. 계급적 이해, 지역적 이해, 성별적 이해 등을 충족시키는 방편으로 개개인의 자율적 판단의 총합(=일반의지)을 따른다. 그래서 질적인 판단보다는 양적인 판단을 추수한다. 소인과 군자도 평등하게 대접한다. 정치의 시장화, '합리적 선택 이론'이다. 반면으로 그 집합적 선택에서 초래되는 기회비용은 지속적으로 시장의 외부(투표권이 없는 외국과 후세와 자연)에 전가해왔다. 소탐대실을 경계하는 '지속 가능한 지도자'라면 지양해야 마땅한 일이다.

그래서 나는 집권 2년차, '요기 총리'를 자처하는 이가 다스리는 인도를 조금 더 지켜보자는 입장이다. '세계 요가의 날'에 한없이 뻬딱하기만 한 네루대학 학생들의 냉소와 비아냥에 마냥 수긍하지만은 않는 것이다. 당장 그들부터가 날이 선 이론서만 읽고 뾰족한 논리만 세울 것이 아니라, 경전을 읽고 잡념을 덜어내는 몸 쓰기 기술도 익혔으면 하는 바람이다. 반듯한 몸, 가지런한 마음을 다지는 방법이 그토록 가까이 있건만, 등잔 밑이 어둡다. 그리하여 소학小學과 소승小乘에 그쳤던 지난날의 요가도 아니고, 힌두 국가의 국책 사업에 동원되고 있는 국풍 요가도 아닌, 대학大學과 대승大乘에 값하는 요가로 진화시켜 주었으면 좋겠다. 장차 요가의 재탈환, 재인도화를 가늠해보는 유력한 잣대가 될 것이다.

그간에는 '힌두 민족주의'로 상징되는 21세기의 최신 동향에 집중했다. 이제 20세기 현대사로 진입한다. 남아시아의 전쟁과 분단을 회감해본다. 동아시아에 결코 못지않았다.

012

인도양, 제국의 흥망성쇠

제국'들'의 몰락 후에도
'하위 제국' 인도는 건재했다

제국의 폐허

1945년 2차 세계대전이 끝났다. 영국은 승전국이었다. 그러나 무색했다. 대영제국은 해체되었다. 인도부터 떨어져 나갔다. 인도는 대영제국의 기틀이었다. 최대 식민지 인도 없이는 대영제국이 성립할 수 없었다. 인도를 정복했기에 인도양을 장악할 수 있었다. 즉 2차 세계대전으로 해가 뜨는 대일본제국만 파산했던 것이 아니다. 해가 지지 않는다 했던 대영제국 또한 저물어갔다. 민주주의 대 전체주의의 대결이었다는 기왕의 지배 서사로는 포착되지 않는 지점이다. 비중으로 따지자면 대영제국의 몰락이 더 크다고도 할 수 있다. 세계사적 사건이었다.

인도는 승자 편에 서 있었다. 일본의 무조건 항복 소식에 환호했다. 6년 전쟁을 마감한 것이다. 애당초 원해서 참전한 것이 아니다. 인도총독부의 일방적 발표에 따른 것이었다. 1939년 9월 3일이었다. 일요일하고도 저녁 8시 30분. 라디오를 통해 긴급 성명이 발표되었다. 이례적인 일이었다. 콜카타도 델리도 아니었다. 총독이 여름휴가를 나던 산골 별장에서 별안간 발표한 것이다. 독일과의 전쟁에 들어간다는 소식이었다. 물론 유럽의 정황을 말한 것이다. 그러나 인도는 대영제국의 일부, 아니 중추였다. 단 한 명의 인도인과 단 한 차례의 상의도 없이 인도 역시 전쟁의 화마 속으로 휘말려 들어간 것이다. 1939년 당시 인도군은 20만이었다. 1945년에는 250만이 되었다. 유명무실했던 공군도 300명의 장교와 9개 비행부대를 보유한 대군으로 성장했다. 해군 또한 2천 명에서 3만 명으로 확대되었다. 전투함과 잠수함도 보급되었다. 총력전 체제에 총동원되었다.

이들이 인도만 보위한 것도 아니다. 해외 파병이 더 많았다. 서쪽으로는 아라비아해와 홍해, 지중해를 건넜다. 동쪽으로는 벵골만과 남중국해를 지났다. 그래서 종전 소식을 접한 인도 군인들은 북아프리카와 남유라시아 도처에 깔려 있었다. 홍콩, 싱가포르, 말레이시아, 미얀마, 이라크, 이란, 시리아, 이집트, 튀니지, 시칠리아, 로마에서 독일과 일본의 패망 소식을 접했다. 실제로 2차 세계대전 당시 지중해 일대는 '인도군의 호수'라고 빗대어도 과언이 아니었다. 북아프리카, 동아프리카, 남유럽, 중동에 이르기까지 인도군이 파병되지 않은 곳이 없었다. 대영제국 깃발 아래 전투를 수행한 이의 8할이 인도군이었다. 그래서 무슬림출신은 승전 포상을 겸하여 인도로의 귀환 길에 메카 성지 순례를 갈수 있는 특혜를 누리기도 했다.

즉 인도의 관점에서 보자면 유럽 전선과 아시아 전선은 분리된 것이 아니었다. 인도양의 동과 서는 긴밀하게 연동하고 있었다. 양대 전선을 분주하게 오고갔던 인도인 장교들도 적지 않았다. 북방의 몽골만큼이나 남방의 인도에 착목함으로써 '유라시아 전쟁'의 면모가 더욱 뚜렷하게 드러나는 것이다.

제국의 건설

실은 대영제국의 건설에서부터 인도군의 공로는 혁혁했다. 세포이 항쟁
(혹은 제1차 인도독립전쟁) 진압 이후 동인도회사를 대신하여 영국이 직접
인도를 통치했다. 그 영국령 인도는 무굴제국에 가탁한 지배체제를 만
들었다. 무굴제국은 무슬림 지배층(관료+군인)에 힌두 기층사회가 병존
하는 구조였다. 대영제국은 군사력과 경찰력을 무슬림에 의존하여 인도
를 분리통치했다. 특히 전사의 심장을 가진 '몽골화된 무슬림' 혹은 '이
슬람화된 몽골'의 후예였던 펀자브와 카슈미르 등 서북 변경지대에서
군인들을 징집했다. 소수파였던 무슬림과 시크교도들이 군대에서만은
다수파였다. 그들이 총독부의 안위를 보위하는 파수꾼이 된 것이다.

이들은 대영제국의 확산과 팽창에도 첨병 노릇을 했다. 제국의 전위
였다. 19세기 후반부터 이미 자바, 말라카, 페낭, 싱가포르, 홍콩, 상하
이, 티베트, 아프가니스탄에 파병되었다. 처음에는 군인으로 전쟁을 수
행했고, 정복이 완료되면 경찰과 헌병 역할을 했다. 동아프리카의 수단
에서는 농민 봉기를 진압했고, 동아시아의 중국에서는 의화단 운동을
분쇄했다.

1차 세계대전에도 인도군은 대거 파병되었다. 170만의 대군이 아대
륙을 떠나 프랑스와 벨기에, 갈리폴리(이탈리아), 팔레스타인, 이집트, 수
단, 메소포타미아, 아덴만, 홍해, 동아프리카, 페르시아에서 맹활약했다.
1차 세계대전으로 오스만제국이 붕괴하자 인도군은 재차 투입되었다.
해양제국 영국과 대륙제국 소련이 오스만제국 이후의 지배권을 두고
경합하는 '그레이트 게임'에 차출된 것이다. 70만 인도군은 이라크를 점

령하여 영국에 헌납했다. 1920년 이라크에서 대규모 무장항쟁이 일어나자 영국은 재차 인도군을 소환하여 이들을 진압했다.

이웃한 이란 역시 '그레이트 게임'의 관건적인 장소였다. 영국은 대륙형 적색 제국이 오스만제국을 대체할 것을 염려했다. 이란의 북부는 소련과 국경을 맞대고 있었다. 소련이 남하하면 영국령 이란의 석유지대마저 위험해진다. 나아가 페르시아만 국가들과 이집트까지 파급효과를 미칠 수 있다. 즉 소련의 남하가 초래할 옛 오스만제국 영토의 혼란을 방지하기 위해서 무굴제국의 후예들을 활용했던 것이다. 2차 세계대전 발발 전까지 중동에 상시 주둔하던 인도군의 숫자는 1만을 훌쩍 넘었다.

유전지대를 확보하기 위하여, 또 소련을 견제하기 위하여 인도군을 활용하는 대영제국의 전략은 인도의 전통적인 외교안보 정책과도 합치하는 것이었다. 인도사의 변동은 대개 서북발擧이었다. 유라시아의 유목민들이 아대륙과 인도양으로 진출하여 정치적 변동을 촉발했다. 이란과 국경을 맞대었던 영국령 인도의 안정을 위해서도 이란과 아프가니스탄, 이라크에 친영 정권을 세우는 것이 유리한 일이었다. 이곳에 적대적인 정권(=친소 정권)이 들어서면 인도와 아랍 간 육로와 해로도 막히기 때문이다. 실제로 이란의 남부를 지배한 것도 인도군이었으며, 아프가니스탄 카불의 친영 정권을 막후 지원한 것도 인도총독부였다. 따라서 대국적 견지에서 보자면 인도는 영국의 식민지에 그쳤다고만 말하기가 힘들다. 제국의 협력자이자 공모자였으며, 나아가 스스로 '하위 제국'이기도 했다. 인도양이 '영국의 호수'가 될 수 있었던 것도 아제국 혹은 준제국으로서 인도가 풀가동되었기 때문이다. 무굴제국은 해체되는 반면으로 대영제국 아래서 존속했으며, 확장되었다.

그리하여 대영제국의 군사망과 경찰망의 호위를 받으며 인도인 자본가들도 무굴제국 시대보다 더 널리, 더 멀리 진출할 수 있었다. 제국

1차 세계대전 당시 프랑스에 파병된 인도군.

1차 세계대전 당시 대영제국의 전쟁 포스터.

1차 세계대전 당시 이라크를 점령한 인도군. 70만 인도군은 이라크를 점령하여 영국에 헌납했다.

망의 중간 기착지이자 상업망의 중심지였던 싱가포르, 쿠알라룸푸르(말레이시아), 양곤(미얀마), 나이로비(케냐), 카이로(이집트), 바그다드(이라크), 테헤란(이란) 등 각지의 지역경제에서 인교印僑들은 적지 않은 영향력을 행사했다. 제국의 보위 없이 혈연과 지연으로 살 길을 개척했던 화교華僑들과는 처지가 딴판이었다. 동아프리카부터 동남아시아의 각종 인프라 건설 또한 인교들이 담당했다. 곳곳에 세워진 고무와 커피 농장 등에서도 남인도 출신 타밀인들이 생산대의 핵심이었다. 대영제국이 흥망성쇠하던 100여 년 동안 인도양의 동과 서로 진출한 인도인들의 숫자는 자그마치 3천만 명에 달한다. 그중에 영국에서 공부하고 남아공에서 변호사로 일했던 간디도 있었던 것이다.

'아제국'의 위상은 영국령 인도가 베르사유 조약*의 당사자였다는 점에서도 확인된다. 나아가 국제연맹의 창립국가 자격까지 얻었다. 실제로 인도총독부는 20세기 초반부터 수에즈 운하를 비롯한 중동 일대의 재정 정책까지 관여했다. 런던의 하수인이 아니라 영국과 더불어 '제국의 사명'에 적극 동참했던 것이다. 영국에 협력했던 인도인들에게도 전혀 낯선 업무만은 아니었다. 그들은 오래전부터 인도양을 자신들의 관할이라고 여겼기 때문이다. 태평양도 대서양도 특정 국가의 이름을 따지는 않는다. 오로지 인도양만이 '인도의 바다'라고 불린다. 대영제국산하 영국과 인도를 제국과 식민지로만 갈음할 수 없는 까닭이다.

그래서 섣불리 일본과 조선/대만에 견주어서 '비교 연구'를 해서는 몹시 곤란하다. 대국이 소국을 삼킨 것과 소국이 대국을 거느린 것 사

---

* 1차 세계대전의 전후 처리를 위하여 1919년 베르사유 궁전에서 연합국과 독일이 맺은 평화조약. 전쟁 책임이 독일에 있다고 규정하고 독일의 영토 축소, 군비 제한, 배상 의무, 해외 식민지 포기 등의 조항과 함께 국제연맹의 설립안이 포함되었다.

이에서 빚어지는 역동성이 판이했기 때문이다. 혹시 일본 열도보다 더 광활했던 만주국이 조락하지 않고 강건하고 강성해졌다면 '동경'東京과 '신경'新京*의 관계가 런던-콜카타(또는 뉴델리)의 관계와 흡사하게 전개되었을지 모르겠다는 생각을 해본다. 대영제국의 전성기, 콜카타와 델리는 런던을 잇는 제국의 제2도시, 제3도시로 영화를 구가했다. 델리의 영향력은 중동까지, 콜카타의 입김은 동남아까지 미쳤다.

제국의 수호

2차 세계대전 발발의 의미 또한 인도의 입장에서는 남달랐다. 대영제국을 수호하는 역할이 주어졌다. 첫 번째 임무는 북아프리카였다. 인도군 1대대와 4대대가 파병되어 이탈리아와 대적했다. 당시 유럽 전선은 비관적이었다. 개전 6주 만에 노르웨이, 덴마크, 네덜란드, 벨기에, 프랑스가 줄줄이 무너졌다. 그런데 북아프리카와 동아프리카에서 가뭄의 단비 같은 소식이 들려왔다. 사막 전투에서 인도군이 이탈리아군을 물리쳤다는 것이다. 대역전이었다. 연합국과 대영제국의 반등 또한 유럽에서 시작된 것이 아니었던 것이다.

초반에는 에티오피아에 근거지를 두고 있던 이탈리아군이 영국이 점령하고 있던 수단까지 치고 내려왔다. 나아가 소말리아까지 진출했다. 동아프리카마저 이탈리아의 수중에 넘어가고 있었다. 동아프리카는 인도양의 서쪽이다. 지중해와 홍해가 이어지는 곳이다. 대영제국에도 사

---

* 현재의 창춘(長春). 1931년 일본군이 이곳에서 청나라 마지막 황제였던 푸이(溥儀)를 앞세워 만주국 괴뢰 정권을 수립하면서, 지명을 신징(新京)으로 바꾸어 만주국의 수도로 했다. 1945년 창춘으로 다시 지명이 바뀌었다.

활적인 곳이었다. 이곳이 추축국에 넘어가면 대영제국의 숨통이 끊어진다. 영국과 인도, 상위 제국과 하위 제국의 연결망도 차단된다. 충격과 공포에 빠진 처칠이 긴급 타전을 한 것도 인도였다. 즉각 추가 파병을 요청했다. 형식적으로는 명령이었지만, 실질적으로는 애걸복걸에 가까웠다.

인도군은 뭄바이(당시 봄베이)에 집결했다. 농민과 노동자들이 대거 징집되었다. 난생처음 바다를 보는 이들이 적지 않았다. 터번을 벗고 철모를 쓰라는 영국 장교들에 저항하는 시크교도들의 소란도 일었다. 그들이 전투함을 타고 아라비아해와 홍해를 건너 이집트의 중동 사령부에 합류했다. 망망대해의 절경에 탄성하던 기쁨은 하루 이틀 사이에 사라졌다. 3주가 걸린 바닷길 여정은 지겨운 노릇이었다. 뱃멀미도 지독했다. 워낙 짧은 시간에 대규모 인원을 파견했기에 화장실을 비롯한 위생시설도 형편없었다. 상당수의 병사들은 탈진 상태로 아프리카에 도착했다.

다행히 독일의 유보트가 출격하여 이들 전함을 격침시킬 것이라는 흉흉한 소문은 사실이 아닌 것으로 드러났다. 마침내 이집트와 수단에 당도했을 때 그들을 맞이한 것은 적군의 잠수함이 아니라 하늘을 가득 메우고 있는 전투기였다. 당장 폭탄이 투하되지는 않았다. 배 위로 떨어진 것은 삐라였다. 펀자브어와 힌디어와 영어가 빼곡했다. 2시간 후부터 폭격이 시작될 것이니 대영제국을 위해 헛되이 목숨을 바치지 말라고 했다. 도망가거나 투항하면 살려줄 것이라고 했다. 그러나 십중팔구는 대영제국을 위하여 싸웠다. 그리고 끝내 승리를 거두었다. 희생이 막대했다. 사막에서 전개되는 탱크전이 낯설었다. 이탈리아 공군에 대적할 포격부대도 없었다. 엎치락뒤치락 대혈투 속에서 인해전술로 맞섰다.

이탈리아 다음은 독일이었다. 전장은 홍해 건너 중동이었다. 독일군이 동남진하는 것에 보조를 맞추어 인도군 역시 이라크와 이란으로 더 멀리, 더 깊이 진출했다. 일단 이라크에서는 석유가 났다. 전쟁 수행을 위한 핵심 자원이다. 모술과 키르쿠크의 유전을 인도군이 관리하고 있었다. 여기서 뽑아 올린 석유가 팔레스타인의 하이파 항과 리비아의 트리폴리를 지나 운반되었다. 이라크의 바스라 항도 중요했다. 이란의 유전과 연결되는 항만이었다. 바그다드와 바스라 근방에 자리한 공군기지 또한 영국과 인도를 잇는 하늘길이었다. 카라치(현재 파키스탄)에서 출항한 인도군이 바스라까지 닿는 데는 보름가량이 걸렸다.

중동 대전의 성격은 미묘한 것이었다. 히틀러와 괴벨스는 범아랍주의와 민족주의를 고취하며 대對아랍 선전에 나섰다. 독일 또한 이라크를 중시했다. 대영제국에 저항하는 아랍의 근거지로 삼고자 했다. 민족해방운동과 결합하여 중동에서 대영제국을 분쇄하려 한 것이다. 독일의 진격에 호응하여 내부에서 봉기하는 민족주의자들도 있었다. 라시드 알리Rachid Ali 같은 이가 대표적이다. 이 내/외 합작을 발판으로 독일은 팔루자를 점령하고 모술의 유전까지 장악했다. 팔레스타인과 리비아의 송유관을 차단하여 대영제국의 기동력도 현저하게 떨어뜨렸다.

독일과 아랍의 연합전선에 맞서 런던과 뉴델리 그리고 카이로의 합동작전이 개시되었다. 주인공은 역시 인도군이었다. 바그다드를 재점령하고 바스라와의 연결망도 재건했다. 이라크 점령 사령관도 인도군이 맡았다. 인도군 10사단이 바그다드와 모술을, 8사단이 남이라크를 점거했다. 그러나 전혀 환대받지 못했다. 독일의 우산 아래 잠시나마 '해방'을 맛보았던 이라크인들은 대영제국의 재진출에 불만이 팽배했다. 인도군 앞에서 침을 뱉으며 소극적으로 저항하는 이들도 있었다. 이라크인들의 눈에 인도군은 대영제국의 주구로 보였으리라. '무슬림 형제'의 배반으로 여겼을 법도 하다. 그 차가운 경멸을 견디며 인도군은 2차 세계대전이 끝나는 날까지 그곳에 머물렀다.

이라크 다음은 이란이었다. 한층 수월했다. 북쪽에서 소련이 합동작전을 펼쳤기 때문이다. 영국-인도-소련의 협공으로 이란 역시 재탈환했다. 역시 이란인의 시각에서는 침공과 점령, 제국주의적 정복에 가까웠다. 그러나 인도총독부로서는 이라크와 이란을 접수함으로써 서북 변경지대를 안정화한 것이라고 할 수 있었다. 곧장 대영제국의 특별 훈장이 수여되었다. 인도군의 영웅적 모습이 대영제국의 미디어망을 타고 아프리카와 아시아로 송출되었다. 본토에서도 호응이 컸다. 특히 파병 군인들이 많았던 펀자브 일대에서는 학교와 대학, 정부기관이 휴일을 선포하고 대대적인 축하행사를 열었다. 라호르(현재 파키스탄)에 집결하여 환호하는 당시 군중의 사진을 보고 있노라니 착잡한 마음을 지울 수가 없다.

네루대학 도서관에서 사진집과 더불어 살핀 인도의 2차 세계대전 자료 중에는 편지 모음집도 있었다. 제국의 공식 서사의 이면에서 구구절절한 사연을 담은 편지들이 인도양의 동과 서를 오고가고 있던 것이다. 부모와 자식 사이에, 연인 사이에 손 편지와 엽서가 폭증했다. 그중 9할은 내가 읽을 수 없는 언어들로 기록되어 있었다. 애틋한 사랑의 밀어를 나누고 있는 몇몇 영어 편지들을 통해서 추체험할 뿐이다. 바다로 격절된 거리감이 감정을 심화시켰다. 님의 부재가 사랑을 격화시켰다. 이 편지의 당사자 중 일부는 아름답게 뜨겁게 재회했을 것이다. 그러나 적지않은 이들은 전장에서 숨을 거두었거나 실종자가 되었을 것이다. 또 돌아왔다 하더라도 부상병이 되어 평생 장애를 달고 살았을지 모른다. 대영제국을 수호하는 아제국 인도의 기회비용이었다.

제국의 와해

제국의 붕괴는 동쪽에서 시작되었다. 동풍이 불었다. 일본이 남하했다. 일본/만주가 소련/몽골에 패함으로써 대일본제국의 북진이 봉쇄되었다. 활로를 남쪽에서 찾았다. 명분도 있었다. 유럽의 제국주의를 타파한다고 했다. 사상과 철학도 보태었다. 세계사의 철학, 세계최종전쟁 등 전시 담론이 들불처럼 일어났다. 동시다발 폭격이 시작된 것은 1941년 12월이다. 진주만과 홍콩과 싱가포르와 말레이시아가 화염에 휩싸였다. 대동아공영권이 발진함으로써 대영제국의 하부 조직은 하나 둘씩 붕괴되었다. 냉전기 중국 공산주의의 남하라는 '도미노 이론'의 공포는 명명백백 2차 세계대전기 일본의 파죽지세에 기원을 두고 있을 것이다.

일본의 다케우치 요시미竹内好(1910~1977)[*]는 전율했다. 대동아전쟁의 발발로 근대를 초극할 수 있는 계기가 열렸다고 생각했다. 인도의 간디는 절망했다. 비폭력이 통용되지 않는 아수라장의 확산과 심화에 크게 낙담했다. 영국의 조지 오웰은 냉철했다. 펜을 들어 대영제국의 와해 과정을 꼼꼼하게 기록했다. 일본의 동남아 진출과 미국의 참전으로 대영제국의 해체는 불가피한 일이 되었다고 여겼다. 나아가 인도의 운명이 극적으로 변하고 있다고 전망했다. 일순간에 인도가 전쟁의 중심, 아니 세계의 중심이 되고 있었다. 유럽 전선과 아시아 전선의 공동 운명을 인도의 향로에서 찾을 수 있다고 판단한 것이다.

타개책을 구하는 것은 사상가나 지식인들이 아니라 정치인들이다. 네루가 앞장섰다. 그 또한 대영제국 몰락의 서막이 열렸다고 생각했다. 영국은 이제 2등 제국이라고 했다. 그가 가장 먼저 주목한 것은 중국

_* 일본의 중국문학자이자 문예평론가. 루쉰을 연구하고 번역하면서 일본의 근대에 대한 가장 날카로운 논설을 남긴 지식인으로 저명하다.

이었다. 중화민국과 연합하여 항일전쟁을 수행하고, 인도의 독립을 쟁취하고자 했다. 장제스를 인도에 초청하여 간디와의 회동을 주선했다. 1942년 2월, 간디와 장제스의 역사적인 만남이 이루어졌다. 전 세계가 두 사람의 회동을 주목했다. 인류의 3분의 1을 대표하는 양대 지도자였다. 그러나 5시간 동안 이어진 대화는 퍽이나 실망스러운 것이었다. 간디는 여전히 군자보다는 성자였다. 평생을 전장에서 살아온 군인 장제스 앞에서 비폭력 사상을 설교했다. 장제스는 이루 말할 수 없는 답답함과 막막함을 느꼈다. 그 심정을 다음날 아침 일기에 써두었다. 간디는 오로지 인도만을 생각하고 인도만을 사랑할 뿐이다, 다른 민족과 국가에 대해서는 관심이 없다, 자신의 철학만을 고집할 뿐 세계에 대한 책임감이 없다고 기록했다. 장제스가 간디를 성토하는 일기를 쓰고 있을 때, 간디는 히틀러와 도조 히데키*의 회심과 회개를 촉구하는 편지를 보냈다.

중국-인도의 항일연합 노선이 무산되면서 네루와 장제스는 새로운 방안을 강구했다. 태평양 건너 루스벨트를 타진했다. 현실 정치인이었던 두 사람 모두 영국에서 미국으로 힘이 옮아가고 있음을 직관했다. 동남아에서 대영제국이 무너지는 힘의 공백을 대동아공영권이 접수해 가는 사태를 저지할 수 있는 유일한 세력으로 미국을 꼽은 것이다. 네루와 루스벨트 간 가교 역할을 한 인물은 에드거 스노(1905~1972)이다. 《중국의 붉은 별》을 써서 중국공산당의 대장정을 세계에 알린 바로 그 사람이다. 그는 1931년에 이미 인도를 방문한 적이 있었다. 간디의 불복종 시민운동을 대서특필한 이도 에드거 스노였다. 인도가 2차 세계대전의

---

* 태평양전쟁을 주도했던 일본의 군인이자 정치가. 패전 후 A급 전범으로 처형됐다.

핵심 장소가 되자 그는 재차 인도 특파원을 자청했다. 현장에서 승부를 거는 타고난 언론인이었다. 그가 인도에 도착한 것이 1942년 4월이다. 두 달 전 2월에는 루스벨트를 직접 만나 네루에게 전하는 구두 전갈까지 받았다. 그는 인도를 주유하며 간디와 네루는 물론 인도총독부의 영국 고위인사들까지 두루 만났다. 인도가 일본에 점령되면 중국과 중동 또한 일본과 독일에 넘어가게 된다며, 미국의 적극 개입을 요청하는 기사도 연달아 송고했다.

실제로 1942년부터 동인도 연안에 일본군의 폭격이 시작되었다. 에드거 스노가 콜카타에 도착한 날, 일본 해군은 바다 건너 실론(현 스리랑카)의 콜롬보를 점령했다. 영국 전함을 격파하고 군항을 파괴했으며 해양 보급로를 차단했다. 실론은 아라비아해와 벵골만이 만나는 곳일 뿐 아니라 영국과 호주가 연결되는 장소이기도 했다. 대일본제국이 대영제국의 동쪽 연결망 전체를 장악한 것이다. 콜롬보를 접수한 후에는 인도 폭격도 본격화되었다. 첸나이(당시 마드라스)와 콜카타에도 폭탄이 떨어졌다. 주요 도시와 해안가에 시체가 널리기 시작했다. 동부 연안 도시의 주요 기관들은 황급히 뭄바이(당시 봄베이) 등 서부 도시로 이동했고, 대도시의 주민들은 고향과 시골로 피난을 갔다. 배와 기차와 버스는 피난민 행렬로 만석이었다. 은행마다 대규모 인출 사태로 아비규환을 이루었고, 부동산 가격은 폭락했으며, 식민지 도시에서 구걸하며 살아가던 거지들마저 거리에서 말끔하게 사라졌다.

홍콩과 싱가포르, 실론 점령보다 더 충격적인 사태는 미얀마였다. '버마'라는 이름으로 영국령 인도에 포함되어 있던 곳이다. 100만 명이 넘는 인도인이 살고 있었다. 그중 절반은 미얀마에서 태어났을 정도로 동인도와 미얀마는 한 몸이었다. 곧장 아삼과 벵골로 이어지는 접경지이기도 했다. 일본 육군이 대영제국의 제2도시였던 콜카타로 진격한다는 소문이 파다하게 퍼져갔다. 불안과 공포가 인도인의 심리를 잠식해 갔다. 총독부의 언론 통제와 검열도 속수무책이었다. 동남아와 동인도 사이의 인교 네트워크로 대영제국의 몰락 소식이 시시각각 가족과 친족과 마을로 전해졌다. 속속 밀려드는 전쟁 난민과 부상자들 또한 전황의 실상을 말해주었다. 점점 전쟁의 그림자가 인도 본토를 뒤덮어갔다. 흉흉한 민심에 소문과 괴담 또한 무럭무럭 자라났다.

1942년, 대영제국에 대한 인도인의 심리적 이탈은 결정적이었다. 식민지에서도 민심이 천심이라는 말은 일정하게 통하기 마련이다. 최소한의 지지와 동의가 있어야 지배체제가 작동한다. 1942년을 기점으로 영국은 다시는 인도를 통치할 수 없게 되었다. 대영제국에 대한 신뢰가 상실됨으로써 인도인의 마음이 인도총독부에서 완전히 멀어져간 것이다. 국민회의 또한 더 이상 대영제국을 지원하지 않기로 했다. 이른바 '인도를 떠나라'Quit India를 선언한다. 인도를 영국으로부터 분리시킨 것이다. 인도총독부는 전시 협력을 거부하는 국민회의 지도부를 모조리 연행했다. 그럼으로써 더더욱 인도와 영국의 분리는 심화되었다. 대영제국은 내파되어 갔다. 즉 동남아시아 각국에서 그러했던 것처럼 '일본의 충격'이 인도의 독립에도 기폭제 역할을 했음을 전연 부정하기가 힘들다. 대일본제국이 대영제국을 침몰시켰고, 그 대일본제국을 소련과 중국, 미국이 해체했다. 인도양에서는 대영제국이, 태평양에서는 대일본제국이 붕괴하면서 제국주의 시대도 마침표를 찍었던 것이다.

제국의 유산, 인도의 선택

1946년 9월, 국민회의가 주도하는 임시정부 총리로 네루가 선출되었다. 취임 일성이 흥미롭다. 인도를 잠재적인 강대국이라 했다. 신생 조직인 유엔의 비상임이사국으로 선출되어야 한다고도 했다. 인도는 아시아와 인도양, 특히 중동과 동남아의 안보에 큰 역할을 수행해야 한다고도 했다. 인도가 아시아 안보의 중심이라는 것이다. 백 년에 못 미쳤던 인도 총독부가 사라진 것은 1947년이다. 영국은 떠났지만 아제국, 하위 제국으로서의 인도는 여전했다. 대영제국의 아류였다는 뜻이 아니다. 인도는 인도만이 아니라 인도양과 세계의 평화를 위해 공헌해야 한다는 발상이 이어졌다는 말이다. 인도의 고유 브랜드인 비동맹 외교의 기저이다. 인도의 비동맹이 가치가 있었던 것도 인도가 특정한 편을 들었을 때 세계사의 축이 바뀔 수 있는 잠재력이 있었기 때문이다. 지금도 그러하다. 미국과 일본은 태평양과 인도양을 접속하는 해양 동맹으로 인도를 유혹하고 있다. 중국과 러시아는 대륙 동맹으로 인도를 끌어들이려 한다. 유라시아와 인도양이 만나는 곳에 자리한 인도의 선택이 20세기만큼이나 21세기의 향방을 좌우할 것이다. 그리고 그 인도의 선택이 동남아시아와 중동에까지 큰 파장을 미칠 것임에 틀림없다. 인도양은 변함없이 '인도의 바다'일 것이기 때문이다.

013

인도의 독립 영웅, 찬드라 보스

인도의 진짜 독립 영웅은
간디가 아니다

도전

2차 세계대전으로 대영제국의 위신은 완전히 무너졌다. 그렇다고 인도인의 마음이 국민회의로 쏠렸던 것도 아니다. 1942년 '인도를 떠나라' 운동 이후 국민회의는 유명무실했다. 간디와 네루 등 지도부가 수감되면서 사실상 활동 중지 상태였다. 종전 당시 인도인의 영웅은 국민회의가 아니라 인도국민군이었다. 대영제국에 협력하며 유라시아를 동분서주했던 그 인도군(British Indian Army)이 아니다. 그 반대편에 섰던 이들이다. 그래서 최초의 '국군'(India National Army)이기도 했다. 대영제국에 무력으로 도전했던 또 다른 군대가 있었던 것이다. 이들은 미얀마를 거쳐 벵골로 진입해 콜카타를 점령하고자 했다. 대영제국과 대일본제국이 최후의 일합을 다투었던 임팔 전투에서도 일본 편에 섰다. 종전 직후 인도총독부는 이들을 군사재판에 회부했다. 장교 300명을 반역죄로 기소했다. 그러나 인도 민중이 들불처럼 일어났다. 그들이야말로 인도 독립을 위해 헌신한 민족 영웅이라며 총궐기한 것이다. 총독부는 인도인들을 통제할 수 없었다. 결국 전원이 석방된다. 영국이 더 이상 인도를 통치할 수 없음을 보여준 상징적 사건이었다.

그 인도국민군의 지도자가 수바스 찬드라 보스Subhas Chandra Bose (1897~1945)이다. 인도의 2차 세계대전사를 복기하면서 가장 인상적인 인물이었다. 섭씨 40도를 넘어 50도까지 치오르는 남국의 열기를 고스란히 뿜어냈다. 격정적이고 격렬했다. 감정적으로 가장 몰입되었다. 그는 1897년 벵골에서 태어났다. 아버지는 변호사였다. 영국식 법치를 인도에 이식하는 식민지 엘리트였다. 그러나 악질 친영파는 아니었던 모양이다. 인도인을 위한 인권 변호도 했다고 한다. 보스는 자신의 삶에 부친의 영향이 컸다고 회고했다. 그는 소싯적부터 총명했다. 인도 최초의 대학이라 할 수 있는 콜카타대학에 차석으로 입학했다. 그러나 특유의 다혈질은 대학 시절부터 불을 뿜었다. 영국인 교수들의 인종차별에 반발하여 학생 시위를 주도했다. 주동자로 정학 처분도 받았다. 겨우 학사를 마치고는 제국의 본산지 영국으로 유학을 떠났다. 케임브리지대학에서 공부했다. 특히 근대 유럽의 국제관계를 깊이 연구했다고 한다. 군사력의 중요성에 주목했다. 친구들이 주권재민과 법치주의와 의회제와 국제법 등의 '선진성'을 달달 외고 있을 때, 그는 '근대 국가=군사국가'라는 본질을 직시했다. 가르치는 대로 배우는 모범생이 아니었다. 자기 주도로 학습했다.

그래도 인도 고등문관시험에는 응시했던 모양이다. 시험에도 합격했다. 그런데 식민지 지배의 하수인이 되는 길이라며 자격을 반납했다고 한다. 진술이 엇갈리는 대목이다. 2차 자격고사인 승마 시험에 떨어졌다는 설이 있다. 아무래도 후자가 사실이 아닐까 싶다. 거짓말을 했다고 단정하기는 힘들다. 자신의 과거를 미화하는 기억의 왜곡은 흔하게 일어나는 현상이다. 보스처럼 유명한 정치인들에게는 더더욱 빈번한 일이다.

자의든 타의든 이로써 보스의 인생은 크게 갈렸다. 식민지 관료는 커녕 그 반대편, 독립운동가가 되었다. 인도로 귀국한 것이 1921년, 곧바로 국민회의에 투신했다. 출중한 능력에 개인적 매력까지 발산하며 1927년에 국민회의 사무총장에, 1930년에는 콜카타 시장에 취임한다. 앙팡 테리블*, 30대부터 거침없이 출세가도를 달린 것이다. 그러나 유독 간디와는 합이 맞지 않았다. 비폭력과 불복종의 유효성에 회의를 품었다. 간디의 비폭력주의가 위대한 철학일지언정 현실의 국제정치에서는 통용될 수 없다고 생각했다. 영국이 무력으로 지배하고 있는 이상, 인도 또한 무력에 의해서만 독립할 수 있다고 했다. 양자의 불화는 예견된 것이었다.

1930년대부터 보스는 독자 노선을 걷는다. '30대 기수'의 전위에 섰다. '전진동맹'을 결성하여 국민회의 내부의 좌파, 급진파로 세를 키워 갔다. 1938년에는 국민회의 의장까지 거머쥔다. 마흔 남짓에 인도를 대표하는 정당의 당수가 된 것이다. 처음에는 간디가 아량을 베풀었다. 노선 투쟁 격화를 우려하여 보스를 의장으로 세운 것이다. 당시만 해도 국민회의는 1인 지배 정당에 가까웠다. 간디가 지명하면 만장일치로 추대했다. 그래서 1936년과 1937년에는 네루가 연임할 수 있었다. 이제 간디가 네루의 후임자로 보스를 낙점했던 것이다.

그러나 당권을 쥐자마자 보스는 자신의 색깔을 드러냈다. 취임 연설

---

* '무서운 아이'라는 뜻으로, 프랑스의 작가 장 콕토의 소설 제목에서 비롯한 말이다.

간디(왼쪽)와 보스.

부터 영국에 대한 최후통첩 의사를 밝히며 독립 노선을 강화했다. '인도 독자의 사회주의'도 제창했다. 동시대 소련과 독일, 이탈리아의 약진을 주시하고 있었다. 청년, 농민, 빈곤층의 지지가 상당했다. 그러나 간디는 우려했다. 공산주의와 전체주의에 적대적이었다. 소련이나 독일에 접근하기보다는 대영제국의 품에서 자치를 확대해가는 편이 낫다고 여겼다. '사회주의적 근대화'에도 전혀 호의적이지 않았다. 주지하듯 간디는 근본주의자였다. 산업화와 근대문명 자체에 비판적이었다. 자립경제와 마을 자치만이 인도가 가야 할 길이라고 했다.

그러나 간디와 보스의 불화는 노선 차이라기보다는 기질 차이가 더 컸다. 네루 또한 소련식 사회주의에 우호적이었다. 다만 네루는 간디에 고분고분했다. 불만이 있어도 속으로 삭이는 편이었다. 대장정 이후의 마오쩌둥처럼, 소금 행진 이래 간디는 독보적인 카리스마를 누렸다. 누구도 그의 권위에 도전하지 않았다. 네루 또한 자신을 간디의 충복이자 후계자로만 생각했다. 그러나 보스는 달랐다. 자신만만하고, 야심만만했다. 기개가 넘쳐흘렀다. 스스로를 간디의 대안이라고 생각했다. 일흔 꼰대가 아니라 40대 젊은 피가 새 시대를 열어야 한다고 생각했다.

1939년 의장 선거에서 양자는 정면으로 충돌한다. 간디가 추천하는 후보와 보스가 표 대결을 펼친 것이다. 의장 선거는 이례적인 사건이었다. 차세대의 도전이자 당내 민주화 운동이었다. 결과는 놀라웠다. 최대 주주로 전권을 행사하던 간디의 뜻을 꺾고, 일반 당원의 지지를 얻은 보스가 크게 이긴 것이다. 간디는 곧장 보스의 승리를 자신의 패배라고 선언했다. 보스로서는 치명타였다. '보스=반反간디'의 프레임을 발신하는 불신임 표명이었기 때문이다. 그의 발언을 신호탄으로 간디 추종자들의 보스 흔들기가 끊임없이 시도되었다. 친親간디 패권주의가 횡행했다. 결국 당선 3개월 만에 의장직을 사임한다. 사실상의 낙마, 쫓겨난 꼴이다. 심지어 3년간 당직 보류 처분까지 받는다. 미운털이 단단히 박힌 것이다. 그러나 불굴의 의지만은 보스도 간디에 못지않았다. 오뚝이처럼 일어난다. 다만 더 이상 당내 쇄신과 정풍 운동을 추진하지는 않았다. 백의종군했다. 당 밖에서, 인도 밖에서, 새 길을 찾았다.

탈출

1939년 9월, 2차 세계대전이 발발했다. 보스는 솔깃했다. 그토록 고대해 마지않던 대영제국의 난국이 닥쳤다며 환호했다. 인도가 독립할 수 있는 천재일우의 기회가 열린 것이다. 반가운 소식이 줄을 이었다. '모더니티의 수도' 파리가 나치독일에 점령되었다고 했다. 독일 전차부대의 영국 상륙이 임박했다고도 했다. 인도 역시 때를 맞춤하여 무장투쟁을 시작해야 한다고 여겼다. 국민회의를 움직일 수 있는 인물은 여전히 간디였다. 그의 거처를 찾아가 무장봉기를 일으키자고 설득했다. 그러나 간다는 거절했다. 오히려 영국을 도와 파시즘을 물리쳐야 한다고 했다. 보스는 간디의 독선獨善에 깊이 절망했다. 게다가 1940년 7월, 또다시 투옥된다. 인도총독부가 보스의 봉기 낌새를 포착한 것이다. 이번만은 보스가 간디를 따랐다. 간디처럼 죽자 살자 단식 투쟁에 나섰다. 보스 역시 두 차례나 국민회의 의장을 역임한 인물이다. 옥중 아사餓死는 총독부로서도 난처한 사태였다. 결국 가택 연금으로 방침을 바꾼다. 그 틈을 이용하여 대탈출을 감행한 것이다.

콜카타의 자택을 떠난 보스는 아프가니스탄으로 향했다. 파슈툰족으로 분장했다. 면도도 하지 않고 수염도 길렀다. 파슈툰족은 오늘날 파키스탄의 서북부와 아프가니스탄의 동남부에 살고 있는 민족이다. 그러나 파슈툰어는 한마디도 하지 못했다. 경찰 검문을 피하기 위해서 귀머거리, 벙어리 시늉을 냈다. 아프가니스탄에서는 소련이 가까웠다. 소련령 중앙아시아와 국경을 맞대고 있었다. 이번에는 이탈리아 외교관으로 변신했다. 여권도 위조했다. 가명으로 신분을 세탁하여 모스크바에 도착했다. 당시만 해도 보스는 소련만이 인도를 영국에서 해방시킬 수 있다고 생각했다. 이념적으로도 친근했다. 그러나 스탈린은 냉담했다. 보스를 만나주지도 않았다. 영국과 군사적으로 적대할 뜻이 조금도 없었다.

결국 그의 최종 목적지는 베를린이 된다. 1941년 4월 2일 도착했다. 나치독일이 절정을 구가할 때였다. 북해부터 지중해까지, 대서양부터 흑해까지 히틀러의 영향력이 미치고 있었다. 며칠 후에는 유고슬라비아와 그리스까지 점령했다는 소식이 들려왔다. 유럽 전체가 독일 휘하에 들어가고 있었다. 북아프리카에서도 '사막의 여우' 로멜 장군이 영국령 식민지를 '해방'시키고 있다고 했다. 보스의 눈앞에서 19세기와는 전혀 다른 신세계가, 20세기가 펼쳐지고 있던 것이다. 그가 파시즘에 우호적이었던 것 같지는 않다. 독일 역시 또 다른 제국주의일 수 있다고도 했다. 그러나 그들의 군사력만큼은 경탄을 금치 못했다. 그 힘을 한층 더 고귀한 목적을 위해 사용할 수 있지 않을까? 인도와 아시아/아프리카의 해방을 위해서? 그는 고무되었다.

보스는 전심전력으로 독일을 설득했다. 거듭 보고서를 작성하여 독일 외교부에 타전했다. 추축국과 인도의 협력에 관한 것이었다. 독일이 아프가니스탄을 거쳐 서북 지역으로 진출하면 내부에서 인도인들이 봉기할 것이라고 했다. 현대화된 5만 군대만 있으면 인도 탈환이 충분하다고 했다. 이 작전을 수행하기 위한 인도 망명정부 수립과 서북 변경지대의 부대 창설을 요청했다. 혹여 인도에서 영국이 건재하다면 언제든 기력을 회복하여 전세를 역전시킬 수 있다며 조속한 행동을 촉구했다. 독일의 신질서와 인도의 운명은 불가분이라며 힘주어 역설했다.

75년 전 보스의 보고서는 흥미진진하다. 빨려들듯 읽어갔다. 유라시아 전체의 판세를 읽는 통찰이 번뜩인다. 대영제국의 심장인 인도를 정복해야 중동과 동남아시아의 민중이 추축국을 지지하게 될 것이라는 주장은 전혀 허황한 말이 아니었다. 광대한 제국을 경영하고 있던 영국으로부터의 해방에 아시아와 아프리카가 환호할 것이라는 주장 또한 설득력이 없지 않았다. 그러나 결정적인 오류가 하나 있었다. 독일과 인도 사이에는 소련이 있었다. 독일과 소련의 불가침조약이 지속될 것이라고 전제했다. 보스가 전망한 독일의 인도 진출 또한 소련의 묵인 아래 가능한 것이었다. 혹은 독일과 소련이 동시에 대영제국을 분쇄하는 그림을 그렸을지도 모르겠다. 하지만 역사는 그의 희망대로 흘러가지 않았다. 독일과 소련은 합작은커녕 서로가 서로를 소진시키는 육박전에 들어갔다. 독소전쟁(1941~1945), 즉 히틀러와 스탈린의 맞대결이자 2차 세계대전 최대의 지상전이 전개된 것이다. 이 소식에 보스는 좌절했다. 독일이 소련을 침공함으로써 인도 민중도 나치독일을 지지하기 힘들어

히틀러(오른쪽)와 보스.

졌기 때문이다.

　전도유망한 정치인들이 대개 그러하듯 보스 또한 자신을 과대평가한 것 같다. 무솔리니와 회동하고 히틀러와도 접견했지만, 그는 일개 망명객에 불과했다. 대등하게 전술·전략을 논할 처지가 아니었다. 히틀러는 대놓고 불만을 표출했다. 자신은 당신과 같은 선전선동가가 아니라 군인이라며, 인도 해방은 소련군의 시체를 밟고 난 후에나 가능하다며 역정을 냈다. 실은 히틀러는 속 깊이 아시아인을 멸시했다. 《나의 투쟁》에서도 노골적으로 드러나는바, 아시아의 독립이 가능하다고 여기지도 않았다. 영국이 인도를 떠난다 해도 20년이 못 되어 다시 식민지가 될 것이라고 했다. 당장 인도 자유정부를 승인해달라는 보스가 성가셨을 것이다. 소련을 점령한 이후에 다시 논의하자며 서둘러 자리를 파했다. 다만 라디오 방송국 설립만은 지원해주었다. 독일이 침략국이 아니라 해방군이라는 선전용으로 보스를 활용한 것이다.

그럼에도 보스는 방송에 사력을 다했다. 심혈을 기울여 원고를 작성하고 일관된 메시지를 전달했다. 곧 추축국이 대영제국을 해체시킬 것이다, 대영제국을 사수하는 국민회의를 따라서는 안 된다, 즉각 무장봉기 조직을 만들어 추축국과 협조하여 인도를 해방시켜야 한다, 영국은 결코 인도를 독립시켜 주지 않을 것이다, 오히려 분할지배를 획책하여 인도를 여럿으로 쪼갤 것이라며 (정확하게) 예측했다. 영국이 떠난 자리는 인도, 파키스탄, 방글라데시, 미얀마로 사분오열되었다. 냉전기 남아시아는 항상적인 준전시 상태, 대분할체제였다.

독일의 원조를 통한 인도 독립의 꿈은 점점 희미해져 갔다. 아프리카와 중동 전선에서 영국이 독일과 이탈리아에 재역전해 갔다. 역설적으로 뭄바이와 카라치에서 출항한 인도군의 공헌 때문이었다. 보스의 구상 또한 물거품이 되었다. 그러나 또 한 번 반등의 계기가 열린다. 이번에는 유라시아 동쪽 끝이었다. 1941년 12월, 일본이 대동아전쟁에 나선 것이다. 동남아시아에서 연전연승하고 있다는 소식도 들려왔다. 대영제국의 동쪽 날개가 무너지고 있었다. 보스는 더 이상 유럽에 머물 이유가 없었다. 베를린을 떠났다. 도쿄로 향했다.

돌격

콜카타에서 베를린까지는 유라시아의 육로를 이용했다. 베를린에서 도쿄까지는 인도양의 해로를 따라갔다. 히틀러가 선심을 써주었다. 당대 최강 독일 잠수함을 태워준 것이다. 1943년 2월 8일, 보스는 U180을 타고 프랑스 서북 해안에서 출항했다. 인도양 서부의 마다가스카르섬에 도착한 것이 4월 26일이다. 여기서 일본 해군의 잠수함으로 갈아탄다. 인도네시아 수마트라 항에 도착한 것은 5월 6일이다. 인도네시아는 이미 네덜란드로부디 '해방'되어 있었다. 보스는 장차 인도네시아의 초대 수상이 될 수카르노와 회동했다. 동북아와 동남아의 하늘길은 일본이 접수한 상태였다. 인도네시아에서 일본으로 가는 길은 한결 수월했다. 전투기에 탑승하여 도쿄에 도착한 것이 5월 16일이다. 꼬박 100일이 걸렸다.

도조 히데키를 만난 날은 6월 12일이다. 보스는 재차 무장투쟁을 통한 인도 독립을 역설했다. 히틀러와 달리 도조는 호의적이었다. 보스의 사람됨에 찬사를 표했다. 남자 중의 남자, 상남자라며 한껏 치켜세웠다. 6월 16일, 대일본제국 내각회의에 특별손님으로 초청된다. 그 자리에서 인도독립연맹 총재이자 인도국민군 최고사령관으로 임명되었다. 일본-인도 연대가 공식화된 것이다.

보스는 더 치고 나갔다. 1943년 10월 2일, 자유인도 임시정부를 선포한다. 본인이 임시수반으로 외교와 전쟁 업무를 총괄했다. 초대 임시내각 11명 가운데 8명이 인도국민군 장교로 구성되었다. 전시내각 격이었다. 국제적으로도 인정을 받았다. 일본과 독일, 이탈리아 등 9개국이 승인했다. 보스는 인도 임시정부의 이름으로 영국에 정식으로 전쟁도 선포했다. 11월에는 도쿄에서 열린 대동아회의에도 참석하여 일장 연설을 펼쳤다.

인도국민군의 본거지는 일본 점령하의 싱가포르였다. 보스는 특유의 카리스마를 발휘하여 인도국민군을 직접 모집했다. 동남아시아 전선에 인도군으로 파병되었다가 일본군의 포로가 된 이들을 집중 포섭했다. 영어와 힌디어로 번역된 보스의 연설이 동남아 곳곳에 퍼져 나갔다. 일본군은 여러분을 전쟁포로로 여기지 않는다, 동료이자 친구라고 생각한다, 일본은 모든 아시아인의 해방을 원한다, 그래서 대동아공영권을 건

도조 히데키(오른쪽)와 보스.

설하자는 것이다, 일본은 인도 해방을 지원하기 위한 만반의 준비가 되어 있다…. 적극 회유하고 권장했다. 효과도 상당했다. 보스는 이미 명성이 자자한 국민회의 의장 출신이었다. 싱가포르에서만 전쟁포로 6만 5천 명 가운데 2만 명이 인도국민군에 참여했다. 보스는 이들을 세 개 부대로 나누었다. 각 부대의 이름을 간디, 네루, 아자드Azad라고 지었다. 아자드는 '자유'라는 뜻이다. 10월 2일에는 인도국민군의 가두행진도 펼쳐졌다. 10월 2일은 간디의 생일이다. 여기서 인도국민군이 불렀던 군가는 훗날 독립인도의 애국가가 된다.

보스는 이들을 이끌고 미얀마(당시 버마)의 양곤으로 이동했다. 그곳에서 아웅산과도 조우했다. 이들은 일본군과 함께 임팔 전투에 앞장섰다. 보스는 영국군의 저항을 뚫고 벵골에 진입하면 동인도 전역에서 봉기가 일어날 것이라고 자신했다. 끝내 콜카타를 점령하면 일생 그의 무장투쟁 노선을 반대했던 간디 선생도 기뻐해주실 것이라 믿어 의심치 않았다. 평생의 숙원 달성이 목전에 달한 듯했다. 커다란 착각이었다.

의혹

대일본제국의 파산과 함께 보스의 소원 또한 산산이 조각났다. 목숨까지 잃었다. 패전이 임박하자 그는 소련에 협력을 요청하기 위해 만주로 갈 작정이었다. 영국이나 미국보다는 소련이 자신의 안위를 보호해줄 수 있을 것이라고 판단했다. 대만에서 중국 다롄大連으로 향하는 전투기에 탑승한 것이 1945년 8월 19일이다. 현금과 보석이 가득 담긴 여행가방 둘도 실었다. 또다시 망명길에 오르는 보스를 위하여 동남아 인교印僑들이 십시일반 모은 것이었다. 기구한 그의 운명에 눈물을 훔치는 이도 적지 않았다. 그러나 이륙 직후 좌측 프로펠러가 떨어져 나갔다. 본체는 바닥으로 떨어져 두 동강이 났다. 폭발음이 일고, 화염이 뒤덮었다.

보스는 3도 화상을 입었다. 대만 육군병원으로 이송하여 치료했지만, 무더위에 화상은 더욱 심해졌다. 그의 최후는 의연했다고 한다. 일생을 조국 독립을 위해 헌신했음에 여한이 없다고 했다. 마지막으로 먹은 음식은 카레였다. 첫 숟갈을 뜨고 맛있다며 희미하게 읊조렸다. 세 숟갈째를 먹고는 조용하게 숨을 거두었다. 8월 20일, 타이베이에 있는 한 절간에서 화장을 했다. 보스의 죽음이 세상에 알려진 것은 8월 23일이다. 그의 유골 중 일부가 일본에 전해져 한 사찰(蓮光寺)에 보관되어 있다.

헌데 당시부터 그의 사망 진위 여부에 말이 많았다. 인도총독부도, 연합국의 동남아 사령부도 일본의 발표를 믿지 않았다. 정황부터가 석연치 않다. 패전국이 된 일본(대만과 만주)을 경유하여 승전국인 소련으로

가려고 했다? 비행기에 동석했던 복수의 일본인들이 생존했다는 점, 인도 임시정부가 보유하고 있던 자산의 행방이 묘연하다는 점, 사건 직후부터 시베리아 등지에서 보스를 보았다는 증언이 속출했다는 점, 게다가 소련-인도 정상회담의 비공개 만찬에서 흐루쇼프가 네루에게 보스를 송환하겠다고 말했다는 통역자의 증언까지 나왔다.

인도 정부로서도 외면만은 할 수 없었던 모양이다. 그간 세 차례나 조사위원회를 꾸렸다. 1956년, 1970년, 그리고 2006년이다. 처음 두 보고서는 대동소이하다. 비행기 사고로 사망한 것이 사실이며, 생존 가능성은 없었다고 결론을 내렸다. 그런데 세 번째 보고서가 미묘하다. 세 번째 조사위원회가 조직된 해가 1999년, 인도인민당(BJP)이 여당이었을 무렵이다. 의미심장한 내용이 있다. 비행기 사고는 연합군, 특히 영국의 추적을 따돌리기 위해 일본군이 꾸며낸 것이라고 했다. 일본에 모셔진 유골 또한 보스의 것이 아니라고 했다. 보스가 언제 죽었는지, 원인은 무엇인지 설득력 있는 증거가 없다는 것이다. 그러나 이 보고서가 제출된 2006년에는 재차 국민회의로 정권이 교체되었다. 국민회의 정부는 이 보고서를 채택하지 않았다. 인도국민군과 보스가 부각되면 될수록, 인도 독립운동사에서 국민회의와 간디-네루가 누리던 독점적인 위상에 흠집이 가기 때문이다. 보스의 최후는 여전히 미스터리로 남아 있다.

'위대한 영혼'과 '지도자'

간디가 마하트마('위대한 영혼'이라는 뜻)였다면, 보스는 네타지Netāj였다. '지도자' 혹은 '총통'이라는 뜻이다. 석연치 않은 죽음에도, 혹은 바로 그런 탓에 보스는 인도 민중의 기억에 뚜렷한 이름을 새겼다. 현재 인도의 국회의사당에는 세 사람의 초상화가 있다. 간디와 네루, 그리고 보스이다. 처음에는 둘만 있었다가, 보스가 포함된 것이 1978년이다. 델리가 자랑하는 웅장한 레드포트에도 보스의 동상이 세워져 있다. 영국 국왕 조지 5세의 동상이 있던 바로 그 자리를 네타지가 꿰찬 것이다. 그의 이름을 따서 만든 네타지 수바스 공과대학도 있다. 작년 11월 내가 인도에 첫 발을 내딛은 곳도 네타지 수바스 찬드라 보스 국제공항이었다. 그가 살았던 콜카타 저택은 박물관이 되어 있었다. 그가 아프가니스탄으로 탈출할 때 사용했던 자동차도 구경할 수 있었다. 벵골에는 지금도 '전진동맹'이라는 정당이 있다. 인도공산당과 더불어 벵골 좌파의 양대 축을 이룬다. 동남아프리카의 인교들은 간디를 기억하지만, 동남아시아의 인교들은 보스를 더 높이 기린다.

마하트마의 이상이 숭고했음을 부정하지 않는다. 도덕의 재건, 영성의 진화를 도모했다. '세속화=근대화'의 공식을 허물고 영성의 근대화를 추구한 선각자였다. 그러나 너무 앞서갔던 것 같다. 초역사적이고 탈역사적이었다. 그래서 인도다운 인물이기도 했다. 하지만 주어진 때에 필요한 역할을 수행하는 '역사적 인물'도 필요한 법이다. 20세기 인도의 지상과제는 독립과 건국이었다. 무력의 수반 없이 새 나라가 세워진 바를 알지 못한다. '입'立의 전제는 '파'破다. 인도총독부, 대영제국은 타파되어야 했다. 20세기는 난세亂世를 치세治世로 전환시키는 영웅들의 시대이기도 했다. 그런 점에서 보스는 미얀마의 아웅산, 베트남의 호찌민, 인도네시아의 수카르노, 신중국의 마오쩌둥, 북조선의 김일성, 이집트의 나세르에 견줄 수 있는 인물이었다. 식민지 지배에 맞서 떨쳐 일어나 무장투쟁을 펼친 '민족적 사회주의자'의 한 명이었다.

뭄바이에 머물고 있던 2016년 1월 말, 모디 총리는 전격적으로 보스와 관련된 비공개 문서 100점을 공개했다. 그중에서도 2차 세계대전 종전 후 영국 총리였던 클레먼트 애틀리의 발언이 가장 인상적이다. 영국이 인도를 포기한 것에 국민회의와 간디가 미친 영향은 극히 미미했다고 말했다. 보스가 조직한 인도국민군의 역할이 훨씬 컸다는 것이다. '국군'의 존재를 알게 됨으로써 인도군 또한 더 이상 영국의 뜻에 따라 움직이지 않게 되었다는 것이다. 북아프리카에서 동남아시아까지 실전 경험을 두루 익힌 인도군이 250만이었다. 이들이 '인도 국군'으로 각성하여 총독부로 총구를 돌려 총공격에 나서기 전에 서둘러 떠나야 했다는 것이다. 나는 그의 진술이 진실에 가깝다고 생각한다. 군사력이 미비했던 말레이시아, 싱가포르, 홍콩 등에서 영국은 더 오래 눌러앉았다. 보스의 공이 그만큼 컸다고 하겠다.

장차 인도가 부상하면 할수록, 보스의 이름은 더더욱 빛을 발할 것이다. 인도판 '해방전후사의 재인식' 또한 2차 세계대전사는 물론이요, 20세기사 전체의 재인식을 촉발하는 마중물이 될 것이다. 그간의 세계대전사도 냉전사도 지나치게 '승자 중심'으로 기록되고 기억되고 있다. 인도의 경험을 유력한 방편으로 삼아 20세기 유라시아사를 재구성, 재서술할 만하다.

영국이 황급하게 인도를 떠났다고 하여 대영제국과 2차 세계대전의 유산마저 사라진 것은 아니었다. 아니, 무책임한 방기야말로 파국을 한층 가중시켰다. 분단과 분할이 연쇄적으로 일어났다. 동아시아 대분단체제에 버금가는 남아시아 대분할체제를 살펴볼 차례다.

014

대분할 (1): 1947
20세기 최대의 분단국가, 인도와 파키스탄

파열

20세기 최대의 분단국가는 남/북한도, 남/북베트남도, 동/서독도 아니다. 단연 인도/파키스탄이다. 인도와 파키스탄은 무굴제국과 대영제국의 경험을 공유하는 형제국이자, 세 차례나 전쟁을 치른 적대국이기도 하다. 규모부터 압도적이다. 인도는 13억, 파키스탄은 2억이다. 두 나라 모두 대국인 데다 핵무장 국가이기도 하다. 부국富國은 아닐지언정 강대국強大國에는 모자람이 없다. 여기에 파키스탄에서 떨어져 나온 방글라데시도 1억을 훌쩍 넘는다. 남아시아가 대분할되지 않았다면 인도는 진즉에 중국보다 훨씬 큰 나라였을 것이다. 그러나 조각조각 쪼개졌다. 삽시간에 일어난 일이다.

그간 분단의 기원을 찾는 여러 연구가 있었다. 많은 역사가들이 20세기 초반으로 거슬러 오른다. 그러나 내가 보기에 1910년대와 1920년대에서 대분할체제의 기원을 찾는 것은 지나친 독법이다. 더 이른 시기로 더더욱 소급 적용해가는 것을 선호하는 역사학자의 습속이 투영된 것이다. 1945년 2차 세계대전 종전 당시만 해도 1947년의 대파국을 예상하기는 어려운 일이었다. 느닷없고 돌발적인 사태였다고 하는 편이 더 합당하다. 역사는 인과관계로 만사를 설명할 수 있는 과학의 영역이 아니다. 때로는 필연보다 우연이 더욱 결정적이다.

두 차례의 선거가 기폭제였다. 일단 영국에서 정권이 바뀌었다. 전쟁이 끝나자마자 노동당으로 정권이 교체되었다. 압도적인 승리였다. 뼛속까지 제국주의자인 윈스턴 처칠의 시대가 황급하게 저물었다. 대영제국은 곧장 해체 수순에 들어갔다. 핵심은 인도이지 않을 수 없었다. 가장 큰 식민지였고, 가장 중요한 식민지였다. 그리고 가장 위험한 식민지가 되었다.

이 또한 2차 세계대전의 후폭풍이다. 대영제국의 깃발 아래 북아프리카의 사막부터 동남아시아의 정글까지 누볐던 인도군이 속속 인도로 복귀했다. 무려 250만이었다. 이들이 '최초의 국군', 인도국민군의 존재를 알게 되었다. 게다가 인도인의 영웅 대접을 받고 있었다. 인도 전역에서 반영反英주의와 군사주의가 고조되었다. 인도군이 인도국민군과 합세하여 인도총독부를 겨냥하는 '제2의 세포이 항쟁' 혹은 '제2차 인도독립전쟁'의 기운이 무르익고 있었던 것이다. 공연한 상상이 아니다. 인도네시아에서도, 인도차이나에서도 복귀하는 유럽 제국에 대한 본토인의 저항이 본격화되고 있었다. 탈식민은 돌이킬 수 없는 추세, 대세였다. 영국의 과제 또한 언제, 어떻게 인도를 떠날 것인가가 되었다. 영국을 '승전국'으로만 간주하기가 힘든 까닭이다. 잃은 것으로 치자면 독일이나 일본보다 더 컸다.

네루를 포함한 국민회의 지도부가 석방된 것은 1945년 6월 14일이

다. 유럽 전선에서 독일이 패망하고 한 달여가 흐른 뒤다. 수감되었던 3
년 동안 그들은 신문과 방송 등 일체의 외부 소식과 단절되어 있었다.
세계사의 급변 상황을 숙지하지 못한 채 낯선 세계로 던져진 것이다. 그
들이 부재했던 3년간, 인도의 정치 지형은 크게 바뀌었다. 당장 국민회
의의 상징인 간디에 대한 신망부터 현저하게 떨어졌다. 인도 본토까지
전쟁의 참화가 미치게 되면서 비폭력주의의 무기력함을 확인한 것이다.
졸지에 구시대의 인물처럼 간주되었다. 절정의 인기를 누린 것은 간디
가 아니라 보스였다. 보스가 국민회의를 접수하고 네루 대신 초대 총리
가 될 수도 있는 분위기였다. 그러나 불행히도 보스는 사망한 것으로 알
려졌다.

　더 중요하게는 무슬림연맹이 대약진했다. 1909년 창립한 이 조직은
국민회의의 기세에 눌려 좀처럼 세를 키우지 못했다. 그러나 전시 기간
국민회의가 없는 틈을 활용하여 대안 세력으로 부상했다. 전쟁이 끝날
무렵에는 200만 거대 조직이 되어 있었다. 다가오는 인도 총선 또한 국
민회의와 무슬림연맹의 대결로 압축되었다. 무슬림연맹은 힌두교도가
다수인 인도가 아니라 독자적인 이슬람 국가를 만들자고 했다. 전후 인
도의 운명을 가늠할 총선의 균열선이 좌/우, 보수/진보로 그어진 것이
아니다. 이념이 아니라 종교가 남아시아를 분할해갔다. 과연 정치는 기
층사회를 반영하기 마련이다.

분열

선거의 주도권도 무슬림연맹이 쥐었다. 이슈를 선점하고 프레임을 장
악했다. 선거의 화두는 단연 '파키스탄'(Pak-istan)이었다. '파키스탄'이란
말은 우르두어다. 우르두어는 힌디어와 페르시아어의 혼종으로, 무굴제

국의 공식어였던 페르시아어에 북인도의 일상어였던 힌디어가 섞인 것이다. 우르두어로 'pak'은 '순수함'을 뜻하고, 'istan'은 '장소'라는 뜻이다. '순수한 장소', '순결한 땅'을 의미한다. 영국(기독교)과 힌두교가 없는 무슬림만의 나라를 만들자는 것이다. 총선은 독립인도를 준비하는 제헌의회 선거가 아니라, 파키스탄 찬반 지지를 묻는 국민투표 성격으로 변질되었다.

무슬림연맹은 무굴제국의 영광을 상기시켰다. 이슬람 제국이었다. 대영제국으로부터의 독립 또한 무굴제국의 복권을 의미한다고 했다. 그러나 영국이 식민지 통치를 통하여 점진적으로 주입한 민주주의가 복병이었다. 1인 1표, 다수결의 원리를 따른다. 당시 인도의 무슬림 인구는 1억에 육박했지만, 4억 힌두에 비하면 소수자였다. 영국인에 이어 이제는 힌두인의 지배를 받게 될 것이라며 자존심을 긁고 공포심을 자극했다. 영국 총독부에서 힌두 총독부로 바뀌는 것에 불과하다는 것이다. 국민회의의 출발부터 영국과의 합작 성격이 농후했다는 아픈 점도 마구 들쑤셨다. 국민회의를 대영제국의 아류이자 후계자에 비유하고, 간디와 네루를 처칠의 후예라고 폄하한 것이다. 국민회의에 투표하는 것은 무슬림의 심장에 총을 쏘는 것이라는 과격한 수사도 등장했다. 최후의 날, 심판의 날을 두려워하라는 종교적 선동도 가미되었다.

국민회의로서는 조국 인도의 분열을 용납할 수 없었다. 무굴제국과 대영제국을 계승하는 '대大인도'(Greater Mother India) 건설을 포기할 수 없었다. 파키스탄의 분리독립이야말로 대영제국의 분할 공작이라고 비판했다. 수십 년 인도 독립운동의 배반이라고도 했다. 세속주의를 견지함으로써 종교에 의한 분열을 피해야 한다고 주장했다. '두 개의 민족'론을 설파하는 무슬림연맹을 나치즘과 파시즘에 빗대기도 했다. 정녕 파키스탄이 분리된다면 내전이 불가피하는 엄포도 보태었다. 무슬림연맹은 곧장 되받아쳤다. 내전을 두려워하지 않는다 했다. 이슬람 제국의 회복이야말로 탈식민의 완성이며, 새로운 세계질서의 상징이라 했다.

결국 선거는 유사 전쟁에 방불했다. 인도는 영국과 규모가 다르다. 선거 또한 하루 이틀에 끝나지 않는다. 장장 석 달이 걸렸다. 1945년 12월에 시작되어 1946년 3월에야 마쳤다. 유세단들은 코끼리와 낙타를 타고 남아시아 전역을 누볐다. 양대 정당은 유권자를 최대한 동원하기 위해 종교를 거듭 소환했다. 무슬림연맹은《코란》을 인용했고, 국민회의는 힌두교 사원을 동원했다. 양당의 유세 현장은 멀리서도 확연하게 구분되었다. 모자부터 의상까지 복장부터 판이했다. 투표소 앞에서도 한 손에는《코란》을, 다른 한 손에는 힌두교 경전을 들고 유권자의 선택을 강요했다. 총선이 대통합보다는 대분열을 촉발하는 기제로 작동했던 것이다. 선거를 전후하여 인도는 힌두와 이슬람으로 확연하게 갈라졌다.

지역적으로는 북인도와 남인도가 분열되었다. 남인도에는 애당초 이슬람의 영향이 덜했다. 서북에서 진출한 이슬람은 대개 북인도에 집중되었다. 중국의 서쪽을 '이슬람적 중국'이라고 할 수 있다면, 인도에서는 북부가 '이슬람적 인도'였던 것이다. 그래서 수도 델리 또한 북부에 치우쳐 있다. 서북 내륙에서 남하한 무슬림 유목민의 시각에서 델리는 유라시아와 인도 아대륙의 한복판이기 때문이다. 마치 몽골 유목민의 관점에서 베이징이 초원과 중원의 중간에 자리하고 있는 것과 비슷한 이치다.

북인도의 무슬림들은 점점 인도의 일원이라기보다는 이슬람 세계의 일원으로 정체성을 재규정해갔다. 선거 결과로도 입증이 되었다. 서북과 동북 지역에서 무슬림연맹이 크게 승리한 것이다. 예상을 훨씬 웃도는 성과에 힘입어 파키스탄 분리독립 요구는 더욱 거세어졌다. 무슬림
연맹의 지도자 무함마드 알리 진나Muhammad Ali Jinnah(1876~1948)의 초

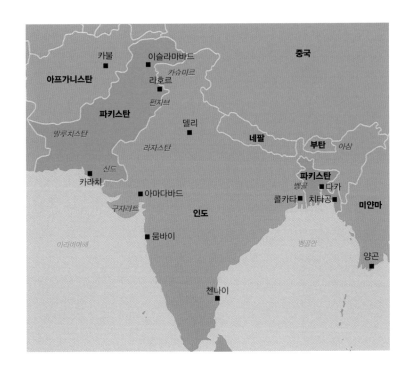

상화가 상징적이다. 백마를 탄 진나의 거대한 초상화가 북인도 주요 도시에 전시되었다. 명백하게 칼리프와 술탄을 환기시키고 있었다. 오스만제국의 해체로 지구상에서 완전히 사라진 것으로만 알았던 이슬람천 년의 정치제도가 북인도에서 재차 부활하는가 싶었다.

다만 파키스탄의 실체는 모호한 것이었다. 여러 지도들이 북인도 일대에 퍼져갔다. 한쪽에는 히말라야에서 아프가니스탄을 아우른 '파키스탄 제국' 지도가 떠돌았다. 다른 쪽에는 벵골, 펀자브, 라자스탄 등 남아시아 곳곳에 산재하는 '파키스탄주'를 표시해둔 지도도 있었다. 또 파키스탄을 구성하는 다섯 지역으로 펀자브Punjab, 아프간Afghan, 카슈미르Kashmir, 신드Sindh, 발루치스탄Baluchistan을 꼽아서 그 머리글자의 조합이 파키스탄이라고 하는 이도 있었다.

때로는 가상이 실제보다 더 큰 힘을 발휘한다. 파키스탄이라는 '상상의 공동체'가 인도의 파열을 증폭시켰다. 콜카타에서부터 힌두와 무슬림 간 폭동과 학살이 시작되었다. 표 대결 이후의 사생결단 싸움이었다. 힌두 무장단체 민족봉사단(RSS)이 활약하기 시작했고, 무슬림 무장단체 또한 지하드로 맞불을 놓았다. 나와 남의 분별이 아我와 비아非我의 투쟁으로 격변하고 있었다. 구호단체마저 양쪽으로 갈라졌다. 무슬림은 무슬림만 구하고, 힌두는 힌두인들만 보호했다. 사실상의 내전 상태로 진입한 것이다. 범이슬람주의와 범힌두주의가 사납게 충돌했다. 해방 공간, 아힘사(비폭력)는 재차 아수라Asura에 무력했다.

분단

서서히 달구어지던 인도 아대륙의 불안한 정국에 결정적인 기름을 끼얹은 것은 영국이다. 1947년 6월 3일, 애틀리 총리는 인도/파키스탄 분할 계획을 전격적으로 발표한다. 인도총독부가 철수하는 시점도 8월 15일로 못을 박았다. 제국을 거두고 내정에 충실하라는 본국 유권자들의 소망에 부응하는 결단이라고 할 수도 있다. 그러나 식민지 인도에는 폭탄을 투하한 꼴이었다. 불과 70여 일 만에 세계에서 가장 큰 나라를 분할시켜야 한다는 말이었기 때문이다. 너무나도 촉박한 일정이었다. 국민회의도, 무슬림연맹도 준비가 되어 있지 않았다. 애틀리 스스로 본인의 말을 뒤집은 것이기도 하다. 1948년 6월까지 총독부를 해산하겠다고 밝힌 것이 2월 20일이었다. 1년 이상 여유가 있던 분리독립 준비 기간이 두 달로 대폭 줄어든 것이다. 국민회의와 무슬림연맹은 서둘러 건국 작업에 돌입해야 했다. '시간과의 경쟁', 다급한 속도전이 분단의 파국을 한층 가중시켰다.

파키스탄은 여전히 오리무중이었다. 무슬림연맹은 무슬림이 다수인 모든 주를 파키스탄으로 삼는 '대大파키스탄'을 주장했다. 국민회의는 '소小파키스탄'으로 응수했다. 관건은 벵골과 펀자브였다. 파키스탄과 인도 모두 귀속권을 주장했다. 결국 인도와 파키스탄만 남북으로 분단된 것이 아니다. 벵골과 펀자브는 주 차원에서 동과 서로 분할되어 갔다. 펀자브는 무굴제국 시절 가장 번영했던 곳이다. 벵골은 대영제국 시기 가장 번성했던 장소다. 인도와 파키스탄이 분단되면서 두 곳은 가장 참혹한 비극을 경험하게 된다.

당장 정부기관부터 쪼개졌다. 공무원들도 갈라졌다. 특히 무슬림 출신 공무원은 일생일대의 선택에 직면했다. 인도에 남을 것이냐, 파키스탄으로 갈 것이냐. 파키스탄에서 임시수도로 지정된 곳은 카라치였다. 이 60만 항구 도시에 델리 출신의 이주자들이 속속 밀려들었다. 이들을 수용하기 위한 건설 붐도 일었다. 흡사 행정수도 이전에 방불했다. 파키스탄의 이념과 이슬람의 이상을 구현하는 신도시 만들기가 한창이었다. 그러나 생활인들에게 종교가 전부일 수는 없었다. 델리에서 상석을 차지하고 있던 영국인들이 떠난다는 말은 승진 기회가 열린다는 뜻이기도 했다. 그러나 '힌두 국가' 인도에 계속 남아도 되는 것일까? 본인은 그렇다 해도 가족과 자녀는? 부모가 자식 염려하는 마음은 국적과 종교를 초월한다. 자녀의 장래에 어느 나라가 나을 것인가, 번민이 깊었을 것이다. 결단을 내려야 할 시간은 가혹하리만치 촉박했다.

그들은 서류더미도 분류해야 했다. 인도에 남을 자료와 파키스탄으로 옮길 자료가 나뉘었다. 구비품과 소모품도 나누어야 했다. 책상, 의자, 시계, 타자기, 금고까지 분할했다. 대개 인구 비율에 맞추어 8 : 2의 비율로 나누었다고 한다. 그것조차 쉽지는 않았다. 좋은 물건을 남기고 나쁜 물건을 보내려는 쪽과, 나쁜 물건을 남기고 좋은 물건을 옮기려는 이들 간에 다툼이 그치지 않았다. 향후 양국 정부 구성원들 사이에 팽배한 상호 불신과 적대의 이미지는 이 분할 과정에서부터 싹을 틔운 것이다. 각자의 기억이란 저마다 편의적으로 왜곡되기 마련이다.

주요 대학과 공공도서관의 장서도 분할되었다. 대개 언어별로 쪼개졌다. 아랍어와 페르시아어로 기록된 자료는 파키스탄으로 보내졌다. 델리에 남아 있던 무굴제국의 위대한 문화유산이 대거 유실된 것이다. 지금도 델리대학과 국가도서관을 비롯하여 인도의 주요 기관에는 무굴제국 자료가 매우 빈약하다. 레드포트와 후마윤* 묘, 타지마할** 같은 위대한 이슬람 건축물은 인도에 남고, 문헌자료들은 파키스탄의 카라치와 이슬라마바드에 소장되어 있는 것도 분단의 역설이라 하겠다. 그래서 각자가 무굴제국의 후예를 자처하는 인도나 파키스탄보다도 영국의 무굴제국 연구가 훨씬 빼어나다. 이란의 페르시아 문학과 인도의 산스크리트어 문학이 조우하여 빚어냈던 인류 문명사의 한 정점을 연구한 문헌들도 대개 영어다. 영국의 연구자들은 두 나라를 모두 드나들 수 있는 반면에, 양국의 연구자들은 줄곧 상호 방문이 차단되었기 때문이다. 분단이 양국의 지적·학문적 식민화에 지대한 영향을 미쳐 후기 식민 상태를 지속시킨 셈이다. 포스트-콜로니얼리즘post-colonialism 이론이 괜히 인도에서 나온 것도 아닐 것이다.

---

* 무굴제국의 제2대 황제. 재위 1530~1540, 1555~1556년.
** 무굴제국의 제5대 황제 샤 자한이 사랑하는 왕비를 추모하기 위하여 세운 궁전 형식의 묘당으로, 후에 황제 자신도 여기에 묻혔다. 1632~1653년에 건립되었으며, 인도의 이슬람 건축을 대표하는 걸작이자 세계에서 가장 화려한 건물로 꼽힌다. 1983년 유네스코 세계문화유산으로 지정되었다.

인도와 파키스탄의 도서관 장서 분할.

　국가 분할의 핵심은 군대 분할이었다. 250만 대군을 무장 해제하고 인도 국군으로 재편하는 데 최소 5년, 최장 10년이 걸릴 것이라는 전망이었다. 그러나 불과 70여 일 만에 군대도 반 토막으로 쪼개야 했다. 군대만큼은 서북 출신이 많았기에 거의 양분되다시피 했다. 유라시아 전역에서 끈끈한 전우애를 쌓아왔던 군인들로서는 납득하기 힘든 처사였다. 순식간에 무슬림과 힌두로 나뉘어 파키스탄군과 인도군으로 서로를 겨누게 된 것이다. 총만 겨누는 것으로 그치지도 않았다. 세 차례의 전면전과 수차례의 국지전에서 이들은 적군이 되어 실제 전투를 수행했다. 그리고 군대의 분할은 장차 양 국가의 재통합을 가로막는 결정적인 사건이 되었다. 대분할체제 속에서 비대하게 성장해간 양국의 군부는 통일은 말할 것도 없고, 화해와 화합에도 결사반대하는 반동적 수구집단으로 자라났다.

이처럼 분단국가가 현실화되고 있는 와중에도 분단이 영구적일 것이라고 여기는 이들이 많지는 않았던 것 같다. 인도 민중 사이에서는 영국 음모론이 성했다. 인도와 아시아를 약화시키려는 제국주의자들의 신식민주의 획책이라고 성토했다. 인도를 내팽개치는 것도 모자라, 도살장의 고기처럼 썰어대고 있다는 것이다. 그럼에도 머지않아 파키스탄과 인도는 재결합할 것이라는 전망이 우세했다. 조국 인도의 산과 강과 바다는 변함이 없다고 했다. 히말라야에서 인도양까지, 아프가니스탄과 스리랑카 사이를 '통일 인도'로 표상했다. 불행히도 이들은 근대 국가의 속성을 정확하게 이해하지 못하고 있었던 것이다. 국민국가와 국가간체제는 제국처럼 느슨하고 유연한 정치체가 아니다. 영토와 국민을 꽁꽁 결박하는 단단하고 딱딱한 체제로 재편되고 있었다.

임박한 파국을 앞서 예상한 이는 역시나 애틀리 총리 본인이었다. "피바람이 불지 않기를 바라지만, 아무래도 그럴 것 같다"는 무책임한 발언을 남겼다. 실제로 분단을 전후하여 영국의 경찰과 군대는 조금도 움직이지 않았다. 사실상의 내전 상태를 냉담하게 방치했다. 영국인의 안전에 위협이 생길 때에만 소극적으로 관여했을 뿐이다. 인도 문제는 더 이상 그들의 관할이 아니라는 것이다. 사라져가는 제국과 아직 들어서지 않은 두 근대 국가 사이에 권력의 공백이 생겨났다. 북인도 일대는 점차 무정부 상태로 빠져들었다. 펀자브 전역이 불타기 시작했다.

015

대분할 (2): 펀자브

1947 '지옥열차'의
홀로코스트와 킬링필드

분단건국, 다섯 개의 붉은 강

파키스탄의 라호르는 전혀 낯설지가 않았다. 국경을 넘었다는 실감이
덜했다. 겨우 한 시간 남짓 걸렸을 뿐이다. 시차는 고작 30분이었다. 하
지만 거리는 가깝되, 거리감은 적지 않았다. 일주일에 단지 두 번의 항
공편만 있을 뿐이다. 연결망이 뜸한 것이다. 그럼에도 방금 비행기를 타
고 떠나왔던 델리와 몹시 흡사했다. 무굴제국과 대영제국의 흔적이 고
스란히 남아 있는 도시 외양부터 비슷했다. 시장 풍경도 어딘가 친숙했
다. 거리에서 파는 음식부터 흘러나오는 노래까지, 내가 석 달을 살았던
마유르 비하르의 뒷골목을 연상시켰다. 인도의 델리는 남인도의 첸나이
와 서인도의 뭄바이보다 파키스탄의 라호르와 훨씬 더 근사近似했던 것
이다. 북인도 내륙부의 생활세계를 공유했던 이웃 도시였기 때문이다.
본디 델리와 라호르는 펀자브를 대표하는 양대 도시였다. 적어도 500년

편자브 암리차르의 시크교 성지, 황금사원.

간 펀자브 세계를 공유했다. 1858년에서 1911년까지 콜카타가 영국령 인도의 수도였을 때도, 델리는 펀자브주에 속해 있었다. 델리로 수도를 이전하면서 행정구역이 분리된 것이다.

2017년이면 인도도 파키스탄도 건국 70주년이 된다. 1947년 8월 15일, 인도는 델리에서 독립을 선언했다. 그리고 그 24시간 전, 파키스탄은 카라치에서 독립을 선포했다. 분리독립, 분단건국이었다. 그러나 델리에도, 카라치에도 '인도 독립의 아버지' 간디는 없었다. 그는 콜카타에서 단식 농성을 하고 있었다. 당시 벵골에서 자행되고 있던 힌두와 무슬림 간 폭력과 학살을 멈추라며 절절하게 호소했다. 인도와 파키스탄, 두 나라만 갈라졌던 것이 아니다. 벵골도 동/서로 찢어졌다. 서벵골은 인도가 되었고, 동벵골은 파키스탄이 되었다. 그래서 신생 국가 파키스탄의 모양새는 기형적인 것이었다. 인도 아대륙의 서북에는 서파키스탄이 들어섰고, 동북에는 동파키스탄(현재 방글라데시)이 세워졌다. 한 나라라고 했건만 서로 1,500킬로미터나 떨어져 있었다. 적성국이 된 인도를 통해서는 왕래도 할 수 없었다. 서파키스탄의 카라치에서 동파키스탄의 치타공까지 배편을 이용하면 꼬박 닷새가 걸렸다. 인공적이고 작위적인 근대 국가의 탄생이었다.

적지 않은 이들이 잘못된 장소에서 독립을 맞이했다. 인도의 깃발 한복판에는 법륜法輪이 있다. 업보와 윤회의 상징을 국기에 새겨 넣은 것이다. 파키스탄의 국기는 녹색 바탕에 초승달이 그려졌다. 이슬람 국가임을 분명히 했다. 그러나 파키스탄에는 여전히 힌두교도들이 있었다. 인도에도 적지 않은 무슬림들이 있었다. 이들에게는 독립이 곧 해방을 뜻하지 않았다. 숨죽인 채 낯선 국가의 탄생을 지켜보았다. '국경 마을'에서는 양국의 깃발이 번갈아 게양되기도 했다. 어떤 이는 두 번의 독립 행사에 모두 참여했다. 델리와 카라치에서는 폭죽이 터졌지만, 더 많은 곳에서는 약탈과 방화와 학살이 일어났다. 환호보다는 비명소리가 더 자주, 더 크게 들렸다. 특히 편자브가 그랬다. 1947년 8월과 9월, 60일 사이에 60만 명이 죽었다.

'편자브'(Punj-ab)도 우르두어이다. 페르시아어에 기원을 둔다. 'punj' 가 '다섯'을, 'aab'가 '물'을 뜻한다. '다섯 개의 물', 즉 '다섯 줄기의 강' 을 일컫는다. 편자브를 동/서로 가르는 다섯 개의 강을 상징한다. 동쪽 의 히말라야 눈이 녹아 서쪽의 타르 사막까지 흘러가는 중간에 편자브 가 자리했다. 풍부한 수량과 너른 벌판이 만나 풍족한 곡창지대를 일구 었다. 인구도 밀집했다. 문화도 번성했다. 이슬람이 주류인 북인도 일반 과도 다르고, 힌두교가 대세인 남인도와도 달랐다. 페르시아 문명과 힌 두 문명이 가장 먼저 융합되는 곳이 편자브였다. 나아가 독자적인 종교, 시크교도 번성했다. 넉넉한 살림살이는 마음가짐도 여유롭게 했다. 종 교 갈등은 드물었다. 이슬람, 힌두, 시크는 그들만의 언어인 편자브어로 소통했다. 편자브도 일종의 준準국가였다.

과장이 아니다. 반 토막이 났을지언정 편자브는 오늘날 파키스탄에 서도 가장 큰 주州이다. 주 인구만 9천만에 이른다. 2억 총인구의 절반 이다. 9천만은 중동의 패자를 다투는 이집트, 이란, 터키보다 더 많은 숫 자다. 사실상 편자브가 파키스탄의 군사와 경제, 정치와 문화를 주도한 다. 그래서 '편자브 패권주의'라는 말도 있다. 세계를 국가 단위로 쪼개 어 보는 근대적 편견을 거둔다면, 이슬람 세계에서 가장 중요한 '지역' 으로 편자브를 꼽을 수도 있을 것이다. 여기에 동편자브, 즉 오늘의 인 도령 편자브에도 2,800만이 살고 있다. 도합 1억 2천만, 일본에 맞먹는 규모다. 그 준국가의 중심지였던 라호르는 대영제국 아래서도 '동방의 파리'라는 명성을 누렸다. 음식, 건축, 문학 등 다방면에서 윤택한 도시 였다.

편자브의 동/서 분할은 전형적인 탁상행정이었다. 현장 실사는 없었
다. 시간은 촉박했고, 인력은 부족했다. 결국 지도 위에 줄을 치고 선을
그었다. 다섯 개의 강을 경계선으로 삼았다. 표본으로 삼은 것은 1941
년의 인구 통계였다. 무슬림 비중이 70퍼센트인 서편자브는 파키스탄
으로, 무슬림 비율이 30~50퍼센트를 차지했던 동편자브는 인도라고 했
다. 자연지리와 인문지리가 크게 뒤틀렸다.

편자브 세계의 고유성과 복합성은 사태를 더욱 악화시켰다. 힌두,
이슬람, 시크교의 공존과 공생이 파국을 가중시켰다. 특히 불안해진 것
은 시크교도들이었다. 1947년 당시 600만 시크교도 가운데 400만이
편자브에 살고 있었다. 이들은 편자브를 자신들의 땅이라고 여기고 살
아왔다. 인도와 파키스탄으로 쪼개진 편자브에서 시크교가 어떤 처지
로 몰릴지 장담할 수 없었다. 무굴제국 때도, 대영제국 시절에도 경험
하지 못했던 난국이 닥친 것이다. 특히 두 번의 세계대전 동안 대영제
국을 위해 전장에서 싸웠던 시크교도 군인들은 격분했다. 죽음을 불사

하고 희생했던 대가가 고향의 분할이란 말인가. 시크교의 창시자인 나나크Guru Nanak Dev(1469~1538)의 탄생지(Nankana Sahib)가 서펀자브, 즉 파키스탄으로 귀속된다는 소식에 동펀자브의 시크교도들은 더더욱 격노했다. 성지 순례조차 할 수 없게 된 것이다. 차라리 다민족·다종교 국가인 '펀자브국'을 만들자고 했다. '시키스탄'Sikhistan으로 분리독립하자는 이도 있었다.

결국 스스로를 지키기 위해 무장을 시작했다. 마을마다 자경단을 만들었다. 시크교도들은 인도총독부가 가장 군사적인 민족으로 분류했던 이들이다. 2차 세계대전 동안 북아프리카의 사막에서 이탈리아를 무찌르고, 동남아시아의 정글에서 일본을 격퇴했던 실전 경험까지 갖추고 있었다. 어제의 역전의 용사들이 펀자브 내전에 가담하게 된 것이다. 펀자브에서 자행된 힌두, 무슬림, 시크 간 삼파전은 유난히 치열하고 격렬했다. 우연하고 우발적인 범죄보다는 계획적이고 체계적인 인종 학살에 가까웠다. 유럽의 홀로코스트와 아시아의 킬링필드가 동시에 펼쳐진 것이다. 흥건한 핏물이 다섯 개의 강을 붉게 적셨다.

죽음의 기차

분단건국으로 사태가 종결된 것도 아니었다. 근대 국가는 국민을 산출하고, 국민은 비국민을 양산하며, 난민을 국가 밖으로 배출한다. 건국 이후 폭력은 이제 '내부의 적'으로 향했다. 특히 출신 성분이 의심스러운 군인과 경찰들은 곧바로 직위를 박탈당했다. 일부는 동료들에 의해 살해되기도 했다. 양민 학살도 이어졌다. 인도인들은 잠재적인 파키스탄인, 무슬림을 향해 테러를 가했다. 파키스탄들은 인도인에 가까운 이들, 힌두와 시크를 살해했다.

결국 1947년 10월 14일, 양국 정부는 동/서 펀자브의 '소수자'들을 교환하기로 합의한다. 건국 이전보다 이후에 더 많은 인구 이동이 발생했다. 피난민의 행렬이 줄을 이었다. 각국을 순화시켜 가는 과정, 근대적인 국민국가로 이행하는 과정이었다. 살아생전 처음으로 '국경'을 넘는 이들이 많았다. 불과 몇 년 전까지만 해도 이웃 마을이었던 곳이 돌아갈수 없는 타국이 되었다. 펀자브에서만 약 1,000만 명이 이동했다. 동편자브에서 서편자브로 이주한 인구는 435만, 서편자브에서 동편자브로 이주한 인구는 429만을 헤아린다. 인도/파키스탄 전체로는 1,500만 명이 이동했다. 20세기를 통틀어 최단 기간 내 최다 인구의 교환이었을 것이다. 1951년 통계로 파키스탄 인구의 10퍼센트가 난민이었고, 델리 인구의 3분의 1이 난민이었다. 인도는 한때 수도 이전을 진지하게 고려했다. 펀자브와 가까운 델리가 안보상 취약한 지역으로 간주되었기 때문이다. 파키스탄은 결국 이슬라마바드라는 별도의 행정수도를 지었다.

방향은 달라도 피난 경로는 겹치지 않을 수 없었다. 특히나 기차가복병이었다. 기차역 곳곳에서 습격과 폭동이 일어났다. 떠나는 자들은곧 적을 의미했다. 기름을 붓고 불을 질렀다. 살아남은 자들은 다음 기차역에서 보복을 가했다. 그들에게는 남아 있는 이들이 적이었다. 마을에 불을 지르고 여성을 강간했다. 보복과 복수가 반복되면서 남성들이보여준 극한의 야만성은 종교를 가리지 않았다. 강간으로 내 편의 모욕을 씻고 적에게는 치욕을 남기려 했다. 이 무한의 악순환으로 기차 또한 피로 물들어갔다. 기차는 떠났지만 철로에는 핏자국이 남았다. 기차마다 산 자만큼이나 죽은 자와 죽어가는 자가 많았다. 시체를 싣고 도착하는 죽음의 기차 행렬은 1947년 대분할의 상징적 이미지로 남아 있다. 1992년 구자라트에서 일어난 힌두의 무슬림 학살 또한 기차를 목표물로 삼은 것이었다.

'압축적 근대화'

펀자브가 아수라장이 되고 있을 때, 영국인들은 뭄바이 항에 집결했다. 길게는 동인도회사 이래 200년, 짧게는 대영제국 100년의 식민지 통치를 청산하고 귀환 길에 올랐다. 적지 않은 이들에게 영국은 낯선 땅이었다. 인도에서 나고 자란 이들이 많았다. 그들은 대영제국의 해체를 애감해했다. 힌두와 이슬람 간 내전이 벌어지고 있는 인도 아대륙을 애통해했다. 영국의 지배에도 불구하고 여전히 문명화가 덜 된 것이라고 여겼다. 런던에서도 죽지 않은 노병, 처칠이 몇 마디 보태었다. 인도에서 자행되고 있는 대학살이 결코 놀랍지 않다고 했다. 대살육이 더 이어져 아대륙의 인구가 격감할 것이라고도 했다. 격감까지는 아니었다. 원체 인구가 많았다. 자잘한 유럽 국가들과는 애당초 규모가 달랐다.

순교자의 공도 있었다. 1948년 1월 30일, 뉴델리에서 간디가 암살된다. 간디가 파키스탄에 유화적이라며 앙심을 품은 힌두 근본주의자의 소행이었다. 그의 죽음 앞에서만은 파키스탄도 인도도 하나가 되어 애도를 표했다. 상호 대학살에도 일시적인 제동이 걸렸다. 마하트마의 죽음을 통해서만이 아힘사(비폭력)가 잠시나마 실현이 된 것이다. 그러나 인구 분포는 이미 현저하게 달라져 있었다. 동펀자브에서 무슬림은 격감했다. 서펀자브에서 힌두와 시크는 사라지다시피 했다. 오늘날 라호르에서 힌두 사원을 찾아보기는 좀처럼 힘들다. 일부러 골목 구석구석을 다녀보아도 눈에 들지 않았다. 순수한 이슬람 도시가 된 것이다. 시크와 무슬림과 힌두가 같은 하늘 아래 같은 공기를 마시고 같은 우물을 사용하며 장기 지속했던 펀자브 세계가 말끔히 소거된 것이다. 오래된 펀자브가 사라지고, 새로운 펀자브가 들어섰다. 단기간에, 압축적으로 '근대화'되었다.

종교에 기반한 국가의 분할은 인도 아대륙에서 완전히 새로운 현상

라호르 시장.

이었다. 무굴제국 이래 반천 년 지속되어 왔던 제국사로부터 급진적으로 이탈한 것이다. 애당초 남아시아에서는 종교전쟁부터가 이례적인 것이었다. 인도 아대륙의 근간을 형성하고 있는 힌두교와 불교, 자이나교 등의 특성상 극단적인 갈등은 드물었다. 기독교-이슬람의 천 년 전쟁과 천주교-개신교, 수니파-시아파 간 신/구 전쟁은 유라시아의 서쪽, 아브라함적 전통이 깊은 곳에나 해당하는 현상이었다. 즉 남아시아에서 종교적 귀속감에 따라 정치공동체를 결집하여 적대하는 것은 20세기의 소산, 전형적인 '서구화'의 산물이었다. 왕년의 신앙공동체를 근대의 신념공동체로 전변시켜 갔던 유럽식 '민족주의'가 이식된 것이다. 신교 국가와 구교 국가의 영토를 명확히 구획했던 국가간체제의 도입과 함께 남아시아 또한 이슬람 근본주의와 힌두 근본주의가 길항하는 대분할체제로 재편된 것이다. 문명화가 덜 되어서가 아니라, '문명화에 따른' 현상이었다.

대영제국의 '식민지 근대화' 또한 남아시아 대분할체제에 직접적인 영향을 미쳤다. 총독부는 인구 통계를 위하여 종교와 민족을 분류했다. 분류된 종파와 종족은 분리통치를 위해 활용되었다. 선거에서도 힌두와 무슬림을 분류하여 대표자를 따로 선출토록 했다. 마을 구석구석까지 근대적인 인구정치가 침투하면서 이웃 간 타자화를 촉발한 것이다. 당장은 국민회의와 무슬림연맹의 분화를 야기했고, 결국은 인도와 파키스탄의 분할을 초래했다.

오늘날 파키스탄의 국어는 펀자브어가 아니라 우르두어이다. 인도의 펀자브에서도 힌디어를 더 많이 사용한다. 펀자브가 두 개의 국민국가로 쪼개지면서 지역성은 약화되고 국가성은 강화된 것이다. 그래서 펀자브어는 시크교도들만의 언어인 양 쪼그라들었다. 우르두어는 무슬림 언어, 힌디어는 힌두의 언어, 펀자브어는 시크의 언어로 간주되는 것이다. 이 또한 근대적인 언문일치, 언어 민족주의로 갈라진 것이다. 불과 백 년 전까지 하나의 언어공동체로 작동하던 펀자브 세계의 독자성, 고유성, 토착성은 시나브로 사라져갔다.

펀자브의 복합사회를 낭만화하고 싶지는 않다. 2015년에 방문했던 중국 윈난성의 이슬람 마을에 견주자면 친밀도가 훨씬 떨어지는 편이었다. '식구'食口가 되기 어렵기 때문이다. 무슬림은 돼지고기를 삼가고, 힌두는 소고기를 피한다. 반면 시크교도는 육식을 꺼리지 않는다. 한 집에서 함께 살며 끼니를 나누어 먹는 원초적인 친밀감을 공유하기가 힘들다. 그럼에도 오순도순, 알콩달콩은 아니었을지언정 아웅다웅, 티격태격 살지도 않았다. 끝내 '펀자브인'이라는 정체성으로 용해되지는 않았지만, 다종교·다문화가 공존하는 '펀자브성'만은 이루었다. 이 펀자브성의 상실이야말로 대영제국이 남아시아에 남기고 간 최대의, 최장의, 최악의 유산이다.

트라우마

양국이 적성국이라는 사실은 비자 인터뷰 때부터 느낄 수 있었다. 나는 연구원들에게 발급되는 6개월짜리 복수 비자를 신청했다. 주중 인도 대사관에 근무하는 직원이 어느 나라를 다닐 계획이냐고 묻는다. 인도 주변국들인 방글라데시, 네팔, 부탄, 스리랑카, 몰디브, 파키스탄 등이라고 답했다. 순간 아차 싶었지만, 주워 담을 수는 없었다. 파키스탄에 간다고? 그는 재차 물었고, 나는 움츠러들었다. 가고는 싶지만 확실하지는 않다며 어물쩍거렸다. 그는 다시금 확인했다. 파키스탄에 갈 계획이 있느냐? 이번에는 슬쩍 역정이 났다. 문제가 된다면 가지 않겠다, 인도 비자가 만료된 이후에 가면 그만이라며 으쓱 어이없다는 어깻짓을 보였다. 비자를 발급받기 전까지는 무조건 고분고분해야 한다는 철칙을 잠시 잊은 것이다. 당장 부작용이 일었다. 사무실 밖에 나가서 기다리란다. 그렇게 다섯 시간을 하염없이 기다렸다. 하루 일과를 마치기 전에야 다시 나를 불렀다. 본국에 확인해보니 파키스탄 방문도 가능하단다. 미덥지 않았다. 일부러 몽니를 부린 것 같았다. 괘씸했지만, 고맙다고 했다.

라호르 공항에서도 입국이 간단치는 않았다. 인도에서 발급한 6개월짜리 복수 비자를 보더니 이유를 묻는다. 인도에서 무슨 일을 하며, 파키스탄에는 왜 온 것이냐고 꼬치꼬치 캐묻는다. 언론인이라고 하면 일이 더 꼬일 것 같았다. 얼마 전 카슈미르 방문 때 이미 곤욕을 치른 후였다. 역사학자라고 해도 여의치 않을 듯싶었다. 궁여지책, 여행 작가라고 했다. "Journey to the Eurasia"를 집필 중이라고 했다. 라호르와 카라치, 이슬라마바드의 숙소까지 확인한 후에야 입국 도장을 찍어주었다. 실제로 두 나라는 상호 비자 발급이 매우 까다롭다. 가족과 친지를 방문하고 돌아온 경우에도 요주의 인물로 분류된다고 한다.

새 천년을 전후로 잠시 분할체제가 흔들리는 듯 보였다. 1999년 2월, 당시 인도 총리였던 바지파이는 뉴델리에서 버스를 타고 라호르에 도착하는 역사적인 이벤트를 선보였다. 당시 파키스탄 총리 샤리프를 비롯해 수천 명의 펀자브인들이 환대하고 환영했다. 특히 2004년 인도-파키스탄 정상회담은 펀자브인들에게 인상적인 기억을 남겼다. 당시 인도 총리 만모한 싱은 1932년에 태어난 시크교도였다. 서펀자브가 고향으로, 대분할 당시 인도로 떠난 피난민 출신이었다. 반면 당시 파키스탄을 통치하던 무샤라프 장군은 1943년 델리에서 태어난 사람이다. 싱과는 반대 방향으로 이동한 피난민이었다. 뉴델리에서 정상회담을 마친 두 펀자브인은 이슬라마바드에서 재회하기로 했으나, 끝내 성사되지는 못했다.

펀자브주 차원에서의 노력도 각별하다. 2012년 11월, 인도령 펀자브의 주지사가 정치인과 경제인들을 대거 대동하여 라호르를 방문했다. 펀자브 동/서 간 무역을 증진하자며 비관세 상품을 확대하고 도시 간 연결망을 강화하는 계획을 발표했다. 서펀자브 국경지대 마을 사람들이 동펀자브의 병원 시설을 이용할 수 있는 조치도 마련했다. 특히 라호르-델리 간 고속열차 'Samjhauta Express'*가 주목된다. 지금은 직통이 아니라 국경 마을에서 버스로 이동하여 기차를 갈아타야 하는데, 이곳을 직선으로 잇는 고속열차를 짓자는 것이다. 2017년에 사업자를 선정하여 2022년에 개통하는 것이 목표다. 중국과 일본의 수주 경합이 치열하다고 한다. 또 분단 백 년이 되는 2047년에는 '펀자브 공동 시장市場'을 출범시키자는 얘기도 나온다. 정치적 재통일까지는 아닐지라도 생활세계의 재통합은 일정한 궤도에 오른 모양새다. 과연 두 개의 국가, 세 개의 종교집단으로 분할되었던 '펀자브 세계'가 복원될 수 있을지 유심히 지켜볼 작정이다.

녹록치는 않아 보인다. 후유증이 원체 심했기 때문이다. 간접적인 경험담을 들을 수 있었다. 델리에서 요가 인맥으로 초대받은 한국분의 남편이 펀자브 출신이었다. 그의 할머니가 피난민이었다. 평생을 악몽에 시달리셨다고 한다. 그녀의 첫 번째 남편이 산 채로 불에 타서 죽어가는 모습이 반복적으로 꿈에 나왔다는 것이다. 남편의 죽음에도 모성은 질겼다. 두 아이를 데리고 델리로 피신하기 위해 필사적인 노력을 기울였다. 라호르에서는 집 안에서 잠을 잘 수도 없었다. 언제 무슬림들이 망치와 낫을 들고 와 강간하고 살해할지 몰랐기 때문이다. 밤마다 지붕 위

━━━━ * 'Samjhauta'는 힌디어로 '화해'라는 뜻이다.

에 올라가 아이들을 품에서 재우며 밤을 꼬박 새웠다고 한다. 겨우 기차를 타고 나서도 괴한들이 침입하여 식칼을 들이밀고 힌두 국가를 원하느냐, 무슬림 국가를 원하느냐 심문받기도 했다. '호신용'으로 준비해둔 《코란》을 보여주고서야 살아남을 수 있었단다. 이처럼 수많은 사람들이 대분할 당시의 상처를 안고 여생을 났을 것이다. 그 집합적 트라우마는 지금도 간헐적으로, 그러나 폭발적으로 분출한다. 지난 3월 네루대학 사태 또한 1947년의 대분할과 결코 무관치 않은 사건이었다. 내상이 무척 깊다.

실제로 분단건국이 되기가 무섭게 인도와 파키스탄은 곧장 전쟁에 돌입했다. 냉전기에만 세 차례 전면전을 벌였고, 탈냉전기에도 간간이 국지전이 일어났다. 화근은 단연 카슈미르였다. 남아시아 대분할체제의 모순이 응축되어 있는 장소다. '히말라야의 눈물' 카슈미르로 간다.

016

대분할 (3): 카슈미르
히말라야의 눈물,
세상에서 가장 아름다운 지옥

비대칭적 분할체제

펀자브와 이웃한 카슈미르도 쪼개졌다. 분할의 양상은 한층 복잡한 것이었다. 기층과 상층이 크게 어긋났다. 종교와 국가를 균질화하는 '두 민족' 이론이 적용되지 않았다. 무슬림이 다수임에도 인도에 편입된 영토가 훨씬 넓었다. 카슈미르의 3분의 2를 인도가 차지했다. 파키스탄은 도저히 수용할 수 없었다. 미수복된 '이슬람의 땅'을 되찾고자 했다. '자유 카슈미르'로 해방시키려고 했다. 인도 역시 포기하지 않았다. 카슈미르는 초대 총리 네루의 고향이기도 했다. 세속주의 인도를 과시할 수 있는 최적의 보루였다.

결국 분단건국 넉 달 만에 전쟁이 일어난다. 유엔의 중재 끝에야 휴전에 이를 수 있었다. 인도와 파키스탄의 휴전선(Line of Control)은 남한/북조선의 그것과 비교가 되지 않을 만큼 길다. 장장 750킬로미터에 달한다. 서로 핵무장을 하고 있는 강대국 사이에 그어진 거대한 분열선이다. 세계에서 가장 위험한 곳이자, 가장 오래된 분쟁 지역이라고 하겠다. 국지전은 수시로 일어나고, 전면전도 종종 발생한다. 가장 가까이로는 1999년에 전쟁이 있었다. 그래서 인도령 카슈미르에만 70만 군대가 배치되어 있다. 파키스탄 역시 100만 대군의 3분의 2를 자국령 카슈미르에 주둔시켜 두었다. 아프가니스탄에서 '테러와의 전쟁'*이 전개된 지난 15년 동안에도 파키스탄의 주력군은 항시 인도와 접경한 카슈미르에 집결되어 있었다. 군사 밀집도에서 단연 세계 으뜸이다.

그래서 여태 내가 다녀본 곳 가운데 가장 삼엄한 장소였다. 세계에서 가장 아름다운 터에 자리를 잡은 듯한 스리나가르시市의 카슈미르대학 캠퍼스에도 군인이 즐비했다. 스리나가르시 곳곳에 경찰과 군인이 포진하고 있었고, 외국인임에도 불시검문이 다반사였다. 그 살풍경을 카메라에 담다가 경찰에게 딱 걸렸다. 카메라는 물론 휴대전화까지 압수당했다. 사진을 모두 지운 후에야 풀려날 수 있었다. 그것으로 끝이 난 것도 아니었다. 언론사 명함을 확인한 후로는 내 숙소까지 사람을 붙였다. 당국의 허가 없이는 취재가 불가하단다. 기자가 아니라 학자라고 해도 소용이 없었다. 매일 저녁 숙소 앞에서 나를 기다리고 있는 군인에게 카메라에 담은 사진을 보여주어야 했다. 일부는 그 자리에서 즉시 삭제되었다. 몹시 불쾌했지만, 장총과 권총 앞에서 불만을 내놓고 표출하기는 힘들었다. 군사정부 시절, 식민지 시절이 이랬을까 싶었다.

카슈미르는 인도-파키스탄의 비대칭성을 상징하는 장소이기도 하다. 분할 당시부터 인도의 국력이 압도적이었다. 영토와 인구 등 모든

카슈미르

면에서 월등했다. 그 비대칭적 분할체제는 파키스탄의 경로에 결정적인 영향을 미쳤다. 비동맹 노선을 표방하며 '대국大國 외교'를 추구했던 인도와는 달리 파키스탄은 인도와의 세력 균형을 위해서라도 적극적인 동맹 정책을 추진했다. 패권국 미국과 결탁했다. 특히 신중국 건국(1949) 이후 혼란에 빠진 미국의 가려운 곳을 정확하게 긁어주었다. 세계지도에서 파키스탄의 위치를 강조했다. 소련과 중국을 접한 곳에 파키스탄이 자리했다. 유라시아의 공산화를 봉쇄할 수 있는 최적의 장소였다. 파키스탄을 동맹국으로 삼으면 소련과 중국, 인도 등 유라시아 3대국을 모두 견제할 수 있었다. 당시 파키스탄에는 대영제국의 후예답게 군사적인 경험이 충분하고 이슬람 국가로서 사상 무장(=반공주의)도 투철한 군대가 30만이었다. 양국 간 상호방위조약이 체결된 것이 1954년이다.

1950년대 파키스탄은 미국의 가장 중요한 동맹국이었다. 두 개의 안보기구에 동시에 참여한 유일한 국가였다. 동남아시아에서는 동남아시아조약기구(SEATO)South-East Asia Treaty Organization에 가입하고, 서아시아에서는 중앙조약기구(CENTO)Central Treaty Organization에 가입했다. 전자에서는 필리핀, 후자에서는 이란·터키와 보조를 맞추었다. 대영제국 아래서 인도가 맡았던 역할, 즉 중동과 동남아에서의 안보 지킴이를 고스란히 계승한 것이다. 영국을 대신하여 이제는 미국이 군사훈련을 시켰다. 미 국방부 펜타곤의 군사학교에서 장교를 양성했고, 미국의 군사 고문단이 파키스탄에 파견되었다. 서파키스탄의 군사기지(카라치와 라호르)에서는 소련의 정보를 수집했고, 동파키스탄의 군사기지(치타공과 다카)에서는 중국의 정보를 수집했다. 양국의 통신을 감청하고 장거리 미사일과 핵실험 등 군사적 동향을 파악했다. 그 대가로 최신의 전투기와 탱크, 잠수함 등을 파키스탄에 보급했다. 인도와 파키스탄 간 세력 균형도 흔들렸다. 군사력만큼은 파키스탄도 못지않았다. 거듭하여 카슈미르

수복을 시도할 수 있었던 까닭이다.

더 중요하게는 파키스탄 내부의 균형이 무너졌다. 파키스탄 건국을 주도했던 무슬림연맹은 곧 힘이 빠졌다. 군부가 과대 성장했다. 파키스탄 독립 선포 당시 호기롭게 표방했던 '이슬람 민주주의'는 슬그머니 기각되었다. 정당이나 교단이 아니라 군대가 나라를 이끌었다. 군사독재 국가가 된 것이다. '세계 최대의 민주주의 국가' 인도와는 전혀 다른 길이었다. 양국의 갈림길 자체가 비대칭적 분할체제의 소산이라고 하겠다. 이 파키스탄을 모델로 삼아 군부가 주도하는 반공주의적 근대화 이론을 정립한 이가 헌팅턴*이다. 냉전기 '파키스탄 모델'이 한국을 포함한 제3세계로 널리 확산되었다.

점령

1987년 인도령 카슈미르도 '민주화'되었다. 선거가 없던 것은 아니었다. 그러나 줄곧 델리의 중앙정치를 대변하는 정당들만 있었을 뿐이다. 1951년 첫 총선 이래 '인도 정당'들이 카슈미르를 지배했다. 1987년 처음으로 토착적인 지방 정당 무슬림연합전선Muslim United Front이 선거에 참여했다. 카슈미르 일대는 녹색으로 물들었다. 거리와 시장, 지붕마다 무슬림연합전선의 녹색기가 휘날렸다. 1947년과는 전혀 다른 해방의 분위기가 넘쳐흘렀다. 응당 압승을 예승했다. 그러나 무슬림연합전선 후보가 출마한 44개 지역 가운데 고작 4곳에서만 당선되었다. 명백

---

* 새뮤얼 헌팅턴은 제3세계에서 유일한 근대적 조직이라 할 수 있는 군대가 주도하여 국가를 재건함으로써 공산주의 확산을 봉쇄해야 한다는 정치발전론을 수립했다. 《군인과 국가》(The Soldier and the State)가 그 대표적인 저작이다.

카슈미르.

한 부정선거였다. 이로써 1947년 이래 40년간 카슈미르가 처해 있던 위상이 확실해졌다. 세계 최대의 탈식민 국가의 내부 식민지였고, 세계 최대의 민주주의 국가 안의 독재 구역이었다. 인도군은 국군보다는 점령군이었다. 'Democracy without freedom is Demon-Crazy'*가 카슈미르의 구호가 되었다. 인도의 독립운동 '인도를 떠나라'Quit India를 비틀어 '카슈미르를 떠나라'Quit Kashmir를 외치기 시작했다.

1988년부터 무장투쟁도 본격화되었다. 하더라도 대개는 짱돌을 던지며 저항하는 수준에 그쳤다. 미국의 중심부를 겨냥해 대규모 테러를 감행하는 알-카에다보다는 이스라엘과의 국경에서 시위를 일삼는 팔레스타인에 가까웠다. 그러나 일부 급진적 청년들은 이웃한 파키스탄령 카슈미르로 잠입했다. 군사훈련을 받고 게릴라전을 수행하는 무자혜딘이 되어 돌아왔다. 그들은 아프가니스탄을 점령했던 소련을 축출한 탈레반처럼, 인도로부터 카슈미르를 해방시키자고 했다. 그러나 어디까지나 소수에 그쳤다. 다수는 이슬람 근본주의와는 무관했다. 자유와 자치를 요구했을 뿐이다. 그럼에도 인도는 총력전으로 응징했다. 1989년 한 해에만 8만 명이 학살되었다. 700만 카슈미르 인구의 1퍼센트가 죽은 것이다. 같은 해 톈안먼 사태와는 비교가 되지 않는 폭압이었다. 실제로 북쪽으로 이웃한 신장위구르(신장웨이우얼) 자치구와 견주어도 억압의 강도가 훨씬 높고 가혹하다. 국가폭력도 만연하다. 무슬림에 대한 고문과 강간이 숱하게 자행된다.

그럼에도 잘 부각되지 않는다. 프레임 탓이다. '민주주의 인도'와 '이슬람 파키스탄'의 구도로 접근한다. '세속주의 인도'와 '근본주의 파키스탄'으로 이해한다. 카슈미르에 내재하지 못하고 대분할체제의 균열을

---

* 'democracy'(민주주의)를 'demon(악마)+crazy(미친)'로 변용했다.

투영하는 것이다. 그래서 서방의 주류 언론에서도 소홀하고, 유엔 같은 국제기구의 관심도 덜 미친다. '민주화'의 대서사에 부합하는 중앙아시아의 색깔 혁명*과 중동의 '아랍의 봄'(2011)은 대서특필하지만, 2010년 카슈미르의 대규모 비폭력 시민불복종 운동은 외면당한다. 현실주의 정치, 이른바 '대전략'이 작동하는 면도 있다. 인도를 '브릭스'(BRICS)에서 떼어내 유라시아의 대통합을 저지하려 든다. '민주주의 가치동맹'이라는 이름으로 러시아와 중국과 갈라쳐서 일본과 연결하려 한다. 그러기 위해서라도 카슈미르에 대한 '인도주의적 개입'은 외면한 채 수수방관하는 것이다. 그래서 흡사 오키나와의 처지가 연상되기도 했다. 대국 간 냉혹한 '그레이트 게임'에 희생되고 있는 것이다.

인도 역시 대분할체제의 뒤틀린 시각으로 접근한다. 거듭 외부의 사주, 즉 파키스탄의 '내정 간섭'으로 곡해한다. 인도의 '자유주의적' 시민사회 또한 크게 다르지 않다. 카슈미르에 고도의 자치를 허용하면 이슬람 국가가 되어 인도의 민주주의와 세속주의에 해를 입힐 것이라고 한다. 파키스탄과 합작하여 분리독립하거나 파키스탄으로 병합될 것이라고도 한다. 그래서 아프가니스탄과 파키스탄처럼 글로벌 테러의 온상이 될 것이라는 것이다. 카슈미르의 눈물과 분노가 인도의 점령군적 행태로부터 촉발된 것이라는 사실을 직시하지 않고 있는 것이다. 오히려 '테러와의 전쟁'에 적극 편승하여 이스라엘과의 협력을 강화하고 있다. 이스라엘로부터 이슬람 국가들과 싸워 승리한 경험을 전수받고, 이스라엘산 무기를 구입하여 카슈미르 일대에 실전 배치해두었다. 자가당착, 적

---

* 옛 소련에서 공산주의가 무너지고 민주주의로 이행하면서 일어난 일련의 혁명들을 일컫는데 특정한 색깔이나 꽃으로 상징되는 경우가 많다. 조지아(그루지야)의 '장미 혁명'(2003), 우크라이나의 '오렌지 혁명'(2004), 키르기스스탄의 '튤립 혁명'(2005) 등이 대표적이다.

반하장이다.

지난 3월과 4월, 네루대학 사태로 말미암아 여러 TV 채널에서 카슈미르를 둘러싼 토론과 논쟁을 지켜볼 수 있었다. 볼수록 답답하고 갑갑했다. 자유주의자, 사회주의자, 세속주의자 모두 냉담하다. 인도인민당과 국민회의를 막론하고, 여/야와 좌/우를 가리지 않고, 대영제국의 토사물임에 분명한 '인식의 인종주의'를 답습하고 있다. 유럽에서 전수받은 이슬람 혐오를 복제한다. 카슈미르인을 테러리스트와 동일시한다. 중무장한 인도 군대는 보이지 않고, 저항하는 카슈미르인들만 클로즈업될 뿐이다. 자의적이고 악의적인 편집이다.

커다란 도착이 아닐 수 없다. 인도는 유럽처럼 이슬람과 천 년 전쟁을 겪었던 지역이 아니다. 신앙으로 사생결단하는 종교전쟁이 부재했던 곳이다. 오히려 무굴제국의 영향 아래 페르시아-힌두 문명이 융합되는 인류사의 대장관을 연출했던 장소다. 스스로의 빛나는 역사와 격절된 채 퇴행적인 분할체제를 지속하고 있는 것이다. 이곳에서도 고/금 간의 분단이 역력하다. 국가간체제가 나라만 쪼개었을 뿐 아니라 문명화 과정 또한 굴절시켰다. '역사 없는 근대'가 판을 친다. '근대화'의 병폐이고, '교조적 민주주의'의 적폐이다.

낙원

카슈미르는 한때 지상낙원이라 불렸다. 풍광이 압도적으로 아름다운 곳이다. 특히 봄과 여름이 절정이다. 히말라야의 설산을 배경으로 붉은 튤립과 노란 장미가 흐드러지게 피어난다. 눈이 고인 호수는 고요하고, 눈이 녹아 흐르는 폭포는 장엄하다. 유독 이곳을 사랑했던 이가 아크바르 대제의 아들이자 무굴제국의 제4대 황제 자항기르였다. 그는 야심찬 정치가이기보다는 섬세한 예술가 쪽이었다. 무굴제국의 보위는 아내에게 맡기고, 펀자브 평원에서 벗어나 고산의 절경을 향유하는 삶을 즐겼다. 곳곳에 자연미를 최대한 살린 이슬람식 정원과 별장을 만들고, 아편을 피우고 와인을 마시며 지상낙원의 아름다움을 찬미하는 시를 페르시아어로 지었다. 야심보다 시심을 자극하기로는 자항기르만은 아니었던 모양이다. 카슈미르 출신의 시인, 화가, 음악가들이 델리와 라호르 등 펀자브의 대도시로 이주하여 전성기를 구가했다. 무굴제국기는 카슈미르의 호시절이고 봄날이었다.

뜻하지 않게 나도 그 절경을 눈에 가득 담을 수 있었다. 주요 분쟁지와 경계지 방문을 거부당한 탓이다. 델리에서 미리 통보를 하고 허가를 받지 않으면 안 된다고 한다. 나흘이나 일정이 비었다. 이것도 알라의 뜻이려니, 산악자전거를 빌렸다. 세계에서 가장 높다는 고속도로를 따라 하루에 100킬로미터씩 달리고 또 달렸다. 차도 거의 오가지 않았다. 히말라야를 통째로 전세 낸 것 같았다. 태어나서 가장 큰 무지개를 본 것도 그곳에서였다. 파키스탄과 인도는 물론 중국 신장의 카슈가르까지도 닿을 것 같은 어마어마한 크기였다. 실제로 국경을 지운 유라시아 전도를 펴놓고 카슈미르의 위치를 짚으면 '이슬람 세계'의 한가운데 자리한다. 카슈미르의 동서남북으로 북인도와 중동과 중앙아시아와 서중국이 하나의 권역임이 여실하게 드러나는 것이다. 현재 통용되고 있는 국가별 지도가 '문명의 지도'를 가리고 지우고 있다. 국가간체제가 얼마나 작위적인 질서인가 다시금 확인한다. 어떻게 세계를 좀더 '자연스럽게' 디자인할 것인가 궁리하게 된다.

일각에서는 '부드러운 국경'soft border이라는 개념을 제시하는 모양이다. 인도와 파키스탄, 중국 간의 경제 합작을 추진한다. 카슈미르를 꼭 짓점으로 삼아 세 대국의 연결망을 이어보자는 것이다. 삼국이 공동으

카슈미르.

로 카슈미르의 안보를 책임지는 연합군 창설 논의도 있다. 자연스레 군대 축소와 군비 절감으로 이어질 것이다. 그래서 세 차례 전쟁을 촉발했던 히말라야의 화약고를 평화지대이자 '문명 특구'로 건설하자는 것이다. 주권의 배타적 독점이 아니라 주권을 공유하고 분유하는 창발적 실험지, '정치적 낙원'을 도모한다. 물론 녹록치는 않을 것이다. 근대적 국가이성이 이슬람적 형제애를 잠식한 지 일백 년이다. 남아시아 대분할 체제 또한 70년을 헤아린다. '부드러운 국경' 정책 또한 하루아침에 완수될 성질이 아닐 것이다. 이곳에서도 2047년을 내다보는 긴 호흡이 절실하다.

그런데 그 '부드러운 국경' 정책의 당사자가 인도와 파키스탄만이 아님이 눈에 든다. 중국도 있는 것이다. 과연 중국령 카슈미르도 있던 것이다. 작년 하반기에 방문했던 카슈가르 바로 아래 동네였다. 벵골만과 아대륙을 길고 크게 우회하여 이웃 마을에 당도한 것이다. 저 히말라야 너머 동쪽이 카슈가르였다. 즉 카슈미르는 양분된 것이 아니라 삼분되어 있다. 파키스탄과 인도만이 다투었던 것이 아니다. 인도와 중국도 경합했다. 전쟁까지 일어났다. 히말라야를 사이로 세계에서 가장 큰 두 나라가 충돌했던 것이다. 남아시아 대분할체제와 동아시아 대분단체제가 여기 카슈미르에서 착종되고 있었다. 1962년 중인전쟁으로 돌아간다.

017

대분할 (4): 히말라야 전쟁

1962년 중인전쟁, 대분할과 대분단의 착종

갤브레이스의 '인도견문록'

이곳저곳 다니며 남들이 쓴 여행기도 종종 읽는다. 잠들기 전 침실용 독서로 딱이다. 인도만큼 여행기가 많은 나라도 없지 않을까 싶다. 방랑벽을 자극하는 나라임에 틀림없다. 멀리로는 《정글 북》의 작가 키플링부터 꼽을 수 있다. 오리엔탈리즘의 원형과 전형을 확인시켜 준다. 키플링을 전복한 영국인도 있었다. 조지 오웰이다. 글로써 모국 대영제국의 허위를 서늘하게 까발렸다. 그럼에도 여전히 거리감이 없지 않았다. 영국과 인도, 유럽과 아시아의 간극은 메워지지 않았다. 오카쿠라 덴신岡倉天心의 인도 여행기와 결정적인 차이점이라 하겠다. 그는 불교를 매개로 인도와 일본을 연결하려고 했다. 20세기 초 일본발 아시아주의의 정수를 담고 있는 문헌이다. 그리고 무엇보다 나로서는 《왕오천축국전》이 유난히 각별했다. 육로로 인도에 닿아 해로로 귀환하는 여정부터 돈

보인다. 천 년 전 불교 황금기의 동유라시아를 망라하고 있다. 중국-인도-한국이 합작하여 영화로 만들어도 손색이 없을 스펙터클한 서사다.

반면 1990년대 이후 나온 책들은 대개 실망스러운 쪽이었다. 고색창연한 옛글을 애호하는 취향 탓만은 아닐 것이다. 전쟁과 폭력으로 얼룩진 남아시아 현대사에 대해 일언반구 언급이 없다. 대분할체제로 열전과 내전이 거듭되었음에도, 평화와 명상이라는 엉뚱한 이미지만 답습한다. 잘 알지도 못하면서, 혹은 잘 알지도 못한다는 사실을 자각하지 못한 채로, 아름다운 사진과 감상적인 문장으로 대단치도 않은 자의식을 어여쁘게 읊조리는 것이다. 뜨악하지 않을 수 없었다. 무지와 미문으로 거듭 허상을 수립한다. 정작 당대 인도는 철저하게 소외된다. 결국 진상에도 이르지 못한다. 공부가 수반되지 않는 여행의 병폐를 재차 확인하는 것이다.

20세기 후반의 여행기 중에 단연 갑은 갤브레이스John K. Galbraith의 견문이었다. 《풍요한 사회》와 《불확실성의 시대》 등으로 잘 알려진 바로 그 경제학자다. 일기를 쓰는 습관이 있었다. 매일매일 미국과 세계의 주요 이슈에 대하여 자신만의 견해를 재기 넘치는 문장으로 기록해두었다. 인도에 관련된 일기만 따로 떼어내 편집한 책도 발간되어 있었다. 자전거를 타고 카슈미르를 만끽하던 나흘간 탐독했던 책이다. 그가 처음 인도를 여행한 해가 1956년이다. 크게 반했던 모양이다. 당초 계획보다 오래 인도를 주유한다. 델리, 뭄바이, 바라나시, 다르질링, 카슈미르까지 두루 살펴보았다. 취미도 고상했다. 무굴제국의 유물을 수집하기 시작했다. 경제학자답게 콜카타에서는 인도 경제도 연구했다. 네루를 만나서는 경제 정책을 토론한 적도 있다.

재방문한 것은 1959년이다. 그리고 큰 뜻을 품는다. 인도는 세계에서 두 번째로 큰 나라이자 '민주주의 국가'였다. 세계 최대 국가이자 사

뉴델리의 미국 대사관.

회주의 국가인 중국과는 다른 발전 모델을 만들 수 있다고 여겼다. 그 규모와 위치를 보건대 인도의 민주주의 실험의 성패야말로 아시아의 향로를 좌우할 수 있다고 본 것이다. 인도양을 아울러 서아시아와 동아시아에 파장을 미칠 것이라며, 미국 독립혁명과 프랑스 혁명에 버금가는 정치사적 위상을 부여했다. '인도 모델'을 수립하여 제3세계로 확산하면 좋겠다고 생각한 것이다.

갤브레이스는 백면서생이 아니었다. 사대부에 가까웠다. 시세時勢를 살펴, 시무時務를 권했다. 그의 절친이 바로 케네디였다. 1950년대 말, 케네디는 미국에서 가장 촉망받는 젊은 정치인이었다. 갤브레이스는 하버드대학 교수 시절부터 케네디의 연설문 작성에도 깊이 개입하고 있었다. 인도를 주목하자고 친구에게 권유했다.

1950년대 미국에서 인도의 이미지는 부정적이었다. 네루와 세계관이 전혀 달랐다. 냉전을 발동시킨 미국과는 달리 네루는 1945년 이후의

갤브레이스(오른쪽)와 네루.

세계를 달리 보고 있었다. 제국주의, 식민주의가 끝나고 새 문명이 시작 되는 시대라고 여겼다. 20세기 후반의 주인공 또한 미국이나 소련이 아 니라고 생각했다. 인도와 중국이 주역이라고 했다. 그래서 비동맹 노선 을 주창한 것이다. 탓에 미국에서는 그를 사회주의에 경사된 인물로 꼬 아보았다. 냉전이라는 선/악의 대결에서 중립을 추구하는 비동맹 또한 비도덕적이고 비윤리적이라고 했다. 미국의 동맹국이었던 파키스탄에 견주어 인도에 대한 반감이 몹시 심했던 것이다.

발상의 전환을 제출한 이가 케네디였다. 갤브레이스의 조언을 받아 들여 아시아 정책의 틀을 다시 짜려 했다. '민주주의 인도'와 '공산주의 중국'의 경합으로 패러다임을 전환한 것이다. 인도는 (미국처럼) 영국에서 독립한 탈식민 국가로 추켜세우고, 중국은 소련의 지휘를 받는 종속 국가로 깎아내렸다. 소련에 맞서 서유럽을 부흥시켰던 마셜플랜처럼, 중국에 맞서 인도를 발전시켜야 한다고도 주장했다. '자유세계'가 인도와 협조하여 붉은 중국을 앞설 수 있도록 지원해야 한다는 것이다. 그래야 동남아시아에서도 중국이 아니라 인도의 입김이 커질 수 있었다. 1960년 케네디가 대통령에 당선됨으로써 인도가 냉전의 중심 무대로 부상하게 된 것이다.

1961년 갤브레이스는 직접 무대 위로 뛰어오른다. 대학에는 휴직계를 내고, 인도 대사로 취임한다. 몸소 자청한 것이었다. 인도를 '풍요로운 사회'로 만들어 중국에 역전시켜 아시아의 정세를 반전시킨다는 꿈을 꾸었다. 그의 부임과 함께 인도의 미국 대사관도 재개장했다. 이 또한 야심찬 건축물이었다. 훗날 워싱턴의 케네디센터를 짓기도 한 당대의 건축가 에드워드 스톤이 디자인했다. 미국-인도의 새 출발을 상징하는 획기적인 건물이었다.

단 케네디는 떠나는 친구에게 조건을 달았다. 인도에서 일하더라도 전 세계의 동향에 대한 조언만큼은 지속되어야 한다고 부탁했다. 실제로 갤브레이스의 회고록에 따르면, 대사로서의 업무는 하루에 2시간이면 족했다고 한다. 나머지 시간은 국내 정책과 대외 정책은 물론, 아시아 여성들에 대한 품평까지 온갖 시시콜콜한 이야기를 케네디에게 전했다. 국무부를 비롯해 워싱턴의 관료기구에 불신과 반감이 심했던 갤브레이스는 항상 백악관의 대통령 집무실로 직접 전갈을 보냈다. 공식라인의 견제를 받지 않는 비선 실세, 최측근이었다.

그러나 인도 대사 취임은 처음부터 불길한 것이었다. 뉴델리로 부임하기 직전 CIA의 남아시아 브리핑을 받는다. 그 자리에서 놀라운 사실을 접하게 된다. 1950년부터 파키스탄과 네팔을 통하여 티베트 전복 공작을 펼치고 있었던 것이다. 1959년 티베트의 라싸拉薩 봉기*에도 CIA가 깊이 개입되어 있었다. 그는 중국과의 전쟁을 야기할 수도 있는 위험천만한 짓이라며 아연실색했다. 철두철미 자유주의자였던 그는 정정당당한 체제 경쟁을 원했다. 내정 간섭과 체제 전복은 불미스러운 짓이었다. 우려는 곧 현실이 되었다. 취임 1년 만에 중인전쟁이 발발한다. 2시간 업무는커녕 2시간도 잘 수 없었던 시기다. 일기의 호흡마저 가팔라졌다. 각성제를 먹어가며 밤을 새워 상황을 관리했다. 1962년 가을이다.

카리브와 히말라야

그럼에도 중인전쟁은 잘 알려져 있지 않다. 1962년은 단연 쿠바 미사일 위기로 기억된다. 거의 같은 시기에 일어난 일이되 관심은 카리브해로 치우쳐 있다. 냉전을 미/소 중심으로 이해하기 때문이다. 관련 연구가 이미 산적하다. 영어와 러시아어로 출간된 단행본만 수십에 이른다. 소련이 극비리에 핵무기를 쿠바에 배치하여 미국의 동남부, 나아가 워싱턴을 겨냥했다. 자칫 핵전쟁이 발발할 수도 있는 일촉즉발의 상황이었다. 그러나 어디까지나 '위기'였을 따름이다. 정작 열전이 터진 곳은 히말라야였다. 쿠바에서 어제의 G2가 살바싸움을 하고 있을 때, 히말라야에서는 내일의 G2가 충돌했던 것이다. 당시 중국과 인도의 인구는 인류

---

* 티베트의 성도 라싸에서 중국인민해방군에 맞서 일어난 저항 운동. 중국에서는 이를 사회주의 개혁에 반대하는 봉건적 종교 집단의 반동적 저항으로 간주하고, 티베트 불교 신도들은 중국의 식민주의 정책에 항거하는 독립운동으로 인식한다. 달라이 라마가 인도로 망명을 가게 된 것도 이때이다.

의 3분의 1이었다.

단 미국과 전혀 무관한 일은 아니었다. 아니, 깊이 연루되어 있었다. 중국과 인도 사이에 티베트가 자리한다. CIA는 사이판과 콜로라도에서 티베트 청년들을 훈련시켰다. CIA의 보호 아래 미국에 머물고 있던 달라이 라마의 큰형이 지도자 역할을 했다. 침투의 근거지는 파키스탄의 미군기지였다. 치타공(동파키스탄, 현 방글라데시)에서 CIA의 비행기를 타고 티베트에 잠입하여 중국의 인민해방군에 맞서 게릴라전을 펼쳤다. 1959년이 일대 분수령이다. 대봉기와 대진압이 충돌했다. 달라이 라마가 망명한 곳은 인도의 다람살라였다. 당시 네루는 티베트 전복 공작에 미국-파키스탄 동맹이 가동되고 있음을 인지하지 못했다. 반면 중국은 티베트 봉기가 인도의 지원에 의한 것이라고 의심했다. 반둥 회의 4년 만에 아시아의 양대 대국이 분열하고 있었던 것이다. 양국의 틈을 벌리려던 미국의 기획이 성공한 셈이다.

중국은 두 개의 방향에서 동시에 진격했다. 서쪽으로는 카슈미르로, 동쪽으로는 벵골만으로 남하했다. 카슈미르에서는 악사이친과 라다크까지 진출했다. 더욱 위태한 것은 동부 전선이었다. 인도의 주력군이 서파키스탄과 국경을 접한 펀자브에 집중되어 있었기에 동북부는 전력이 모자랐다. 인민해방군은 부탄과 인도의 시킴주州를 따라 미얀마 접경까지 일사천리로 남진했다. 벵골과 아삼이 코앞이었다. 당시 네루와 케네디 사이에 오갔던 전갈이 2010년에 공개되었다. 냉전사 연구의 중심인 우드로윌슨센터의 온라인 자료실에서 열람해볼 수도 있다. 네루는 기겁, 기함하고 있었다. 벵골과 아삼은 물론 동인도 전체를 중국이 점령하는 최악의 상황까지 준비했다. 과장만은 아니었던 듯하다. 당시 북인도의 무슬림들 사이에는 중국이 아삼과 벵골을 동파키스탄에 넘긴다는 소문이 파다하게 퍼져갔다. 북인도 전체가 파키스탄으로 재통일되어,

아대륙이 남북분단으로 재편된다는 것이다.

기시감이 일지 않을 수 없다. 20여 년 전, 대일본제국이 동북인도로 진출하여 임팔 전투가 펼쳐졌다. 당시 네루는 수감 중이어서 상황을 전혀 인지하지 못했다. 이제야 처음으로 국가 붕괴의 공포를 경험한 것이다. 간디가 비폭력의 무기력을 확인했듯이, 이번에는 네루가 비동맹의 무력함을 확인하는 순간이었다. 세계는 여전히 '뜻'이 아니라 '힘'에 따라 작동하고 있었다. 인도로 남하한 인민해방군만 17만이었고, 티베트에 대기하고 있는 병력만 30만이었다. 유일한 타개책은 공중폭격으로 티베트와 북인도 사이의 보급로를 차단하는 것이었다. 그러나 300여 기의 전투기를 확보한 인도에 견주어 중국은 2천 대를 보유하고 있었다. 공중전에서도 당해낼 재간이 없었다.

결국 의지할 곳은 군사 최강국 미국이었다. 미 공군에 지원을 요청했다. 말년에 자신의 정책 브랜드였던 비동맹 외교 노선을 스스로 철회하지 않을 수 없었던 것이다. 벵골만 건너 태국에서, 아라비아해 건너 이란과 터키에서 미군의 전투기가 출격할 수 있었다. 여차하면 적대국인 동/서 파키스탄의 미군기지에 의탁할 수도 있었다. 그러나 중인전쟁 발발 이틀 후에 쿠바 미사일 위기가 발생한다. 케네디는 히말라야까지 신경 쓸 겨를이 없었다. 갤브레이스에게 전담시키다시피 했다. 결국 갤브레이스가 패닉 상태에 빠진 네루의 전시 참모 노릇을 한 것이다. '인도 모델'의 수립은커녕 인도의 보위부터 챙겨야 했다. 다시금 CIA에 대한 불만으로 이를 갈았다.

한국전쟁의 그늘

1962년 11월 21일. 네루와 갤브레이스의 노심초사가 절정에 달하고 있을 때, 도둑처럼 평화가 찾아들었다. 자정을 기해 중국이 일방적으로 휴전을 선언한 것이다. 24시간 내에 인도에 진출한 인민해방군의 철군을 시작한다고 발표했다. 그리고 12월 1일까지 국경선 20킬로미터 후방으로 물러날 것이라고도 했다. 군사적으로 점령했던 영토에서 자진 철수하여 기왕의 국경선으로 돌아간다는 것이다. 대신 인도군 또한 경계선으로부터 20킬로미터 철수할 것을 요구했다. 전쟁 발발 직전 상황으로 되돌아가자는 것이다. 당시 중국은 양국 간 국경선을 인정하고 있지 않았다. 대영제국이 일방적으로 그어둔 것이기 때문이다. 이제야말로 저우언라이와 네루가 직접 만나 협상에 나서야 한다고 촉구했다. 그래서 제국주의의 산물인 국경선 문제를 최종적으로 해결하자는 것이다. 이 내용들은 외교 채널을 통해서 공지되었을 뿐 아니라, 신문과 방송을 통하여 공개적으로 발표되었다. 중국의 일방적인 철수로 중인전쟁은 순식간에 종식되었다.

　마오쩌둥은 왜 돌연 종전을 선택했는가? 중국 쪽 연구를 참조해볼 만하다. 일단 소기의 목표를 충분히 달성했다. 인도와 미국에 본때를 보여주었다. 케네디-갤브레이스가 도모하던 '인도 모델'에 초장부터 재를 뿌린 것이다. 중국이 인도보다 우월하다는 것을 전 세계에, 특히 제3세계에 과시할 필요가 있었다. 중국 독자의 사회주의가 서방의 모조품에 불과한 인도의 민주주의보다 월등하다는 것이다. 하여 제3세계는 중국 모델을 따라야 할 것임을 입증해 보였다. 더불어 스스로 군사 점령을 거두고 제자리로 돌아감으로써 '책임대국'의 면모를 선보일 수도 있었다. 당시 중화인민공화국은 중화민국(대만)을 밀어내고 유엔 상임이사국 자리를 차지하는 데 사활적이었다. 계절적인 영향도 있었다. 한겨울이 다가오고 있었다. 히말라야의 겨울이다. 혹한 속에서 보급로가 길어지는 것은 치명적으로 위험할 수 있었다.

나로서는 마오쩌둥이 거듭 한국전쟁의 경험을 복기하고 한반도에서의 실패를 반추했다는 점이 인상적이었다. 인도 남진을 지속하다가는 한국전쟁 당시 38선 이남으로 진격했을 때처럼 미국과의 장기전에 진입할 수 있음을 의식하고 있었던 것이다. 나아갈 때 이상으로, 그치고 멈출 때를 따지고 있었다. 실은 인민해방군의 38선 이남 진출이 패착이었음은 베트남에서부터 적용되고 있었다. (북)베트남의 프랑스에 대한 '민족해방전쟁'은 돕되, 남베트남을 '해방'시키는 '통일전쟁'에는 미온적이었다. 미국과의 베트남전쟁에서도 중국의 후방 지원은 17도선 이북으로 한정되었다. 인도에서도, 베트남에서도, 한반도에서처럼 미-중 간 전면전만큼은 피하고자 심사숙고했던 것이다.

중국이 벵골과 아삼 진격을 포기한 1년 후, 케네디 대통령은 댈러스에서 암살당한다. 1963년 11월이었다. 케네디가 대통령 직무를 수행한 것은 약 천 일에 그쳤다. 혹여 중국이 남진을 지속하여 기어이 제2차 미중전쟁을 촉발했다면, 케네디는 임기 말년을 전쟁 지휘로 보냈을지 모른다. 친구의 갑작스러운 죽음으로 갤브레이스 또한 대학으로 돌아갔다. 1964년 5월에는 네루 역시 숨을 거둔다. 케네디의 암살, 네루의 사망, 그리고 갤브레이스의 학계 복귀로 '인도 모델' 프로젝트는 조기에 마감되는 듯했다.

전환시대, '인도 모델'의 재부상

2008년 '검은 케네디'로 불리는 이가 미국 대통령에 당선되었다. 버락 후세인 오바마다. 그가 인도를 처음 방문한 해가 2010년이다. 두 번째 방문은 더욱 각별했다. 2015년 1월, '공화국의 날'에 초대받았다. 모디 총리의 옆에 서서 인도군의 열병식을 지켜보았다. 더 중요하게는 첫 번째도 두 번째도 이웃 국가 파키스탄은 방문하지 않았다는 점이다. 군사 동맹국 파키스탄보다 '민주주의 가치동맹' 인도를 더 중시했던 것이다. 중국에 맞서 인도를 키우자는 갤브레이스의 '인도 모델'론이 재차 가동되고 있는 것이다. 더 흥미로운 사실은 2015년 오바마가 뉴델리에 머물고 있을 때, 파키스탄의 최고 실력자 샤리프 장군은 베이징에 있었다는 점이다. 시진핑 정부는 일대일로—帶—路의 핵심 거점으로 파키스탄을 중시하고 있다. 양국 정상은 '전천후 친구'와 '철의 형제'라는 최고 수위의 수사를 주고받았다. 같은 날 미 CNN과 영국 BBC는 뉴델리의 오바마를 주목했고, 중국 CCTV와 알-자지라는 베이징의 샤리프에 초점을 맞추었다.

현재 남아시아 대분할체제의 세력 균형이 정초된 것도 1962년 중인 전쟁 이후다. 1950년대 미국과 파키스탄이 반공주의로 하나가 되었던 동맹체제에 균열이 드러났다. 중인전쟁에 대한 관점이 판이했다. 파키스탄은 인도의 대국주의를 화근으로 지목했다. 대영제국의 영토를 그대로 계승하려는 '제국몽'에 혐의를 두었다. 이에 반해 미국은 냉전 구도로 접근했다. 중국이 동북아와 동남아에 이어 남아시아까지 공산주의를 확산시키려 든다고 여겼다. 미국의 인도 지원은 남한과 남중국(대만)과 남베트남을 지원하는 것과 마찬가지라고 했다. 그러나 파키스탄은 동맹국의 배반으로 접수했다. 어떻게 동맹국이라며 제1 적성국 인도를 돕는단 말인가. 미국에는 글로벌 냉전이 중요했고, 파키스탄은 남아시아 대분할체제가 관건이었다. 양국의 시선이 크게 엇갈렸다.

미국을 신뢰할 수 없다고 여긴 파키스탄이 주목한 나라가 중국이었다. 파키스탄은 인도에 앞서 중국과 먼저 카슈미르 국경선을 확정지었다. 중국의 영유권을 인정하되 사용권을 획득하는 타협을 이루었다. 그 결과 건설된 것이 바로 카라코람 고속도로이다. 신장의 카슈가르와 파키스탄령 카슈미르를 잇는 세계 최장의 고속도로다. 당시 국경선 확정 작업을 이끌었던 이가 파키스탄의 외교부 장관 부토였다. 파키스탄을 반공주의로부터 탈피시키는 데 선봉장 노릇을 한 인물이다. 서파키스탄의 고속도로에 이어, 동파키스탄에서는 다카와 상하이 사이에 직항로까지 개설했다. 중국을 고립시키려는 미국의 봉쇄 전략에 정면으로 반기를 든 것이다. 파키스탄 기지를 통한 티베트 공작도 중지시켰다. CIA는 작전의 거점을 인도와 네팔, 라오스 등지로 옮겨야 했다.

1965년 카슈미르에서 발발한 제2차 인도-파키스탄 전쟁은 결정타였다. 미국은 동맹국 파키스탄을 지원하지 않았다. 도리어 인도군 또한 미국의 지원으로 재무장되어 있음을 확인했다. 카슈미르에서 양국이 미국산 무기로 다투었던 것이다. 미국으로서도 어쩔 수 없는 측면이 있었다. 1965년 미국의 관심은 카슈미르가 아니라 온통 베트남이었다. 라오스와 캄보디아까지 인도차이나 전체가 적화되고 있었다. 이 모든 사정을 지켜보고 있던 부토가 파키스탄의 최고 지도자로 등극하는 해가 1971년이다. 그리고 전혀 다른 방향으로 파키스탄을 이끌고자 했다. 부토가 주도했던 파키스탄의 '전환시대'는 이후 따로 살펴볼 것이다.

먼저 짚을 곳은 펀자브가 아니라 벵골이다. 미국에 케네디-갤브레이스와는 전혀 다른 조합이 등장했다. 닉슨과 키신저다. 이상주의자가 아니라 현실주의자들이었다. 민주주의를 맹목하지 않는 만큼 공산주의와도 손을 잡을 수 있다는 파격을 선보였다. 동아시아에서는 미-중 화해만 주목한다. 1972년 닉슨-마오쩌둥 회동을 탈냉전의 기폭제였다고 높이 기린다. 그래서 데탕트(긴장 완화)라거나 '전환시대'라는 말을 사용한다. 그런데 남아시아를 살펴보니 꼭 그렇지만도 않았다. 1971년 제3차 인도-파키스탄 전쟁이 발발했다. 1947년 인도-파키스탄 분할에 이어, 1971년에는 파키스탄마저 분할되었다. 동벵골이 동파키스탄이 되었다가 방글라데시로 귀착된 것이다. 1947년 제1차 분할에 못지않은 대학살이 자행되었다. 닉슨-키신저와는 깊이 관련되었고, 마오쩌둥-저우언라이와도 무관치가 않은 사태였다. 동아시아 대분단체제와 남아시아 대분할체제와 동서냉전이 겹겹으로 교착되어 폭발했던 것이다. 1971년, 벵골로 간다.

방글라데시 다카의 무슬림들.

018

대분할 (5) : 1971

68혁명이 낳은 나라,
방글라데시

벵골 르네상스

다카 공항의 출구를 나오자마자 숨이 턱, 막혔다. 열기와 습기가 동시에 덮쳐온다. 섭씨 40도 더위는 이미 익숙해졌다. 30도만 되어도 청량하다고 느낀다. 그런데 북인도 내륙부의 그 타들어가는 더위가 아니다. 푹푹 찌는 찜통더위다. 괴롭기로는 후자가 훨씬 더하다. 매번 새 도시에 가면 하염없이 마냥 걸어다니는 습관이 있다. 사전 정보 없이, 선입견 없이, 그곳의 분위기에 흠뻑 젖어보는 의례이다. 부러 저녁나절에 서너 시간을 걸었는데도 온통 땀으로 범벅이 되었다. 깔끔 떠는 성격이 아님에도 하루 두세 차례 속옷과 티셔츠를 갈아입지 않을 수 없었다. 너무나도 건조하여 머리칼까지 빳빳해지던 펀자브와는 자연환경부터 판이하게 달랐다.

방글라데시는 '벵골인의 나라'라는 뜻이다. 터전은 벵골 삼각주다. 히말라야와 벵골만을 잇는 곳에 자리한다. 갠지스강도 지나간다. 강과 바다가 만나는 데다가, 하늘에서는 비도 많이 내린다. 봄에는 히말라야의 설산이 녹아 강물이 불어나고, 여름이면 몬순의 영향으로 남쪽에서 먹구름이 밀려와 장대비를 쏟아붓는다. 하루 스물네 시간, 1미터의 비가 내린 기록도 보유하고 있다. 강물과 바닷물이 뒤섞여 대지를 뒤덮는 경우도 있다. 홍수가 일면 영토의 70퍼센트가 물에 잠기기도 한다. 눈물과 빗물, 강물과 바닷물, 방글라데시는 단연 물이 만든 나라다.

풍부한 수량은 벼농사에 적합했다. 구태여 저수지를 만들 것도 없었다. 연중 벼를 재배할 수 있었다. 쌀은 밀보다 더 많은 인구를 부양한다. 예로부터 벵골에 사람이 많았던 까닭이다. 과연 바글바글, 득실득실했다. 사람이 너무 많아 보도를 넘어 차도까지 점령했다. 보는 것만으로도 질식할 것만 같은 끝없는 인파人波다. 그 사이를 헤집고 걸어가는 것 자체가 수행이고 고행이었다. 악명 높은 자카르타와 마닐라의 교통 체증도 이미 경험해보았지만, 다카는 상상 그 이상이었다. 하루에도 몇 번씩 인내심의 바닥을 드러내는 생지옥을 체험하게 된다. 무덤덤한 표정의 그들이 경이로울 지경이었다.

방글라데시는 큰 나라다. 국토의 3면이 인도에 둘러싸인 형세를 보거나 GDP가 낮은 형국만으로 소국인 양 착각하기 십상이다. 하지만 인구 1억 6천만, 세계 8대 대국이다. 미국의 절반이고, 러시아나 일본보다도 많은 숫자다. 그 많은 인구가 그리스만 한 작은 영토에 몰려 살아간다. 인구 밀집도가 가장 높은 국가다. 그 인구의 90퍼센트 가까이는 또 무슬림이다. 그래서 방글라데시의 무슬림이 이집트와 이란 인구의 두 배에 육박한다. 인도네시아, 파키스탄을 잇는 세계 3대 이슬람 국가다.

벵골만과 히말라야만 만나는 것도 아니다. 인문지리의 만남도 남다르다. 동과 서가 여기서 만났다. 영국과 인도가 처음 만난 곳이 벵골이

다카의 릭샤.

다카 시내의 교통 체증.

었다. 1757년 6월, 동인도회사가 자리를 잡았다. 이 회사를 시작으로 영국은 일백 년 후 남아시아 전체를 지배하게 된다. 영토와 인구로 따지자면 벵골이 영국보다 훨씬 크다. 그래서 아메리카의 상실에도 불구하고 영국은 제국으로 발돋움할 수 있었다. 즉 대영제국 역시 벵골에서부터 비롯했다. 중국의 강남지방과 더불어 아시아에서 가장 풍요로운 지대 가운데 하나였기 때문이다. 농업 생산력이 월등한 데다, 동인도와 동남아의 해상무역망을 장악할 수 있는 최적의 위치이기도 했다.

벵골에 터를 잡은 대영제국은 점차 편자브의 무굴제국을 잠식해갔다. 그러나 인도 아대륙에서 반복된 기왕의 제국 교체사와는 달랐다. 유라시아형 대륙제국이 아니라 유럽형 해양제국이었다. 가장 큰 차이는 자본주의의 도입에 있었다. 경제 운영의 이념과 목표가 달랐다. 제국의 장기 지속이 아니라, 최단 기간 최대 수익 창출이 목적이었다. 농작물 재배부터 달라졌다. 먹고살기 위한 농업이 아니라 팔아서 이윤을 남기기 위한 상업이 되었다. 이른바 '상품 작물' 재배가 활발해졌다. '현금 작물'이라고도 했다. 현지인의 생존과 생활을 위해서가 아니라, 해외 시장의 소비자를 위한 생산이 본격화된 것이다. 전통적인 시장경제에서 근대적인 자본주의로의 이행이다. 대표적인 상품이 아편과 차였다. 벵골에서 재배한 아편은 중국에 내다팔고, 다르질링과 아삼에서 키운 차는 영국과 유럽에 수출했다. 즉 벵골은 중국과 유럽 간의 대역전, 이른바 '대분기'와도 무관치 않은 장소였다. 벵골산 아편으로 골병이 들어간 대청제국에 결정타를 날린 이들은 편자브 출신 용병들이었다.

대영제국의 흥만 보는 것은 공정하지 못하겠다. 벵골은 동방과 서방, 아시아와 유럽의 문명이 조우하는 곳이기도 했다. 특히 콜카타는 남아시아의 정치 중심이자 문화의 중심지로 급부상했다. 18세기 초까지 벵골의 중심은 다카였다. 영국으로 인해 콜카타가 벵골의 제1도시로 부상했다. 나아가 런던 다음가는 대영제국의 제2도시로 비상했다. 영국은 1830년대부터 벵골에서 무굴제국의 지배언어였던 페르시아어 사용을 폐지했다. 대신 영어 학교를 보급하고 영어로 가르치는 대학을 만들었다. 콜카타대학이 들어선 것이 1857년이다. 다카대학은 1921년에 세워졌다. 특히 콜카타대학은 옥스퍼드와 케임브리지 다음가는 명성을 누렸다. 여기서 이른바 '벵골 엘리트'들이 양성되었다. 벵골의 지주 집안 자제들이 콜카타로 몰려들었다. 학력자본을 축적하고 교양인으로서 빅토리아풍 아비투스를 습득해갔다. 인디아 잉글리시, 즉 힝글리시(Hindi+English)의 기원이다.

동/서 문명의 융합도 일어났다. 콜카타에서 산스크리트어와 영어가, 힌두 문학과 영문학이 혼합되었다. '벵골 르네상스'라고도 한다. 산스크리트어와 영어는 물론 벵골어와 페르시아어에도 능통한 르네상스인들이 배출되었다. 대표적인 인물이 타고르(1861~1941)이다. 20세기 초 아일랜드의 시인 예이츠의 강력한 추천으로 일찌감치 노벨문학상을 받는다. 아시아인으로서는 최초였다. 대영제국의 문학망 덕을 톡톡히 본 것이다. 그 타고르의 할아버지가 아편 무역의 중개상이었음이 인상적이다. 할아버지는 영국-인도-중국을 잇는 물류의 개척자였고, 손자는 동양과 서양의 문화를 잇는 문류文流의 선구자였다. 타고르는 훗날 인도와 방글라데시의 국가國歌가 될 노래도 지었다. 물론 조국 인도가 파키스탄과 방글라데시로 분할될 것이라고는 예상치 못했을 것이다. 그는 콜카타대학만으로는 족하지 못했다. 동/서 문명의 융합을 사표로 삼는 샨티니케톤 학교를 세운다. 훗날 국제대학으로 발전했다. 여기서 배출된 세계적인 경제학자가 바로 아마르티아 센Amartya Sen이다. 센이 노벨경제학상을 받은 것은 1998년이고, 타고르가 노벨문학상을 받은 것은 1913년이다. 두 인물 모두 벵골의 자랑이자 자부심이다.

하지만 두 번의 노벨상 수상자를 배출한 벵골의 지난 20세기도 결코 순탄치만은 않았다. 아무리 '벵골 르네상스'라고 추켜세워도 식민지는 식민지였다. 식민지 근대성이 아무리 휘황했다 한들 식민지로서의 본질은 감출 수가 없는 것이다. 벵골의 고난도, 방글라데시의 비극도 대영제국 시기부터 잉태되고 있었다.

동벵골과 동파키스탄

벵골 르네상스는 대영제국의 독배였다. 갈수록 벵골 엘리트 사이에서 반식민주의, 반제국주의 목소리가 커져갔다. 당장 타고르부터 동으로는 일본과 중국을, 서로는 이란과 터키를 주유하며 유럽의 제국주의를 비판하고 범아시아주의의 기운을 고조시켰다. '동방의 등불'에만 기대를 걸었던 것이 아니다. 이슬람의 중흥에도 관심을 기울였다. 영국의 첫 대응은 벵골의 분할이었다. 1905년 벵골을 절반으로 갈라서 서쪽만 벵골이라 하고, 동벵골은 아삼에 갖다붙였다. 그리고 동벵골-아삼의 주도州都는 다카로 삼았다. 콜카타와 다카를 분리지배한 것이다. 서벵골은 힌두 문화, 동벵골은 이슬람 문화라며 전형적인 분할통치를 가동시켰다.

그러나 자충수였다. 도리어 벵골 민족주의에 불을 붙였다. 콜카타에서도, 다카에서도 분할 반대 열기가 고조되었다. 덩달아 '인도 민족주의'마저 강화되었다. 벵골 출신의 열혈 민족주의자 수바스 찬드라 보스가 대표적이다. 콜카타의 영국 총독부가 달아오르는 벵골 민족주의에 포위된 형세였다. 결국은 행정수도를 옮기기로 한다. 콜카타에서 델리로 대영제국의 중심을 이동시킨다는 것이다. 그래서 '뉴'델리 건설이 시작되었다. 점진적으로 수도 기능을 이전해서 작업을 완료한 해가 1931년이다. 그 과정에서 뉴델리에 새로 개교한 학교가 델리대학이다. 1922

인도 콜카타에 위치한 타고르 하우스.

년이었다. 그래서 오늘날 델리에서는 양대 제국의 흔적을 모두 목도할수 있다. (올드)델리에는 무굴제국이, 뉴델리에는 대영제국이 자취를남겨놓았다.

그러나 수도 이전이라는 특단의 대책에도 불구하고 대영제국의 수명은 오래가지 못했다. 1947년 도망치듯 인도를 떠난다. 20세기판 '브렉시트'였다. 떳떳할 수 없는 유산도 남겼다. 영국이 떠난 남아시아는힌두교와 이슬람으로 갈라졌다. 제국이 국가로 쪼개졌다. 인도와 파키스탄으로 분할되었다. 1905년의 벵골 분할 또한 고스란히 계승되었다.힌두 문화의 서벵골은 인도로 편입되었고, 무슬림이 많은 동벵골은 동파키스탄이 되었다. 벵골 영토의 64퍼센트, 인구의 65퍼센트가 파키스탄으로 편입되었다. 서파키스탄과 동파키스탄은 서로 1,500킬로미터나떨어진 기형적인 모양의 근대 국가였다. 그 꼴을 두고 코끼리(인도의 상징)의 양 귀에 비유하기도 했다.

작위성의 모순은 건국 직후부터 표출되었다. 영토는 서파키스탄이훨씬 넓었지만, 인구는 동파키스탄이 더 많았다. 1951년 첫 번째 인구통계에 따르면 7,800만 파키스탄인 가운데 4,400만, 약 56퍼센트가 동파키스탄에 살았다. 종교로 하나의 국가가 되었으나, 양 지역을 가른 것은 언어였다. 국어부터가 말썽이었다. 표준어 제정이 난항이었다. 국가의 중심은 펀자브에 있었고, 사용하는 사람이 많은 언어는 벵골어였다.결국 펀자브어도 벵골어도 국어가 되지 못한다. 우르두어가 제1언어가되었다. 페르시아어의 변종으로 이슬람에 가장 가까운 언어였다.

당장 벵골 엘리트들은 크게 반발했다. 국어 선정은 지역적 자부심,문화적 정체성, 민주와 자치의 원리에 그치는 사안만이 아니었다. 생계유지와 사회적 성공 여부와도 직결되었다. 벵골인들의 중앙권력 진출을가로막는 요인이었기 때문이다. 당시 벵골에서 우르두어를 구사할 수 있는 인구는 3퍼센트에 불과했다. 역사의 소산이다. 벵골은 무굴제국에는 가장 늦게 편입되고 대영제국에는 가장 먼저 복속된 지역이다. 그래서 우르두어는 끝내 생소한 반면에 영어가 훨씬 익숙했다. 게다가 총인구의 56퍼센트가 쓰는 벵골어를 국어로 삼자는 요구가 '민주주의'적인 측면에서 터무니없는 것도 아니었다. 불만이 증폭되는 반면으로, 건국 열기는 차갑게 식어갔다.

편자브인들은 그들 나름으로 불만이었다. 벵골인들을 대영제국의 끄나풀이었다고 흘겨보았다. 산스크리트어와 그 파생어인 벵골어 등도 힌두 문명에 '오염'된 흔적이라고 간주했다. 잠재적인 친親인도파가 될 수 있다며 꼬아본 것이다. 본인들이야말로 이슬람 제국이었던 무굴제국의 정통이자 적통이라고 생각했다. 당장 페르시아 문명과 훨씬 더 가까운 곳에 자리하고 있었다. 파키스탄이 이슬람 국가를 표방한다면 응당 편자브가 중심이 되어야 한다고 여긴 것이다. 우르두어를 국어로 삼는 것 또한 동벵골, 즉 동파키스탄을 '이슬람화'할 수 있는 사업이었다. 벵골어를 지우고 우르두어로 통일함으로써 순수한 '민족문화'를 일구어야 했다.

편자브와 벵골 간 뒤틀린 심사는 선거 국면에서 적나라하게 표출되었다. 1954년 최초의 총선에서 파키스탄 건국의 주역 무슬림연맹은 동파키스탄에서 참패한다. 309석 가운데 7석을 얻는 데 그쳤다. 한 지붕 딴 살림이었다. 신생 국가로서는 비상사태가 아닐 수 없었다. 익숙한 경로가 이어졌다. 군부가 실력 행사에 나섰다. 1958년 쿠데타를 일으켜 계엄령을 발포한다. 군부는 입법부보다 더더욱 편자브로 쏠린 조직이었다. 당시 장교 가운데 동파키스탄 출신의 비중은 3퍼센트에 불과했다. 벵골에서는 법률가를 양성하고 편자브에서는 군인들을 차출했던 대영제국의 유산이 파키스탄의 지배구조까지 영향을 미친 것이다. 쿠데타 이후 행정부 또한 90퍼센트가 서파키스탄인들로 채워졌다. 벵골인들은 명백한 2등 국민이었다.

군사정권은 벵골의 '지방 문화'도 탄압했다. 표적이 된 것이 타고르다. 그의 책은 금서가 되었고, 시와 노래도 금지시켰다. 덕분에 타고르의 상징성은 더욱 증폭되었다. 그의 생일인 2월 21일은 '벵골 민족주의'를 표출하는 유사 독립기념일이 되었다. 벵골어로 노래를 부르고, 벵골어로 시를 낭송하고, 벵골어로 서파키스탄을 비판하는 대자보를 붙였다. 기존의 연방제 국가에 대한 성토가 봇물처럼 터져 나왔다. 국가연합수준의 개혁을 요구했다. 국방과 외교만 중앙정부에서 관리하고, 재정과 무역 등 내정은 모두 지방정부로 넘기라고 했다. 화폐까지 따로 발행하는 통화주권까지 요청했다.

서파키스탄은 벵골인들의 이런 행태를 인도의 사주에 의한 것이라며 몰아붙였다. 동파키스탄의 분리독립을 자극하는 인도의 내정 간섭으로 폄하한 것이다. 마치 인도가 카슈미르의 자치 요구를 파키스탄의 내정 간섭으로 간주한 것과 판박이 논리였다. 펀자브, 카슈미르, 벵골 등 분할된 지역에서의 지방정치가 남아시아 대분단체제의 작동 양상을 규정해간 것이다. 1970년 두 번째 총선은 결정적인 분수령이었다. 또다시 표심이 완전히 갈라졌다. 동/서 파키스탄을 아우른 전국정당은 하나도 없었다. 동과 서에서 각자의 지역 정당이 압승하는 구도가 굳어졌다. 파키스탄을 국가연합으로 재편할 것인가, 방글라데시로 분리독립할 것인가, 중차대한 기로에 섰다.

내전과 전쟁

1970년 총선 당시 동파키스탄의 인구는 60퍼센트 비중으로 늘어났다. 의석 수의 6할을 차지했으니 벵골인이 총리가 될 수도 있었다. 그러나 펀자브의 군인들은 벵골의 민간인들에게 권력을 이양할 뜻이 전혀 없었다. 표심을 누를 수 있는 것은 물리력이었다. 동파키스탄 다카에서의 최종 협상이 결렬되자, 무력 진압이 시작되었다. 벵골 민족주의를 청산하고 통일 파키스탄을 지속하기 위한 것이라고 했다. 순식간에 야당 당사는 쑥대밭이 되었고, 다카대학 캠퍼스는 청년들의 무덤이 되었다. 저항하는 시민에 대해서도 인도의 지령을 받드는 '벵골 분리주의자'라며 무차별 발포했다. 다카는 순식간에 유령 도시가 되었다. 동파키스탄 지도부는 인도의 서벵골로 피신하여 콜카타에 망명정부를 세웠다.

당시 다카에 있던 미국 영사관에서는 군인들의 민간인 학살, 펀자브인들의 벵골인에 대한 '인종 학살' 소식을 거듭 본국으로 타전했다. 동맹국 미국이 제공한 탱크와 전투기, 장총과 소총으로 대학살이 전개되고 있음을 시시각각 보고한 것이다. 그러나 워싱턴은 묵묵부답이었다. 공식적인 비판은 물론이요, 비공식적인 엄포도 없었다. 도리어 서파키스탄 통치자인 야히아칸을 엄호하고 사수했다. 당시 백안관의 주인은 닉슨이었고, 그의 배후에는 키신저가 있었다. 그들은 파키스탄 군부의 최고 실력자 칸을 편애했다. 주저앉힐 의사가 전혀 없었다. 미국의 방조와 묵인 속에서 20세기 최대의 비극 중 하나로 기록될 벵골 대학살이 자행된 것이다.

이유는 단순했다. 당시 닉슨과 키신저의 머릿속은 온통 중국이었다. 원대하고 담대한 비밀 프로젝트가 가동되고 있었다. 중국과의 대화해이다. 중국과 타협함으로써만이 베트남전쟁의 수렁에서 빠져나올 수 있었다. 칸이 바로 중국과의 비밀협상 통로였던 것이다. 키신저와 저우언라이는 칸을 통하여 접촉하고 있었다. 리얼리스트 키신저는 냉정했다. 동파키스탄에서 사람이 죽어 나가는 것은 인도차이나에서 사람이 죽어가는 것만큼이나 개의치 않았다. 중국과의 협상을 성공시킴으로써 국공내전, 한국전쟁, 베트남전쟁으로 이어진 동아시아 30년 전쟁을 종식하는 것이 최우선 과제였다. 벵골인들의 죽음은 역사적 대업에 수반되는 '부수적 피해'였을 따름이다. 중국 역시도 칼을 만류하지 않았다. 평화공존 5원칙의 첫 번째 철칙, '내정 불간섭'을 허울 좋은 구실로 삼았다.

다급해진 것은 인도였다. 난민이 밀려들었다. 동벵골에서 서벵골로 천만 명의 피난민이 쏟아졌다. 서벵골과 아삼 일대의 행정이 마비될 지경이었다. 가뜩이나 서벵골은 인도에서 정치적으로 가장 급진적인 곳이었다. 인도공산당의 아성이었고, 문화대혁명에서 영감을 얻은 마오주의자들도 기승을 부렸다. 자칫 벵골의 동과 서가 합세하여 공산주의 혁명이 일어날지도 몰랐다. 조속한 행동에 나서야 했다. 명분은 그럴듯했다. '인도주의적 개입'이다. 이웃 나라의 민간인 학살을 막기 위해서 군사적으로 개입한다는 것이다. 탈냉전 이후 보스니아와 르완다 등에서 일어난 사태의 전조 같은 것이었다. 그래서 마이클 왈저Michael Walzer 같은 국제정치학계의 거물도 인종 학살에 맞선 인도주의적 군사 개입으로 1971년을 즐겨 거론한다. 가장 최근에는 터키의 에르도안 대통령이 시리아 난민의 터키 유입을 막는다며 시리아 내전에 개입하면서 방글라데시 사태를 예시하기도 했다.

결국 동/서 파키스탄 내전이 제3차 인도-파키스탄 전쟁으로 확산되었다. 선전선동도 펼쳐졌다. 파키스탄의 실상은 이슬람 국가가 아니라 '펀자브 패권주의 국가'라며 동벵골인의 운명을 홀로코스트에 빗대었다. 그러니 동벵골의 민족해방전쟁을 인도가 돕는다는 것이다. 속내는 조금 더 복잡했다. 인도로서는 절호의 기회였다. 이참에 동파키스탄을 지도 위에서 지워낼 수 있었다. 양방향에서의 안보 위험을 덜어낼 수 있는 것이다. 방글라데시(동파키스탄)를 별도의 국가로 떼어냄으로써 인도와 파키스탄의 국력 차를 더 벌릴 수도 있었다.

기가 막힌 것은 소련이 인도의 개입을 막후 지원했다는 것이다. 미국의 군사동맹국인 파키스탄을 약화시킬 수 있다고 판단했기 때문이다. 즉 제3차 인도-파키스탄 전쟁의 구도는 기존의 냉전 구도와는 전혀 딴판이었다. 세계 최고의 민주주의 국가 미국은 세계 최대의 공산주의 국가 중국과 물밑 협상 중이었고, 세계 최대의 민주주의 국가 인도의 배후에는 세계 최초의 공산주의 국가 소련이 자리하고 있었다. 역사적인 미국-중국 화해는 1972년에 이루어졌고, 소련-인도의 상호방위조약은 1971년에 체결되었다.

소련과 결별한 중국이 미국이 구축한 태평양의 자본주의 세계체제에 편입된 것은 1979년(개혁개방)이다. 바로 그해 소련은 아프가니스탄을 침공한다. 준군사동맹국 인도의 지원에 힘입은 것이었다. 1970~80년대 인도는 소련과의 협업으로 남아시아의 패자로 군림했다. 네루의 딸 인디라 간디는 아버지의 비동맹 노선을 따를 뜻이 전혀 없었다. 아버지는 파키스탄과의 두 차례 전쟁 모두 승리하지 못했고 중국과의 전쟁에서는 패배했으나, 본인은 파키스탄에 승리했을뿐더러 아프가니스탄 점령에도 일조했던 것이다. 인도인들은 그녀를 힌두교의 전쟁여신 두르가Durga에 빗대었고, 영국의 시사지 《이코노미스트》는 '인도의 여왕'이라고 불렀다. 그러나 소련의 아프가니스탄 점령을 도운 것은 오늘날 인도 외교사 최대의 치욕으로 간주된다. 게다가 인도의 개혁개방은 소련이 해체되는 1991년부터 단행되었으니, 중국과 인도 간의 12년 격차가 지금까지 지속되고 있다고도 할 수 있다.

여하튼 1971년 방글라데시를 둘러싸고 전개된 유라시아의 세력 재편은 가히 '전환시대'라고 해도 모자람이 없는 지각변동 수준이었다. 기존의 냉전 이데올로기와는 전혀 무관하게 미국, 소련, 중국, 인도 등 세계에서 가장 큰 나라들 간에 펼쳐진 냉혹한 국제정치의 산물이었다.

혁명과 건국

동뱅골의 비극에 미국 수뇌부는 냉담했지만, 미국인들마저 외면하지는 않았다. 1971년 8월 뉴욕에서 '방글라데시를 위한 콘서트'가 성황리에 열린다. 조지 해리슨과 밥 딜런 같은 유명 가수들도 동참했다. 그들이 얼마나 남아시아 대분할체제의 실상을 알았던가는 미지수다. 나의 감으로는 베트남전쟁 반대 운동의 연장선상에 있었을 것 같다. 미국 정부에 대한 반대 운동이 미국의 동맹국인 파키스탄 군부의 민간인 학살까지 옮아갔을 법하다.

실제로 1971년 방글라데시 건국에는 남아시아 대분할체제를 넘어서는 지구적 수준의 연동과 파장이 작동했다. 1968년, 68혁명이 그것이다. 68혁명이야말로 동서냉전 구도를 교란시킨 원조였던 것이다. 미국이 베트남의 정글에 폭탄을 퍼붓고 있을 때, 소련은 체코를 점령하여 '프라하의 봄'을 진압했다. 냉전은 미국과 소련의 대결이 아니라, 미국과 소련이 공모하여 세계를 지배하는 체제라는 비판적 인식이 분출했다. 동/서 진영을 막론하고 학생과 청년들이 냉전체제에 순응하는 자국 정부를 향해 총궐기한 것이다. 샌프란시스코에서, 파리에서, 베를린에서, 베이징에서, 도쿄에서 반란에 반란을 거듭했다. 그럼에도 기왕의 68혁명 연구 또한 서유럽과 미국에 치중된 감이 없지 않다. 좌파들도 서구 편향적이기는 매한가지다.

당장 68혁명은 남아시아의 파키스탄에도 지대한 영향을 미쳤다. 아니, 학생들의 반란 가운데 가장 성공한 나라가 파키스탄이라고도 할 수 있다. 서방의 68혁명이 국가권력의 탈환과 재편에 실패했다면, 파키스탄에서는 방글라데시의 분리독립이라는 '혁명'에 성공했기 때문이다. 파키스탄에서도 1947년 이후 대학생의 숫자가 비약적으로 늘어났다. 1968년 당시 다카대학의 재학생은 5만에 이르렀고, 기숙사에서 생활하는 학생만 7천 명이었다. 저마다 마르크스와 레닌을 읊고, 마오쩌둥과 호찌민을 읽었으며, 인터내셔널가를 부르고 체 게바라를 흉내 냈다. 고위 공직자나 법률가가 되어 출세하는 것을 부끄러이 여기고, 공장에 위장 취업하거나 농촌으로 하방하는 것이 유행이었다. 개개인은 퍽이나 진지하고 열정적이었을 것이다. 다만 세계지도를 펼쳐놓고 지구본을 돌리며 당시를 회감하노라면 일종의 청춘 트렌드였다는 점을 부인하기도 힘들어진다.

실제로 1968년은 파키스탄에서 TV 방송이 시작된 해다. 1967년 말 카라치와 라호르 등 서파키스탄에 먼저 방송국이 생겼고, 1968년 초에는 다카에도 기지국이 들어섰다. 비록 국가 검열이 작동하고 있었다 하더라도, 1968년 지구촌 대학생들의 반란과 봉기가 실시간으로 전해진 것이다. 특히나 파키스탄의 식민모국이 영국이었다는 점은 꽤나 중요했다. 전 지구적 정보망의 허브였기 때문이다. 대표적인 인물로 타리크 알리Tariq Ali를 꼽을 수 있다. 이 이름이 익숙한 분이라면 꽤나 '진보적인' 독자라고 하겠다. 영국의 신좌파 잡지 《뉴레프트 리뷰》를 이끈 유명한 지식인이다. 나도 20대 시절에는 그의 글을 읽으며 지적 허영심을 채웠던 기억이 난다.

그런데 이름에 분명 '알리'가 새겨져 있음에도 그의 출신에는 미처 관심이 미치지 못했다. 그가 바로 파키스탄의 68세대였음을 이제야 의식하게 된 것이다. 이참에 뒷조사도 해보았다. 펀자브의 라호르가 고향이다. 부유한 집안에서 태어난 도련님이었다. 다만 이슬람교와는 거리가 멀었다. 부모 모두 공산주의자였다. '모태 좌파'였다. 소싯적부터 가정교사를 두고 영국식 교양 교육을 받았다고 한다. 그의 눈에 반공주의를 표방하는 파키스탄 군사정부는 '후진적'이었을 것이다. 알리는 10대 시절부터 반정부 시위에 가담했다. 아들의 장래가 걱정된 부모는 그를 옥스퍼드대학으로 유학 보냈다. 그러나 토질이 달라진다 해서 기질마저 바뀔 수는 없는 법이다. 그는 교내 트로츠키파의 수장이 되어 학생회장까지 꿰찬다. 학생운동을 지휘하며 영국의 베트남전쟁 반대 시위를 이끌었던 이도 알리였다.

동시대 파키스탄의 대학생들에게 타리크 알리는 문화적 아이콘, 시대의 영웅이었다. 1969년 그가 잠시 모국으로 귀국했을 때 공항은 알리의 팬들로 인산인해를 이루었다. 적어도 파키스탄에서만큼은 동시대의 비틀스에 못지않은 열광적인 인기를 누린 것이다. 바로 그 알리의 후예들이 동벵골의 급진적 정파를 이루었고, 대안적 정당을 만들었으며, 기어이 방글라데시라는 또 하나의 국가권력을 창출해냈던 것이다. 방글라데시의 건국이념은 사회주의, 민족주의, 민주주의, 세속주의였다. 반공주의 이슬람 국가 파키스탄과 결별한 것이다.

68혁명 이후에도 미국에서는 공화당과 민주당의 과점 정치가 이어졌다. 영국에서도, 프랑스에서도, 서독에서도 진보와 보수의 양당 체제가 지속되었다. 소련과 중국 및 동유럽에서는 1당 체제가 건재했으며, 일본에서도 자민당이 주도하는 1.5당 체제는 흔들리지 않았다. 오로지 파키스탄에서만 68세력이 반문화/대항문화에 그치지 않고, 대항권력을 창출하고 대안권력에 도달한 것이다. 1969년에는 1958년 이래 군사독재를 지속하던 아유브칸 정부를 무너뜨렸고, 1971년에는 또 다른 군사독재자 야히야칸으로부터 방글라데시를 쟁취해냈다.

그러나 1947년에 이은 1971년의 두 번째 건국 또한 결코 수월하지가 않았다. 나라를 건사하는 것은 나라를 세우는 것 이상으로 난제였다. 더군다나 두 번의 대학살과 전쟁 이후의 나라 세우기는 더더욱 힘겨운 노릇이었다. 신생 국가 방글라데시의 '고난의 행군'을 이어서 살펴본다.

019

방글라데시의 역逆근대화

방글라데시는 왜
가난한 나라가 되었나?

혁명 도시, 다카

방글라데시는 혁명국가였다. 68혁명이 산출한 유일한 현실권력이었다. 민족주의, 사회주의, 민주주의, 세속주의를 표방했다. 일괄 '인민 민주주의'를 추구했다. 국명도 '방글라데시인민공화국'이라 했다. 더불어 근대적인 국민국가였다. 종교적인 근대 국가를 표방한 파키스탄과 척을 졌다. 종교에 바탕한 또 다른 신생 국가로는 이스라엘이 있었다. 파키스탄 건국이 1947년이고, 이스라엘은 1948년이다. 1971년 방글라데시는 성/속 분리, 정/교 분리를 공식화했다. 이슬람이라는 보편 문명 대신 민족문화를 앞세운 것이다. 파키스탄의 펀자브와도 다를뿐더러, 인도의 서벵골과도 차별성을 지니는 '고유한 민족성'을 창달해야 했다.

다카가 대타항으로 삼은 것은 콜카타다. 콜카타를 영어 교육에 익숙한 엘리트주의의 산실로 지목했다. 브라만주의의 유산이 남은 힌두

도시라고 폄하했다. 반면 다카는 '혁명 도시'였다. 민중주의와 인민주의, 토착주의를 강조했다. 무굴제국과 대영제국의 유산은 모두 기각했다. 전자는 봉건주의로, 후자는 제국주의로 배타했다. 오로지 벵골 민족주의만을 높이 기렸다. 1906년 타고르가 지은 "황금빛, 나의 벵골"My Golden Bengal을 방글라데시인민공화국의 국가로 삼았다. 제국에서 국가로, 보편 문명에서 민족주의로, 전형적인 서구형 근대화의 궤도에 올라탄 것이다.

곧장 국어 공정과 국사 공정이 개시되었다. 페르시아어도 영어도 우르두어도 공론장에서 사라졌다. 벵골어의 기원인 산스크리트어마저 배척당했다. 벵골어 전용론이 득세했다. 국사는 단연 민족해방사로 채워졌다. 영국 제국주의, 힌두 근본주의, 파키스탄 패권주의에 맞서 싸운 '백 년의 고난'을 영웅적으로 기록했다. 벵골어 운동을 주도한 문인들과 전쟁을 이끌었던 군인들을 주인공으로 위인전기도 편찬했다.

남아시아 현대사도 바로 세우려 했다. 인도와 파키스탄이 1947년을 분기점으로 삼는다면, 방글라데시는 1971년을 획기로 친다. 1971년 전쟁 또한 '제3차 인도-파키스탄 전쟁'이 아니라 '방글라데시 민족해방전쟁'이라고 부른다. 1971년에 가서야 남아시아에 잔존하던 제국주의/식민주의를 완전히 청산하고 세 개의 독립국가로 재편되었다는 것이다. 이러한 시대 구분법을 '탈식민주의적인 도전'이라며 열변하는 다카대학 역사학과 교수 앞에서 나는 대놓고 대꾸하지는 않았다. 분명 남아시아 대분할체제의 복합성을 이해하는 데 일정하게 기여하는 점이 있기 때문이다. 하더라도 아무리 곰곰 따져보아도 20세기 남아시아의 획기는 1947년인 것 같다. 1947년의 대분할이 없었다면 1971년의 소분할 또한 일어나지 않았을 것이다.

혁명국가의 행보는 오래가지 못했다. 수많은 제3세계 신생 국가의 운명을 피해가지 못했다. 처지는 더욱 엄혹했다. 1971년 전쟁으로 1947년 이후 건설된 사회간접시설마저 죄다 파괴되었다. 다카대학 학생들을 비롯한 고급인력의 손실 또한 막대했다. 서벵골로 피난 간 사람들 가운데 살길이 막막한 이들만 방글라데시로 귀환하고, 재력과 학력을 갖춘 이들은 콜카타에 남는 경우가 더 많았다. 방글라데시의 지도자들 또한 국정 운영에 미숙했다. 동파키스탄 시기 중앙권력에서 배제되었던 탓에 훈련과 숙련이 모자랐다. 거버넌스는 부실했고, 민간 역량도 부족했다. 자연이 자비를 베풀지도 않았다. 1974년 대홍수가 난다. 대기근이 잇따랐다. 총체적 난국이었다.

결국 파키스탄 시절과 비슷한 경험이 이어진다. 군부가 나섰다. 1975년 군사쿠데타가 일어났다. 얄궂게도 1970~80년대 방글라데시의 궤적은 1950~60년대 (동)파키스탄과 크게 다르지 않았다. 규모가 축소된 채 반복되었다. 군부의 무력을 통해서만이 간신히 질서가 유지되었다. 군사정부가 물러난 것은 1990년이다.

치타공, 역근대화

2016년, 건국이념 전부가 흔들리고 있다. 사회주의는 구태여 말할 것도 없겠다. 민주주의도 위기다. 선거라는 요식만 남았다. 양대 정당 모두 '봉건적'이다. 각기 다카와 치타공에 거점을 둔 지역 할거 정당이다. 정당 문화도 후지다. 토호들의 가문정치, 세습정치가 만연하다. 애당초 자본과 노동, 보수와 진보라는 정당정치가 작동하기 힘든 토양이다. 인구의 대다수는 농민이고, 노동자 계급은 주로 중동의 산유국에서 일한다. 생활세계는 압도적으로 이슬람을 따른다.

거버넌스의 부실이 뜻밖의 공간을 열어주기도 한다. 기층 단위에서

치타공 항구.

NGO의 활약이 눈부시다. 대표적인 것이 그라민은행이다. 빈곤 여성을
위한 소규모 융자를 제공했다. 그 창의적인 공로를 인정받아 2006년 노
벨평화상도 받았다. 벵골은 노벨문학상(타고르), 노벨경제학상(센), 노벨
평화상(유누스) 수상자를 배출한 이례적인 지역이다. 그러나 현장에서
관찰하니 과장의 혐의가 없지 않다. 1억 6천만을 감당하기에는 그야말
로 소규모다. NGO의 뜻을 새삼 되새기게 된다. 비정부기구다. 정부와
생산적인 협업이 이루어질 때 시너지 효과가 난다. 정부가 작동하지 않
는 곳에서 NGO의 역할은 한정되기 마련이다. 1억이 넘는 인구가 하루
2,500원 남짓 수입으로 살아가는 현실을 해결하는 데 NGO로는 턱없
이 부족하다. 국가의 역량 강화가 필수적이다.

　　그러나 방글라데시도 전 지구적이자 동시대적인 현상, '민주화 이후
의 민주주의'를 앓고 있다. 민주인가 독재인가가 본질이 아닌 것도 같

다. 대다수 방글라데시인에게 공화정과 군주정, 민주정과 군사정의 여부는 그다지 중요하지 않다. 버스가 정기적으로 운행되고, 항만에 배가 들어오고, 공장이 정상적으로 가동되고, 그래서 일용할 양식을 구할 수 있으면 천만다행이다. 내일이 오늘보다 낫지는 않을지언정, 오늘과 비슷한 내일이 지속될 것이라는 '항상성'이 가장 긴요하다. 진보와 발전이 아니라 항산恒産과 항심恒心을 원한다. 대중민주주의, 참여민주주의는 경제성장이 예외적으로 지속된 20세기의 매우 이례적인 정치였을지도 모르겠다는 생각을 갈수록 굳혀가고 있다.

부실한 민주주의를 메워주었던 것은 민족주의였다. 그러나 민족주의 또한 갈수록 모순이 커지고 있다. 당장 제2도시 치타공부터 불만이 팽배하다. 놀랍게도 치타공 시민의 다수는 벵골인이 아니었다. 복장부터가 다카보다는 미얀마의 양곤이나 만달레이에 흡사했다. 남자들은 긴 치마 같은 론지를 두르고 있고, 여자들은 얼굴에 흰색 분칠을 한다. 봄맞이 축제도 인도 아대륙의 홀리가 아니라 동남아시아 송끄란을 따른다. 불교도의 비중도 상당하다. 페르시아 세계보다는 만다라 세계에 속해 있던 곳이다.

치타공은 항만 도시다. 예로부터 세계도시였다. 포르투갈어, 아랍어, 아라칸어, 미얀마어가 벵골어와 뒤섞였다. 벵골만 세계와 인도양 세계의 허브였던 것이다. 그래서 동남아시아의 무슬림들이 메카로 성지 순례를 갈 때면 중간 항구로 삼는 곳이 치타공이었다. 반대 방향으로는 포르투갈 상인들이 남아시아와 동아시아를 연결하는 중간 기착지로 활용했다. 이베리아반도부터 아라비아해의 고아Goa와 남중국해의 마카오와 일본의 나가사키까지 연결시켰던 해양제국 포르투갈도 치타공에 닻을 내렸던 것이다. 이슬람의 문류망과 유럽의 물류망이 이곳에서 교차했다. 바닷사람들에게 '벵골 민족주의'는 답답한 틀이었다. 치타공은 열린 세계가 그리웠다.

그 왕년의 연결망이 예기치 않은 방식으로 복구되고 있다. 미얀마에서 쫓겨난 무슬림계 소수민족 로힝야 난민들의 거주지가 바로 치타공이다. 치타공에서야 로힝야족의 계보를 살펴볼 생각이 들었다. 무굴제국과 미얀마 사이에 자리했던 아라칸국의 후예들이다. 그래서 '산스크리트어를 사용하는 무슬림'이라는 독특한 정체성을 형성했다. 인도 아대륙과 동남아시아의 문화적 연결망이자, 벵골만 세계의 주역 가운데 하나였던 것이다. 그들이 '소수민족'으로 떠돌이 신세가 된 것 또한 국민국가와 국가간체제가 이식된 '장기 20세기'의 사태이다. 따라서 '민주화된' 미얀마 정권에 소수민족의 인권을 보호하라는 빤한 주장만 되풀이해서는 쉽사리 해결될 사안도 아니라고 하겠다. 동남아시아와 남아시아 사이에서 유연하고 부드럽게 작동했던 '벵골만 세계'를 복원해가는 집합적 과제와 연동되어야 할 것이다. 그래야 로힝야족도 기왕의 자유를 회복할 수 있을 것이며, 치타공의 활력 또한 되찾을 수 있을 것이다.

로힝야족 난민 캠프에서는 또 다른 글로벌 연결망도 확인할 수 있었다. 역사상 가장 오래된 비정부기구, 종교다. 종교단체는 시민단체보다 훨씬 오랫동안 활약했던 대표적인 NGO다. 방글라데시 정부기관이 아니라 이슬람 NGO들이 난민 보호를 이끌고 있다. 이 이슬람 연결망 또한 유구하고 유장한 것이다. 14세기 모로코에서 방글라데시까지 이르렀던 인물이 이븐 바투타*였다. 헌데 사시 눈이 없지 않다. 사우디아라비아와 연계된 조직들이 푼돈으로 로힝야족을 테러리스트로 육성하고 있다고 한다. 생거짓말은 아니다. 사우디아라비아에 파견되었던 방글라데

---

     *   모로코 출신의 아라비아 여행가. 아프리카·아라비아·인도를 거쳐 원나라의 대도(大都)까지 약 12만 킬로미터에 달하는 여행기를 남겼다.

로힝야족 난민 캠프.

시 노동자들이 기왕의 페르시아 문명의 수피즘*과는 다른 와하비즘**을 전파하고 있음은 부정할 수 없는 사실이다. 알-카에다가 중동과 동남아를 잇는 중간 거점으로 방글라데시를 지목했다는 소식도 들려온다.

실제로 마지막 남은 건국이념인 세속주의 또한 크게 흔들리고 있다. (재)이슬람화의 물결이 도저하다. 이슬람 난민촌, 이슬람 고아원, 이슬람 구제소, 이슬람 병원 등이 버섯구름처럼 퍼지고 있다. 덩달아 검은 천으로 온몸을 덮은 부르카 복장의 여성도 늘어나고 있다. 마드라사, 즉 이슬람학교의 숫자가 중고등학교의 숫자보다 더 많아졌다는 통계도 있다. 다카대학의 그 역사학자는 '벵골 르네상스'를 자랑했던 지역의 고유함과 독자성이 약화되고 이슬람의 영향이 커지고 있음을 깊이 탄식했다. 문명사가보다는 민족사학자였다.

도시화 현상과 무관치 않다고 한다. 농촌에서 도시로 이주민이 유입될수록 가족과 친족, 마을공동체와 같은 전통적 소속감은 상실된다. 고독한 도시인들이 더욱 자주 모스크를 찾는다는 것이다. 다카의 현재 인구는 1,500만을 넘어섰다. 매년 30만 명 이상이 유입되고 있다. 세계에서 인구가 가장 빠르게 늘어나고 있는 도시 중 하나다. 2025년이면 2,500만의 메가시티가 될 것이다. 2천만 무슬림이 살아가는 거대한 이슬람 도시가 등장하는 것이다.

정치가 생활세계의 변동과 무관할 수가 없다. 양대 정당마저 갈수록

---

*　이슬람교의 신비주의적 경향을 띤 한 종파. 금욕과 고행을 중시하고 청빈한 생활을 이상으로 하는데, 8세기 무렵부터 나타나서 12세기부터 13세기 이후에 많은 교단이 조직되었다.

**　18세기 중엽에 아라비아인 와하브가 창설한 이슬람교의 한 종파. 기성의 종파를 반대하고 극단적인 금욕주의와 원시 이슬람교로의 복귀를 강조하였는데, 뒤에 사우디아라비아의 국교가 되었다.

이슬람으로 기울고 있다. 기층사회에 단단히 뿌리박고 있는 이슬람 조직들과 연계해야 표를 끌어모을 수 있기 때문이다. 그럴수록 이슬람의 입김은 더욱 커져간다. 세속주의를 고수하는 '구세력'과 이슬람의 귀환을 추진하는 '신세력'이 충돌하는 대표적인 장소가 학교다. 아이들을 일반 학교로 진학시킬 것인가, 이슬람학교로 보낼 것인가가 첨예하게 갈리고 있다. 공립학교와 마드라사에서 각기 청소년기를 마친 엘리트들이 조우하는 장소는 대학이다. 세계관의 차이가 현저하다. 세속주의 지식인들과 언론인들이 구타당하거나 살해당하는 일이 심심찮게 일어나고 있다. 일종의 '문명의 충돌'이다.

혁명국가의 쇠락이 비단 방글라데시에 한정된 현상만은 아니라고 하겠다. 일개 국가의 일탈이라기보다는 유라시아 전체의 대세다. 북아프리카, 중동, 중앙아시아, 남아시아, 동남아시아를 막론하고 재이슬람화는 21세기의 가장 강력한 현상 가운데 하나다. 구대륙의 구문명이 재기再起하고 있다. 하여 정보화니 세계화를 서구화나 미국화와 등치하는 독법은 도저히 통용되지 않는다. 도리어 정보화와 세계화의 물결을 타고 가장 빠르게 확산되고 있는 종교야말로 이슬람이기 때문이다. 1,500년의 문명이 최첨단 기술과 뉴미디어와 결합하여 100년의 근대 정치를 잠식해가고 있는 것이다. 더 이상 16억이 소통하는 아랍어 공론장을 외면해서는 21세기를 파악할 수도 없다는 판단이다. 이 반전하는 역근대화De-Modernization의 풍경과 의미는 이슬람 세계로 서진하면서 더욱 소상하게 따져보려고 한다.

인류세

다카에서 치타공까지는 버스를 이용했다. 거리는 250킬로미터. 서너 시간이면 도착할 줄 알았다. 웬걸, 장장 8시간이 걸렸다. 직행버스가 없다. 완행버스다. 중간 중간 정거장에 섰다. 킨들로 책을 읽을 수도 없었다. 고속도로가 아니었다. 군데군데 비포장도로마저 있었다. 교통망이 부실하다. 실은 교통뿐만이 아니다. 전력도 부족하다. 호텔에서도 수시로 전기가 나간다. 인터넷도 깜빡깜빡했다. 석탄과 석유 등 지하자원을 가장 덜 쓰는 나라다. 태양과 대지와 물, 그리고 인간의 근력에 의존해 살아가는 가난한 나라이다.

어쩔 수 없이 창밖으로 시선이 오래 머물렀다. 망망한 벵골 삼각주의 풍경을 원 없이 바라보았다. 허리를 구부려 농사를 짓고 있는 농부들이 보인다. 저들은 3천 년 전 조상과 별반 다르지 않은 생활을 하고 있을 것이다. 홍수로 집이 떠내려가는 풍경을 장탄식하며 지켜보는 모습 또한 수백 년째 이어가고 있을 것이다. 방글라데시는 세계에서 가장 젊은 국가 중의 하나지만, 사람들이 살아가는 꼴은 가장 오래된 모습을 지속하고 있다.

내가 방글라데시를 방문한 것은 5월 초였다. 아직은 하늘이 쾌청했다. 몬순이 비를 뿌리기 전이었다. 이곳 사람들은 6월 첫날에 비가 내린다고 말한다. 치타공에서 비가 오고 닷새가 지나면 콜카타에서도 비가 내린다. 그리고 또 닷새가 흐르면 뭄바이에서도 비가 온다. 6월 중순에는 뉴델리를 적실 것이고, 7월 초에는 카라치까지 이를 것이다. 하늘은 남아시아 대분할체제의 국경을 가리지 않고 차례차례 비를 뿌려간다. 인도양의 몬순은 수천 년째 반복되고 있는, 지구에서 가장 큰 기후체제이다.

그 몬순에도 변화가 생기고 있다. 기후변동이 직접적인 영향을 미치고 있다. 봄 홍수부터 잦아졌다. 히말라야의 만년설이 점점 더 많이 녹아내리고 있는 것이다. 몬순 시즌이 되면 바닷물이 영토를 잠식할 정도로 방글라데시는 저지대에 자리하고 있는 나라다. 해수면 상승의 영향 또한 가장 먼저 받지 않을 수 없다. 2030년까지 해수면이 20센티미터 상승하면, 치타공과 그 일대 천만 명이 위험에 처하게 될 것이라고 한다. 2050년이면 방글라데시의 절반이 바다에 잠식될 수 있다는 암울한 전망도 있다. 벵골만은 점점 더 넓어지고 벵골 삼각주는 줄어들고 있다. 지구가 살아 움직이는 생명체, 가이아임을 실감한다.

　방글라데시는 인류의 활동이 가이아에 직접적인 영향을 미치는 인류세人類世(Anthropocene)로 진입했음을 확인해주는 장소이기도 하다. 지구 온난화는 여전히 뜨거운 논쟁거리다. 다만 확실한 것은 그 시시비비가 이곳 방글라데시에서 판별될 것이라는 점이다. 그리고 그 진위 여부에 따라 세계에서 가장 가난한 이들의 운명이 좌우될 것이라는 사실이다. 어제와 같은 오늘에 감사해하지 못하고, 오늘과 같은 내일을 정체停滯된 것으로 여기며, 어제보다 나은 오늘, 오늘보다 더 나은 내일(=진보)을 보장할 것을 요구하는 근대 정치가 지속되는 한 임박한 파국을 면하기는 힘들 것 같다. 내가 재이슬람화의 물결을 마냥 '퇴행'이라고만 재단하지 않고 면밀히 주시하고 있는 근본적 까닭이다.

020

신新파키스탄, 이슬람 사회주의

"이슬람은 우리의 신념,
민주주의는 우리의 정치, 사회주의는 우리의 경제"

부토, 파키스탄의 전환시대를 열다

1971년은 1947년보다 더한 충격이었다. 심리적·감정적 동요가 엄청났다. 1947년 인도의 대분할은 파키스탄이 주도한 것이었다. 이슬람 국가의 분리독립을 간절히 바랐다. 반면 1971년 파키스탄의 분할은 기필코 피하고 싶은 것이었다. 군사력을 통해서라도 방글라데시의 분리독립을 저지코자 했다. 그러나 무산되었다. 나라의 동쪽 날개가 떨어져 나갔다. 적대적 경쟁국 인도에 군사적으로 완패했을 뿐만 아니라 영토와 인구의 절반마저 잃어버렸다. 파키스탄의 존립 자체가 휘청거렸다. 정체성과 정당성 모두 흔들렸다.

고립감도 증폭되었다. 방글라데시는 인도에 더 가까울 가능성이 컸다. 무굴제국 이래 남아시아의 주역이라 여겼던 펀자브의 자부심에도 깊은 상처를 남겼다. 특히 인도-방글라데시가 합작하여 선동하는 '펀자브 패권주의'는 뼈아픈 대목이었다. 서파키스탄의 다른 주에서도 분리독립을 요구하는 목소리가 터져 나왔다. 과연 파키스탄을 건사할 수 있을 것인가 의문스러운 지경이었다. 그간 나라를 이끌어온 군부에 대한 신뢰도는 바닥으로 떨어졌다. 새 인물과 새 정치가 절실했다. 그때 등장한 이가 줄피카르 알리 부토(1928~1979)이다. 위기의 파키스탄을 도맡아 국가 재건을 주도했다. 20세기 후반 남아시아 지도자 가운데 가장 인상적인 인물이었다. 사상가에 값하는 정치인이었다.

부토는 1928년생이다. 대영제국기의 말미에 태어났다. 명문가의 자제였다. 가학으로는 이슬람을 전수받고, 가정교사에게는 영국식 교육을 받았다. 2차 세계대전이 끝난 1945년에는 뭄바이의 고등학교에 재학 중이었다. 퍽이나 조숙했던 모양이다. 무슬림연맹 대표 진나에게 편지를 쓴다. 사사로운 내용이 아니었다. 힌두교와 카스트 제도는 《코란》과 무함마드(마호메트)의 적이라며, 우리(무슬림)의 사명은 파키스탄 건국이라고 했다. 국민회의와 타협하여 통일 인도를 지속해서는 안 된다고 호소했다. 당장은 학생이라 기여할 수 없지만 파키스탄을 위하여 제 삶을 바치는 날이 오게 될 것이라는 다짐도 새겼다. 일종의 충성 서약이었던 셈이다. 말은 씨가 되었다. 훗날 조국이 그의 숨을 거두어간다.

1947년 파키스탄이 탄생하던 해, 그는 미국으로 떠났다. 남캘리포니아대학(USC)에 입학한다. 몸은 캘리포니아였지만 마음은 편자브에 있었다. 학생 잡지에 열정적인 기고문을 투고한다. 대분할의 수천만 희생에도 불구하고 파키스탄 건국을 옹호하는 내용이었다. 새로운 아시아, 새로운 시대의 이상을 조국에 투사했다. 당시 남캘리포니아대학은 '플레이보이를 위한 학교'라는 평판을 듣고 있었다. 베벌리힐스에서 유유자적하는 부잣집 도련님이 많았던 모양이다. 부토와는 기질이 맞지 않았다. 곧 샌프란시스코로 학교를 옮긴다.

유엔에서의 부토.

캘리포니아주립대학 버클리캠퍼스(UC버클리)에서는 정치학 공부에
전념했다. 마키아벨리, 홉스, 흄, 토인비까지 두루 읽었다. 동시대 정치
인 중에는 네루를 주목했다. 그의 비동맹 외교가 외세에서 자유로운 독
립국가의 품격을 높인다고 여겼다. 인도를 적대하면서도 취할 것은 취
했던 것이다. 역사적 인물 가운데는 나폴레옹을 역할모델로 삼았다. 아
버지의 영향이 컸다. 그의 스물한 살 생일에 아버지가 선물한 책이 나폴
레옹 전기였다. 가죽 양장으로 제본된 다섯 권짜리 대작이었다. 마르크
스 역시 아버지가 소개해주었다. 22번째 생일의 책 선물이 《공산당 선
언》이었다. 실제로 나폴레옹과 마르크스는 부토의 삶에 지속적으로 영
향을 미친다. 나폴레옹에게서 권력의 정치를, 마르크스에게서 가난의
정치를 배웠다고 술회한 바 있다.

　UC버클리 또한 캘리포니아 좌파의 거점 같은 곳이었다. 부토 역시

사회주의 서적을 열독했다. 흥미롭게도 사회주의가 이슬람의 원리에도 부합한다고 접수했다. '이슬람 사회주의'의 맹아가 싹트고 있었다. UC 버클리 다음으로는 대서양 건너 옥스퍼드대학으로 진학한다. 옛 식민모국에서 법학을 공부했다. 이 또한 아버지의 권유를 따른 것이었다.

귀국 직후부터 부토는 출세가도를 달린다. 금수저의 특혜를 한껏 누렸다. 집안 인맥이 원체 든든했다. 1957년 유엔의 파키스탄 대표부에 발탁된다. 불과 30세, 파키스탄은 물론이요, 당시 유엔 대표단 가운데서도 가장 어렸다. 1958년에는 상무부 장관에 취임한다. 역시 최연소 장관이었다. 1960년에는 산업자원부 장관으로 승진하고, 1963년에는 외교부 장관이 된다. 30대 중반의 나이에 국가의 향방을 좌우하는 가장 중요한 직책에 앉게 된 것이다.

외교부 장관이 되면서부터 그의 본색이 드러나기 시작했다. 부토는 민족주의자이자 사회주의자이며 이슬람교도였다. 당장 중국과의 관계 개선에 나섰다. 중화민국이 아니라 중화인민공화국을 중국의 대표로 인정하겠다고 했다. 베이징 방문과 마오쩌둥과의 회동으로 일약 국제적인 인물로 떠올랐다. 발칵 뒤집힌 것은 워싱턴이었다. 파키스탄은 소련과 중국을 동시에 견제할 수 있는 최적의 위치에 자리한 동맹국이었다. 그 나라의 외교부 장관이 한마디 상의도 없이 '중공'Chi-Com의 수뇌와 악수를 나눈 것이다. 곧장 아유브칸에게 압력을 가한다. 부토의 자질과 재주를 아끼던 칸도 패권국의 압박을 버텨낼 수는 없었다. 결국 1967년 외교부 장관에서 물러난다.

그러나 도리어 부토를 키워준 꼴이었다. 금수저 관료에서 '인민의 지도자'로 거듭났다. 1967년 7월 21일, 부토의 퇴임 연설을 듣기 위해 라호르에 인민들이 집결했다. 특히 청년 학생이 많았다. 파키스탄의 68혁명에는 두 명의 영웅이 있었다. 런던의 타리크 알리, 그리고 펀자브의 부토이다. 양자 간에 차이는 있었다. 알리는 천생 지식인이었다. 런던에서 좌파 잡지를 편집하며 담론적 영향력을 행사했다. 반면 부토는 정치인이었다. 현실에서, 현장에서 역사를 만들어갔다. 아유브칸의 반대편에 선 대항 정치인으로 우뚝 서게 된 것이다.

물 들 때 노 저어야 한다. 그는 전국을 순회하며 대중연설을 시작했다. 그 기세를 모아 1967년 11월 30일, 파키스탄인민당도 창당했다. "이슬람은 우리의 신념, 민주주의는 우리의 정치, 사회주의는 우리의 경제, 모든 권력은 인민에게"를 표방했다. 군사독재에 저항하는 민주화 운동의 출발이었다. 그리고 1969년, 기어이 아유브칸을 끌어내린다. 68혁명의 성공이었다. 그러나 전면적 승리는 아니었다. 또 다른 군인 야히아칸이 권력을 계승했다. 다만 1970년 총선을 약속했다. 부토는 파키스탄인민당을 중심으로 범좌파연합을 주도했다. 그리고 서파키스탄에서 압승을 거둔다. 1971년 방글라데시가 분리독립하고 야히아칸 정부가 붕괴하자, 서파키스탄에 남은 것은 부토와 파키스탄인민당뿐이었다. 자연스레 부토에게 권력이 이양되었다. 그러나 단순한 권력 교체가 아니었다. 반공주의 군사독재 국가에서 '이슬람 사회주의 국가'로의 전면적인 변화였다. 파키스탄판 '전환시대'가 열린 것이다.

천 년의 문명, 백 년의 이념

1973년 새 헌법이 발포된다. 의회제로 운영되는 이슬람 공화국을 표방했다. 부토는 초대 총리가 되었다. '사회주의 파키스탄'이라는 새 정치에 나선 것이다. 건국 이래 지난 25년과 정반대의 방향이었다. 미국이 파키스탄을 모델로 삼아 입안한 '반공주의 개발독재'에 반기를 든 것이다. 그렇다고 소련식 공산주의를 추수한 것도 아니었다. 과학적 사회주의, 신神 없는 사회주의는 사절했다. 이슬람 사회주의, 즉 알라와 더불어 하는 사회주의를 추구했다. 천 년의 문명에 백 년의 이념을 결합했다. 이성과 영성의 조화를 꾀했다.

1972년 철강과 전력, 화학 등 주요 산업을 국유화한다. 1974년에는 은행도 국유화했다. 노동자의 권리를 신장하는 법률을 제정하고, 노동조합의 권한도 대폭 강화했다. 지주의 토지 소유권을 제한하고, 정부가 직접 소농과 소작농을 보호하고 지원하는 제도도 마련했다. 부패와의 전쟁도 펼쳤다. 행정부와 군부의 고위인사 2천여 명이 퇴출되었다. 흥미로운 것은 이 정책들을 실현해가는 과정에서도 다분히 의식적으로 '무사왓'이라는 단어를 활용했다는 점이다. '무사왓'은 '평등'을 뜻하는 《코란》 속의 아랍어다. 최신의 사회주의적 개혁 프로그램을 통하여 오래된 이슬람 정신을 만개시킨다는 속뜻을 담고 있었다.

교육 정책도 인상적이다. 기왕의 마드라사를 고수한 것도 아니고, 군사정부 아래 영미식 교육을 지속한 것도 아니다. '마드라사의 근대화'를 추진했다. 그의 임기 중에 6,500개의 초등학교가 신설되고, 900개의 중학교가 만들어졌다. 고등학교는 407개를 보태었다. 전문대학은 51개, 일반 대학은 21개를 세웠다. 그 모든 학교에서 이슬람 교육을 의무화했다. 학교와 교회를 분리한 것이 아니다. 교육 현장에서 성과 속을 공존시켰다. 이성을 연마하는 한편으로 영성도 고양하고자 했다.

1974년 이슬라마바드에 콰이드-이-아잠 대학과 알라마 이크발 개방대학이 들어선다. 콰이드-이-아잠Quaid-I-Azam은 '위대한 지도자'라는 뜻의 우르두어로 파키스탄 건국의 아버지 무함마드 알리 진나를 기리는 대학이며, 알라마 이크발Allama Iqbal은 파키스탄의 철학적 기초를 세운 시인이자 사상가인 알라마 이크발(1877~1938)*을 받드는 대학이다.

두 학교 모두 세계 최고 수준의 이슬람학을 자랑하는 명문 대학이다.

'이슬라마바드'라는 새로운 수도 이름에 걸맞은 이슬람학의 메카를 지향한 것이다.

종교만 앞세우지도 않았다. 과학도 동시에 발전시켰다. 1975년에는 이크발의 이름을 딴 의과대학도 세워진다. 1974년 나티아갈리에서는 해외 과학자와 파키스탄 과학자가 교류하는 국제물리학회의가 처음 열려 오늘날까지 이어지고 있다. 1976년에는 이론물리학 연구소도 세운다. 핵무기를 자체 개발한 파키스탄의 물리학 발전 또한 부토의 진두지휘에 의한 것이었다. 이슬람은 오래전부터 수학, 화학, 의학 등에서 독보적인 성취를 일군 문명이었다. 20세기의 현대과학과 전혀 배타적이지 않았다.

또 다른 혁신대학으로 이슬라마바드의 인민개방대학을 꼽을 수 있다. 가난한 학생에게 무료로 고등교육의 혜택을 베풀었던 국립대학이다. 신파키스탄이 지향하는 '이슬람 사회주의'를 체현한 대표적인 교육기관이었다고 하겠다. 1970년대 파키스탄은 온통 '교육혁신국가'였다.

범아시아주의와 범이슬람주의

그래도 부토 하면 역시 외교 정책이다. 1950년대 인도에 네루가 있었다면, 1970년대 파키스탄에는 부토가 있었다. 1966년 8월 런던을 방문한다. 외교부 장관으로서 공식 방문이었지만, 타리크 알리와의 사적인 만남도 있었다. 알리의 초청으로 파키스탄 유학생을 대상으로 연설할 기

---

* 펀자브 라호르에서 태어나 유럽에서 철학과 법학을 공부했다. 〈페르시아 형이상학〉으로 학위를 받고, 《파키스탄 구상》(1930)을 집필하여 파키스탄 건국의 사상적 지주 역할을 했다. 《이슬람에서의 종교사상 재건》을 대표작으로 꼽을 수 있다.

회를 가진 것이다. 바로 이 자리에서 아시아-아프리카 연대와 제3세계 연합을 주도하는 국가로서 파키스탄의 야심찬 비전을 제시한다.

허장성세로 그치지도 않았다. 동남아시아조약기구(SEATO)와 중앙조약기구(CENTO) 모두에서 탈퇴한다. 미국과의 군사동맹기구에서 자진 사퇴한 또 다른 사례가 있었는지는 모르겠다. 1965년 시작된 베트남전쟁에서는 (북)베트남 편을 들었고, 1967년 발발한 아랍-이스라엘 전쟁에서는 아랍 편을 들었다. 기존의 친미 노선을 철회하고 주체 노선으로 갈아탄 것이다. 1969년 그의 세계관과 정치적 비전을 집약한《독립이라는 신화》The Myth of Independence라는 책도 출간한다. 그의 묘로 가는 길에 읽어보았다. 짧지만 단단한 글이었다. 단숨에 읽힐 만큼 선동적이기도 했다. 1970년대 세계 학계를 풍미한 사미르 아민*의 종속이론과 에드워드 사이드**의 오리엔탈리즘을 선취하고 있었다.

명민한 지성의 부토는 가슴마저 뜨거운 야심가였다. '전환시대'가 자신을 요청한다는 사명감과 소명심에 불타올랐다. 인도의 네루는 이미 죽었고(1964), 인도네시아의 수카르노는 군사쿠데타로 축출되었다(1965). 중국은 문화대혁명(1966)의 소용돌이 속으로 빨려들어가고 있었다. 마오쩌둥도, 저우언라이도 국제적인 임무를 수행하기 힘들었다. 베트남의 호찌민 역시 전쟁 수행에 급급했다. 아시아의 새로운 지도자가 필요했다. 본인이라고 생각했다. 유엔에서 사회생활을 시작했고, 외교

---

* 이집트 출신으로 프랑스에서 활동했던 마르크스주의 이론가. 제3세계론, 유럽 중심주의, 정치적 이슬람 등에 관하여 중요한 연구 및 비평 작업을 수행했다.

** 팔레스타인 출신의 미국 영문학자이자 문명비평가. 제국주의에 근거한 서양 위주의 사고방식을 비판하면서 평생 팔레스타인의 독립을 위해 노력했다. 저서로는《오리엔탈리즘》(1978) 등이 있다.

부토-닉슨-키신저의 백악관 회동.

1963년 부토(왼쪽)와 마오쩌둥의 회동.

1974년 라호르에서 개최된 범이슬람회의.

부 장관으로서 경험도 풍부했다. 동쪽으로는 중국, 베트남, 태국, 라오스, 미얀마, 북조선을 방문했고, 서쪽으로도 중동과 북아프리카 국가들을 순회했다. 서독과 동독을 동시에 방문한 뒤 폴란드와 소련을 찾아서 세계의 이목을 집중시킨 바도 있다. 동아시아와 서아시아를 잇는 자리에 파키스탄이 있었고, 소련과 중국을 접한 곳에 파키스탄이 있었다. 유라시아의 가교국가로 파키스탄을 다시 자리매김했다.

　그의 신아시아 구상에서 핵심은 중국이었다. 파키스탄과 중국의 유대가 아시아의 미래를 결정지을 것이라고 했다. 제3세계의 발전과 진보는 세계에서 가장 큰 나라의 운명과 결부되지 않을 수 없다는 것이다. 유엔에서 중화인민공화국 승인의 선봉장 역할을 한 것도 그였다. 중국 없이는 아시아의 어떠한 문제도 해결할 수 없다는 견해를 처음 개진한 인물이 부토였다. 부토의 조언을 경청한 예외적인 지식인이 미국에도 한 명 있었다. 바로 헨리 키신저다. 키신저가 중국의 문을 열어간 '전환 시대'의 행보는 부토를 답습한 것이었다. 닉슨이 마오쩌둥과 악수를 나눈 것(1972)도 부토(1963)보다 10년가량이나 늦은 것이었다.

그렇다고 친중파의 혐의를 씌우는 것은 공정하지 못하겠다. 동쪽으로 편향되지도 않았다. 동시에 서쪽을 향하여 범이슬람주의도 내세웠다. 그는 신심 깊은 무슬림이었다. 무신론이 뿌리 깊은 유교 문명의 사회주의 국가와는 근본적인 상이점이 있었다. 1974년 2월 라호르에서 개최된 범이슬람회의Pan-Islamic Summit가 상징적이다. 이집트, 시리아, 리비아, 사우디아라비아, 말레이시아 등 전 세계 38개 이슬람 국가들이 참여한 성대한 국제 행사였다. 일순 파키스탄이 이슬람 세계의 중심인 듯했다. 알제리의 민족해방전쟁 승리를 기리고, 팔레스타인의 민족해방 투쟁을 지지했다. 부토는 이집트의 나세르부터 리비아의 카다피까지 앞에 두고 열정적으로 연설/설교했다. 진정한 이슬람은 동/서를 가르지 않고 물질/정신을 나누지 않는다며, 파키스탄이 물질주의적 서방과 정신주의적 동방의 가교가 될 것이라는 웅장한 구상도 피력했다.

핵국가 파키스탄을 공식적으로 표방한 것도 범이슬람회의에서였다. 기독교, 유대교, 힌두교 문명 모두 핵무기를 가졌다. 신앙을 배타한 양대 공산주의 국가 역시 핵무기를 보유하고 있다. 오로지 이슬람 문명만 핵무기를 가지고 있지 못하다며 핏대를 세웠다. 불공정하고 불합리하며 부조리한 국제질서의 산물이라며 목청을 높였다. 1974년 범이슬람회의 (라호르)와 국제물리학회의(이슬라마바드)가 동시에 열린 것 또한 결코 우연이 아닐 것이다. 치밀하게 준비하고 연출된 행보였다.

그러나 이슬람과 핵무기의 결합은 미국이 도저히 좌시할 수 없는 사태였다. 부토를 만류하기 위해 급파된 인물이 또 키신저였다. 그러나 두 사람의 재회는 불쾌하게 끝을 맺는다. 한때 중국을 통한 냉전 돌파라는 기획에서 의기투합했던 두 인물은 파키스탄의 핵무기 개발을 두고 첨예하게 대립했다. 결국 핵 개발을 중지할 것을 압박하는 키신저를 홀로 남겨두고 부토가 먼저 자리를 박차고 나선다. 적막이 흐르는 빈 방에서 리얼리스트 키신저는 무슨 생각을 했을까. 부토의 최후와도 직결되는 순간이었다.

'유라시아 이니셔티브'

1977년 재차 쿠데타가 일어난다. '이슬람 사회주의' 아래서 영향력을 상실해가던 군부의 청년 장교들이 앞장섰다. 부토는 엉뚱하게 살인 혐의로 피소되었다. 사법부는 사형을 선고했다. 잘 짜인 각본처럼 일사천리로 진행되었다. 그와 인연을 맺었던 해외 지도자들이 석방과 선처를 요구했다. 특히 부토의 연설에 감화 받고 영감을 얻었던 카다피는 리비아 망명이라는 타협책을 파키스탄 군부에 제시했다. 부토를 리비아로 이송하기 위해 파견된 특사가 이슬라마바드 공항에서 일주일이나 대기했다. 그러나 끝내 사형이 집행되었다. 1979년 4월 4일, 부토는 형장의 이슬로 사라진다. 사법살인이었다. 이슬람 세계 전체가 경악했다.

음모론이 무성하다. 쿠데타의 배후에 미국이 있었을 것이라는 말이다. 문서로 드러난 바는 (아직) 없다. 진실은 키신저의 비밀 메모나 CIA의 보고서가 공개된 후에나 밝혀질 것이다. 현재로서는 정황 추론만 가능하다. 미국의 사전 승인이나 교감 없이, 혹은 묵인하겠다는 의사 없이 합법적으로 선출된 정부를 군부가 뒤집을 수 있었을까? 4년 전 남태평양 건너 비슷한 사례가 있었다. 1973년 칠레의 아옌데 정권 전복이다. 미국이 보기에 부토는 아옌데보다 더 위험한 인물이었다. 사회주의자에 그친 것이 아니라, 핵무장 이슬람 국가마저 추진하고 있었다. 우연찮게

부토의 이슬람식 영묘.

도 부토가 사망한 바로 그해, 동북아시아의 한 독재자도 암살당한다. 그 역시도 미국의 뜻을 거스르고 핵무기 개발을 추진했던 인물이다. 6개월의 시차가 난 부토의 사형과 박정희의 암살은 전혀 무관한 사태였을까? 지금으로서는 아무것도 확언할 수가 없다.

부토의 처형 이후 파키스탄은 미국에 충성하는 동맹국으로 회귀했다. 걸프만 산유국들의 오일 달러를 수호하는 역할이 파키스탄 군부에 맡겨졌다. 펀자브 출신 장교와 군인들이 사우디아라비아와 아랍에미리트 등으로 파견되었다. 아랍에미리트의 두바이와 아부다비 건설을 사수하는 역할도 이들이 수행했다. 대영제국 아래 펀자브가 했던 역할을 고스란히 계승한 것이다. 이득이 없지 않았다. 아니, 상당했다. 중동의 오일 머니가 파키스탄 군부의 뒷주머니로 흘러들었다. 무력에 금력까지 갖춘 독보적인 집단이 되었다.

부토가 제거된 이듬해(1980), 미국의 한 젊고 똘망똘망한 국무부 관료가 파키스탄을 방문했다. 그리고 '파키스탄 안보 보고서'를 작성한다. 파키스탄의 군사독재 유지가 오일 달러의 사수에 얼마나 중요한지를 강조하는 내용이었다. 작성자의 이름이 퍽이나 흥미롭다. 프랜시스 후쿠야마다. 1989년 《역사의 종언》이라는 희대의 논문을 발표한 바로 그 후쿠야마다. 키신저부터 후쿠야마까지, 적지 않은 미국의 브레인들이 파키스탄을 주목했던 것이다. 그만큼 파키스탄은 유라시아 지정학의 요충 국가이다.

부토는 갔지만 그의 글은 남았다. 꽤나 많은 글을 남기고 갔다. 한데 모아서 논문으로 써야겠다는 생각이 일 만큼 흥미로운 지점도 많았다. '유라시아 이니셔티브'의 원형이라고 함직한 내용도 엿보인다. '이슬람 사회주의'를 양 날개로 크게 펼쳐 유라시아 전체를 아울렀다. 사회주의 국제주의와 범이슬람주의와 범아시아주의를 통합하고자 했다. 그래서 베를린부터 모스크바와 베이징을 거쳐 평양까지 가닿는 경제 합작의 청사진을 제시했다. 눈을 찌르는 대목은 그의 유라시아 구상에서 일본을 제외했다는 점이다. 일본이 커지는 것은 곧 아시아에서 미국의 영향력이 확대되는 것을 의미한다고 보았기 때문이다. 지금의 현실에 비추어 보아도 크게 틀리지 않은 진술이다. 번뜩이는 직관이고, 예리한 통찰이다.

1979년 그는 갔지만, 그의 소망마저 사라진 것은 아니었다. 바로 그해 중국과 이란에서 '장기 21세기'의 서막을 알리는 중차대한 변화가 일어난다. 덩샤오핑의 개혁개방과 호메이니의 이슬람 혁명이 동시에 발진했다. 중화세계의 귀환과 이슬람 세계의 중흥을 알리는 획기적인 사건이었다. 그리고 그 두 방향의 역사 조류는 목하 일대일로를 통하여 하나의 대세로 합류하고 있다. 파키스탄이 일대와 일로를 잇는 연결 국가라는 점, 중국과 중동 사이에 자리한 가교국가라는 점이 예사롭지 않다. 부토의 사상과 구상에서 이미 일대일로의 청사진을 간취할 수 있는 것이다. 선견지명先見之明이란 이럴 때 쓰는 말일 것이다. 지난 백 년을 회고하며 다른 백 년을 다짐할 때 반드시 기억해야 할 인물임에 틀림없다. 그의 무덤 앞에서 오래 묵념했다.

021

제3의 대국, 팍스 인디카

샤시 타루르와의 대화

비동맹과 다동맹

2010년 인도에서 발간한 국가안보 보고서가 흥미롭다. 인도를 세계 5
대 강대국으로 자리매김했다. 미국, 중국, 일본, 러시아 다음이다. 옛 식
민모국 영국은 물론, 유럽의 최강국 독일보다도 앞에 두었다. 갸우뚱하
는 사람이 적지 않을 것이다. 종합 국력을 산출하는 기준에 시비를 걸
어볼 수도 있겠다. 중요한 것은 자의식의 변화다. 객관적 지표 이상으로
세계 속 인도의 위치와 위상에 대한 자기 인식이 극적으로 변하고 있다.
내가 보태고 싶은 점도 하나 있다. 이 다섯 나라들 가운데 인도가 가장
젊은 국가라는 점이다. 국민 평균 나이가 28세, 팔팔한 청춘 국가다. 인
구의 65퍼센트가 35세 이하이며, 25세 이하의 인구만 5억 5천만에 이
른다. 이들이 인도의 주역이 될 30년 후, 즉 건국 100주년이 되는 2047
년의 인도를 상상해본다. 일본과 러시아는 가뿐히 앞서갈 공산이 크다.

미국, 중국과 더불어 천하를 삼분할 가능성이 높다.

2012년에는 《비동맹 2.0》이라는 보고서도 발간되었다. 21세기 인도의 대외 정책을 종합한 준공식적인 문건이다. 교수, 외교관, 군 장성, 언론인 등 대표적인 전략가 8명이 공동 집필했다. 그간 인도에서는 인도의 규모에 걸맞은 세계전략, 장기적인 대계Grand Design의 부재를 지적하는 목소리가 많았다. 화평굴기, 조화세계, 책임대국, 신형 대국관계, 일대일로 등 새로운 개념을 연신 발신하고 있는 중국에 견주면 확실히 그런 바가 없지 않았다. 그런데 마침내 인도에서도 외교의 종합적인 청사진을 제안하는 대전략이 제출된 것이다. 이 또한 자의식 변화와 무관치 않을 것이다.

'비동맹'은 독립 초기 네루 총리의 정책 브랜드였다. 세계를 미/소가 강요하는 냉전 구도로 인식하지 않았다. 신생 독립국가의 제1과제는 좌/우 양단간의 선택이 아니라고 했다. 내부 분열을 피하고 외부 개입을 차단하여, 국가를 건사하는 것이 으뜸 과제였다. 동/서 양 진영에서 모두 자유로운 국가적 자율성 확보에 주력한 것이다. 공교로운 것은 그의 딸이 집권했던 1970~80년대에 비동맹 노선이 크게 굴절되었다는 점이다. 소련으로 편중되고 말았다. 인도 외교사를 서술한 교과서를 보더라도 유독 1980년대가 소략하다. 아프가니스탄에 세워진 소련의 괴뢰 정권*을 지지했던 것을 최대의 불명예로 삼는다. 비동맹의 암흑기였다.

'비동맹 2.0'은 무엇인가? 해양과 대륙 사이, 인도-태평양과 유라시아 사이에서 균형을 취하겠다는 의지의 표명이다. 미국은 거듭 인도에

---

* 1979년, 아프가니스탄의 이슬람 정권 수립에 반대하며 사회주의 체제를 지속시키려는 소련이 개입함으로써 10년이 넘도록 전쟁이 지속되었다. '소련판 베트남전쟁'이라고도 불리며, 1991년 소련의 와해에도 적지 않은 영향을 미치게 된다.

구애하고 있다. 미국-일본-호주로 이어지는 해양 동맹에 인도를 편입시키고자 한다. 장차 미일동맹만으로는 중국을 감당하기 힘들기 때문이다. 인도를 키워 중국을 견제하자는 1960년대 갤브레이스-케네디의 '인도 모델'의 최신판이다. '민주주의 가치동맹'이라고 세련되게 포장하는 방식 또한 판박이로 닮았다.

그런데 인도가 미국/일본과 크게 갈리는 지점이 있다. 반식민주의, 반제국주의 역사다. 이 방면으로는 중국과 공감대가 크다. 서세동점의 물결에 기민하게 타고 올라 승승장구했던 일본과는 달리 인도와 중국은 현대사의 굴욕을 맛보았다는 경험적 유사성이 있다. 아편전쟁의 발발과 무굴제국의 종식은 동시대적 현상이었다. 아시아의 양대 문명대국이었다는 역사적 자부심도 무시 못할 대목이다. 양국 정상이 만나면 늘 불교를 매개로 했던 누천년 교류사를 아름답게 복기한다. 브릭스(BRICS)와 상하이협력기구(SCO), 아시아인프라투자은행(AIIB) 등에서 중-인 합작이 전개되고 있는 밑바탕이다. 민주주의와 반제국주의 사이, 인도는 어느 쪽에 더 가까운가? 인도-태평양과 유라시아 사이, 인도는 어느 방향으로 나아갈 것인가? 미국이 주도하는 일극 세계의 지속이냐, 중국이 추진하는 다극 세계로의 재편이냐, 13억 인도의 선택이 관건적이다.

여기 '비동맹 2.0'은 여전히 소극적이라며 '다동맹'Multi-Alignment을 주창하고 나선 인도의 지식인이 있다. 샤시 타루르Shashi Tharoor다. 양자 중 하나를 선택할 것이 아니라 양자를 모두 아우르는 '제3의 대국'으로서 인도가 역할을 해야 한다고 주장한다. 한국과도 무관치 않은 인물이다. 악연이라고도 할 수 있다. 2006년 유엔 사무총장 선거에서 반기문에게 석패한 후보가 바로 타루르였다. 그는 유엔에서 잔뼈가 굵은 국제관료였다. 20대였던 1978년부터 업무를 시작해 근 30년을 유엔에만 몸

담아 일했다. 선거 당시 50세로 매우 젊은 편에 속했지만, 경험과 경력만큼은 출중했던 것이다. 그럼에도 고배를 마신 것은 미국이 반대했기 때문이라는 후일담이다. 유엔 내부에서 신망이 두터운 타루르가 사무총장이 되면 미국의 영향력 행사가 힘들어질 것을 우려했기 때문이다. 반면 반기문은 고분고분하고 고만고만한 인물이었다. 한국은 불법적이고 부도덕한 아프가니스탄전쟁(2001)과 이라크전쟁(2003)에 파병해준 몇 안 되는 충실한 동맹국이었고, 반기문은 당시 외교부 장관이었다. 기특하고 갸륵해 보였을 것이다. 패권국의 입맛에 따라 두 인물의 운명이 갈라졌던 셈이다.

내 나라 출신이 '세계의 대통령'이 되었다는 사사로운 관점을 버리고 천하위공天下爲公의 시야에서 보자면 유엔 사무총장에 더 적합한 사람은 타루르였다. 그의 풍부한 경험과 빼어난 식견이 태평천하에 한층 기여했을 것이다. 소신 없이 처신으로 일생을 영달한 출세지향형 인간이 아니었다. 반기문 사무총장 또한 그의 자질만은 인정했던 모양이다. 부총장직을 제안했다. 하지만 거절한다. 그리고 평생을 헌신했던 유엔 조직을 아주 떠나버린다. 인도로 돌아와서는 정치인이 되었다. 국민회의 소속으로 케랄라주 의원이 된다. 국민회의는 이 국제적인 인사를 십분 활용했다. 당 대변인도 시키고, 외교부 장관도 맡겼다. 그러나 제 정당에만 충성하는 당파적 인물도 아니었다. 인도인민당(BJP) 출신 모디 정부의 정책을 옹호하는 발언이 빌미가 되어 국민회의 대변인에서 물러나야 했다. 할 말은 하는, 소신파다.

국제 행정가와 정치인 경험만 있었다면 구태여 타루르를 만나고자 하지는 않았을 것이다. 타고난 문인이기도 했다. 열 살 때부터 글을 썼다고 한다. 신동이었다. 지금까지 출간한 책이 50권을 넘는다. 게다가 장르도 불문이다. 인문사회 서적은 그렇다 쳐도, 소설까지 잘 쓴다. 베스트셀러도 여럿이다. 지성과 감성을 골고루 갖추었고, 이론과 실무를 두루 겸비했다. 또 대학에서는 역사학을 전공했다. 그와 나눈 네 시간의 대화 가운데 '역사학도로서'as a student of History라는 표현을 여섯 차례 나 썼다. 그래서인지 인도에 관한 교양서 가운데 그가 집필한 책들이 내 취향에도 딱 들어맞았다. 장기 지속적인 문명사의 지평에서 20세기 인도의 경험을 짚는 안목이 발군이었다. 특히나 최근에는 21세기의 인도와 세계를 전망하는《팍스 인디카》PAX INDICA : India and World of the 21st Century까지 출간한 마당이다. 인터뷰를 하기에 적임자가 아닐 수 없었다.《비동맹 2.0》과《팍스 인디카》를 기본 텍스트로 삼아 나누었던 그와의 대화를 소개한다.

남아시아: Neighbor First

이병한　　한국에서는 남아시아 뉴스가 드문 편입니다. 집단 강간 같은 지극히 자극적인 소식만 대서특필되고는 하죠. 그래서 인도, 파키스탄, 방글라데시가 무굴제국과 대영제국을 거치며 근 500년의 정치공동체를 지속했다가 20세기 후반 분할된 국가라는 사실조차 잘 알려진 것 같지 않습니다. 그런데 대분할체제 이상으로 중요한 것은 그 비대칭성인 것 같습니다. 삼분되었음에도 불구하고 인도의 규모가 압도적입니다.

타루르　　비대칭성은 남아시아 국제관계의 가장 큰 특징입니다. 인도가 거인처럼 자리하고 있습니다. 남아시아 8개국에서 인도가 차지하는 비중을 수치로 따져볼까요? 면적은 70퍼센트를 차지합니다. 인구는 75퍼센트입니다. GDP는 80퍼센트에 달합니다.

이　　동아시아에서도 중국의 비중이 압도적입니다. 그래도 그 비대칭성

샤시 타루르.

의 격차는 남아시아처럼 현저하지 않은 것 같아요. 일본은 여전히 세계 3대 경제대국이고, 미일동맹은 견고합니다. 중국의 규모를 상대할 수 있는 세력 균형이 작동하는 셈이죠. 그러나 남아시아에서는 이에 견줄 만한 대상이 없더군요. 2억이 넘는 인구에 핵무기까지 보유한 파키스탄조차 인도 앞에서는 '소국'이라 하지 않을 수 없습니다.

타 인도와 파키스탄의 격차는 대분할 당시부터 뚜렷했던 것입니다. 파키스탄은 출발부터 예외적인 탈식민 국가였습니다. 식민모국의 행정력을 거의 계승받지 못했어요. 콜카타도 뉴델리도 모두 인도에 귀속됩니다. 대영제국의 핵심 유산이 부재한 채로 새 국가를 만들어야 했던 것이지요. 파키스탄에 속한 영토 또한 경제적으로 낙후한 지역이 많았습니다. 면적으로는 인도의 3할, 인구로는 인도의 2

할, 종합 국력으로는 인도의 1할 정도에 불과했습니다.

이 그럼에도 인도/파키스탄의 분할체제가 남아시아 현대사를 규정했
던 것은 파키스탄의 군사력이 강했기 때문이라고 봐야겠죠?

타 인도를 부정하는 것을 건국이념으로 삼은 파키스탄은 미국과의 군
사동맹을 선택했습니다. 거의 모든 영역에서의 국력 차에도 불구하
고 군사력만큼은 균형을 이루었죠. 그러나 과대 성장한 군부의 존
재가 인도-파키스탄 관계의 정상화에 장애가 되고 있습니다. 비대
해진 군부가 남아시아의 화해 조류에 거듭 딴죽을 거는 것이지요.
그들의 기득권을 유지하기 위하여 이슬람 근본주의를 수용하기도
합니다. 인도-파키스탄 정상회담이 열리고 나면 어김없이 파키스
탄의 수구파와 이슬람 근본주의자들이 합작하여 테러가 일어나고
는 합니다. 그러면 인도에서도 다시 힌두 근본주의 세력이 기승을
부리게 되지요. 특히 선거 국면에서 대분할체제를 악용하는 경우가
적지 않습니다. 파키스탄에서는 인도를 표적으로 삼고, 인도에서는
파키스탄을 적대하면서 표를 구합니다.

이 한국에서는 그런 기제를 '적대적 공존'이라고 표현합니다. 북조선
을 선거에 악용하는 것을 '북풍'이라고도 하지요. 이슬람 근본주의
와 군사국가의 결합은 파키스탄의 건국이념과 가장 동떨어진 모습
이기도 할 텐데요. 인도와의 적대적 경쟁이 파키스탄의 역사 경로
를 굴절시킨 것이라고 하겠습니다. 저로서는 분단체제하의 북조선
을 연상케 합니다. 실제로 두 나라는 핵무기 개발에서 긴밀하게 공
조한 적도 있었죠.

타 '적대적 공존'보다는 '적대적 의존'이 더 적절한 표현 같습니다.

이 파키스탄 외에도 남아시아에는 여러 소국이 있습니다. 그런데 주변
국 간에도 비대칭성이 역력하더군요. 방글라데시, 네팔, 부탄, 스리

랑카, 몰디브, 아프가니스탄을 합해도 파키스탄에 못 미칩니다. 인도와는 비교 불가이고요.

타 지리적으로도 인도의 중심성이 두드러지지요. 인도만이 주변 소국들과 국경을 맞대고 있습니다. 아프가니스탄을 제외하면 모든 국가와 육지와 바다로 연결되어 있습니다. 달리 말해 남아시아의 다른 소국들은 인도 외에는 직접 접촉하고 있지 않은 것입니다. 인도를 통해야만 서로를 만날 수 있다고 할까요. 남아시아의 국제관계가 인도를 축으로 전개될 수밖에 없는 이유이지요.

이 네팔, 부탄, 몰디브와 인도의 관계 또한 유럽식 '국가간체제'로는 설명하기 힘들다는 생각이 듭니다.

타 부탄은 오랫동안 인도의 '보호국'에 가까운 관계를 유지했습니다. 인도가 부탄의 내정에 간섭하지는 않지만, "대외관계에 관해서는 인도 정부의 조언과 지도를 받는다"라는 조항이 명시되어 있었죠. 부탄이 유엔에 가입한 것도 1970년대이고요, 이 조항이 개정된 것은 2007년입니다. 1947년 이후 60년 만에 규범적 의미에서의 '국가간체제'로 전환된 것입니다.

이 그러나 여전히 인도의 준보호국 같다는 인상이었습니다.

타 실제로 그런 측면이 크지요. 지금도 부탄의 공공지출의 절반 이상이 인도의 원조에 의한 것입니다. 네팔 역시 '특수 관계' 속에서 사실상의 인도 세력권에 편입되어 있고요. 몰디브에서도 반정부 세력이 반란을 일으키면 인도군이 파병되어 진압한 사례가 있었죠. 사실상 인도군이 남아시아의 경찰 노릇을 하고 있는 셈입니다.

이 소국연합으로도 인도와 견줄 수 없는 힘의 차이가 분명하다면, 남아시아의 평화체제 또한 기존의 '국제질서'나 '세력 균형'과는 다른 차원에서 탐색할 수밖에 없을 것 같습니다. 제가 부탄의 사례가

인상적이었던 것도 부득부득 '독립국가'로 홀로 서야 한다는 근대
적 강박관념에서 자유로워 보였기 때문입니다. 국가간체제는 상호
간에 에너지 낭비가 심한 고비용 저효율 체제 같거든요. 특히 소국
의 국력 소모가 더 심할 수밖에 없고요. 국가간체제의 기원이 유럽
내전인 30년 종교전쟁*에 있었다는 점은 여러 가지로 의미심장합
니다.

타 아무래도 인도의 역할이 중요합니다. 남아시아 역내 관계를 원만
하게 관리하지 못하면 대국(Great Power)의 지위에도 도달하기 어렵
겠죠. 인도와 소국 사이의 1 : 1 관계는 역시 피차간에 부담스럽습
니다. 압도적인 우위의 상대와는 대립과 적대보다는 협력과 공생
을 도모해야 합니다. 파키스탄만 하더라도 과도한 국방 예산을 민
생 분야로 돌리고, 이웃의 거대한 시장과 무역과 투자를 활성화하
여 경제성장을 도모하는 것이 합리적인 선택일 것입니다. 그래서
발족한 기구가 남아시아지역협력연합(SAARC)South Asian Association
for Regional Cooperation**이지요. 다자적인 틀 안에서 약소국을 억압하
지 않는 대국 모델을 구축하고 새로운 대-소국 관계를 마련해가야
할 것입니다. 비록 저와 속한 정당은 다르지만 모디 총리도 그 점

---

* 종교개혁 이후 유럽은 신교와 구교 간의 내전 상태로 빠져든다. 1618년
부터 1648년까지 30년을 지속한 종교전쟁 끝에 수립된 국제질서가 바로
베스트팔렌 조약에 기반한 국가간체제(Inter-State System)다. 유럽적 맥락
에서 종교와 무관한 체제가 처음으로 수립되었다는 점에서 흔히 근대적
국제질서의 기원으로 간주된다.

** 1985년 남아시아의 복지 증진과 생활수준의 향상을 목적으로 경제성장,
사회 진보, 문화 발전을 표방하며 수립된 지역협력조직. 인도, 파키스탄,
방글라데시, 스리랑카, 네팔, 몰디브, 부탄 7개국으로 출범했으며, 2007
년에는 아프가니스탄도 가입했다.

을 충분히 숙지하고 있습니다. 그래서 취임식 때 이웃 국가들의 수장을 모두 초대하는 파격을 처음으로 연출했었죠. '이웃이 먼저다' Neighbor First를 외교 정책의 첫 순위로 내세우기도 했고요. 남아시아 연합 프로젝트의 일환으로 델리에 남아시아 대학도 만들어졌습니다. 2010년도에 개교했지요. 저 자신도 매년 한 차례씩 강의를 나가고 있습니다. 8개국의 학생을 대상으로 남아시아 공동체 건설을 위한 역사적·문화적 기반을 다지고 미래의 인재를 양성하는 데 주력하고 있습니다.

이 저도 방문해보았는데요. 동아시아 대학이 부재한 현재로서는 한없이 부러운 마음이 일더군요. 하지만 다른 한편으로 남아시아 대학이 꼭 델리에 들어서야 했을까 하는 아쉬움도 남았습니다. 인도의 부동의 중심성을 재차 환기시키는 것 같았거든요. 가령 대분할의 고통을 가장 오래 겪은 방글라데시의 다카에 세워졌더라면 어땠을까 생각해보았습니다.

타 동아시아 대학 건설의 움직임은 있습니까?

이 없지 않았는데, 지금은 지지부진한 상태인 듯합니다.

타 남아시아 대학의 패착을 범하지 않았으면 좋겠네요. (웃음) 베이징이나 도쿄는 피하는 쪽으로요. 서울이 유력할까요?

이 저라면 제주도에 짓자고 할 것 같습니다. 한반도 분단의 비극(4·3)을 경험한 곳이고, 반도와는 다른 역사성도 간직한 장소입니다. 바닷길로 남중국과 서일본, 나아가 동남아시아에 이르는 연결망이 오래 작동한 곳이기도 하거든요. 다른 후보지로는 오키나와, 대만 등이 떠오릅니다. 저마다 동아시아 현대사의 모순이 응축되어 있는 곳이지요. 자연스레 인도의 동아시아 정책으로 넘어가 볼까요? "Look East"는 한국 언론에서도 가끔 회자되는 정책입니다.

동아시아: Act East

타 탈냉전과 함께 처음 터진 일성이 "Look East"였습니다. 실패로 끝난 소련과의 준동맹을 교정하는 방침이었죠. 냉전기를 통해 자본주의 세계체제의 3대 축으로 부상한 동북아시아와 동남아시아를 주시하고자 했습니다. 히말라야부터 태평양까지를 아우르는 발상입니다. 길게 보면 건국 초기 네루가 모색했던 범아시아주의 노선을 회복한 것이라고도 할 수 있습니다.

이 아시아관계회의Asian Relations Conference가 열린 것이 1947년이었습니다. 29개 국가의 대표들이 뉴델리에 집결했었죠. 여전히 독립 이전이거나 건국 이전인 나라도 있었고요. 인도의 독립과 동시에 그만 한 국제회의를 개최한 것이니 네루는 역시나 대단한 인물이었던 것 같습니다. 일국의 독립뿐만이 아니라 아시아 문명을 재건해야 한다는 목표가 처음부터 뚜렷했던 것이지요. 인도에 머물면서 네루의《인도의 발견》도 읽어보았는데요. 워낙 대작이라 완독하는 데 한 달이나 걸렸습니다. 동남아시아를 '대인도권'Greater India으로 서술한 지점이 눈에 띄더군요. 저만 해도 동북아 출신인지라 동남아를 아울러 '대중화권'Greater China으로 접근하는 편향이 없지 않았거든요. 벵골만이 동인도와 동남아 사이의 '지중해'였다는 점도 이제야 실감하게 되었습니다. 동남아시아를 한층 입체적으로 접근하는 복안을 갖게 된 셈입니다. 동남아시아는 중국, 인도에 유럽까지 흔적을 남긴 중층적인 문명권입니다.

타 거의 모든 동아시아 국가의 정신문명에 인도의 흔적이 남아 있습니다. 힌두교와 불교는 서쪽이 아니라 동쪽으로 확산되었죠. 미얀마, 태국, 베트남, 라오스, 캄보디아, 인도네시아, 티베트, 중국, 한반도, 일본까지 영향을 주었습니다. 동남아시아 국가들의 언어생활과 문자 체계에도 깊은 영향을 미쳤지요. 표기법의 상당수가 산스크리트어의 파생물입니다. 인도인으로서 자긍심을 갖는 것은 이러한 문화의 확산이 군사적 팽창을 수반하지 않았다는 사실에 있습니다. 기독교 문명이나 이슬람 문명과의 가장 큰 차이점이지요. 인도가 확보하고 있는 소프트파워라고 생각합니다.

이 그럼에도 현재 동북아와의 민간 교류가 활발한 것 같지는 않습니다. 관광객의 비중도 낮은 것 같아요. 유럽인과 아랍인들이 훨씬 많습니다. 동남아시아만 해도 한류의 영향이 꽤 컸는데요. 미얀마에서 벵골만을 지나고, 윈난성에서 히말라야를 넘으면서 존재감이 사라지더군요. 작년(2015) 몽골의 울란바토르부터 인도네시아 자카르타까지 제가 가는 곳마다 들리던 빅뱅의 노래가 콜카타에서부터는 뚝 끊겼습니다.

타 빅뱅은 저도 처음 듣는 이름이군요. 싸이를 제외하고는 K팝 스타가 거의 알려지지 않았습니다. 아무래도 인도는 발리우드라는 또다른 글로벌 대중문화의 발신지이기도 하니까요. 그래도 정부 차원에서 민간 교류 증진에 주력하고 있습니다. "Look East" 단계를 지나 "Act East" 단계로 진입했지요. 중국, 일본, 한국의 동북아 3국을 겨냥해서는 역시 불교라는 문명 유산을 주목하고 있습니다. 나란다 대학 프로젝트를 가동 중이죠. 나란다대학이 자리했던 비하르에 또다른 국제대학을 건설 중입니다.

이 《대당서역기》의 현장 법사가 유학했던 곳이죠?

타 그렇습니다. 비단 현장뿐만이 아닙니다. 동북아와 동남아에서 무수한 유학생과 승려들이 진리를 찾아 그곳을 방문했습니다. 옥스퍼드나 케임브리지보다 훨씬 오래전에 아시아의 지식인과 종교인들이 모여서 학습하고 토론하고 수련했던 곳입니다.

이 델리에는 남아시아 대학이, 비하르에는 국제대학이 들어서는 것이군요.

타 비하르의 대학 설립은 동북 개발의 연장선에 있습니다. 인도의 동북 지역은 1947년의 대분할과 1971년 소분할의 영향을 직접적으로 받은 곳입니다. 뉴델리/펀자브 중심으로 국가 개발이 추진되면서 상대적으로 소외된 곳이기도 하고요. '동북 개발 2020'의 수립과 함께 중앙정부에서도 주력하고 있는 장소가 되었습니다. 동북 지역에 거주하는 소수민족은 동남아시아와 동북아시아에 산재하여 살아가는 사람들이기도 합니다. 중국, 네팔, 부탄, 미얀마, 방글라데시 등에서 그들의 가족망, 친족망, 종교망, 경제망이 작동하지요. 그 연결망을 십분 활용하여 인도의 동북 지방을 동북아시아와 동남아시아를 잇는 허브로 발전시키려고 합니다. 아시아 고속도로Asian Highway 프로젝트 또한 동북 지방으로 연결됩니다. 인도에서 동남아까지 자동차로 일주하는 행사가 처음 열린 것이 2004년이었어요. 제가 기획에 참여했던 이벤트이기도 했습니다. 인도의 델리에서 출발해 방글라데시를 지나 미얀마와 태국을 통과하여 베트남까지 가닿는 대장정이었습니다.

이 작년에 베이징에서 출발해서 하노이까지 이르는 기차를 타본 적이 있는데요. 뉴델리에서 베이징까지 기차 여행을 할 수 있는 날도 머지않았다는 기대가 이네요. 국가간체제가 강요한 단절과 고립(land-locked)을 돌파하여 동유라시아의 연결망(land-linked)을 재가동시키는 움직임 같습니다. 히말라야에서 태평양까지 지리상의 '재발견'이기도 하겠고요. 19세기형 식민(Dependence)과 20세기형 독립(Independence)에서 21세기형 상부상조(Interdependence)로 이행한다고 표현하고 싶습니다.

서아시아: Look West

이 인도가 유라시아 지정학에서 중요한 것은 서아시아와도 긴밀하기 때문입니다. 한국에서는 "Look East"가 널리 알려졌지만, 정작 더 활발한 것은 "Look West" 정책 같더군요. 여기서의 'West' 또한 구미를 의미하는 것이 아니지요. 서아시아, 아랍 세계, 이슬람 세계를 일컫습니다.

타 서아시아로 한정되지 않습니다. 아프리카도 포함합니다. 아라비아해와 인도양이 동아프리카와 서인도를 긴밀하게 연결하고 있습니다. 첫째, 경제적으로 밀접합니다. 인도의 중동 무역은 수출의 20퍼센트, 수입의 30퍼센트를 차지합니다. 권역별로 보면 인도 최대의 무역 상대가 중동 국가입니다. 특히 석유와 천연가스의 수입 비중이 높죠. 인도는 이미 중국, 미국, 러시아를 잇는 세계 4위의 에너지 소비 국가입니다. 둘째, '송금경제'의 비중이 막대합니다. 현재 중동에 거주하고 있는 인도인이 600만 명을 넘습니다. 이들이 인도로 송금하는 액수가 2015년에만 800억 달러였어요. 이 수치는 인도가 자랑하는 IT 소프트웨어 수출액 700억 달러보다도 많은 것입니다. 외화 획득에서 중동은 인도의 가장 중요한 장소입니다.

이 식민지 경험의 역설이라고 해야겠지요. 인도인의 중동 진출은 아무래도 대영제국 시기의 산물일 텐데요. 이제는 인도의 전략적 자산이 되고 있습니다. 중국과 화교의 네트워크에 못지않은 인도와 인교의 연결망을 구축해가고 있습니다.

타 글쎄요. 저는 그게 꼭 대영제국의 유산이라고만은 생각하지 않습니다. 영국의 도래 이전에는 이슬람의 도래가 있었죠. 북인도에 술탄 국가가 세워진 것이 대략 천 년 전입니다. 그런데 아라비아해를 통한 중동과 인도의 교류는 이슬람 이전으로 더더욱 거슬러 오릅니다. 인도와 서아시아, 북아프리카 간의 문화적 연결망은 역사 시대 이래 줄곧 기록으로 남아 있어요. 저는 무굴제국의 인도 진출도, 대영제국의 인도 점령도 그 역사적 유산을 활용한 것이라고 보고 있습니다.

이 재밌는 말씀입니다. 저는 중국의 서역을 '이슬람적 중국'이라고 할 수 있다고 생각합니다. 인도의 북부 또한 '이슬람적 인도'라고 할 수 있을 것 같아요. 중화세계와 이슬람 세계의 교차로가 서역이었고, 힌두 세계와 이슬람 세계가 만나는 곳이 북인도였습니다.

타 인도는 오래전부터 이슬람 세계에서 '풍요로운 땅'을 상징했습니다. 아라비아반도의 삭막한 사막에 견주면 히말라야와 인도양 사이에 자리한 인도 아대륙이 그렇게 보였을 가능성이 크지요. 그래서 지금도 아랍 세계의 명문가 집안의 성으로 알-힌디Al-Hindi가 많은 것입니다. '힌드'Hind는 '아름다움', '선망' 등을 뜻하는 아랍어지요. 아랍 여성들 중에도 이름이 '힌드'인 경우가 적지 않습니다. '0'을 포함한 십진법 등 인도의 수학이 가장 먼저 전파된 곳도 아랍이었습니다. 지금은 흔히 '아라비아 숫자'라고 하지만 사실 그 기원은 인도였어요. 유럽에서 뒤늦게 그 표기법을 받아들이면서 '아라비아 숫자'라고 오기한 것입니다. 8세기부터 11세기까지, 즉 이슬람 문명이 약진하던 바로 그 시기는 역설적으로 인도의 수학과 과학, 의학, 천문학 등이 아랍으로 널리 확산되던 시기이기도 합니다. 아바스 왕조*의 칼리프는 바그다드에서 인도 서적을 집중적으로 번역하는 사업을 펼치기도 했지요. 바그다드의 유명한 '지혜의 집' 또한 인도의 고전을 아랍어로 번역하는 곳이었습니다. 그 과정에서《천

━━━━ * 750년에 아불 아바스가 우마이야 왕조를 무너뜨리고 세운 이슬람 왕조.

일야화》같은 작품도 탄생하고, 그 아랍 문학이 유럽까지 전파되면서《이솝우화》도 만들어진 것이지요.

이 몹시 흥미롭습니다. 그렇다면 인도가 아랍의 '계몽주의'를 촉발했다고 할 수 있을까요? 9세기 바그다드에서 전개된 인도 고전 번역 사업은 마치 동시기 대당제국의 장안(현재의 시안西安)에서 펼쳐졌던 불경 번역을 연상시키는군요. 송나라의 신유학 또한 '인도의 충격'을 소화한 이후의 중국판 '계몽주의'였습니다. 한쪽에서는 산스크리트어가 한문으로, 다른 쪽에서는 산스크리트어가 아랍어로 번역되고 있었던 것입니다. 그 번역을 통하여 인도 문명이 동쪽으로는 중국을 거쳐 일본까지, 서쪽으로는 서아시아와 북아프리카까지 영향을 미쳤던 것이고요. 그렇다면 8~10세기 유라시아의 중심은 인도였다는 생각마저 드는군요. 인도가 세계의 한가운데 자리한 '中國'이었다고 할까요. 저로서는 이 천 년이 넘는 문명의 유산이 20세기에는 어떻게 (재)가동되었는지가 궁금합니다.

타 간디를 예로 들어 볼까요? 그는 인도의 독립만을 추구했던 것이 아닙니다. 아랍과 이슬람 세계도 항상 주시하고 있었습니다. 간디가 주도한 킬라파트Khilafat 운동이 대표적입니다. 오스만제국의 칼리프 제도를 폐지해서는 안 된다고 영국 정부에 주장했습니다. 이슬람 세계의 고유한 정치제도의 복원과 재건을 요청한 것이지요. 간디와 협력하여 인도 민족주의 운동을 지도하고 훗날 국민회의 의장까지 지낸 인물로는 아자드가 있지요. 사우디아라비아의 메카에서 태어나 이집트의 카이로에서 유학했던 무슬림이 인도의 독립에 헌신한 것입니다. 그래서 인도의 독립운동은 아랍과 터키와 이집트에서도 줄곧 관심의 대상이 되었던 것이고요. 인도는 이집트의 수에즈운하 국유화를 지지하고, 알제리의 민족해방전쟁을 응원했으며,

팔레스타인 독립국가 건설도 성원했습니다.

이 그렇다면 인도의 비동맹 운동, 제3세계 노선 등도 갑자기 돌출한 것이 아니라고 말할 수 있겠네요. 인도양을 사이로 한 오래된 유대 관계가 기저에 깔려 있었던 것입니다.

타 그 유대관계는 상호간의 경제 합작으로 이어지기도 합니다. 걸프만 국가들의 비약적인 경제성장기에 노동력을 제공한 것이 바로 인도입니다. 카타르의 도하도, 아랍에미리트의 두바이도 인도의 노동자들이 건설한 것입니다. 1980년대 바레인 같은 작은 나라에서는 한때 가장 많은 인구가 바레인인이 아니라 인도인이었던 적도 있어요. 또 아랍에미리트에 거주하고 있는 외국인의 70퍼센트가 인도인이었던 적도 있습니다. 당시의 건설부터 현재의 금융까지 아라비아반도와 서인도는 떼려야 뗄 수 없는 관계입니다. 그리고 2008년 세계 금융위기 이후로는 영국과 미국으로 쏠렸던 중동의 자본이 인도로 점차 선회하고 있음도 주목해야 할 대목입니다. 사회간접시설 등 투자처가 풍부하기 때문이지요. 대중문화 차원에서도 할리우드가 아니라 발리우드가 더 인기를 끌고 있기도 하고요.

이 제가 '유라시아 견문'을 하면서 생긴 습관 중의 하나가 공항의 연결망 지도를 찾아보는 것입니다. 역시 인도의 주요 공항들은 여타 세계보다는 걸프만 공항들과 가장 촘촘하게 연결되어 있더군요. 여기서 제가 궁금해지는 것은 남아시아 대분할체제와 아랍 세계의 관계입니다. 파키스탄은 이슬람 문명이라는 공속감을 통하여 아랍 국가들과 돈독한데, 인도와 파키스탄의 적대적 경쟁 체제가 인도와 아랍의 관계에 영향을 미치지는 않나요?

타 그 약한 고리를 가장 기민하게 활용했던 인물이 파키스탄의 부토 총리였죠. 동파키스탄, 즉 방글라데시를 상실한 이후에 파키스탄의 외교 노선의 축을 이슬람 세계로 전환시킵니다. 그래서 인도가 인도네시아, 파키스탄에 이어 세계에서 세 번째로 많은 무슬림을 보유한 국가임에도 불구하고 이슬람협력기구(OIC)Organisation of Islamic Cooperation*에 가입하지 못하게 만들었어요. 카슈미르 분쟁에도 거듭 이슬람협력기구 국가들의 지지를 활용한 것도 부토에서 시작된 것입니다. 그러나 인도는 역발상으로 접근할 필요가 있습니다. 인도와 아랍의 관계를 한층 강화함으로써 힌두 문명과 이슬람 문명의 공존 가능성이 열려 있음을 파키스탄에 보여주어야 합니다. 제가 기획에 참여했던 또 다른 국제 행사로 인도-아랍 협력포럼이 있습니다. 2008년에 출범하여 정기적으로 열리고 있지요. 처음에는 사우디아라비아, 쿠웨이트, 바레인, 카타르, 아랍에미리트, 오만으로 출발했다가 지금은 이란과 이라크까지 추가되었습니다. 뉴델리는 시 차원에서 매년 인도-아랍 문화축제도 개최하고 있지요. 여기에 호응하여 아랍에미리트 정부는 아랍어로 번역할 20세기 인도의 대표 서적 목록을 선정하기도 했어요. 인도에서 아랍어를 공부하는 학생과 직장인들의 숫자도 점점 더 늘어나고 있습니다. 대학에서도 아랍학이 갈수록 인기를 끌고 있습니다. 역사를 전공했던 사람으로서, 인도-이슬람의 과거로부터 인도-아랍, 인도-파키스탄 관계의 미래에 대한 영감을 구해야 한다고 생각합니다.

이 인도에서의 아랍 열풍은 저도 그 혜택을 톡톡히 누렸습니다. 콜카타에서도, 뭄바이에서도, 뉴델리에서도 아랍어 공부를 계속할 수

---

* 1969년 9월 25일에 창설된 이슬람 국가들의 국제기구로, 57개 회원국이 참여하고 있다. 본부는 사우디아라비아 지다에 있으며, 2011년 6월 이슬람회의기구(Organisation of the Islamic Conference)에서 현재 이름으로 명칭을 변경했다.

있었거든요. 인도에서 아랍어와 페르시아어를 배우는 과정 자체가 제 자신의 인도에 대한 편향을 교정해가는 과정이기도 했습니다. 처음에는 영국과 미국에서 나온 인도 서적과 일본의 인도학 연구를 많이 참조했습니다. 그리고 중국의 불교 교류사 연구도 살펴보았지요. 그런데 이러한 접근법 자체가 영·미 중심이자 동아시아 중심의 인도 이해라는 자각을 하게 되었습니다. 인도와 아랍, 남아시아와 서아시아, 나아가 아프리카까지 이르는 인도양-이슬람 연결망을 제대로 인식하지 못하고 있었던 것이지요. 개인적으로 인도 견문의 가장 큰 수확이라고 생각합니다. 그럼에도 불구하고 다시 동아시아와 관련된 얘기로 돌아가려고 합니다. 인도와 중국의 관계입니다. '친디아'라는 조어도 이미 생겨났고요. 저는 종종 중국과 인도를 일컬어 '미래의 G2'라고 표현하기도 합니다.

친디아, 신형 대국관계?

타 인도와 중국의 부상은 이제 진부한 상투어가 되었습니다. '부상'Rise 이라는 말도 딱 들어맞는 단어가 아니지요. 본래의 역사적 위상으로 돌아가는 중이라고 하는 편이 더 적절할 것입니다. 1820년대 중국은 세계 경제의 27퍼센트를 차지하고 있었습니다. 인도는 23퍼센트였지요. 두 나라가 꼭 세계의 절반을 이루고 있었던 것입니다. 2020년에는 그렇게 되기 힘들겠죠. 그러나 2050년에는 그에 근접한 비중이 될 것입니다. 관건은 양국의 관계가 어찌될 것이냐 하는 것입니다. 영국과 러시아처럼 '그레이트 게임'을 벌일 것인가, 냉전기 미국과 소련처럼 적대할 것인가, 탈냉전기 미국과 중국처럼 경쟁할 것인가, 아니면 평화공존하는 협력 관계를 만들어낼 것인가.

장차 세계질서를 가늠하는 가장 중요한 과제 중의 하나라고 하겠습니다.

이 《비동맹 2.0》 문건에서도 중국이 차지하는 비중이 가장 크더군요. 빅 데이터로 문서를 돌렸더니 중국이 총 113건 언급되어 87차례의 파키스탄보다 많았습니다. 세 번째가 미국이었는데 34차례로, 중국이나 파키스탄에 비해 차이가 좀 나고요. 그만큼 인도에서도 중국을 크게 의식하고 있다고 할 것인데요. 단도직입, 중국 위협론을 어떻게 생각하시나요?

타 중국의 재부상을 위협이라고 생각하지 않아요. 그래서 《비동맹 2.0》에서도 위협threat 대신 도전challenge이라고 표현했던 것입니다. 다만 중국과 인도는 매우 다른 나라임을 인식해야 합니다. 발전 단계부터 차이가 있습니다. 1978년(중국의 개혁개방 정책)과 1991년(인도의 경제자유화 조치) 사이, 13년의 격차가 여전히 이어지고 있습니다. 민주주의 인도와 공산주의 중국이라는 체제와 모델의 차이도 매우 큽니다. 중국은 국가 중심의 하드웨어에서 앞서 나가고, 인도는 IT 등 민간 영역의 소프트웨어가 발달해 있습니다. 제 소견으로는 중국이 위협이냐 기회냐 하는 인식의 수준을 다루기에 앞서서, 인도에서 중국에 대한 관심과 연구 자체가 미진하다는 '무지'부터 문제 삼아야 합니다. 아랍학의 발전에 견주어서 중국학은 여전히 지지부진한 상태거든요. 학자, 언론인, 학생 교환 등이 아랍이나 유럽, 미국에 견주어도 그리 활발한 편이 아닙니다. 인도에서 중국학을 더욱 키우고 중국을 더 잘 이해할 수 있도록 다양한 방안을 강구해야 합니다.

이 인도의 항공 연결망을 보고 가장 놀라웠던 사실이 뉴델리와 베이징 사이에 직항로가 없다는 사실이었습니다.

타 그랬었죠. 저도 베이징에 갈 때면 시안이나 상하이를 경유해 가곤

했습니다. 그런데 바로 올해(2016) 중국항공에서 직항로를 개설했습니다. 인도 항공사에서도 곧 직항로가 생기지 않을까 싶습니다. 2010년도에 인도를 방문한 중국인이 10만 명이 되지 않았던 것으로 기억합니다. 바로 그해에 말레이시아를 방문했더니 중국인 관광객 100만 명 돌파 기념행사를 열고 있더군요. 반면 중국을 여행하는 인도인의 숫자도 많지 않습니다. 작년에 50만 명 정도였어요. 이는 몽골을 여행한 관광객 숫자보다 적은 것입니다. 민간 교류가 여전히 미진하다는 것이 통계적으로도 확인됩니다.

이 역시 바다로 연결되는 것과 히말라야를 사이로 한 연결망은 차이가 있는 것일까요? 중국과 인도의 관계 개선은 정부가 주도하고 있는 것 같습니다. 2014년 시진핑 주석은 모디 총리의 고향인 구자라트를 방문했었고, 2015년 모디는 시진핑의 고향인 시안을 답방했습니다. 비슷한 시기에 저는 내몽골 여행 중이라서 당시 중국의 분위기가 생생한데요. 일종의 '인도열'印度熱이 일었던 것 같습니다. 물론 시안이라는 장소의 상징성과 일대일로라는 국책 추진과도 밀접히 관련되어 있었겠죠. 그런데 중-인 관계가 '신형 대국관계'의 전범이 될 것이냐, 아니면 또 다른 경쟁 관계로 갈 것이냐를 가늠해볼 수 있는 게 남아시아 소국들의 상황 같습니다. 중국의 인도양 진출이 파상적이지 않습니까?

타 그렇습니다. 남아시아 국제관계의 비대칭성을 파고들고 있다고 할까요. 파키스탄에서는 과다르 항, 스리랑카에서는 함반토타 항, 방글라데시에서는 치타공 항, 미얀마에서는 시트웨 항 등을 중국이 주도하여 건설하고 있습니다. 얼마 전부터는 스리랑카의 최대 원조국으로 중국이 등극했어요. 1947년 이후 항상 으뜸이었던 인도를 제친 것입니다. 스리랑카 최초의 통신위성도 중국의 도움으로 쏘아

올렸습니다. 방글라데시에서도 인도를 제치고 중국이 최대 교역국
이자 최대 투자국으로 등장했고요. 몰디브 또한 남아시아 국가 이
외에 처음으로 수도 말레에 대사관을 설치한 나라가 중국입니다.
남아시아의 주변국들이 압도적인 대국인 인도를 견제하는 방편으
로 중국을 활용하고 있는 셈입니다.

이 남아시아 소국들의 '재균형' 전략이 중국의 양해兩海 전략, 즉 태평
양과 인도양을 모두 아우르는 국가가 되겠다는 발상과 통하고 있는
셈입니다. 여기에 맞불을 놓고 있는 것이 미국의 '인도-태평양'이
라는 개념이고요. 미국-일본-호주에 인도를 끌어들여 태평양 연합
을 형성하겠다는 것이죠. 인도는 어떻게 대응해야 할까요?

타 미국의 인도-태평양 전략에 편입되어 중국을 봉쇄하는 역할을 하
는 것은 인도로서는 현명한 전략이 아닙니다. 오히려 인도에서는
환인도양연합IORA(Indian Ocean Rim Association)을 내세우고 있어
요. 인도네시아와 이란, 남아프리카공화국, 호주까지 폭넓게 아우
르고 있습니다. 중국의 양해 전략이나 미국의 인도-태평양과는 다
른 인도양 공동체 구상을 제출한 것이지요. 이 기구에서 인도가 어
떠한 리더십을 발휘하느냐에 따라 인도양이 패권국들이 경합하는
격동의 바다가 될 것인가, '신형 대국관계'의 모델을 보여주는 잔잔
한 바다가 될 것인가가 판가름이 날 것 같습니다. 더불어 저는 기존
의 '남아시아'South Asia가 아니라 '남부 아시아'Southern Asia라는 지
역 개념도 발신하고 있습니다. 아라비아반도부터 남아시아, 동남아
시아를 아우르는 넓은 발상입니다. '환인도양'과 '남부 아시아' 모두
미국의 패권 지속도 아니고 중국의 세력권 확대도 아닌, 인도발發
제3의 지역 개념이라고 하겠습니다.

이 중국과 러시아가 주도하는 '유라시아'라는 발상은 어떻게 생각하십

니까?

타 그러잖아도 최근에 모디 정부에서 제출된 정책 이름이 'Look North'입니다. 소련에 속해 있다가 탈냉전기에 독립한 중앙유라시아 국가들에 관심을 기울이고 있지요. 카자흐스탄, 우즈베키스탄 등은 소련의 옛 속국이었던 곳이고, 점차 중국의 입김이 커지고 있는 지역입니다. 중앙유라시아와 남아시아의 연결망을 재건하여 러시아와 중국의 세력 경쟁에서 생산적인 균형자 역할을 인도가 할 수 있을 것이라고 생각합니다. 다만 복병은 역시 파키스탄입니다. 인도와 중앙유라시아 사이에 파키스탄이 자리하고 있으니까요.

이 다시금 남아시아 대분할체제 극복이 왜 중요한지를 보여주는 사례이기도 하군요. 유라시아의 대통합을 달성하기 위해서라도 인도-파키스탄의 대화해와 대화합은 절실합니다. 중앙유라시아와 남아시아, 나아가 서아시아와 동남아시아까지 두루 아울러서 '남유라시아'Southern Eurasia라고 하는 것은 어떨까요?

타 '유라시아'라는 단어를 너무 좋아하는 것 아닙니까? (웃음) 당장은 현실성 있는 개념인 것 같진 않습니다. 다만 중국의 일대일로, 러시아의 유라시아경제연합EEU(Eurasian Economic Union), 인도의 '남부아시아' 건설 등이 생산적으로 합류한다면 어떻게 되는지 두고 봐야죠.

이 저도 미래에 기투企投하는 개념으로 말씀드린 것입니다. 인도 독립 100주년이 되는 2047년, 중국 건국 100주년이 되는 2049년을 전망하는 것이지요.

다동맹, 인도의 마음

이   얼마 전에 싱가포르에서 마틴 자크Martin Jacques와 대담하고 오셨 죠?《중국이 세계를 지배하면》When China Rules the World(2009)이라는 베스트셀러의 저자입니다. '팍스 시니카'Pax Sinica를 설파하는 분이 기도 하고요. 그 책은 이미 한국어로도 번역이 되었는데요. 선생님 의《팍스 인디카》도 한국에 소개되었으면 하는 바람입니다. '팍스 인디카'의 핵심은 어디에 있을까요?

타   소프트파워입니다. 인디안 마인드, 인도의 마음이라고 할까요. 정 복욕, 승부욕과는 좀처럼 거리가 멉니다. '더 빨리, 더 높이, 더 멀 리'가 올림픽의 구호이지 않습니까? 저는 그 구호가 유로피안 마인 드, '근대인'의 마음이라고 생각해요. 인도는 정반대입니다. 올해 브 라질 리우 올림픽에서 인도의 성적을 보면 당장 확인하실 수 있을 거예요! (웃음) 느긋한 삶slow life, 깊은 삶deep life에 대한 관심이 깊 어지면 깊어질수록 인도 문명의 가치가 더욱 돋보일 것이라고 생각 합니다. 아유베다*와 요가, 채식 위주의 인도 음식이 점차 주목받는 것도 이러한 추세를 반영하는 것 같고요. 미국의 코카콜라와 맥도 널드가 상징하는 '패스트 문화'와는 전혀 다르죠.

이   인도에서 지내면서 저도 식습관이 자연스레 변했습니다. 일단 술 이 크게 줄었어요. 일반 마트에서는 캔맥주조차 살 수가 없으니까 요. 운동하며 땀을 흠뻑 흘린 후에 마시는 맥주 한 병이 하루를 마 감하는 낙이었는데, 그것조차 즐길 수가 없더군요. 덕분에 더 맑은 정신으로 새벽을 맞이할 수 있다는 또 다른 즐거움을 얻었지만요.

---

*   산스크리트어로 '아유'는 '생명', '베다'는 '지혜'라는 뜻인데, 흔히 인도의 전통 치료법을 일컫는다.

그리고 채식 또한 일상화되었죠. 메뉴마다 채식과 육식이 따로 있으니, 구태여 고기를 시켜 먹게 되지 않더라고요. 엄격한 채식주의자가 되고 싶은 마음도 없지만, 고기를 부러 찾아 먹을 것 같지도 않습니다.

타 그럼요. 극단으로 치우치는 것은 인도의 마음에서 가장 동떨어진 상태입니다.

이 그 인도의 마음, 인도 문명의 요체는 힌두 문명입니까?

타 아닙니다. 고대 힌두의 전통은 여전히 살아 있지만 인도 문명의 일부일 뿐입니다. 이슬람 문명의 영향이 천 년 가까이 있었습니다. 당장 인도의 상징이 타지마할 아닙니까. 이슬람 건축의 절정이 인도에 있습니다. 더불어 영국의 식민 통치가 200년이나 지속되었습니다. 인도 안에 유럽이 깊이 자리하고 있습니다. 13억의 인구가 민주주의 제도 아래 지속된다는 것은 경이로운 사건입니다. 이 누천년의 역사가 축적된 복합문명이 오늘의 인도 문명입니다. 힌두 국가 Hindi Nation가 아니라 하이브리드 국가Hybrid Nation가 더 어울리는 접근법이에요. 골목골목마다 힌두 사원이 자리하지만, 그 힌두인들이 저녁마다 열광하며 TV로 시청하는 것은 영국이 전해준 크리켓 경기입니다. 그리고 가족이나 마을에서 공식적인 행사가 있을 때마다 갖추어 입는 '민족의상'은 무굴제국기의 이슬람 복장에 기원을 두고 있지요.

이 그 복합문명이 가능한 바탕에 힌두교가 있는 것 아닐까요? 싯다르타도, 마호메트도, 예수도 여러 신 가운데 하나로 포용해버립니다.

타 인도 문명의 기저에 이슬람이나 기독교가 깔려 있었다면 현재의 인도가 보여주는 그 놀라운 다양성과 복수성을 담지하기는 어려웠겠죠. 힌두교는 교황도 없고 메카도 없는 종교입니다. 힌두식 일요일도 없고요. 위계적이지도 않고, 교조적이지도 않습니다.

이 선생님의 '다동맹' 또한 다신교의 전통과 무관하지 않다는 인상이었습니다.

타 제가 유엔을 그만두고 인도로 복귀했을 때가 기억납니다. 인도의 동쪽 벵골은 인도공산당이 통치하고 있었어요. 반면 인도의 서쪽 구자라트는 신자유주의 개혁에 박차를 가하고 있었지요. 공산주의와 신자유주의가 동시에 공존할 수 있는 나라가 인도입니다. 뉴델리는 그 차이를 조율하는 역할을 하는 곳이고요. '팍스 인디카'가 지향하는 바도 바로 여기에 있습니다. 비동맹은 소극적인 발상입니다. 어느 쪽 편도 들지 않겠다는 것이지요. 그러나 인도는 이제 그 규모에 맞는 역할을 국제적으로, 적극적으로 수행해야 합니다. 어느 편도 들지 않는 것에 그치는 것이 아니라, 양편을 아울러 공존할 수 있는 방안을 제시해야 합니다. 20세기형 체제 경쟁이 아니라 21세기형 공존체제를 인도가 제안해야 합니다. 그런 점에서 19세기의 팍스 브리태니카, 20세기의 팍스 아메리카나와 21세기의 팍스 인디카는 전혀 다른 발상입니다.

이 영국의 '문명화', 미국의 '근대화' 혹은 '민주화' 같은 보편적 프로젝트를 추구하지도 않는 것일까요? 문명화도, 민주화도 일종의 '체제 전환'을 도모하는 기획이었습니다. 기독교 특유의 선교와 개종의 전통이 근대화된 것이죠. 인도가 영국과 미국을 대신하여 세계에서 가장 경제 규모가 큰 민주주의 국가가 되었을 때는 일방적인 '체제 전환' 시도가 일어나지 않을는지요?

타 인도는 아프가니스탄전쟁도, 이라크전쟁도 단호하게 반대했습니다. 인도 문명은 역사적으로도 선교나 개종, 체제 전환을 통하여 확산된 적이 없습니다. 평화공존은 인도 문명의 내재적인 성격입니다. 외래문화를 수용하는 데는 능하되, 외국 문화를 식민화하는 것에는 재주가 없습니다. 왕년의 불교처럼, 오늘의 요가처럼, 감화와 공감을 통하여 인디언 마인드가 세계로 널리 퍼져 나가기를 소망합니다. 인도는 더 강한 군대를 보유하기보다는 더 재미난 이야기를 들려주고, 더 의미 있는 메시지를 전달할 수 있는 나라가 되어야 합니다.

이 그 말씀을 들으니 더더욱 유엔 사무총장을 하셨어야 했다는 생각이 드네요. 만시지탄晚時之歎입니다. 다시 도전해보실 뜻은 없으신가요?

타 다음 아시아 출신 사무총장이 배출될 때까지 제가 살아 있을까요? (웃음)

이 미래는 알 수 없으니까요. 다음에는 한국에서 뵐 수 있는 기회가 있었으면 좋겠습니다. 오늘 말씀 깊이 감사드립니다.

브렉시트 사태로 세계가 들썩였던 지난 7월, 타루르의 옥스퍼드대학 연설이 영국에서 화제가 되었다. 새삼 20세기의 브렉시트, 영국이 인도를 떠난 1947년을 상기시킨 것이다. 그 전과 후를 비교하는 대목이 인상적이었다. 영국이 인도에 오기 전, 무굴제국은 세계 경제의 27퍼센트를 점하고 있었다. 대영제국이 떠난 직후, 인도가 차지하는 비중은 4퍼센트에 불과했다. 딱 그만큼 대영제국이 착취해간 것이다. 그래서 영국에 식민지 배상을 공개적으로 요청하여 논쟁을 촉발한 것이다.

여기에 적극 호응하고 나선 이가 모디 총리다. 올해 하반기에는 모디 총리의 영국 방문이 예정되어 있다. 모디는 인도인민당 소속이고, 타루르는 국민회의 의원이다. 여/야를 넘어서 '역사 바로 세우기'에 모디와 타루르가 의기투합하고 있는 것이다. 영국과 인도, 유럽과 아시아의 형세가 대반전하고 있는 유라시아의 상징적인 풍경이 아닐 수 없다. 타루르의 저서도 한국에 널리 소개되었으면 좋겠다. 인도와 남아시아, 인도양과 유라시아를 아울러 '다른 백 년'을 전망하는 데 요긴한 나침반이 되어줄 것이다.

022

유라시아의 대반전은 계속된다

유럽-중동-남중국해,
서세동점의 종언

'유라시아 견문' 1년 6개월째다. 3년 계획, 반환점을 돈다. 글은 여전히 인도양에 머물러 있지만, 몸은 이미 이슬람 세계 깊숙이 들어왔다. 이란과 터키를 지나 아라비아반도이다. 이쯤에서 유라시아의 중간 판세와 판도를 점검해볼까 한다. 남아시아에 주력하는 사이 원체 굵직굵직한 사건이 연달아 일어났기 때문이다. 그중 일부는 현장에서 직접 목도하기도 했다. 그때그때 신속한 논평을 내놓고 싶은 마음을 꾹꾹 담아두었다. 한국에서 먼 곳에서 가까운 쪽으로 하나씩 짚어간다.

영국과 유럽

21세기 유럽사는 2016년 '브렉시트'의 전과 후로 나뉠 것이다. 1989년 베를린 장벽 붕괴에 필적하는 중차대한 사건이다. 동/서 분열을 딛고 대통합으로 향하던 유럽의 거대 서사에 급제동이 걸렸다. 유럽연합(EU)에서 이탈하는 국가가 속출할 것이라는 전망이 없지 않다. 향후 2~3년이 고비가 될 것이다. 그럼에도 EU 붕괴는 성급하고 일면적인 진단 같다. EU 상층부도 기민하게 대응하고 있다. 특히 영국의 이탈을 기다렸다는 듯 군사 통합 계획을 발표했음을 눈여겨볼 만하다. 브렉시트 직후 열린 6월 28일 EU 정상회담에서 유럽의 세계전략을 모색하는 보고서 (EU Global Strategy on Foreign and Security Policy - Shared Vision, Common Action : A Stronger Europe)가 정식으로 제출되었다.

EU가 독자적인 세계전략을 입안한 것은 이례적인 일이다. '테러와의 전쟁'을 천명했던 2003년 이래 13년 만이다. 그 사이 강산은 크게 변했다. 2008년 세계 금융위기가 분기점이다. 그리스를 비롯해 남유럽은 직격탄을 맞았다. 통합화폐 유로화마저 흔들린다. 안보 위협 또한 가중되고 있다. 이라크전쟁과 '아랍의 봄'은 IS의 탄생으로 귀결되었다. 아랍과 유럽은 이웃지간이다. 난민과 테러가 확산되고 있다. 우크라이나 사태로 러시아와의 대립도 격화되었다. 한마디로 총체적인 난국이다. '유로피안 드림'은 궁색해졌다. 이 난세를 타개하는 방편으로 독자적인 세계전략이 제출된 것이다. 북아프리카, 중동, 러시아, 중앙아시아를 유럽의 안정과 직결된 주변 지역으로 설정했다(나라면 '서유라시아'라고 했을 것이다). 서유라시아의 평화와 번영을 달성하기 위하여 EU의 군사 통합을 제안한 것이다.

북대서양조약기구(나토NATO)가 있지 않느냐고 반문하는 사람이 있을 것이다. 속사정이 간단치 않다. EU와 나토의 반목과 갈등은 해묵은 것이다. 특히 2011년 '아랍의 봄' 이후 더욱 증폭되었다. EU 국가들은 지중해를 중심으로 북아프리카와 중동의 이민과 난민을 관리하는 것이 유럽 안보의 핵심이라 여겼다. 그러나 나토는 화력을 엉뚱한 곳으로 쏟왔다. 동유럽으로 세력 팽창을 거듭하여 러시아와의 긴장을 고조시켰다. 영·미의 군산복합체의 이익에 복무하는 나토가 정작 유럽의 안정을 확보해주지 못한다는 불만을 속으로 삭여왔던 것이다.

아다시피 나토는 냉전의 산물이다. 바르샤바조약기구(WTO)*와 맞서는 대항 조직이었다. 더불어 전범국 독일을 눌러서 관리하는 성격도 짙었다. 그래서 미국과 영국이 선봉에 섰다. 문제는 탈냉전 이후에도 그 속성이 변하지 않았다는 점이다. 해체는커녕 더욱 확산되었다. 반면 EU는 탈냉전을 지향하는 조직이다. 태생적으로 성격이 다르다. 그 EU와 나토를 연결하는 고리, 더 정확하게 말해 EU가 나토의 우산에서 벗어나는 것을 저지해온 나라가 바로 영국이었다. 즉 영국을 매개로 미국은 유럽에 지속적인 영향력을 행사할 수 있었다. 그런데 돌연 '직접 민주주의'의 결과로 브렉시트가 일어난 것이다. EU와 나토를 결박했던 주박이 황망하게 풀려나 버렸다.

때를 맞춤하여 독일에서도 신안보전략 백서가 발표되었다. 2016년 7월 13일이다. 독일이 군사안보 백서를 발표한 것 또한 10년 만이다. EU의 신新세계전략과 긴밀하게 연동되어 있다. 독일의 군사력 확대를 통해 EU의 군사 통합을 주도할 것임을 분명히 했다. 독일이 나토와 무관하게 해외에 파병할 수 있음을 명기하였고, 유럽 전체의 안보를 위하여 해상 방위 활동도 할 수 있음을 공식화했다. 독일은 유럽에서도 난민 유입이 가장 많은 나라다. 최근에는 테러까지 발생했다. 이 모든 사태에 미국의 중동 정책, 이른바 '체제 전환'의 실패가 있다고 여긴

---

* 서유럽의 집단안전보장기구인 나토에 대항하기 위해 1955년 소련을 중심으로 창설된 동유럽의 공동방위기구. 소련, 동독, 폴란드, 헝가리, 루마니아, 불가리아, 알바니아, 체코슬로바키아의 8개국이 참여하였으나 1968년에 알바니아가 탈퇴하고, 1991년에 해체되었다.

다. 백서 작성을 주도한 인물이 슈타인마이어다. 메르켈 총리의 복심으로 통하는 그는 사민당(사회민주당) 출신이다. 나토를 통제하는 방법은 EU 독자의 군사 통합밖에 없음에 메르켈의 기민당(기독민주당)과 사민당이 합의한 꼴이다. 즉 독일의 군사안보 백서 발간은 1945년 이후 미국의 패권 아래 있었던 독일의 '군사 독립선언'에 가깝다. 독일 주도 아래 EU의 군사 통합이 실현된다면, 이 또한 미국에 대한 유럽의 '독립선언'에 방불할 것이다.

독일만 독주하고 있는 것도 아니다. 프랑스도 장단을 맞추고 있다. 2015년 11월의 파리 테러를 상기할 필요가 있다. 올랑드 대통령은 전 유럽을 망라하는 치안 강화책을 제창했다. 그런데 그 안보 정책을 제기한 장소 역시 나토가 아니라 EU였다. 이참에 살펴보니 유럽의 군사 통합화는 물밑에서 착착 전개되고 있었다. 네덜란드 육군의 상당 부분이 독일 육군과 함께 훈련하고 있다. 독일 해군의 일부 또한 네덜란드 해군에 통합되어 있다. 독일과 폴란드의 군사 통합도 추진되고 있고, 체코도 독일과의 군사 통합을 추진하고 있다. 브렉시트를 계기로 유럽의 군사 독립화가 수면 위로 올라왔을 뿐이다. 앞으로 속도가 더욱 빨라질 것 같다.

다만 EU 사령부를 만드는 것은 현재의 EU 헌법인 리스본 협정에 위배된다. 협정 개정이 불가피하다. 그런데 EU 의회의 외교위원장 입에서 이미 관련 진술이 나왔다. 그것도 브렉시트 직후인 6월 26일이었다. EU 통합참모본부의 모델로 독프합동여단을 제시했다. 독프합동여단은 탈냉전 초기에 만들어진 군사조직이다. 이를 EU로 확대한 유럽합동군 Eurocorps도 1993년에 창설되었다. 현재 독일과 프랑스에서 5천 명, 양국 이외의 국가에서 1천 명을 파견하고 있다. 다만 영·미의 군산복합체가 나토만으로 충분하다는 유/무형의 압력을 행사했기에, 독프합동여

단도 유럽합동군도 실질적인 활동을 하지 못했던 것이다.

　EU와 나토의 분리는 세계사적 획기가 아닐 수 없다. 대문자 'West', 즉 구미歐美가 분리되어 간다. 유럽과 미주가, 더 구체적으로 서유럽과 북미가 동떨어져 간다. 나토가 '북대서양'조약기구라는 점은 퍽이나 상징적이다. 대서양 연합이 느슨해지는 것이다. 당장 영국의 이탈로 EU는 미국의 의사를 거슬러 러시아에 대한 압박과 봉쇄 국면에서 탈피하고 있다. 2016년 6월에 열린 상트페테르부르크 국제경제포럼(SPIEF)에 EU 인사가 다수 참가했다. EU 집행위원장 장클로드 융커를 필두로 이탈리아 총리 마테오 렌치와 그리스 총리 알렉시스 치프라스도 얼굴을 내밀었다. 구/미가 느슨해지면서, 장차 유럽의 정체성 또한 재정초될 듯하다. 유럽/아시아, 유라시아의 일원으로서 '오래된 유럽'이 (재)등장할 것이다. 신대륙과는 점점 멀어지고, 구대륙과는 다시 가까워질 것이다. 신/구 간의 일대 반전이다.

터키와 중동

2016년 7월 15일 밤과 16일 새벽은 터키 현대사의 분수령으로 기록될 것이다. 쿠데타가 좌초되었다. 현장에 있었다. 이란 생활을 마치고 막 터키로 옮겨온 차였다. 나는 아침형 인간이다. 밤 10시면 잔다. 글도 아침에만 쓴다. 일찍 잘수록 생산력이 는다. 탓에 격동의 밤을 지켜보지 못했다. 두고두고 아쉽다. 새벽 산책에 나섰다가 길거리의 탱크와 장갑차를 보고 기겁했다. 시민들이 군인들을 에워싸고 있었다. 붉은 깃발이 휘날리고 있었다. 그제야 스마트폰을 열었다. 이스탄불발發 뉴스가 쏟아지고 있었다. 생중계되고 있는 알-자지라 방송의 특파원 옆을 스쳐 지나갔다. 처음으로 속보를 쓰는 기자들이 부러웠다.

쿠데타를 좌초시킨 이스탄불 시민들.

　그런데 현장과 보도 사이에 낙차가 심했다. 이스탄불은 승리감에 도취되어 있었다. 시민의 힘으로 쿠데타를 저지했다는 자부심이 승했다. 역사를 알아야 한다. 1923년에 신생 터키공화국을 개창한 케말 파샤 이래 터키 현대사는 군인들이 주도해왔다. 민간 지도자가 군부에 의해 제거되는 역사가 수차례 반복되었다. 그런데 이번만은 처음으로 무력에 의한 정권 전복 시도를 시민이 막아낸 것이다. 민주적으로 선출된 민간 정부를 국민이 지켜낸 것이다. 그러나 구미의 보도는 터키인들의 의사와 감정을 전혀 존중하지 않았다. 그들의 판단과 선택을 신뢰하지도 않았다. 판단을 보류하거나 폄하했다. 터키의 자긍심과 자존감에 상처를 냈다.

CNN은 에르도안을 '포위된 대통령'으로 묘사했다. NBC의 특파원은 에르도안이 독일로 망명할 것이라는 트윗을 날렸다(가 지웠다). 쿠데타 진압이 완료되자 FOX는 "터키의 마지막 희망이 사라졌다"는 논평을 냈다. BBC 홈페이지는 "터키의 무자비한 대통령"이라는 기사를 하루 종일 메인에 걸었다. 〈뉴욕 타임스〉는 에르도안 지지자를 '양'sheep에 빗대었다. "에르도안의 명령에 따라 거리로 쏟아져 나온 폭력적인 군중"이라는 칼럼까지 실렸다. 자작극이라는 음모설까지 보태었다. 편집 또한 자의적이었다. 혹은 악의적이었다. 에르도안 지지자와 반대자들 간 갈등을 묘사하는(부추기는?) 사진들이 넘쳐났다. 독재자의 탄압과 시민의 저항이라는 상투적인 이미지가 전시되었다. 내가 두 눈으로 보고 있는 이스탄불과는 너무도 달랐다. 내가 만나서 얘기를 나누었던 이스탄불 지식인과 시민들과도 전혀 달랐다. 재차 《1984》의 빅브라더를 떠올렸다. 다시금 세계의 주류 매체에서 '교조적 민주주의'와 '자유주의 근본주의'가 설파되고 있었다. 오리엔탈리즘이 디지털 미디어에서 증폭되고 있었다.

쿠데타 전후 사정을 살펴볼 필요가 있다. 위아래로도 훑어볼 필요가 있다. 터키의 외교 정책이 크게 변하고 있던 시점이다. 터키의 아래로는 시리아가 있다. 터키의 위에는 러시아가 있다. 시리아 내전에 대한 양국의 접근이 전혀 달랐다. 터키는 미국과 나토 편에 섰다. 시리아의 알-아사드 정권을 전복하려 했다. 이라크의 후세인처럼, 리비아의 카다피처럼 제거하려 했다. 정작 IS 격퇴는 뒷전이었다. 아니, 뒷문을 열어 IS 팽창에 일조한 것이 터키였다. IS에 지원하는 이들의 상당수가 터키의 국경을 넘어 시리아로 들어갔다. 미국과 나토도 묵인했다. '테러와의 전쟁'보다 '체제 전환'에 주력했던 것이다. 그 반대편에 러시아와 이란이 있었다. 두 나라는 알-아사드 정권을 도와 IS 퇴치에 앞장 섰다. 시리아 내전은 일종의 '준準세계대전'이었고, 터키와 러시아는 적 대관계에 있었다. 그래서 내가 즐겨 읽던 러시아 언론도 몽땅 차단되어 있던 것이다.

이 교착 국면에서 에르도안이 방향을 선회한 것이다. 러시아와 이란 과 합작하여 시리아 내전 종식에 나서기로 했다. 푸틴과의 정상회담도 예정되어 있었다. 마침 그때 쿠데타가 발생한 것이다. 그러하다면 이렇 게 물어야 한다. 쿠데타가 성공했더라면 누가 이익을 보았을 것인가? 터키는 나토 가맹국이다. 막강한 군사력을 보유한 핵심 국가다. 미국의 중동 정책을 매개하는 국가였고, 러시아 압박의 최전선에 자리한 나라 도 터키였다. 에르도안이 쿠데타의 배후로 미국과 서방을 정조준하고 있는 까닭이다. 그리고 위기를 기회로 역전시키고 있다. 이참에 군대, 학교, 언론 등에 근거지를 둔 친親서방파 혹은 자유주의파와 세속주의 자를 일망타진하고 있다. '외부 세력'과 공모하는 내부자를 발본색원하 고 있다. 야당까지 일치단결이다. 51퍼센트로 당선된 에르도안의 지지 율은 80퍼센트까지 치솟았다. '내정 간섭' 혐의가 먹혀든 것이다. 선전 과 선동에 능란하다. 100만 명이 운집한 이스탄불 집회는 터키가 '다른 백 년'에 들어섰음을 알리는 상징적인 풍경이었다. 에르도안은 마치 술 탄인 양 보였다.

실은 쿠데타 진압 과정부터 무척 인상적이었다. 에르도안이 세속주 의의 보루인 군부에 맞서 동원했던 것이 바로 이슬람 네트워크였다. 전 국에 퍼져 있는 모스크를 통해서 쿠데타에 맞서줄 것을 호소했다.《코 란》의 기도 소리가 흘러나오는 확성기를 통하여 국가의 최고 지도자가 긴급 성명을 발표한 것이다. 그 방송을 들은 시민들은 스마트폰과 인터 넷으로 에르도안의 메시지를 전송, 재전송했다. 순식간에 거리로 몰려

나온 시민들이 군인들의 진격을 분쇄했다. '디지털 이슬람'이 세속주의 군부를 이긴 것이다. 백 년 만의 대역전, 대반전이다.

터키는 오스만제국 붕괴 이래 일백 년간 서구화를 국책으로 삼았던 나라다. 이슬람 세계에서 극히 예외적으로 구미 세계의 일원이 되고자 발버둥쳤다. 10개월간 기껏 고생해서 배운 아랍어가 이스탄불에서는 무용지물이었다. 근대화를 한답시고 아랍 문자도 버리고 로마자 알파벳을 채용했기 때문이다. 소련의 턱밑에 자리한 냉전의 파수꾼이자, 미국의 중동 정책을 매개하는 첨병이었다. 에르도안은 이 백 년의 실험에 종지부를 찍고 있다. 새 천년 집권 이래 탈서구화와 재이슬람화에 박차를 가하고 있다. 가뜩이나 유로존 위기와 브렉시트로 EU 가입의 매력이 확 떨어지던 차였다. 터키식 '재균형'이고 '신상태'다. 일각에서는 나토 탈퇴와 상하이협력기구(SCO) 가입을 전망하기도 한다. 아직은 성급한 판단이다. 다만 더 이상 터키가 신냉전 획책의 졸卒로 그치지 않을 것임만은 분명하다. 재차 이슬람 문명을 기저로 유라시아의 한 축이 될 것이다.

필리핀과 남중국해

2016년 7월 12일, 남중국해 영토 분쟁에 관한 헤이그 판결이 났다. 처음부터 이상한 재판이었다. 중국과 필리핀이 당사자 간 협의로 해양 분쟁을 해결하기로 한 것이 1995년이다. 20년 가까이 별 문제가 없었다. 그런데 2013년 1월, 별안간 필리핀 단독으로 제소한 것이다. 해양 분쟁 조정은 당사자 전원이 동의하지 않으면 시작되지 않는 것이 원칙이다. 그럼에도 절차가 진행되었다. 헤이그 상설중재재판소는 국제사법재판소가 아니기에 상주하는 판사도 없다. 제소가 들어오면 판결을 내릴 배심원을 선발한다. 즉 중국 입장을 대변할 사람도 없이 판결이 진행된 것이다. 그럼 누가 재판 과정을 주도했는가? 야나이 슌지柳井俊二다. 그가 배심원 5명을 선발했다. 야나이는 누구인가? 전직 주미 일본 대사다. 아베 총리의 최측근이다. 끼리끼리 어울린다. 극우파 인사다. 헤이그 판결에 가장 환호했던 나라도 미국과 일본이었다. 미국-일본-필리핀의 해양 동맹이 가동되었던 것이다.

그런데 정작 필리핀에서 큰 변화가 생겨났다. 2016년 6월, 정권이 바뀌었다. 중국과의 협상을 일방으로 거두고 헤이그로 달려갔던 아키노 대통령이 물러났다. 그는 임기 중에 자국의 군사기지를 미국에 재차 내어준 인물이다. 그 아키노의 후계자를 500만 표 압도적인 차이로 누르고 정권을 접수한 이가 두테르테다. 선거 직후부터 독자 노선을 천명했다. 더 이상 미국에 의존하지 않겠다고 했다. 본인이 대통령으로 있는 한, 정확한 설명과 보고 없이는 미군이 필리핀 기지를 사용할 수 없을 것이라고 했다. 그리고 헤이그 판결과 무관하게 중국과의 직접 협상을 재개할 것이라고 했다. 판결 선고 이틀 후에 라모스 전 대통령을 특사로 파견할 계획까지 밝혔다. 라모스는 1995년 합의를 이끈 장본인이다. 그때처럼 남중국해의 공동 이용, 공동 개발로 돌아가자는 것이다. 대신에 중국이 필리핀의 고속철도와 고속도로, 항만 건설 등 인프라 정비를 지원해주는 방안을 논의할 예정이다. 그편이 미군의 항공모함이 수비크만에 돌아오는 것보다 이롭다는 것이다. 합리적인 견해다. 상식에 부합하는 판단이다.

선거 기간 그에 대한 흑색선전이 난무했다. '필리핀의 트럼프'라며 혹평했다. '교조적 민주주의자'들의 교묘한 프레임이다. 두테르테는 트럼프와는 전혀 다른 인물이다. 리얼리티 쇼의 스타가 아니다. 실력으로 검증된 인사다. 그가 다스렸던 도시가 다바오다. 필리핀 견문 당시 잠시 스쳐 지나갔다. 한때는 '만인의 만인에 대한 투쟁'을 연상시키는 무정부적 도시였다고 한다. 마약에 찌든 범죄자들의 소굴이었다. 그곳을 필리핀에서 가장 안전한 도시로 탈바꿈시킨 주인공이 두테르테였다. 마닐라에서 만났던 사회학자 월든 벨로Walden Bello 선생 또한 두테르테와 친분이 있었다. 미군의 필리핀 재진입과 남중국해 문제를 해결할 수 있는 유일한 인물이라 하셨다. 그러나 당시만 해도 귀담아듣지 않았다. 선거 경쟁에서 한참 뒤처져 있었기 때문이다. 필리핀의 역사를 복기하며 도출한 '속국 민주주의'에 대한 회의도 한몫했던 것 같다. 식민지와 동맹국으로 백 년을 지새운 필리핀에서 근본적인 변화가 일어나지 못할 것이라고 생각했다. '피플 파워'를 과소평가한 것이다. 오판이었다. 반성한다.

두테르테는 자칭 '사회주의자'다. 필리핀 독립 이후 처음으로 사회주의자가 당선되었다. 최초의 좌파 정부가 탄생했음을 강조하려는 것이 아니다. 좌/우는 부차적이다. 상/하의 역전, 흙수저의 반란이다. 식민지와 속국에 기생하며 대대손손 호가호위했던 필리핀의 지배계급에 대한 도전이다. '민주화 이후의 민주주의' 아래서 지속되었던 가문정치와 토호정치, 격차사회에 대한 시정이 시작되었다. 식민지 근대화와 속국 민주화 일백 년 동안 민중을 개돼지 취급하며 세습적 지위를 누렸던 엘리트들에 대한 통렬한 복수극이 펼쳐지고 있는 것이다. '선거 혁명'이란 이럴 때 쓰는 말일 것이다. 터키만큼이나 필리핀에서도 백 년 만의 대역전이 전개 중이다.

기실 남중국해 문제 또한 백 년의 지평에서 조망할 필요가 크다. 필리핀이 미국의 식민지가 된 것이 1898년이다. 당시 미국 해군사관학교의 교장이 앨프리드 머핸이었다. 20세기 미 해군 전략의 기초를 작성한 인물이다. 미국이 새로운 시장을 개척하고 새로운 무역망을 보호하기 위하여 아시아-태평양에 해군기지 네트워크를 구축해야 한다고 주장했다. 그의 구상은 미국-스페인 전쟁 승리를 계기로 현실화되었다. 필리핀, 하와이, 괌을 점령하면서 '기지의 제국'이 출발했다.

즉 유럽의 제국주의와 미국의 군사주의는 작금 남중국해 사태와 전혀 무관하지 않다. 남중국해를 둘러싼 국가들 사이의 국경선과 해양 경계선 또한 대부분 식민모국들이 그어둔 것이다. 필리핀과 인도네시아가 현재의 해양 국경으로 갈라진 것은 자그마치 1529년 스페인과 포르투갈에 의해서다. 말레이시아와 인도네시아의 경계는 1842년 영국과 네덜란드가 그은 것이다. 중국과 베트남 사이의 해양 경계는 1887년 프랑스가 그었다. 필리핀의 해양 경계 또한 1898년 미국과 스페인에 의해서 그어졌다. 필리핀과 말레이시아의 경계는 1930년 미국과 영국에 의해서 그어졌다. 죄다 서세동점의 유산이다.

그러나 독립 이후에도 국경 분쟁을 해소할 수 없었다. 서세가 여전히 드셌기 때문이다. 미/소가 강요하는 냉전체제에 휘말려 들어갔다. 우파 국가와 좌파 국가로 갈라섰다. 1990년대 들어서야 비로소 협상을 시작할 수 있었던 까닭이다. 그간 비교적 원만하게 진행되었다. 중국과 주변 국가들 간에, 중국과 아세안 간에, 그리고 아세안 내부 국가들 사이에 수많은 공동개발사업이 합의되고 이행되었다. 그런데 언젠가부터 돌연 갈등이 증폭된 것이다. 여기서 재차 '외부 세력'이 등장한다. 중동에서 아시아로 축을 옮기겠다고 한 나라가 있었다. 미국에서 '축의 이동'(Pivot to Asia)이 발표된 것이 2011년이다.

공교롭게도 이듬해 '동아시아 공동체'를 표방했던 일본의 민주당 정부가 조기에 좌초한다. 아베 신조가 정권을 탈환한다. 곧장 중동의 혼란이 동아시아로 이전되었다. 센카쿠/댜오위다오를 둘러싸고 동중국해가 어지러워졌다. 동쪽의 속국 일본이 앞장섰다. 이어서 남중국해도 뜨거워졌다. 남쪽의 속국 필리핀을 부추겼다. 아시아로 축을 옮긴다며 미국이 부가한 조항들이 있었다. 하나는 '더 많은 군사기지 연결망을 구축할 것', 다른 하나는 '민주주의와 인권을 증진시킬 것'이다. 군사화와 민주화, '속국 민주주의'를 재가동한 것이다. 이 모든 작전을 진두지휘한 사람이 있다. 당시 국무부 장관, 힐러리 클린턴이다.

다시 백 년인가, 다른 백 년인가

7월 말, 국가비상사태가 선포된 이스탄불에서 미국 민주당 전당대회를 지켜보았다. 찬조 연설의 면면이 화려했다. 볼거리가 풍성했다. 그래도 하이라이트는 역시 힐러리의 연설이었다. 불안했다. 섬뜩했다. 오바마보다는 부시 같았다. 클린턴보다는 레이건 같았다. 월가의 장학생이었던 그녀가 군산복합체의 수호신으로 거듭나는 순간이었다. "Stronger Together"라는 구호조차 불길했다. 미국 최초의 여성 대통령 후보라기보다는 전쟁의 여신처럼 보였다. 과연 공화당 주류도 속속 힐러리 지지로 돌아서는 낌새다. 네오콘들도 그녀 곁으로 결집하고 있다. '새로운 미국의 세기를 위한 프로젝트'라는 네오콘의 기획을 힐러리가 승계한다. 그녀를 통하여 '다시 백 년'이 가동되고 있다.

　민주당 전당대회에서도 예외적인 순간이 있었다. 리언 패네타가 연사로 나섰을 때다. CIA 국장, 국방부 장관 등을 지낸 거물이다. 남편 클린턴의 비서실장이기도 했다. 힐러리와는 '아시아로의 축의 이동'을 함께 입안했던 인물이다. 그가 트럼프를 비판하자 관중이 "No More War"를 외치며 패네타를 야유하기 시작했다. 짐작건대 샌더스 지지자들이 아니었을까 싶다. 젊은 식자층이 많다. 그들도 잘 알고 있다. 21세기에도 미국은 전쟁을 멈추지 않고 있다. 지난 백 년을 반복하고 있다. 아프가니스탄, 이라크, 리비아, 시리아에 폭탄을 쏟아부은 결과 중동 곳곳이 무정부 상태가 되었다. 테러리즘은 더욱 기승을 부리고, IS까지도 탄생시켰다. 미국의 후세들에게는 천문학적인 부채도 남겼다. '난세의 전초기지'다.

가장 아쉬운 대목은 정작 샌더스다. 힐러리에 대한 전폭적인 지지 의사를 밝혔다. 안타깝다. 처음부터 나라 밖 사정에는 어두운 순진한 좌파 할아버지라는 인상이 강했다. 크게 틀리지 않은 것 같다. 나라면 결코 힐러리에게 투표하지 않을 것이다. 그렇다고 선뜻 트럼프를 지지할 수도 없는 노릇이니, 이 난처함이야말로 수명이 다해가는 근대 민주주의의 곤경이다. 신대륙에서, 아메리카에서 '다른 백 년'을 기대하기 힘들다.

다른 백 년의 기운은 구대륙에서 지핀다. 다시금 무대는 러시아의 상트페테르부르크다. 또 다른 '축의 이동'(Pivot to Asia)이 모습을 드러냈다. 2016년 8월 9일, 푸틴과 에르도안이 회동했다. 시리아 내전 해결에 양국이 의기투합했다. 터키로 돌아온 에르도안을 기다리고 있던 이는 이란의 외교부 장관 자리프였다. 이란은 터키 군부의 쿠데타에 가장 단호하게 비판을 가했던 나라다. 터키 외교부 장관의 기자회견이 인상적이다. 한숨도 자지 못한 그날 밤에 가장 많은 이야기를 나누었던 '친구'가 자리프였단다. 다섯 차례나 통화했다고 한다. 러시아와 이란의 정보기관이 터키의 민주주의 사수에 긴밀하게 협조했던 것이다. 에르도안은 곧 이란의 수도 테헤란도 방문할 예정이다. 러시아-터키-이란을 축으로 삼는 삼국연합이 부상한 것이다. 곧장 행동으로 이어졌다. 러시아 공군이 이란의 기지에서 출격하여 IS를 공습했다. 지난 백 년, 전례가 없던 일이다. 이들이 미국의 패권주의와 이슬람 근본주의 간의 '적대적 공존'을 타개하고 중동에서의 다른 백 년을 추동해갈 것이다. '외부 세력'을 배제해갈 것이다.

러시아-터키-이란 사이에는 코카서스 지역이 자리한다. 아제르바이잔, 아르메니아, 조지아(그루지야)다. 8월 8일 아제르바이잔의 수도 바쿠에서 푸틴과 이란의 하산 로하니 대통령이 만났다. 러시아-이란-아제르바이잔을 잇는 코카서스 경제회랑을 만들기로 합의했다. 코카서스를 넘어서는 비전도 제출되었다. 상트페테르부르크부터 인도의 콜카타까지 이어지는 장거리 고속철도를 건설하자는 것이다. 푸틴의 회심의 프로젝트, 대유라시아 구상의 일환이다. 그는 마치 몽골세계제국을 경영하던 칸처럼 유라시아의 지도를 거꾸로 뒤집어 북에서 남으로 내려다보며 수를 둔다.

이란도 적극 호응하고 있다. 미국에서 정권이 바뀌면 언제 핵 합의*를 뒤집을지 모른다. 지금도 합의 이행에 미온적이다. 전례가 없지 않다. 북조선과의 제네바 합의**도, 9·19 합의***도 미국이 파기시켰다. 자력갱생해야 한다. 그럴수록 이웃과의 연결망 재건이 사활적이다. 페르시아만부터 흑해까지, 아르메니아에서부터 불가리아까지 교통회랑을 건설하고 있다. 이란의 위치를 확인할 필요가 있다. 서남부는 아라비아반도다.

* 2002년 이란 핵 개발 문제가 불거진 지 13년 만인 2015년 7월, 미국과 이란 사이에 핵 합의가 이루어졌다. 이란은 향후 10년 이상 핵무기 개발을 동결하기로 결정했고, 미국 및 세계는 이란을 대상으로 한 경제 제재를 단계적으로 해제하기로 합의한 것이다. 이로써 1979년 이란의 이슬람 혁명 이후 장기간 지속되었던 미국-이란 관계도 정상화될 것으로 전망되었다.

** 1994년 10월 21일 미국과 북조선 간에 맺어진 외교적 합의를 일컫는다. 북조선의 핵 개발 포기, 북-미 수교, 북조선에 대한 에너지 공급을 주요 내용으로 하였으나, 2003년 전격 파기된다.

*** 2005년 9월 19일 도출된 합의. 북조선이 모든 핵무기를 포기하는 대신에 한반도 평화협정, 북-미 간 관계 정상화, 북조선에 대한 불가침 확약을 교환할 것에 동의한 공동 선언이었다.

북부는 중앙아시아다. 동부는 남아시아다. 서쪽으로는 터키와 유럽으로 이어진다. 독일부터 인도까지 가닿는 유라시아 연결망의 허브로 이란이 자리매김하고 있는 것이다. 본디 페르시아제국의 역할이 그러했다. 유럽과 아시아를 페르시아가 이었다.

내친김에 시야를 조금만 더 넓혀보자. 베트남도 몹시 분주하다. 2016년 5월 오바마의 베트남 방문을 전후로 베트남이 미국 편에 섰다는 보도가 빗발쳤다. 오보에 가깝다. 지난 10년 베트남의 친미 노선을 추진했던 응우옌떤중 총리는 국가주석에 도전했다가 낙마했다. 그는 사이공 출신이다. 남베트남, 즉 미국의 동맹국 출신이었다. 그리고 '도이모이'* 30주년을 맞이한 올해(2016) 정권을 접수한 세력은 하노이파, 북베트남 세력이다. 그렇다고 친중파도 아니다. 미/중 사이에서 균형을 취한다. 오히려 러시아에 부쩍 접근하고 있다. 베트남은 2016년 5월 소치에서 열린 유라시아경제연합(EEU)에 참석한 유일한 동남아시아 국가였다. '소치 선언'도 발표되었다. 유라시아경제연합과 아세안(ASEAN) 사이의 전략적 파트너십을 확인하고 양 지역 간 자유무역협정(FTA) 논의를 시작했다. 즉 중앙아시아와 동남아시아의 통합을 매개하는 나라가 바로 베트남이다. 이 또한 20세기의 유산이다. 냉전기 사회주의 국제주의가 유라시아의 경제통합으로 전변되고 있다.

여기에 중국의 일대일로까지 포개진다. 2016년 6월 17일, 시진핑은 동유럽과 중유럽을 순방했다. 폴란드 바르샤바부터 세르비아의 베오그라드까지 가는 곳곳 환영받았다. 으레 돈 보따리를 풀어놓았기 때문이다. 발트해 국가들까지도 신新실크로드에 올라타기를 원한다. 상하이에

---

* 1985년 소련에서 고르바초프가 등장하면서 페레스트로이카 정책을 추진하자, 베트남 또한 1986년 '도이모이'(쇄신)를 선언하며 시장경제를 도입했다.

서 베를린까지, 동아시아와 남아시아와 중앙아시아와 동유럽과 북유럽이 거대하게 엮여가고 있다. 그 한복판에 우즈베키스탄의 타슈켄트도 있었다. 6월 23~24일에는 이곳에서 상하이협력기구 정상회의가 열렸다. 상하이협력기구는 나토 같은 군사동맹기구가 아니다. 환태평양경제동반자협정(TPP) 같은 배타적인 무역기구도 아니다. 혼종적이고 잡종적이며 융합적이다. 일즉다, 다즉일(unity in diversity)의 원리가 관철된다. 그래서 인도도 이란도 무리 없이 합류했다. 장차 터키까지 합세할 기세다. 유럽/아시아, 전통/근대, 좌/우, 민주/독재 등 20세기의 온갖 이분법을 돌파하는 거대한 인드라망을 구현해간다. 고로 '문명의 충돌'은 하얗게 잊어도 좋겠다. 충돌이 있다면 유라시아와 아메리카 사이, 구대륙과 신대륙 사이, 당사자와 '외부 세력' 간에 있을 뿐이다. 최후의 서세西勢가, 마지막 외세가 독선과 아집에 찌든 옛 버릇을 버리지 못하고 거듭 간섭하고 이간질을 하고 있을 뿐이다.

그러나 시세와 시류를 거스를 수는 없을 것이다. 서세동점의 말기이다. 서구적 근대의 말세이며, 미국적 세계화의 끝물이다. 그러나 탈근대도 아니요, 반세계화도 아니다. 탈근대는 신좌파의 말놀음이요, 반세계화는 구좌파의 게으름이다. 구미적 근대에서 지구적 근대로 이행하고 있다. 미국적 세계화에서 세계적 세계화로 진입하고 있다. 지구적 근대화와 세계적 세계화의 최전선에 유라시아가 자리한다. 구舊제국들은 귀환하고, 옛 문명들은 복원된다. 동서고금이 사통팔달 회통한다.

델리에서 이스탄불에 이르는 지난 반년간, 책상 앞에 걸어두고 노트북의 메인 화면으로 삼고 있는 지도 한 장이 있다. 18세기 유라시아 지도다. 오스만제국과 사파비(페르시아)제국, 무굴제국과 러시아제국, 대청제국이 건재하던 시기다. 산업혁명이 일어나기 전, 서세동점이 시작되기 전 유라시아의 판도를 조감해볼 수 있다. 나로서는 어쩐지 2050년의 미래가 당시의 모습과 흡사할 것만 같다. 18세기의 옛 지도에서 21세기의 청사진을 구한다. 엉뚱한 공상인 것인지, 역사적 영감인 것인지, 두 눈으로 두 발로 직접 확인해보려 한다.

　이제 격변하는 이슬람 세계로 진입할 차례다. 새로운 세상을 보았다. 세계를 새로이 보게 되었다. 문명화-근대화-민주화로 '근대인'을 세뇌시킨 지난 백 년의 대서사와는 전혀 다른 역사관과 세계관을 배우고 익히고 있다.

023

IS의 충격

이슬람 제2의 헤지라,
그들은 어떻게 세상을 홀렸나?

'시라크', 개방된 전선

새 거처를 마련했다. 여행가방 두 개를 끌고 터키의 이스탄불과 이집트
의 카이로를 전전했던 보름간의 '난민 생활'을 청산했다. 이집트 알렉산
드리아에 보금자리를 꾸렸다. 그 유명한 옛 도서관이 있던 곳이다. 지중
해를 끼고 있는 해안 도시이기도 하다. 현대식으로 탈바꿈한 알렉산드
리아 도서관이 재개장한 것이 2002년이다. 바다가 내다보이는 전경에,
후방으로는 알렉산드리아대학이 자리한다. 근방에는 아랍문화관과 로
마박물관도 있다. 나로서는 안성맞춤한 장소가 아닐 수 없다. 알렉산드
리아 도서관을 '동네 도서관' 삼아 이슬람 세계와 지중해 세계를, 유럽
과 아랍을 아울러 살펴가려고 한다. 서유라시아를 통으로 사고하는 훈
련장으로 삼을 것이다.

　　카이로를 거쳐 알렉산드리아에 이르는 동안, 숙소에서는 늘 알-자지

라 방송을 틀어두었다. 실은 올해 내내 그러했다. 여전히 7할은 들리지 않는다. 혹은 이제는 3할이나 들린다. 이곳을 떠날 즈음이면 절반은 알 아들었으면 좋겠다. 단연 화제는 IS(이슬람국가)다. 최근 세력이 부쩍 약해졌다. 매일같이 전황 속보가 전해진다. 그중에서도 핵심은 알레포(시리아)와 모술(이라크)이다. 이스탄불에서는 알레포 소식이 잦더니, 알렉산드리아에서는 단연 모술이 화제다. 훗날 숱한 역사가들이 저술할 것이 분명한 '모술 전투'가 시작되었다.

모술은 이라크 북부에 자리한 도시다. 알레포는 시리아의 북부에 있다. 즉 IS는 이라크와 시리아를 넘나들며 존재했다. 혹은 이라크와 시리아의 국경을 돌파하여 '시라크'라는 새로운 공간을 창출했다. 당시 그들은 영국과 프랑스가 주도하고 러시아가 수긍했던 작위적인 국경선을 철폐했노라 자랑했다. 20세기의 식민주의를 청산한 이정표로 삼은 것이다. 오스만제국 붕괴 이후 국가간체제로 재편되었던 아랍 세계에 일대 지정학적 충격을 가한 것이다. 미국과 러시아, 유럽 등 '외부 세력'은 물론이요, 이라크와 시리아 등 당사국들 또한 IS 퇴치에 사활적인 것도 그 때문이다. 복잡한 이해관계가 교차하고 있지만, 기존의 국가간체제로 되돌리고자 함에는 내/외 합작이다. 알레포에서는 러시아와 시리아가 손을 잡았고, 모술에서는 미국과 이라크가 뜻을 모았다. 20세기와 21세기가 격렬하게 충돌한다.

IS가 돌연변이는 아니다. 글로벌 지하드 운동의 점진적 진화의 소산이다. 뉴욕의 상징적 건물에 가공할 테러를 가했던 알-카에다보다 진일보했다. 더 이상 산발적이고 단속적인 활동을 펼치는 테러 집단에 그치지 않는다. 특정한 영토를 실효적으로 지배하고, 자신들의 이념에 따라 질서를 창출하여 사회를 통치하는 엄연한 국가로서 등장했다. 재차 장소가 관건적이다. 괜히 이라크가 아니다. 2003년 이라크전쟁과 긴밀히

알렉산드리아.

연루되어 있다. 미국의 침공으로 사담 후세인 정권이 붕괴되고 중앙정부가 해체되었다. 외세에 힘입은 새 정권은 자리를 잡지 못했다. 국가와 사회 사이에 커다란 균열이 일어났다. 수많은 비정부 조직이 창궐할 수 있는 열린 공간이 생긴 것이다.

또 한 번의 결정적인 계기가 2011년에 일어난다. 이른바 '아랍의 봄' Arab Spring이다. 여러 아랍 국가들에서 동시다발적으로 기존 정권이 무너지거나 흔들렸다. 통치되지 않는 무질서 공간이 확대된 것이다. 철권을 휘두르던 시리아의 알-아사드 정권에도 파장이 미쳤다. 곧장 내전 상태로 들어갔다. 시리아는 이라크의 이웃 국가다. IS는 이라크에서의 경험을 발판 삼아 활동 공간을 대폭 확장시킬 수 있었다. 천시가 맞아떨어졌다.

실은 '아랍의 봄' 이전부터 지하드 전사들은 이라크와 시리아 사이를 왕래했다. 이 또한 이라크전쟁 10년의 산물이다. 수많은 지하드 전사들이 반미 무장투쟁을 전개하기 위하여 이라크로 집결한 것이다. 이라크로 진입하는 주요 통로가 바로 시리아였다. 알-아사드 정권도 묵인했다. 알-아사드는 미국의 체제 전환과 민주주의 이식의 다음 목표가 시리아가 될 것을 우려했다. 그러니 미국을 이라크의 수렁에 고착시키고 이라크전쟁의 기간을 최대한 늘리기 위해, 가능한 한 많은 지하드 전사들이 이라크로 투입되는 편이 유리했다. 시리아의 급진 세력들을 이웃으로 송출하는 편이 내치의 측면에서도 이로웠을 것이다. 그러나 바로 그들이 IS라는 영토국가로 진화하여 자신의 정권을 겨냥하는 세력으로까지 성장하리라고는 예상치 못했을 것이다.

IS가 평지에서 돌출한 것도 아니다. 로드맵이 있었다. 앗수리라는 사상가가 있다. 1958년 시리아에서 태어나 스페인 시민권을 획득하고 유럽에서 활동하는 지하드 이론가다. 한때는 빈 라덴의 측근으로 아프가니스탄에서 반미 무장투쟁의 선전선동을 담당했다. 그가 글로벌 지하드 이론을 체계화한 저서를 발표한 것이 2004년이다. 무려 1,600쪽에 달하는 대작이다. 지금은 인터넷에도 (아랍어로) 공개되어 있다. 미국의 '테러와의 전쟁'에 맞서서 네트워크 지하드 전략을 이론화했다. 나는 10장짜리 요약본만 겨우 읽어보았다. 혹은 겨우겨우 읽어내었다. 읽는 내내 기묘한 기시감이 일었다. 대일본제국의 총력전에 맞서 마오쩌둥이 집필했던 모순론과 지구전론, 근거지론이 연상되었다. 압도적인 힘의 격차에 맞서는 게릴라 전술, 비대칭 전략을 수립한 것이다.

더 흥미로운 점은 머지않아 대규모 조직화, 무장화의 기회가 오리라고 예측한 대목이다. 1979년 소련의 침공에 맞서 탈레반 정권을 수립했던 아프가니스탄 경험을 모델로 삼아, 중동에서도 새로운 이슬람 국가를 창출할 수 있으리라고 전망했다. 앗수리는 이를 '개방된 전선'이라고 불렀다. 그의 예상은 적중했다. 실제로 2011년 '아랍의 봄'으로 '개방된 전선'이 출현한다. 이라크의 서북부와 시리아의 동북부가 바로 그곳이다. 바로 그 '개방된 전선'에서 IS가 탄생하고 성장해온 것이다. '아랍의 봄'으로 중동까지도 민주화될 것이라 했던 '교조적 민주주의'와 '자유주의 근본주의'의 안이한 판단에 허를 제대로 찌른 것이다.

더더욱 놀라운 것은 2000년부터 2020년까지를 내다보는 장기 계획마저 있었다는 점이다. 각성과 개안開眼, 부활과 변혁, 국가 선포, 전면 대결과 최종 승리에 이르는 7단계로 분류했다. 2001년 9·11 테러가 각성 단계에 해당한다. 2011년 '아랍의 봄'이 변혁기다. 2014년에는 실제로 국가 선포가 단행되었다. 현재 전개되고 있는 전쟁은 전면 대결기에 속한다. 그들은 2020년을 최종 승리 시점으로 예상했다. 당장의 전황만으로 IS의 운명에 섣부른 예단을 금하게 되는 것이다. 중국공산당이 대장정 끝에 옌안까지 밀려간 것이 1935년이었다. 1930년대에는 누구도

1949년 중화인민공화국 수립을 예상할 수 없었다. 대일본제국과 중화민국에 견주어 비할 세력이 아니었다. 오지의 토굴에 모여 사는 비적 무리에 가까웠다. 즉 IS의 장래 또한 크게 열려 있다. 보편사史의 객관적 법칙일랑 통용되지 않는다. 역사는 시학詩學적 시간이지, 수학적 시간이 아니기 때문이다.

그들은 2020년 칼리프 제도의 부활을 완성시킬 것이라고 했다. IS가 비단 지정학적 충격에 그치지 않는 까닭이다. 사상사적 충격이다. 오스만제국의 해체와 더불어 1924년에 완전히 사라졌다고 여겼던 칼리프 제도를 복원하겠다는 것이다. 즉 IS의 출현을 일개 추문으로 기각해서는 곤란하다. 거대한 파문으로 접수해야 한다. 우리가 알고 있던 근대적 세계지도의 한 모퉁이가 찢겨 나가면서, 1,400년 이슬람 문명의 굵은 등뼈가 그 실체를 허옇게 통뼈째 드러내고 있는 것이다. '역사의 종언'을 조롱이라도 하듯, 역사의 대반격을 펼쳐가고 있다.

칼리프의 재림

IS, 즉 이슬람국가의 선포가 단행된 것은 2014년 6월 29일이다. 최고지도자 알-바그다디가 칼리프에 취임한다고 선언했다. 샤리아, 즉 이슬람 율법을 알아야 한다. 칼리프는 '시라크'라는 영토국가의 지배자로 그치는 개념이 아니다. 즉 대통령이나 총리가 아니다. 이슬람법에 따르면 일국의 지배자는 그저 '부족장'에 그칠 뿐이다. 20세기형 '일국 이슬람주의'는 이슬람법에 합치되지 않는 것이다. 칼리프만이 전 세계 무슬림 공동체, '움마'의 정치적 지도자에 값한다. 이슬람 세계, 즉 이슬람적 천하의 유일한 지배자로서 천자天子 내지는 황제에 해당하는 것이다. 물론 현재 전 세계 이슬람교도가 IS의 지도자를 칼리프로서 인정하고 있다

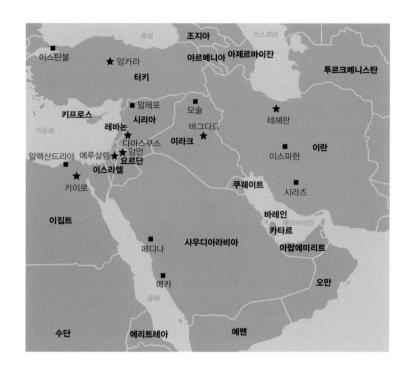

는 말은 아니다. 그러나 그럼에도 불구하고 자신이 칼리프라고 주장하는 인물이 출현했으며, 그가 일정한 지배 영역을 확보했다는 점은 실로 놀라운 사건이다. 이 놀라움을 '사상적 충격'으로조차 인지하지 못하는 관성적이고 타성적인 사고부터 타파해가야 할 것이다.

IS를 선포하고 칼리프를 선언했던 동영상을 유심히 살펴볼 필요가 있다. 곳곳에 이슬람적 상징을 차용하여 전 세계에 송출한 기획물이다. 알-바그다디는 검은 터번을 두르고 등장했다. 검은 터번은 예언자 무함마드(마호메트)의 후손들이 쓰는 것이다. 혈통적 정통성을 과시한 것이다. 더 중요한 점은 무함마드가 늘 검은 터번을 둘렀던 것이 아니라는 점이다. 630년 메카를 (재)정복했을 때 처음 썼다고 한다. 즉 모술의 점령을 메카의 정복에 빗대었던 것이다. 이슬람 문명사에 무지한 외부인들은 쉬이 간파하기 힘들다. 그러나 무슬림이라면 누구라도 그 의미를 당장 알아챘을 것이다.

6월 29일이라는 시점 또한 상징적이었다. 라마단이 시작되는 첫 번째 날이었다. 전 세계 무슬림 공동체가 단식을 행하는 라마단은 종교적 감정이 특히 고양되는 시기다. 올해 테헤란에서 라마단을 경험할 수 있었다. 단식을 온종일 하는 것이 아니었다. 낮에만 곡기를 끊는다. 밤에는 도리어 성대한 잔치를 벌인다. 일종의 축제 기간이다. 환하디 환한 달을 바라보며 모스크에서, 카페에서, 식당에서, 집에서 음식을 나누어 먹는 '아라비안 나이트'가 펼쳐진다. 더불어 TV 시청률이 높아지는 달이기도 하다. 그래서 이슬람 세계의 주요 방송국들 또한 라마단 기간에 맞추어 특집 드라마를 편성한다. 그 한 달의 특수를 위하여 일 년 내내 공들여 특집 방송을 준비하는 것이다. 6월 29일은 그 특집 드라마들의 제1회 방송이 나가는 날이었다. IS는 바로 그 시점을 노린 것이다. 칼리프의 부활이라는 실사판 대하드라마를 송출함으로써 단숨에 이슬람 세계의 이목을 집중시킬 수 있었다.

탁월한 미디어 전략은 그것으로 그치지 않았다. 7월 4일은 라마단 달의 첫 번째 금요예배가 있는 날이었다. 이슬람권에서는 금요일과 토요일이 주말이다. 일요일부터 한 주가 시작된다. 라마단의 첫 금요예배는 특히 각별하다. 각국의 주요 모스크에서 가장 중요한 설교가 행해진다. 응당 관심이 집중될 수밖에 없다. 바로 그날에 맞추어 알-바그다디 또한 설교단에 오른 것이다. 알-바그다디의 연설은 오바마에 못지않다. 《코란》 낭독 또한 탁월하다. 물론 나는 그 연설과 낭독의 맛을 제대로 느낄 수가 없다. 다만 그의 낭독 실력을 인정하는 이슬람 학자들을 여럿 만났다. 확신에 찬 목소리로 고전을 정확하게 인용하며 오늘을 설파한다고 한다. 신심 깊은 신자들로부터 존경받기 쉬운 유형의 인물이라는 것이다. 적어도 동영상으로 유통되는 그의 모습은 그러하다. 그래서 칼리프 부활의 대의에 동의하는 무슬림이라면 호소력이 무척 깊을 것이라고 한다. 민족과 국가의 경계를 초월하여 존재했던 이슬람 세계의 '요순 시대'에 대한 아련한 향수를 자극하는 것이다.

반면 외부인들에게 널리 알려진 것은 잔혹한 참수 영상이다. 이 또한 주도면밀하게 연출되었다. 참수 대상을 선별하고 엄별한다. 미국인이 우선이고, 다음이 영국인이다. 이들 국가의 이라크 및 중동에 대한 군사 개입을 환기시키는 것이다. 참수에 앞서 군사 개입 중지를 요구하는 영상을 먼저 내보내 일정 기간을 기다린다. 나름으로 정당성을 확보하는 것이다. 인질에게 오렌지색 수의를 입히는 것 또한 상징적이다. 이라크의 아부그라이브 형무소에서 미군이 전쟁포로를 학대하는 사건이 있었다. 그들이 입고 있던 수인복이 바로 오렌지색이었다. 또 쿠바에 위치한 관타나모 미 해군기지의 악명 높은 수용소에서도 오렌지색 수의를 입힌다. 즉 IS는 '눈에는 눈, 이에는 이'를 실천하고 있는 것이다. IS가 미국처럼, 영국처럼 그 나라를 공습하고 지상군을 파병하여 점령할 수는 없는 노릇이다. '체제 전환'을 통해서 자신들의 정치제도를 이식할 수도 없다. 다만 인질에게 오렌지색 수의를 입히고 처형함으로써 부당한 대우에 분노했던 이슬람교도들에게 대리 만족을 시켜주고 있다. 이슬람 문명을 회복하는 글로벌 지하드 운동으로 정당성과 정통성을 확보해가는 것이다. 그것이 바로 재림한 칼리프의 책무이기도 할 것이다. 백 년간 단절되었던 이슬람식 천명天命을 수행하고 있는 것이다.

디지털 칼리프, 글로벌 스테이트

고로 그들의 사상전思想戰은 전혀 새로울 것이 없다. 이슬람 고전에 기초한다. 권위 있는 이슬람 학자들의 견해를 활용하고, 《코란》과 《하디스》*를 인용하며 자신들의 명분을 확인한다. 새로운 건국이념의 부재, 즉 새로운 사상과 담론을 제시하는 것에 무심한 것이야말로 신생 국가 IS의 가장 큰 특징이다. 진리는 이미 있었다. 오래된 것이다. 보편적 진리는 변하지 않는다. 시대의 흐름에 따라 거듭 달라지는 국법國法 위에 이슬람법이 자리한다. 그것이 지난 세기에 깨어져 나간 것이다. 근대 Modern에 대한 발본적인 도전이다.

그럼에도 고색창연한 것만도 아니다. 도리어 그 반대다. 최첨단을 달린다. 뉴미디어와 디지털 미디어를 십분 활용한다. 고전적 이슬람을 디지털 매체와 결합했다. '디지털 이슬람'으로 전 세계 무슬림을 향해 메시지를 전달한다. 디지털 신대륙이야말로 성전聖戰을 전개하는 성역聖域이 된 것이다.

2014년 6월 창간한 《다비크》Dabiq가 대표적이다. 종이 잡지가 아니다. 디지털 매거진이다. 창간호 특집에서는 《하디스》의 종말론을 환기시켰다. 예언자 시대의 아라비아반도와 오늘의 중동 상황을 거듭 비교한다. 당시도 20세기 못지않은 혼란과 분란의 시기, 이슬람판 '전국시대'였다. 무함마드의 헤지라(성천聖遷)와 지하드(성전聖戰)를 따라서 이슬람적 평화가 달성되었던 것처럼, IS와 더불어 태평성세를 회복하자는 프로파간다이다. 2호의 특집 기획은 구약 성서와 《코란》에 바탕한다. 특히 노아의 방주를 강조했다. IS로의 이주야말로 대홍수에서 탈출할 수

---

* 무함마드의 언행을 기록한 것으로 《코란》에 이어 이슬람의 제2의 경전이다.

있는 유일한 길임을 웅변한다. 4호는 역사 특집이다. 십자군의 실패를 복기했다. 중세 십자군의 패퇴에 견주어 이라크와 시리아에서 미국이 침몰할 것이라고 장담했다. 올해(2016) 7월까지 15호가 발간되었다.

알-카에다 또한 자신들만의 미디어가 있었다. 독자적인 온라인 뉴스를 시작한 것이 2005년이다. 돌아보니 의미심장하다. 당시 방송의 이름이 '칼리프의 소리'The Voice of the Caliphate였다. 그후 10년 사이 칼리프가 재림했고, IS가 진화했다. IS의 라디오 방송국은 이라크에 있고, 위성 TV 방송국은 리비아에 있다. 24시간 인터넷 방송 채널도 출범시켰다. 일방향의 미디어도 아니다. 분산적이고 쌍방향적이다. 전 세계 지하드 전사들이 개별적으로 미디어 활동을 한다. HD 카메라, 편집 소프트웨어, 특수효과 등을 활용하여 최상의 화질로 영상을 제작하고, 세련된 디지털 매거진을 발행한다. 저마다 사진과 동영상을 만들어 인스타그램에 올리고 스카이프를 통해 대화하면서, 16억 '아랍어 공론장'에 빛의 속도로 전송, 재전송한다. 페이스북을 차용한 '무슬림북'Muslim-book도 있고, IS가 개발한 스마트폰 앱도 다양하다. 그중에서도 특히 북부 이라크를 무대로 지하드 전사가 되어 미군과 싸우는 전쟁 게임이 인기라고 한다.

그래서 디지털 세대가 가장 크게 호응한다. 노트북과 태블릿, 스마트폰을 끼고 살아가며 디지털을 '모어'母語로 삼는 밀레니엄 세대가 열광하고 있다. 이들은 인터넷과 SNS의 최고수들이다. 범죄 조직과 아동 포르노 유통 등에 활용되는 지하 인터넷까지 자유자재로 활용하며, 미국의 군사안보망에 필적하는 방화벽을 갖춘 채 활동한다. 디지털 금융에도 능란하다. 자금 또한 온라인으로 입금, 출금, 송금한다. 비트코인 같은 가상화폐도 능숙하게 활용한다. 도청과 추적을 방지하는 독자적인 시스템도 갖추었다. 오히려 그들을 해킹하는 세력들을 역추적하기 위한 위장 사이트도 만들어놓았다. 그 덫에 접속하는 순간 적들의 IP 주소가 드러난다. 그 경로를 통해 해킹하여 상대편의 사이트를 다운시키지도 않는다. 그것은 하수들의 전략이다. 계속 잘못된 정보가 유통되도록 '관리'할 뿐이다.

즉 IS는 디지털에 기초해 등장한 최초의 국가다. 지하드 전사들의 모집과 채용부터 선전선동, 나아가 전장에서의 전술전략 입안까지 디지털에 의존한다. 아니, 국가 건설까지도 온라인 연결망을 통해 이루어지고 있다. 가상계와 실재계를 오고가며 현실을 증폭시키고 증강시키는 것이다. 그렇지 않았다면 그토록 단기간에 대규모 군대를 확보하기 힘들었을 것이다. 무력에 기반한 영토 지배 또한 유지되기 어려웠을 것이다. 디지털 칼리프가 인쇄술에 기반한 '상상의 공동체', 20세기형 국민국가를 내파시킨 것이다.

IS와 세계를 잇는 온라인 연결망은 아랍어가 대세다. 그러나 영어의 비중 또한 점차 늘어나고 있다. 아랍어 공론장에서 인기를 얻은 콘텐츠는 신속하게 영어 자막이 깔려 재유통된다. 사이버 공동체 특유의 협동과 공유 정신이 가동되는 것이다. 러시아어, 우르두어, 중국어 자막도 생겨나고 있다. 즉 IS 네트워크는 문자 그대로 '글로벌'하다. 국민국가Nation-State가 아니라 지구국가Global-State다. 그래서 '디지털 세계시민'을 자처한다. 어느새 '움마'에 근접해진 것이다. 그들은 스스로를 핫하고 쿨하며 힙하다고 여긴다. 진지할 뿐 아니라 근사하기까지 한 것이다.

그럼에도 주류 미디어들은 폄하하기 일쑤다. 먹고살기 힘든 루저들의 비행과 탈선으로 간주한다. 청소년 비행, 청년 실업 문제쯤으로 취급하는 것이다. 빈곤 타개를 위해서, 빚에 쪼들려서 이주한 사례가 아주 없지는 않을 것이다. 그리고 그런 청년들은 결국 IS의 생활을 견디지 못하고 재탈출을 감행하여 구미의 미디어에 노출되는 것일 테다. 그러나 일부에 그친다고 보아야 한다. 다수는 뜻하는 바 있어 참여하는 것이다. 압도적인 무력을 갖춘 미군과 맞서서 싸우는데 돈 몇 푼에 달려갈 수가 있을까? 베트남전쟁에 참전했던 한국인 용병과도 다르다. 그들은 세계 최강의 미군을 지원하는 일이었지, 그들을 상대로 전쟁을 하러 간 것이 아니었다. 물질적 유혹보다는 정신적 감화가 더 크다고 할 것이다. 그래서 용병보다는 의용병이 더 어울린다. 자신들의 이주를 헤지라, 즉 성천에 빗대는 것이다.

이슬람력의 '원년'은 서력으로 622년이다. 무함마드가 태어난 해도 아니고, 예언의 계시가 시작된 해도 아니다. 탄생도 말씀도 원년으로 기리지 않는다. 622년이 '원년'인 까닭은 무함마드가 메카에서 메디나로 이주한 해이기 때문이다. 다신교 신자들의 적대와 적의에 둘러싸인 메카에서 탈출하여 메디나로 이주한 것을 '성천'으로 기리는 것이다. 바로 그해로부터 찬란한 이슬람 문명이 비롯했다고 여긴다. 메디나로 이주하여 정치권력을 장악하고 이슬람적 통치를 실현함으로써 630년에 메카를 재탈환할 수 있는 동력을 얻었기 때문이다. 재탈환을 완성했던 630년보다 대이주를 감행했던 622년을 더 높이 치는 것이다.

IS에 집결한 사람들 역시도 622년을 환기하고 있음에 분명하다. 제2의 헤지라를 단행하고 있는 것이다. 건국을 선포한 2014년에만 세계 80개국, 1만 5천 명이 결집할 수 있었던 까닭이다. 그러나 '다국적군'이나 '연합군'으로 부르는 것 또한 적절치 않다. 어디까지나 무슬림 공동체로서 하나일 뿐이다. 즉 IS는 '국민'으로 구성되지 않은 복합국가이며 미니 제국이다. 태생부터 철두철미 탈민족주의, 탈국가주의, 탈근대주의다.

CNN과 BBC에서는 IS에서 탈출한 사람들의 인터뷰만 나온다. 그러나 알-자지라 아랍어 방송이나 IS와 소통하는 아랍어 공론장에서는 IS

로 진출한 이들의 인터뷰를 접할 수도 있다. 내가 가장 인상적으로 보았던 것은 아프가니스탄의 카불에서 이란과 터키의 아나톨리아고원을 지나 이라크의 모술까지 이르렀던 한 무슬림 여전사의 인터뷰였다. 2014년 당시 스물다섯 살이었다. 2001년 열두 살이었다는 말이다. 미국의 아프가니스탄 공습으로 열두 살 소녀의 삶은 송두리째 무너졌다. 부모와 오빠와 여동생, 그리고 친구들까지 모조리 죽었다. 마을공동체가 일시에 사라진 것이다. 고향은 폐허가 되었다. 아무것도 남지 않은 그녀에게 IS는 한줄기 빛이었다. 죽을힘을 다하여, 필사적으로 모술까지 이른 것이다.

나는 습관처럼 기존의 국경선을 지운 유라시아 전도를 펼쳐놓고 그녀의 이동 경로를 그려보았다. 어마어마한 거리다. 고산과 사막이 이어지는 험지이기도 하다. 재차 20세기의 대장정이 연상되었다. 상하이에서 출범했던 중국공산당이 옌안까지 퇴각했던 거리와 얼추 비슷하다. 옌안에는 중국인들만 있던 것이 아니다. 조선인도 있었고, 베트남인도 있었고, 몽골인도 있었다. 타이인, 인도네시아인도 있었다. 동아시아 좌파의 해방구였다. 얼핏 스페인 내전도 떠올랐다. '사회주의 국제주의'에 헌신하는 유럽 좌파들도 군사 파시즘에 맞서 스페인으로 달려갔던 시절이 있었다.

중국의 대장정과 스페인 내전을 빗대는 이유는 간단하다. '진보파'들의 편견을 교정할 필요가 있기 때문이다. 저들 또한 그들처럼 자신의 이념과 신념을 위하여 IS에 지원병으로 달려가는 것이다. 어쩌면 이 불의한 세계를 타도하겠다는 목적의식만큼은 동일할지도 모른다. 다만 그 극복의 경로와 방편이 다를 뿐이다. 저들은 어디까지나 1,400년 이슬람 문명사의 지평에서 20세기를 회고하고 21세기를 열어가기 때문이다. 따라서 이슬람 세계의 독자적인 논리를 공부하지 않고서는 해석도 공감도 되지 않는다. 억측만 난무하고 오해만 쌓일 뿐이다. 열린 사고가 절실하다. 마음부터 열어야 한다. 귀를 기울이고, 경청할 수 있어야 한다. 근대성의 주박에 결박되지 않는, '정치적 올바름'에 포박되지 않는 사상 해방이 긴요하다.

'Arab Spring'과 문명해방운동

'아랍의 봄' 직후 개별 국가들에서 정치 참여의 공간이 대폭 확장되었다. 그곳에서 약진한 것은 이슬람주의 온건파였다. 무슬림형제단이 대표적이다. 민주주의 제도 안에서 이슬람식 개혁 노선을 추구하는 세력이 지지를 얻은 것이다. 그러나 통치 능력을 구비하고 있지는 못했다. 곧장 기득권 세력이 저항했다. 세속주의의 보루, 군부가 대표적이다. 이집트부터 (재차) 군사쿠데타가 일어난다. 청년들은 깊이 좌절했다. 민주주의로의 이행과 제도 내 개혁에 대한 회의가 더욱 깊어졌다. '일국 이슬람주의'는 '일국 사회주의'처럼 애당초 어울리지 않는다는 각성이 일었다. 정의롭지 못한 국가권력에 빌붙어 이슬람법을 곡해하는 어용학자 울라마들에 대한 불신과 불만도 폭발했다.

그런 이들에게 칼리프의 복원을 제창하는 IS는 매혹적인 선택일 수 있었다. 예기치 않은 곳에서 뜻밖의 출로가 열린 것이다. 튀니지에서, 이집트에서, 요르단에서, 사우디아라비아에서, 예멘에서 수많은 청년들이 IS로 향했던 이유다. 본디 튀니지인, 이집트인, 요르단인, 사우디인, 예멘인이라는 것은 존재하지 않았다. 이슬람적 보편을 구현했던 오스만제국에서는 오로지 무슬림이 있었을 뿐이다. 알라 아래 하나였다.

즉 그들은 더 이상 20세기형 민족해방운동에 투신하지 않는다. 국민이기를 거부한다. 국민국가에 적응한 결과가 기껏 독재자들의 길을 열어준 것이었을 뿐이기 때문이다. 그 지배 세력들이 '움마'(이슬람 공동체)를 해체하고 개별적 국민으로 동원함으로써 이슬람의 회복이라는 지하드를 방치하고 억제했던 것이다. 그리하여 유럽의 식민주의에서 벗어나 '독립'을 쟁취했음에도 불구하고 문명적 정체성을 회복하지는 못했던 것이다. 어디까지나 '건국'建國이었지 '복국'復國은 아니었던 것이다.

아니, 국가간체제라는 외래의 시스템이 지속되는 것이야말로 '이교도의 지배'가 계속되는 것이다. 그렇다면 국가간체제에 의탁하여 독재를 지속하는 자국의 지배 세력에 대해서도 지하드를 수행해야 한다. 그것이야말로 무슬림으로서의 의무다. 국가가 지하드를 수행하지 않는다면, 이제는 그 국가에 맞서서라도 지하드를 수행하겠다는 것이다. 그것을 가로막는 기성의 근대 국가야말로 척결의 대상이 된 것이다. 미국이 멀리 있는 적이라면, 중동의 국가들은 가까이 있는 적이다. 즉 민족해방운동 이후의 '문명해방운동'의 출현이다. 그것이 진정한 '아랍의 분출' Arab Spring에 가까울 것이다. 그 솟구치는 역사의 물결을 타고 오름으로써 IS 또한 삽시간에 번성할 수 있었다고 하겠다.

따라서 IS를 "국제사회International Community에 대한 도전"이라고 하는 말은 정곡을 찌른 표현이다. 그들은 20세기형 국제사회에 도전하고 있다. 구미식 세계질서에 도전하여 이슬람적 세계질서의 복원과 갱신을 희구하고 있다. (서)아시아, (남)유럽, (북)아프리카 삼대륙을 아울렀던 오스만제국을 30여 개 국민국가로 분열시켜 지배했던 20세기의 영국과 미국에 정면으로 도전하고 있는 것이다. 즉 오늘날 중동 대혼란의 근저에 구미歐美가 자리한다. 영·미가 이식한 근대적 국제질서야말로 화근인 것이다. IS는 그 백 년의 대혼란을 청산하기 위한 해결책으로 등장했다. 올바른 방책이 아닐 수 있다. 최선의 해법이 아닐지 모른다. 아니, 아닌 것 같다.

그러나 다시 원상으로 복구시키는 것 또한 묘안은 아닐 것이다. 어디까지나 봉합에 그친다. 서아시아의 대분열체제를 지속시키는 하책下策에 그칠 뿐이다. 무엇보다 더 이상은 봉합이 될 것 같지가 않다. 영국은 더 이상 19세기의 대영제국이 아니다. 미국도 이제는 20세기의 대미제국이 아니다. 분할통치를 통하여 억누를 수 있었던 완력이 완연하게 약해졌다. 결국은 탈이슬람화의 20세기를 거슬러 재이슬람화의 21세기로 반전되어갈 공산이 훨씬 크다. 즉 아랍에서 되튀어 오르고(spring) 있는 것은 다시 한 번 이슬람 문명이지, 서구화도 민주화도 아니다.

그러하면 할수록 이슬람의 독자적인 세계관을 공부해가지 않을 수 없다. 1,400년 이슬람 문명사의 지평에서 2016년을 독해해야 한다. 아니, 올해는 그들에게 "1438년"*이다. 현재를 1438년으로 헤아리는 시간감각의 구조조정이 필요하다. 역사 없는 시사時事가, 사론史論 없는 이론이 거듭 오인과 오판을 초래하고 있기 때문이다. 그 첫 실마리로 이슬람의 고유한 세계질서인 '이슬람의 집'이라는 개념부터 짚어본다. 설령 IS가 아닐지언정, 그들은 종내 딴집살이를 마감하고 '이슬람의 집'으로 귀향하고 귀의할 것 같기 때문이다.

---

* 이슬람력(헤지라력) 연도. 이슬람력은 태음력으로서 1년이 354일인데, 서력 622년 7월 16일이 이슬람력 기원 원년 1월 1일이다.

024

'이슬람의 집', 실향과 귀향

이슬람 천 년 제국,
부활의 날갯짓

유라시아의 대동맥

이집트의 카이로에 떨어진 것은 한낮이었다. 북아프리카를 달구는 람세스의 태양이 작열했다. 인프라가 열악하다. 공항철도는 없고, 공항버스도 드물다. 10인승 승합차에 20명을 태우고 버스라고 한다. 가뜩이나 이스탄불에서 조기 철수한 처지에 심란함이 더해졌다. 택시를 타기로했다. 어딘들 외국인은 봉이다. 바가지를 옴팡 씌우기 십상이다. 만반의 전투태세를 갖추고 흥정에 임했다. 역시나 내가 알고 있던 가격의 서너 배를 부른다. 들은 척도 안 하고 지나쳐 버렸다. 나의 단호함에 마침내한 기사가 정가를 제시한다. 의기양양 그의 택시로 향했다.

내가 졌다. 택시 뒷자리에는 이미 딴 손님이 타고 있었다. 강제 합승을 당한 것이다. 짜증이 솟았지만, 정수리에 내리꽂히는 햇살이 너무도 뜨거웠다. 원점으로 되돌아가 전투를 재개할 의욕이 나지 않았다. 불만을 표출하기도 전에 내 여행가방은 이미 트렁크에 실린 상태였다. 결국 앞자리에 털썩 주저앉았다. 기사의 표정이 득의만만했다.

택시는 낡디낡은 고물이었다. 20년은 더 굴렸을 듯하다. 수동 기어를 바꿀 때마다 변속의 진동이 고스란히 몸으로 전해지는 승차감을 보유했다. 에어컨도 틀지 않는다. 창문을 올리고 에어컨 좀 틀어달라 해도 'one minute'만 10분째 반복한다. 택시 기사는 영어를 말하지 못했고, 내가 익힌 아랍어는 소용이 없었다. 문어(현대 표준 아랍어)와 구어(각 나라의 일상어) 간의 차이가 상당하다. 이집트의 생활 현장에서 사용하는 아랍어는 딴 나라 말이었다.

내가 어설픈 아랍어로 꿍얼거리자 뒷좌석에 앉아 있던 이가 참견을 시작했다. 이집트 택시는 원래 에어컨을 켜지 않는단다. 창문을 열고 배기가스와 모래먼지로 한껏 오염된 공기를 바람으로 맞으며 달리는 것이 통상의 일이란다. 그는 영어와 표준 아랍어 모두를 능통하게 구사했다. 그제야 처음으로 백미러를 통해 얼굴을 확인했다. 20대 후반 남짓의 아시아인이다. 덥수룩한 수염이 덜한 것만으로도 친근감이 전해졌다. 비로소 통성명을 나누었다. 인도네시아 사람이라고 했다. 동북아의 한국인과 동남아의 인도네시아인이 북아프리카의 카이로에서 한 택시를 탄 것이다.

인도네시아라면 나도 작년에 갔던 곳이다. 자카르타와 반둥을 둘러보았다. 몇몇 유적지도 탐방했다. 견문 2년차, 왕왕 이런 경우가 생긴다. 두바이에서 만난 택시 기사는 방글라데시 사람이었다. 영어와 아랍어를 8 : 2의 비율로 섞어 다카와 치타공에 대한 추억을 나누었다. 이 친구의 고향은 자카르타라고 했다. 반가운 마음에 반둥 회의 60주년 기념행사와 조코위 대통령에 대해 말을 늘어놓았다. 그런데 어째 반응이 시큰둥하다. 반둥 회의로 말미암아 출범했던 아시아-아프리카 작가회의의 본부가 카이로에 있었다는 이야기는 입 밖으로 꺼내지도 못했다. 그 아-아 작가회의가 수여하는 로터스 상을 김지하가 받았다는 일화 또한 머릿속으로만 아랍어로 작문해보았다.

대신 그가 한껏 목소리를 높인 것은 'Lee Min Ho'였다. 매일같이 한국 드라마를 챙겨 본다고 한다. 그중에서도 이민호가 최고란다. 키도 크고 얼굴도 잘생기고 너무 멋있다는 것이다. 한참을 드라마로 얘기꽃을 피웠다. 북아프리카에서도 한류 덕을 본 것이다. 나의 이메일과 그의 전화번호를 교환했다. 카이로 생활이 힘들면 언제든지 연락하란다. 우리는 아시아인이니까, 이집트인이 해코지하면 돕겠다는 것이다. "우리는 아시아인이니까", 묘한 여운을 남기는 말이었다. 일백 년 전 쑨원이 러일전쟁에서 일본이 이겼다는 소식에 '아시아인'으로서 아랍인들과 함께 벅찬 감동을 나누었던 곳이 바로 이곳 이집트였다. 쑨원이 통과했던 수에즈 운하가 그리 멀지 않은 곳에 있었다.

그는 아시아인이면서 무슬림이기도 했다. 마지막 인사는 '인샬라'였다. 신의 가호를 빌어준 것이다. '슈크란', 나도 감사한 마음을 표했다. 유학생이기도 했다. 카이로의 한 작은 대학에서 이슬람 신학을 전공하며 석사 과정을 밟고 있단다. 그러나 공부에 마음을 두고 있지는 않은 듯했다. 비즈니스의 방편이었다. 카이로는 20세기 이슬람 세계의 정치적, 문화적 중심지였다. 탈이슬람화로 탈주하는 터키의 이스탄불을 대신하여 수많은 무슬림 유학생이 카이로에 모여들었다. 그 유산이 여전히 작동하고 있는 것이다. 그중에서도 특히 이슬람 신학을 전공하는 학생들에게는 매우 저렴한 비용으로 유학을 지원한다고 한다. 그 친구는 그 저비용의 유학 비자를 얻어서 보따리 장사를 하고 있었다. 나와 조우한 날도 두바이에서 잔뜩 물건을 사서 카이로로 돌아오는 길이었다. 2주 후에는 자카르타에 다녀온다고도 했다. 북아프리카의 카이로,

중동의 두바이, 동남아시아의 자카르타를 주유하는 항공 무역상쯤 되는 것이다. 16억 아랍어 공론장, 이슬람 세계의 연결망을 십분 활용하고 있었다.

비단 21세기 세계화의 소산만은 아닐 것이다. 14세기 북아프리카의 서쪽 끝 모로코에서 인도네시아의 자바까지 이르렀던 이가 이븐 바투타였다. 중동에 있는 쇼핑의 천국 두바이에는 '이븐 바투타 몰'이 있다. 바투타가 여행했던 장소를 배경으로 쇼핑몰을 꾸며두었다. 튀니지관, 이집트관, 안달루시아관, 페르시아관, 인도관, 중국관 등 다양하다. 15세기 초 '중국의 무슬림' 정화鄭和가 대원정을 했던 함선도 재현해두었다. 그 쇼핑몰의 콘셉트가 "천 년의 지식을 재발견하다"였다. 그 문구를 보고는 잠시 황망했다. 내가 유라시아 견문에 나선 취지를 이미 쇼핑몰에서 구현하고 있었던 것이다. 본디 무슬림들의 시공간 감각이 그토록 장쾌했다고 하겠다. 알라 아래 민족, 국가, 언어에 구애받지 않았다.

더 중요하게는 그 폭넓은 이슬람 연결망이 이슬람권만으로 한정되지 않았다는 점이다. 유라시아의 동쪽 끝 중화세계와, 유라시아의 서쪽 끝 유럽 세계를 이슬람 연결망이 이어주었다. 원격지간, 이異문화 세계 간 커뮤니케이션의 허브로서 독특한 시스템과 네트워크를 발달시켜온 것이다. 이슬람 네트워크를 통하여 비로소 유라시아는 동서남북으로 환류했다고도 할 수 있다. 유럽의 남부가, 아프리카의 북부가, 중국의 서쪽이, 인도의 북쪽이, 러시아의 남쪽이 이슬람으로 연결되었다. 유라시아와 인도양을 하나로 아우르는 개방적 세계질서의 대동맥 역할을 한 것이다. 카이로에서 유학생 비자로 하늘길을 오가며 보따리 장사를 하고 있는 그 친구야말로 아프리카의 무슬림 이븐 바투타와 아시아의 무슬림 정화의 후예라고도 할 수 있을 것이다. 그가 택시에서 내린 곳은 600여 명의 인도네시아인이 모여 산다는 '리틀 자카르타'였다.

'이슬람의 집' vs '전쟁의 집'

오늘날 자카르타와 카이로는 국가로 나뉜다. 자카르타는 인도네시아의 수도이고, 카이로는 이집트의 수도다. 인도네시아도 이집트도 20세기의 산물이다. 서남태평양의 수많은 섬들을 하나로 묶어서 인도네시아를 창출했고, 오스만제국을 조각조각 나누어서 이집트가 생겨났다. 국적을 표시하는 여권이 없으면 두 도시를 왕래할 수가 없다.

그럼에도 이슬람학을 전공하는 유학생들에게는 비용을 거의 받지 않는다는 점에서 이슬람 공동체, 움마의 흔적은 남아 있다. '이슬람의 집'이라는 관념이 완전히 사라지지는 않은 것이다. 이슬람이라는 하나의 지붕 아래 국가도 민족도 인종도 언어도 부차적이었던 시절이 오래 있었다. 무슬림으로서 하나의 가족을 이루었던 시간이 천 년이 넘도록 지속되었던 것이다. 이슬람판 '천하일가'天下一家였다.

그 이슬람적 세계질서가 체계화된 것이 9세기 초반이다. 아라비아반도의 대정복을 통하여 통일제국이 출현한다. 동유라시아에서 대당제국이 군림하고 있을 때, 서유라시아에는 아바스제국이 들어섰다. 기왕의 부족 의식을 지양하고 보편적 대일통大一統을 이루었다. 그 아바스제국을 달성할 수 있었던 소프트웨어가 바로 이슬람이었다. 이슬람의 본디 뜻이 '귀의하다'이다. 예언자 무함마드를 따라서 알라의 가르침에 귀의한다는 것이다. 대당제국이 위·촉·오가 다투고 한족과 비非한족이 남북으로 갈렸던 시기를 지나서 '당인'唐人으로서 호胡-한漢 융합을 이루었던 것처럼, 아바스제국은 무슬림으로서 대융합을 달성하여 '아랍인'을 창출해낸 것이다.

즉 '이슬람의 집'(다르 알-이슬람)이란 만인이 이슬람법에 귀의하는 평천하의 공간이었다. 그 밖으로는 민족과 국가와 언어로 나뉘어 분란을 지속하는 이교도의 세계가 펼쳐진다. 이른바 '전쟁의 집'(다르 알-하르브)

이다. 무슬림이라면 그 '전쟁의 집'이 '이슬람의 집'으로 변할 수 있도록 부단히 노력해야 한다. 그 과정이 이른바 '지하드'다. 흔히 성전聖戰이라고 번역하지만 꼭 들어맞는 역어가 아니다. 무력에 의한 변화만을 의미하지는 않기 때문이다. 핵심은 진리의 보급에 있다. 다툼[武]을 그치고 조화[文]에 이르는 것, 부족의 전사들을 이슬람 율법으로 귀의시키는 것, 동사로서의 '문화'文化가 곧 지하드였다. 그 지하드를 통하여 '전쟁의 집'이 사라진 이슬람적 천하무외天下無外를 실현하는 것이야말로 최고 지도자 칼리프의 천명이었다.

따라서 이슬람 세계의 '국제관계' 또한 '이슬람의 집'과 '전쟁의 집' 사이에서 생겨난다. '이슬람의 집'이 보편 제국의 실현이라면, '전쟁의 집'에는 수많은 국가가 난립한다. 하나의 제국과 여러 국가들 간의 관계가 형성되는 것이다. 그러나 다시금 정치공동체의 성격을 규정하는 것은 민족이나 인종이 아니라 종교였다. 종교공동체와 종교공동체 사이의 관계가 기본 축이다. 즉 자국민과 외국인 사이가 아닌 것이다. 어디까지나 무슬림과 이교도의 관계가 있을 뿐이다.

그래서 도리어 탄력적이고 포용적일 수 있었다. 《코란》이냐 칼이냐는 유라시아의 극서 지방에서 살고 있던 주변인(유럽인)들의 왜곡된 이미지일 뿐이다. 이슬람의 국제법(시야르)이 있다. 지하드의 중단을 인정하는 '현실주의 이론'이다. 그 중지 상태를 '수르프'라고 하는데 한문으로 옮기면 '화평'이 적당할 것 같다. 무슬림 공동체(이슬람의 집)와 이교도 공동체(전쟁의 집) 사이의 계약으로 성사되는 것이 수르프다. 평천하에 이르는 중간 단계쯤 되겠다.

이 '이슬람적 조공체제'가 작동하면 '이슬람의 집'과 '전쟁의 집' 사이에도 왕래가 가능해진다. 화華/이夷 간의 교류를 허가하는 것이다. '이슬람의 집' 안에서 사는 이교도들에게도 안전을 보장해준다. 그래서 유대교 신자도, 기독교도도 큰 제약 없이 '이슬람의 집'에서 함께 살 수 있었다. 아니, 종교적 화평을 이루지 못하는 기독교 세계에서 박해받는 이들이 '이슬람의 집'으로 망명해 오는 경우가 허다했다. 유대인이 대표적이다. 평화와 번영의 공공재를 제공해주는 '이슬람의 집'에 의탁하는 삶이 훨씬 더 윤택했던 것이다. 세월이 흐르고 세대가 지나면서 이슬람으로 개종하는 이들이 점차 많아졌다. 이슬람이, 가장 늦게 등장한 유일신 계시 종교였음에도 가장 넓은 영역에서 가장 많은 신도를 거느린 종교로 성장할 수 있었던 비결이다.

유교가 한족만의 사상이 아니라 몽골족과 만주족, 조선인과 월남인을 막론하고 중화문명의 보편 이론으로 기능했던 것처럼, 이슬람 또한 아랍인들의 민족종교로 그치지 않았다. '이슬람의 집'에 귀의하는 만인만족에게 열려 있었다. 그중에서도 가장 다대한 역할을 한 족군이 바로 튀르크(돌궐)다. 중앙유라시아를 동/서로 왕래하던 유목민이 이슬람에 귀의함으로써 '이슬람의 집'은 비약적인 도약을 이루게 된다. 중국의 서쪽이 '이슬람적 중국'이 된 것도, 인도의 북쪽이 '이슬람적 인도'가 된 것도 튀르크의 공헌이었다. 튀르크와 접속함으로써 이슬람은 세계 종교가 된 것이다. 그들이 일군 600년 최장수 제국이 바로 오스만제국(1299~1922)이다.

오스만제국, '지고의 국가'에서 '중동'으로

'오스만튀르크'라는 말이 있다. 적절한 표현이 아닌 듯싶다. 오스만제국을 튀르크족의 나라로 둔갑시키는 명명이다. 기원은 유럽의 '터키학'에 있다. 오스만제국의 비非튀르크계 민족들을 갈라치는 수법이었다. 역설적인 것은 터키공화국 또한 '오스만튀르크'라는 말을 받아썼다는 점이다. 제국사를 민족사로 미화함으로써 터키공화국의 자부심을 고취시켰다. 도착된 민족주의의 발로였다.

그러나 오스만제국은 전연 일개 민족의 나라가 아니었다. 지배계급조차 튀르크족이라는 의식이 극히 희박했다. 무슬림이라는 정체성이 훨씬 더 강했다. 그래서 '다민족 국가'라는 수사도 적당하지 않다. 어디까지나 '이슬람적 세계제국'이었다. 자신들의 나라를 '지고至高의 국가'라고 칭송했다.

허언만도 아니었다. '지고의 국가'는 이슬람 세계만 통합했던 것이 아니다. 이스탄불은 비잔티움제국의 수도, 콘스탄티노플이었다. 비잔티움제국은 기독교 제국이었다. 스스로를 '로마인'이라고 간주했다. 자부만으로 그치지도 않았다. 아랍과 사산제국은 물론이요, 저 멀리 중국까지 비잔티움제국을 로마제국의 적통으로 인정했다. 비잔티움제국의 문명어는 라틴어가 아니라 그리스어였다. 그리스-키릴 문자권이었다. 오스만제국은 그 그리스-키릴 문자권과 아랍어 문자권을 통합한 것이다. 동방정교회의 동로마 세계와 이슬람 세계의 대일통을 달성했다. 그래서 로마제국의 후계자 성격도 가지고 있었다. 오스만 술탄은 카이사르를 자칭했고, 그리스 고전 번역에도 열성이었다. 오스만제국 아래 그리스정교, 아르메니아 교회, 유대교와 기독교 등이 공존할 수 있었던 까닭이다.

양대 세계를 통합한 '지고의 국가'에서 민족이라는 정체성은 촌스러운 것이었다. 으뜸이 종교요, 다음이 직업이었다. 종교망과 직업망이 남유럽, 북아프리카, 서아시아를 겹겹으로 촘촘하게 엮어냈다. 아르메니아인들은 상업에서 발군이었다. 동쪽으로는 아나톨리아와 이란에 이르는 육지 교역로에 두루 분포했다. 서쪽으로는 유럽의 여러 도시에 집거촌을 꾸렸다. 이 동/서 아르메니아인 연결망이 합류하는 곳이 바로 제국의 수도 이스탄불이었다. 서유라시아 물산의 집결지였던 것이다. 이스탄불부터 마드리드까지 이어졌던 지중해 연결망에서는 유대인이 활발했다. 지중해와 인도양을 잇는 해운 연결망에는 그리스정교도가 발군이었다.

역시나 최대 광역대의 연결망은 무슬림 네트워크였다. 북아프리카의 최서단부터 동유라시아의 서남중국까지 이어졌다. 육로로는 이란고원을 지나 중앙아시아를 거쳐 서중국으로, 해로로는 페르시아만과 홍해, 아라비아해와 벵골만을 지나 남중국과 접속했다. 상인과 물자만이 오고 갔던 것이 아니다. 서남중국과 동남아시아에서도 메카와 메디나로 향하는 순례 네트워크가 형성되었다. 말라카와 메카가 접속된 것이다. 학자와 문인, 관료들을 통한 지식과 문화의 범유라시아적 교류 또한 활발해졌다. 서유라시아 최고의 지식인들이 이스탄불로 모여들었다.

그래서 오스만제국에는 '국어'라는 것이 따로 없었다. 행정어로는 튀르크어가 기능했고, 학문과 종교의 언어로는 아랍어가 존경받았으며, 문학과 예술의 언어로는 페르시아어가 꽃을 피웠다. 이란의 사파비(페르시아)제국과 인도의 무굴제국, 중앙아시아 소국들과는 페르시아어로 소통하고, 아라비아반도와 북아프리카, 동남아시아 국가들과는 아랍어로 교류했다. 유럽과의 의사소통은 주로 그리스어를 활용했다. 그리스정교회의 총주교가 이스탄불에 살았다. 그래서 오스만제국과 유럽의 의사소통을 담당하는 역관직도 그리스정교회가 독점하다시피 했다. 이러한 다언어 연결망을 통하여 유럽부터 중국에 이르는 범유라시아의 지식과 정보가 이스탄불에 집약되었던 것이다. 가히 창조경제, 문화 융성의 본거지였다.

그만큼이나 제국의 상층부터 풀뿌리 생활 현장까지 다민족, 다종교, 다언어 상황이 항상적이었다. 혼재와 혼성과 혼종이 일상적이었다. 공존공생의 지혜를 반천 년이 넘도록 축적해온 것이다. 그러했기에 서아시아와 북아프리카, 발칸반도가 노정하는 그 다양한 종교와 종파의 박물관이 보존될 수 있었던 것이다. 그 풍요로운 다문명, 다민족이 비극의 씨앗으로 전화한 것이 바로 20세기다. '지고의 국가'가 사라지고 '중동' Middle East으로 재편되면서 지상 최대의 화약고가 된 것이다.

서구의 충격, 오스만의 바벨탑

유럽과 이웃했던 오스만제국에서는 '서구의 충격'이 청천벽력은 아니었다. 암세포의 전이처럼 점진적으로 잠식되었다. 한때는 유럽의 계몽주의와 세속화를 '오스만화'라고 이해한 시절도 있었다. 더 이상 종교에 연연하지 않는 유럽의 근대화야말로 '오스만화'로 여긴 것이다. 실제로 그리스 고전부터 과학과 수학까지 이스탄불과 바그다드, 카이로에 있던 도서관들에서 유럽으로 전수해준 것이다. 르네상스의 배후가 오스만제국이었다. 이탈리아의 소도시에 살던 마키아벨리가 《군주론》(1513)을 쓸 수 있었던 것 또한 지적의 보편 제국 오스만의 술탄을 참고했음이 분명하다. 베네치아 상인들이 가장 번다하게 방문했던 곳이 바로 이스탄불이었다.

다만 신/구교 간의 30년 종교전쟁(1618~1648) 이후에도 '유럽 내전체제'는 지속되었다. 1945년까지 장장 300년을 '전쟁의 집'에서 살았다. 말미암아 군사적으로 비약적으로 성장해갔다. 18세기 후반에 이르면 유럽과 오스만제국의 군사력이 역전된다. 싸움박질만큼은 오스만제국을 능가한 것이다. 그래서 유럽에 파견된 오스만 관료들을 통하여 유럽의 군사기술을 수용하는 개혁 정책을 단행한다. 오스만판 '양무洋務운동'이었다. 1856년 크림전쟁 종결 이후에 열린 파리 회의에는 오스만제국의 대표 또한 참석했으니, '서구 열강'의 일원으로 대접받은 것이다.

동시대 세포이의 항쟁으로 붕괴된 무굴제국이나 제2차 아편전쟁으로 원명원 궁궐이 불탔던 대청제국에 견주어, '서구의 충격'이 한층 덜했던 것이다. 그래서 1924년까지 가장 오래 버텨낼 수 있었다.

오스만제국을 붕괴시킨 충격은 군사적인 측면이 아니라 사상적인 면에서 왔다. 민족주의가 그것이다. 피히테의 〈독일 국민에게 고함〉(1807~1808) 같은 신사조의 문헌이야말로 오스만제국을 침식시키고 내파시켰다. 유럽과의 의사소통을 담당하던 그리스정교도부터 분화가 일어났다. 그들이 서구에서 유행하는 민족주의에 가장 먼저 노출되었다. 종교가 다르다는 이유로 분리되어야 한다는 사상에 젖어든 것이다. 그리스의 독립을 요구했다. 그 다음은 발칸반도였다. 구교도 신교도 오스만제국을 이교도의 나라로 인식하기 시작했다. 심지어 종교가 같은 아랍에서도 민족이 다르다는 이유로 분열되어 갔다. 이슬람은 본디 아랍인의 종교이거늘, 오스만제국은 튀르크족이 지배하는 이민족 왕조라는 '민족적 각성'이 일어난 것이다. 저마다 평등과 주권과 독립을, '민족자결'을 요구했다.

'이슬람의 집'의 관점에서 보자면 19세기 중반 이후 민족주의의 침투는 '재再부족화'에 다름 아니었다. 선구적으로 탈부족화를 달성했던 보편 문명을 거두고 종교와 민족이라는 특수주의로 퇴행하는 꼴이었다. 오스만제국은 '오스만주의'로 대처했다. 오스만제국 내부의 모든 이를 '오스만인'으로 '평등'하게 대접하겠다는 선언이었다. 이슬람 제국에서 다민족 국가로 이행하는 근대화 프로젝트였다. 그러나 패착이었다. '오스만주의'의 출현으로 제국의 해체는 더욱 가속화되었다. '이슬람의 집'에서 구가했던 다양성을 지우는 '국민 만들기'로 접수되었기 때문이다. 실제로 그러한 측면이 있었다. 곳곳에 근대식 학교를 세워 '오스만어'라는 신종 표준어를 강제해갔다. 도처에서 오스만제국에 맞선 독립전쟁과 무장투쟁이 일어났다.

가장 큰 역설은 튀르크족 역시도 튀르크 민족주의에 감화되어 갔다는 점이다. 이른바 '청년튀르크' 조직의 등장이다. 터키판 신청년들이었다. 튀르크어 민족주의를 고취시켰다. 아랍어와 페르시아어, 그리스어 등을 고루 대접하던 오스만제국에 반기를 들었다. 오로지 튀르크어만을 전용으로 삼는 출판과 언론 활동에 매진했다. '국어순화운동'에 나선 것이다. 국사 또한 새로이 쓰였다. 나와 남의 투쟁으로 접근했다. 심지어 이슬람을 탄생시킨 아랍족도 적대했다. 졸지에 오스만제국은 '동양적 전제국가'로 전락했으며, 민족의식을 결여한 칼리프 또한 '전제군주'라고 성토했다. 술탄의 '독재'에 맞서 '청년튀르크'가 표방한 것이 공화정이다. 세속적인 근대 국가, 터키공화국을 만들어야 한다는 것이다. 그 대표적인 인물이 신청년의 기수, 케말 파샤였다. 결국 터키의 국부가 된다.

터키공화국의 등장을 동시대 중국에 빗대자면 대청제국을 붕괴시키고 '한족 공화국'을 세운 것이 된다. 오스만제국의 지배자들이 최후까지 고수하고자 했던 '오스만인'이란, 쑨원의 '중화민족'에 근접하는 개념이었을 것이다. 동유라시아에서 대청제국이 중화민국, 중화인민공화국으로 진화해갔던 바로 그 시점에, 오스만제국은 끝내 '오스만 민족'을 창출하지 못함으로써 30여 개 국가로 분열되어 간 것이다. 주권과 평등, 독립이라는 금단의 열매를 따먹음으로써 항상적인 전시체제, 서아시아 대분열체제로 진입한 것이다. 천 년 '이슬람의 집'을 백 년 화약고로 전락시킨 '바벨탑의 저주'였다. 어느새 무슬림들이야말로 '전쟁의 집'에 살게 된 것이다.

글로벌 디아스포라, '팔레스타인'이라는 은유

반둥 회의 60주년(2015) 기념행사를 마치고 모스크에서 열린 별도의 회합을 구경한 적이 있다. 이슬람 국가들만 따로 모여 가진 행사다. 주역 또한 국가수반들이 아니라 종교 지도자, 즉 이슬람 학자들인 울라마였다. 당시만 해도 인도네시아어는 물론이요, 아랍어와 페르시아어도 까막눈에 귀머거리였다. 간간이 들려오던 '팔레스타인'이란 말만 또렷이 기억한다. 그때는 반제국주의, 반식민주의 차원에서 발현된 '국제주의'로만 이해했다. 제3세계 신생 국가들 간 연대의식의 표출이라고 접수했던 것이다.

이슬람 문명사 공부를 계속하노라니 이제는 조금 다른 차원으로 이해하게 된다. 팔레스타인은 일종의 은유이고 상징이다. 구미적 근대 세계로 말미암아 '이슬람의 집'을 상실한 움마의 실향민 정서를 대변하는 기호다. 그래서 파키스탄에서도, 이란에서도, 터키에서도, 이집트에서도 거듭 '팔레스타인'이 환기되는 것이다. 즉 20세기 이래 움마는 글로벌 디아스포라가 되었다. 그들이 살아가던 집이 무너졌다. 고향을 상실했다. 뿌리가 뽑혔다. 안락감과 편안함을 선사해주었던 보금자리를 잃어버렸다. 그들의 정체성과 주체성을 대의하고 대변할 수 있는 정치 또한 사라졌다. 그들을 무슬림으로 대하는 것이 아니라, 민족으로 규정짓고 국민으로 동원하는 세속국가가 들어섰다. 대통령과 총리에게 권력이 주어졌을지언정, 마음에서 우러나오는 권위는 주지 못했던 것이다. 어디까지나 지배자였지 지도자는 아니었다. 권위가 없는 권력이었기에 물리력에 의존할 수밖에 없었다. 중동의 숱한 신생 국가에서 정국 혼란과 억압적인 통치가 지속되고 있는 근본적인 까닭이라고 하겠다. 기층과 상층 간에, 토착 민중과 외래화된 엘리트 간에 거대한 균열과 단절이 자리한다. 이슬람권에서도 역력한 고/금 간의 분단체제다.

하기에 '아랍의 봄'의 귀결로 칼리프의 재림을 선언한 정치체(IS)가 들어섰음을 도무지 가벼이 여길 수가 없는 것이다. '지고의 국가'가 사라진 지 100여 년 만에 재차 칼리프가 아랍어 공론장에서 회자되고 있다. 동시대의 움마에게 호소력을 발휘하고 있다. 이 어지럽고 정의롭지 못한 세계에 다시 착근하기 위한 몸부림과 용틀임이 시작된 것이다. 무슬림이 무슬림으로서 존재할 수 있는 정치 구조와 세계질서를 (재)탐구하기 시작한 것이다. 그러고 보니 어느새 이미 세계에서 가장 높은 빌딩 또한 두바이의 '부르즈 칼리파', 즉 '칼리프의 탑'이다.

따라서 팔레스타인의 투쟁 또한 민족해방운동에 그치지 않는다고 하겠다. 외부 세력이 이식한 외삽 국가 이스라엘에 대한 도전만이 아니다. 근본적 차원에서, 근원적 지평에서 '이슬람의 집'을 재건해가는 복국復國 운동이다. 실향 이후의 귀향 운동이며, '전쟁의 집'에서 탈출하는 문명해방운동이다. 제2의 헤지라, 성천을 단행하고 있는 것이다.

'이슬람의 집'이 해체되어 가며 빚어진 가장 큰 역설로 튀르크 민족주의의 등장을 꼽았다. 앙카라를 근거지로 삼은 터키공화국이 이스탄불에 맞서 '독립전쟁'을 펼침으로써 저물어가는 제국에 최후의 일격을 가했다. 바로 그 터키에서 새 천년의 개막과 함께 등장한 정치 사조가 '신오스만주의'임이 예사롭지 않다. '이슬람의 집'을 부수고 박차고 나갔던 탕자가 되돌아오고 있는 것이다. 출가 이후 혹은 가출 이후의 귀로에 접어든 것이다. 그 상징적 인물이 바로 현직 대통령 에르도안이다. 집권이래 재이슬람화에 박차를 가하고 있다. 벌써 10년 넘게 권좌를 지키고 있을 만큼 기층의 지지 또한 탄탄하다. 때문에 올여름 이스탄불에서 목도했던 한편의 정치 활극 또한 '민주 대 독재'라는 얕은 도식으로는 도저히 이해가 되지 않는 것이다. 이슬람 문명사 1,400년, 튀르크의 이슬람 수용사 1,000년, 오스만제국사 600년, 터키공화국 100년이라는 겹겹의 시간대에서 중층적으로 조망해야 한다. 다음 글에서는 탈이슬람화와 재이슬람화의 길항으로 터키의 20세기를 회고해본다. 새삼 이슬람의 뜻이 '귀의하다'임을 곱씹으며 음미하고 있는 '1438년'의 10월이다.

025

터키행진곡, 백 년의 고투

오스만제국에서 터키공화국으로

오르한 파묵, 동과 서

이스탄불에서는 베이오울루에서 지냈다. 살았다고는 못하겠다. 겨우 두 달을 조금 넘겼다. 살려고 했었다. 살아보고 싶었다. 제도帝都였던 곳이다. 여러 제국의 수도였다. 이름도 여럿이다. 비잔티움, 콘스탄티노플, 이스탄불을 차례로 거쳤다. 겹겹의 문명이 켜켜이 쌓인 남다른 장소다. 그중에서도 베이오울루에 터를 잡은 것은 순전히 오르한 파묵 때문이었다. 학창 시절 그의 작품에 흠뻑 빠졌다. 움베르토 에코의《장미의 이름》보다 파묵의《내 이름은 빨강》을 더 높이 쳤다. 부러 파묵이 사는 동네에 집을 구한 것이다. 그의 소설 제목을 따서 만든 '순수의 박물관'Masumiyet Müzesi까지 5분 남짓 거리였다. 파묵은 '이스탄불의 작가'라고도 할 수 있는 인물이다.《이스탄불》이라는 회고집도 발간했을뿐더러 거개의 작품이 이스탄불을 배경으로 하고 있다. 토박이라고 여겼다.

아침마다 박물관이 내다보이는 맞은편 2층 카페에서 글을 썼다. 오가는 길에 박물관을 둘러보는 사람들도 지켜볼 수 있었다. 관람객의 7할이 유럽인이다. 2할은 아시아인이다. 터키인과 중동인은 뜨문뜨문하다. 터키에 문학 애호가가 드문가 하면, 꼭 그렇지도 않다. 아랍 문학과 페르시아 문학의 찬란한 전통이 이스탄불로 흘러들었다. 지금도 시인과 소설가의 낭독회가 열리는 북카페가 곳곳에 자리한다. 어쩐지 세계적인 작가임에도 '국민작가'는 아닌 듯했다. 민족문학보다는 세계문학 쪽이었다. 그래서 터키는 끝내 브뤼셀(EU)에 입성하지 못했지만, 파묵만은 스톡홀름에서 노벨문학상을 거머쥘 수 있었다. 2006년이었다.

그 안과 밖의 온도차를 예민하게 의식하며 파묵의 작품을 다시 읽기 시작했다. 소싯적에는 보이지 않던 것들이 눈에 들기 시작한다. 《내 이름은 빨강》부터 동과 서의 구도가 확연하다. 때는 16세기 말, 오스만 제국의 위용을 과시하는 특별 도서를 만들고자 한다. 그 작업을 위임받은 공방의 감독관은 베네치아의 원근법을 활용하여 세밀화를 그리고 싶어 한다. 서양의 기법을 도입하려는 예술가의 초상이다. 그와 대척점에 놓인 인물이 이슬람 설교사다. 원근법의 모방을 반대하는 보수파로 묘사된다. 갈등 끝에 화가가 암살되는 일까지 벌어진다. 이슬람이 수구의 아성으로 그려지고 있는 것이다. 서구의 근대와 비서구의 전근대라는 진부하기 짝이 없는 도식이 복제되고 있었다. 다만 그 진부함이 전혀 느껴지지 않을 만큼 꼼꼼하고 세밀하게 공들인 추리 로맨스의 서사만큼은 가히 노벨상 작가에 값한다고 하겠다. 재독임에도 재미만큼은 대단했다.

원근법은 서구 근대의 산물이 아니다. 다양한 시대에 다양한 장소에서 다양한 원근법이 존재했다. 그리스인부터 이미 원근법을 알았다. 다만 이데아를 궁리하는 플라톤은 사물의 정확한 크기를 오인시키는 원

이스탄불.

근법에 비판적이었다. 광학을 탐구한 이로는 유클리드도 있다. 같은 물체가 거리에 따라 다른 크기로 보이는 시각 현상을 연구했다. 그러나 어디까지나 과학으로 그쳤을 뿐이다. 그 광학을 활용하여 화폭 위에 재현하지는 않았다. 그리스 예술의 본령은 회화가 아니라 조각이었기 때문이다.

16세기 동아시아의 산수화는 어떠했나. 늘상 거리감을 표현했다. 아니, 당시 오스만 회화를 열람해보아도 원근감은 구현되고 있었다. 16세기를 대표하는 화가로 세이드 로쿠만이 있다. 〈톱카프 궁전도〉라는 유명한 작품을 남겼다. 이 그림에서도 입체감을 구현한다. 혹 르네상스의 영향을 받았던 게 아닐까? 그럴 가능성은 거의 없다. 당시 오스만제국은 '지고의 국가'였다. 비잔티움 세계의 중심 콘스탄티노플과 이슬람 세계의 중심 메카를 모두 거느리며 삼대륙을 통합한 세계 문명의 정점이었다. 베네치아는 이스탄불에 견주면 어촌이고 깡촌이었다. 실제로 〈톱카프 궁전도〉 또한 르네상스기의 소실점을 사용하고 있지 않다. 소실점으로의 수렴 없이도 원근감을 표현하는 방법은 얼마든지 있었던 것이다.

아니, 유클리드의 광학이야말로 이스탄불에서 베네치아로 흘러갔다. 유클리드를 계승하여 더욱 발전시킨 인물이 이븐 알-하이삼이다. 과학과 예술을 망라한 '르네상스적 지식인'이었다. 11세기의 인물이었으니 원조라고 하겠다. 그래서 일각에서는 "12세기 르네상스"라는 말도 쓴다. 즉 라틴어가 지배하는 가톨릭 세계에서 외면당하고 있던 그리스 고전을 보존하고 아랍어로 번역하여 계승하던 이들이 무슬림이었다. 지식의 보고였던 바그다드와 카이로와 이스탄불에서는 레오나르도 다빈치 급의 인물이 수두룩했다. 즉 원근법을 아느냐, 모르느냐의 문제가 아니었던 것이다. 진보했느냐, 정체했느냐는 더더욱 아니었다. 알아도 취하지 않았을 뿐이다. 원근법의 채용에서 해방감을 느낄 만큼 갑갑하고 답답한 세상이 아니었기 때문이다.

'중세'라고 불리는 가톨릭 시대는 '신의 눈'이 독점하던 시기였다. 보는 위치에 따라서 대상이 다르게 보이는 '인간의 눈'을 구현할 수 없는 시대였다. 모든 피조물은 오로지 신의 관점으로 배열되는 것이 올바르다는 세계관이 지배했다. 그 기도하는 손을 자르고 그리스의 다원적 세계관을 복구했으니 '르네상스'라고 할 만했다. 다만 유럽의 이웃에 있던 오스만제국이 보기에는 전혀 특별난 일이 아니었다. '이슬람의 집'에서 그리스 고전을 널리 읽던 그들로서는 르네상스도 종교개혁도 계몽주의도 죄다 '오스만화'라고 여겼을 뿐이다. 르네상스 또한 아랍에서 유럽으로 서천西遷한 것이다. 일리가 없지 않다.

파묵의《하얀 성》이라는 작품도 문제적이다. 여기서는 오스만제국의 천문학자가 등장한다. 그가 조수로 부리고 있는 이가 이탈리아 학생이다. 베네치아에서 나폴리로 가다가 해적에게 습격을 당하여 노예로 팔려왔다. 그럼에도 다방면의 신지식을 가지고 있다. 오스만제국의 주인이 되레 유럽의 노예에게 매료된다. 거꾸로 신지식의 가치에 관심을 두지 않는 오스만제국 궁정의 지배자들에 좌절한다. 도대체 자신은 누구인가, 심각하게 고민한다. '나는 왜 나인가?' 내면을 탐구하기 시작한 것이다. 노예 학생은 오스만제국 선생의 고뇌를 따뜻한 시선으로 응시하며 여러 방식으로 응답해준다. 그가 건너온 유럽에서는 이미 '자아'가 발견되었기 때문이다.

헛웃음이 났다. 기가 막혔다. 문학작품에다 사실관계를 적시하며 훈장질하는 것만큼 따분한 짓은 없다. 꼰대 소리 듣기 딱 좋다. 그럼에도 좀체 수긍하기 힘든 서사다. 작품의 배경은 17세기 중반이다. 데카르트의《방법서설》이 출간된 것이 1637년이다. 파묵이 17세기 중엽의 이스탄불을 배경으로 삼은 것 또한《방법서설》을 의식했음이 틀림없다고 생

16세기 화가 세이드 로쿠만의 〈톱카프 궁전도〉.

각한다. 그러나 책 한 권이 나왔다고 해서 세계관이 송두리째 바뀌지는 않는 법이다. 기존의 세계관을 전복하는 책이라면 더더욱 그러하다. 외면당하거나 지탄받기 일쑤다.

게다가 '내면의 발견'이라는 것 자체도 지극히 서구적인 맥락에서 나온 것이다. 어떤 시대, 어떤 지역의 인간도 자기 자신을 사고한다. 다만 그 사고의 지평이 데카르트와는 다른 차원일 뿐이다. "나는 생각한다. 고로 나는 존재한다"의 회의론이 파격일 수 있었던 것은, 신앙이 지배하는 가톨릭 세계에서 오래오래(천 년) 살았기 때문이다. 원근법(풍경의 발견)도, 회의론(내면의 발견)도 어디까지나 유럽의 맥락에서나 의미를 가진다. 구약과 신약을 뛰어넘었다는 《코란》을 읽고 모세와 예수의 모자란 점을 채웠다는 무함마드를 따르는 이슬람 세계에서는 애당초 필요 자체가 없던 일이다.

그럼에도 파묵의 작품에서 유럽은 종교의 억압에서 해방된 자유롭고 진보한 세계로 등장한다. 이슬람이 지배하는 이스탄불은 무지몽매하며 후진적인 것으로 묘사된다. 철두철미 계몽주의적 세계관에 기초하여 집필된 소설이다. 그러하기에 저항감 없이 구미의 독자에게 술술 읽혔을 것이다. 전혀 불편하지 않은 작품이다. 조금도 불온하지 않다. 재차 그가 터키 출신임을 강조하자. 서구화에 매진하는 '모범적인 이슬람 국가'였다. 나는 몹시 못마땅했다. 대놓고 여쭙고 싶은 말이 산처럼 쌓여갔다. 인터뷰를 신청하기 위해 그에 대한 연구서와 논문을 차곡차곡 모아갔다. 그러나 한여름 돌연한 사태로 성사될 수가 없었다.

케말 파샤와 조국 근대화

파묵 앞에 파샤가 있었다. 터키공화국을 세운 국부다. 케말 파샤 없이 터키를 말할 수가 없다. 헌데 그의 고향을 방문할 수가 없었다. 마케도니아에서 태어났다. 지금은 터키가 아니다. 그리스의 북부 지방이 되었다. 그가 태어났던 오스만제국 말기(1881), 마케도니아는 오스만제국 내에서도 굴지의 코즈모폴리턴 도시였다. 고도의 관료제가 발달되어 있었기에 인구 통계 또한 정확하게 남아 있다. 5만 명의 유대교도, 2만 6천 명의 이슬람교도, 1만 1천 명의 그리스정교도가 함께 살아가는 마을에서 나고 자랐다. 그 유대인들 또한 이베리아반도부터 동유럽 출신까지 다양했을 것이다. 무슬림들도 튀르크, 아르메니아, 보스니아 등으로 나뉘었을 것이다. 그리스정교도도 불가리아, 알바니아, 세르비아를 망라했을 것이다. 물론 그렇게 기록되어 있지는 않다. 오스만제국은 사람을 민족으로 분류하지 않았기 때문이다. 게다가 '이슬람의 집'의 밖에서 온 '이교도'도 7천 명이나 있었다. 영국, 프랑스, 이탈리아, 러시아, 스페인 등 유럽의 문물 수용에도 개방적이었다. 그래서 전기, 수도, 가스 등 인프라 정비 또한 이스탄불에 못지않았다. 전형적인 '오스만적 환경' 속에서 유년 시절을 보낸 것이다.

그러나 파샤의 '정치적 인격'을 형성한 곳은 마을이 아니라 학교였다. 마드라사(이슬람학교)가 아니다. 사관학교였다. 군대에서 받은 장교 교육이 결정적이었다. 때는 바야흐로 전국시대, 유럽에서는 만국이 만국과 다투고, 유럽 밖에서는 만국이 만역을 식민지로 만들고 있었다. 파샤는 시대의 본질을 꿰뚫었다. 근대 국가는 군사국가였다. 전쟁을 군인만 해서도 안 된다고 여겼다. 만인이 군인이 되어야 했다. 그것이 곧 '국민'이다. 오스만제국에서도 신민이 아니라 국민을 창출해야 했다. 국민을 만들고 지도하는 것이 군인의 책무였다. 더 이상 아랍어로 《코란》

을 읽지 않기로 했다. 프랑스어를
익혀 그쪽에서 연구한 이슬람 문
명을 학습했다. 무함마드가 히스테
리 환자였을 것이라는 정신분석학
적 연구에 밑줄을 그었다. 독일의
통속적 유물론에도 심취했다. 그가
청년 시절 쓴 글들을 읽노라니 박
정희의 《국가와 혁명과 나》가 연상
되었다. 민족의 노예근성을 타파하
는 터키판 '조국 근대화'를 열렬히
염원했다.

케말 파샤(1936).

'전쟁의 집' 유럽에서 기어이 1차
세계대전이 발발한다. 이웃 오스만제국도 말려들었다. 칼리프는 지하드
를 선언하며 참전했다. '이슬람의 집'으로 개조하려 했던 모양이다. 그
러나 때는 '1332년'(이슬람력)이 아니라 '1914년'이었다. 유럽의 힘이 절
정이었다. 민족주의가 대세였다. 칼리프의 선언에 아랍인들부터 (영국
의 지원 아래) 반란을 일으켰다. 오스만제국의 반대편에 섬으로써 '민족
해방'의 기회를 엿본 것이다. 식민지 인도의 펀자브 무슬림들도 영국군
에 포함되어 오스만제국에 맞섰다. 무슬림과 무슬림이 대결하는 살풍경
이 연출된 것이다. 1918년 10월, 결국 오스만제국은 항복한다. 지하드
가 실패했다. '이슬람의 집'이 '전쟁의 집'에 패배했다.

마침 미국과 소련에서는 윌슨과 레닌이 경쟁적으로 민족자결주의를
옹호했다. 동유라시아의 식민지 조선에서는 3·1운동이 일어나고, 반半
식민지 중국에서는 5·4운동이 분출했다. 보조를 맞추어 서유라시아에
서도 '청년튀르크'가 기세를 올렸다. 그 신청년의 기수가 케말 파샤였다.

1920년 4월 앙카라에서 대국민회의를 소집하고 5월에 혁명정부를 수립한다. 1917년 러시아에서 차르를 내몰고 레닌이 소련을 출범시킨 것처럼, 파샤 또한 오스만제국을 뒤엎고 터키공화국을 수립해야 한다는 결심을 굳혔다. 이스탄불의 칼리프를 향하여 '독립전쟁'을 선포한다. 시세는 그의 편이었다. 제국에서 국가로, 문명주의에서 민족주의로, 그 유명한 '터키행진곡'을 배경으로 삼아 1923년 터키공화국이 출범한다. 경쾌한 리듬의 터키행진곡이 장엄하고 웅숭깊은 아잔*을 누른 것이다. 이듬해 오스만제국은 역사 속으로 사라졌다. 무굴제국, 대청제국, 러시아제국에 이은 유라시아형 제국의 최후였다.

'조국 근대화'의 요체는 둘이었다. 세속주의와 민족주의다. 세속화는 이슬람을 겨냥했고, 민족주의는 오스만제국을 표적으로 삼았다. 이슬람이 초래한 '원시적 사회'에서 탈피하여 선진적인 유럽 문명으로 이끌고자 했다. 이 역설적인 전도에는 기독교와 이슬람의 차이가 다대했다. 이슬람에는 애당초 교회라는 것이 없다. 교황도 없고, 교황청도 없다. 알라와 신도가 직접 만난다. 개신교의 성격을 일찍 이룬 것이다. 그래서 교권에 맞서 국권을 옹호하는 세속의 싸움 자체가 성립되지 않는다. 교황으로부터 군주의 독립이라는, 교회로부터 개인의 독립이라는 세속화가 애당초 생겨날 수 없는 곳이다. 그럼에도 세속화=근대화를 흉내 내노라니 이슬람 자체가 표적이 되고 말았다. 남 따라한답시고 제 발등을 찍은 꼴이다.

파샤는 마드라사부터 폐쇄했다. 이슬람법(샤리아)에 의해 사회를 유지하던 법정도 폐지했다. 민법은 스위스에서, 형법은 이탈리아에서 따왔

---

* 이슬람교에서 예배 시각을 알리기 위하여 모스크에서 울려 퍼지는 《코란》의 독경 소리.

다. 교육과 사법을 통하여 공적 역할을 수행하던 울라마들의 사회 참여 기회를 박탈한 것이다. 무슬림들이 영성을 갈고 닦았던 수행장도 폐쇄했다. 절을 해야 하는 모스크에 교회처럼 설교를 듣는 긴 의자를 배치한 곳까지 생겨났다. 남성이 쓰던 터번과 여성이 쓰던 히잡도 벗겼다. 아름다움을 가리지 말고 드러내는 것이 권장되었다. 그래서 도입된 것이 미스 터키 선발대회(1929)다. 여성 '해방'의 일환이었다. 음주 또한 합법화되었다. 성인이라면 누구나 어디서나 '자유'롭게 술을 마시는 것이 허용되었다. 1925년부터는 서력을 채용했고, 1928년부터는 아랍 문자 대신 알파벳을 사용하기 시작했다. 매일 다섯 차례 예배 시각을 알리는 아잔 또한 아랍어가 아니라 터키어로 바꾸었다. 금요예배가 열리는 금요일이 아니라 기독교의 휴일인 일요일에 쉬기 시작한 것은 1935년이다. 공공장소에서 "알라는 위대하다"고만 말해도 감옥에 잡혀가는 '압축 근대화'의 시절이었다.

이슬람을 지우면서 채워간 것이 튀르크 민족주의였다. 오스만제국 시절 '튀르크인'이라는 말은 촌놈이란 어감의 멸시어였다. 세련된 오스만제국 문화를 향유하지 못한 촌뜨기를 지칭했다. 그러나 천 년 전 튀르크가 이슬람을 받아들여 이슬람이 세계 최고의 문명을 구가했던 것처럼, 이제는 유럽 문명을 수용함으로써 서구 문명이 세계 문명의 중심이 될 것이라고 호언했다. 튀르크의 참여로 서구 문명은 기독교 세계의 협애한 틀을 넘어서 진정한 국제성을 획득하게 되었다는 것이다. 튀르크 민족주의의 고취에는 언어학, 역사학, 인류학, 정치학 등 각종 학문이 동원되었다. 1925년 《이슬람과 통치의 원리》라는 책이 출간된다. 천 년 동안 정교하게 다듬어져온 이슬람법이 있음에도 불구하고 이슬람의 정치적인 측면을 전면 부정한 책이다. 오로지 정신적 종교로서만 이슬람을 규정했다. 성과 속을 분리한, 혼/백의 분단체제를 입안한 첫 저서였다.

서구화와 튀르크 민족주의를 '조화'시키자는 국책 담론도 입안되었다. 한쪽에서는 튀르크족이 본디 백인종에 가깝다는 학설이 등장했고, 다른 쪽에서는 흉노부터 칭기즈칸까지 유라시아 유목민족을 죄다 '튀르크사史'로 재해석하는 고대사 '빠'들도 생겨났다. 반면 비非튀르크적 요소들은 철저하게 제거되었다. 아나톨리아에서 수백 년을 살았던 그리스정교도들은 추방되었다. 터키어를 모어로 삼는 정교회 신자들이 자그마치 100만 명이나 그리스로 쫓겨났다. 아르메니아인과 쿠르드족 또한 '터키공화국'이라는 낯선 땅에서 학살과 탄압을 면치 못했다.

그럼에도 파샤는 의기양양했다. 1930년대 유럽의 정세 변화가 그의 편인 듯했다. 스페인에서는 프랑코가, 이탈리아에서는 무솔리니가, 독일에서는 히틀러가 등장했다. 파샤는 자신과 동급의 인물들이 유럽에서도 약진하고 있다고 여겼다. 1934년 터키 의회는 그에게 '아타튀르크' Atatürk라는 명예로운 이름을 수여한다. '터키인의 아버지'라는 뜻이다. 명실상부 국부國父의 반열에 오른 것이다. 그가 숨을 거둔 것은 1938년이다. 그가 선망해 마지않았던 유럽이 재차 '전쟁의 집'으로 빠져드는 2차 세계대전을 목도하지는 못했다. 고향 마케도니아에도 묻힐 수가 없었다. 그곳은 더 이상 '순수한 터키의 땅'이 아니었다.

서방의 일원이 되고자 했던 아타튀르크의 숙원이 이루어진 것은 1950년대다. 유라시아의 동쪽 끝에서 전쟁이 발발한다. 1950년 6월 25일, 한국전쟁이다. 터키는 신속하게 파병을 결정했다. 국제 공산주의에 맞서 자유세계의 편에 섰다. 이로써 나토에 가입할 수 있었다. 마침내 미국이 주도하고 유럽이 따르는 '구미'歐美의 일원이 된 것이다. 소련의 턱밑에 자리하는 척후병이자 중동 개입의 대리인이 되었다. 터키행진곡이 더욱 널리 울려 퍼졌다.

사이드 누르시의 '빛의 책'

아타튀르크와 사사건건 대립하던 인물이 있었다. 사이드 누르시Said Nursî(1877~1960)다. 파샤보다 조금 일찍 태어나서 더 오래 살다 갔다. 파샤는 1924년 칼리프를 폐지하고 종교국局을 총리 산하의 부처로 만들었다. 수구파의 아성이자 반동파의 소굴이기 십상인 이슬람을 국가가 직접 관리코자 한 것이다. 울라마를 공무원으로 편입시키는 '근대적인 정교 일치' 체제였다. 이 자리의 수장을 맡아달라고 타진한 사람이 누르시였다. 오스만제국 시절부터 명성이 자자한 이슬람 학자였기 때문이다. 그러나 단칼에 거절한다. 누르시는 칼리프 폐지에 결연하게 반대했다. 1,400년 이슬람 문명의 기축이 소멸되는 것이기 때문이다. 이슬람의 대의를 표방하며 터키공화국에 저항했다. 이에 파샤는 '쿠르드족의 반동'이라며 탄압했다. 누르시는 쿠르드 출신이었다. '이슬람의 집'이 사라지자마자 그의 출신 성분이 주홍글씨가 된 것이다. 쿠르드족에 대한 강력한 동화 정책과 이주 정책이 실시되었다. 누르시 또한 가택 연금에 처해졌다.

누르시가 태어난 곳은 아나톨리아의 동편이다. 역시나 인구 구성이 다채로운 지역이었다. 무슬림이 25만, 아르메니아교가 13만, 기독교가 1만, 동방정교회가 1만이 모여 사는 마을에서 자랐다. 마드라사에 들어간 것은 아홉 살 때였다. 원체 가학家學의 바탕이 탄탄했다. 아버지가 정통 이슬람학의 대가였다. 불과 5년 만에 마드라사의 전 과정을 이수한다. 당시만 해도 마드라사 네트워크가 오스만제국의 민간 사회를 실핏줄처럼 연결하고 있었다. 누르시는 전국의 수행장을 주유하며 실력을 더 쌓아갔다. 신학 논쟁에서 타의 추종을 불허하는 그를 도처에서 주목하기 시작했다. 기억력도 비상했다.《코란》암송은 물론이요, 이슬람 문명사를 수놓은 주요 학자의 저작까지 술술 외웠다. 그의 출중함에 감탄한 한 울라마로부터 '시대의 경이'라는 호를 얻은 것이 열다섯 살 때다. 특출난 인물이었다.

결국 동아나톨리아의 주지사가 그를 부른다. 발탁하여 등용하려 한 것이다. 오스만제국은 울라마가 도통道通*을 쥐는 학자-관료 체제였기 때문이다. 관저에서 살게 된 누르시는 오스만제국이 구축한 도서관의 혜택을 한껏 누릴 수 있었다. 근대화 정책의 일환으로 마련된 표준어로 서의 '오스만어'도 그곳에서 익혔다. 그 오스만어를 통하여 마드라사에 서는 배울 수 없었던 유럽의 과학 지식들을 습득해간다. 그러고는 오스 만제국이 채용해야 하는 독자적인 대학교육 계획을 입안한다. 과학과 이슬람이 결합하는 대학 설립을 궁리한 것이다. 이름은 '광명光明학원' Medresetuz-zehra이라고 지었다. 궁정에 출입하는 울라마들에게 과학 교육을 접목시켜 오스만제국 조정 자체를 대학처럼 만들고자 했다. 이스 탄불에 입성하여 칼리프에게 직접 상소를 올린 것이 1907년, 서른 살 때다. 오스만제국 말기를 대표하는 교육 개혁가였다.

당시 이스탄불에서는 '청년튀르크'가 활약하고 있었다. 누르시는 비 판적이었다. 무슬림 통일위원회에서 발간하는《화산》이라는 잡지에 정 력적으로 투고하며 '동/서 문화논쟁'을 펼쳐간다. 일체의 근대화에 반대 했던 것이 아니다. 입헌정 수립에는 십분 동의했다. 다만 '세속화'만큼 은 결연히 반대했다. 물질 개벽은 백번 수긍하지만 정신 개벽을 방기해 서는 안 된다고 주장했다. 유물론에 취하여 세속주의 일방으로 흐르는 것을 극도로 경계한 것이다. 1차 세계대전기, 전쟁포로가 되어 러시아 에서 2년간 복역한 적이 있다. 1917년 러시아 혁명을 현지에서 목도했

---

 * 유학에서 도(道)가 이어져온 계통. 법통은 군주가, 도통은 학자-관료가 쥐었던 유교 통치체제에 빗댄 표현이다.

사이드 누르시의 전집 광고.

다. 1918년 탈출을 감행한다. 누르시는 무신론의 공산주의 국가를 끔찍하게 여겼다. 과학과 이성, 이념만으로 출현한 나라가 백 년도 갈 수 없을 것이라고 장담했다.

이스탄불로 돌아온 그는 울라마 개혁위원회에 참여하여 필사적으로 오스만제국을 구하고자 했다. 레닌과 소련에서 영감을 얻은 파샤와는 정반대였다. 도리어 이성의 단련과 과학의 발전이 유럽만의 것이 아니라고 했다. 오스만제국 600년, 이슬람 1,000년을 통해 상시적으로 일어나던 일이다. 이스탄불이야말로 이성과 과학이 꽃피는 문명의 중심지였다. 즉 그가 고안했던 '광명학원' 또한 평지 돌출이 아니라고 했다. 오스만적 근대화의 응축이었다. 이슬람 세계의 정수인 오스만제국을 각성시킴으로써 이슬람 문명을 더욱 활성화해야 한다고 했다. 그래서 유럽의 법체계 도입에 반대하지 않되 이슬람법의 폐지에는 동의하지 않았던 것이다. 천 년간 수천 수만의 울라마들이 갈고 닦은 샤리아의 대해大海를 만족시키지 못하는 국법이라면 한계가 분명하다는 입장이었다. 방점은 완미하고 완숙한 이슬람법의 확립에 찍혀 있었다.

그러나 1923년 터키공화국이 들어서고 '조국 근대화'가 펼쳐지면서 누르시의 '오스만몽'은 기각되고 만다. 도리어 반동파의 수괴가 될 수 있는 요주의 인물로 감시받았다. 감옥에서 복역하는 시간이 많았고, 출소하더라도 유배와 연금 생활이 이어졌다. 일체의 공적 활동이 봉쇄된 것이다. 그에게 허용된 것은 펜과 종이뿐이었다. 저술만이 유일한 길이었다. 이슬람을 근대적인 삶에 부합하도록 갱신함으로써《코란》이 영원한 고전임을 전 세계에 증명하겠노라 선언하며 집필에 전념한다. 그 필생의 집념으로 완성한 역작이 6천 쪽의 대작《빛의 책》Risale-i Nur이다.

허나 새 책이 아니다.《코란》을 주석한 책이다. 고전을 새롭게 읽어낸 책이다. 온고지신, 법고창신法古創新을 실천한 책이다. 다만 저술의 방향이 달라졌다. 더 이상 세속주의 엘리트를 향해 발언하지 않았다. 토착 민중을 향해 발화했다. 기층에 뿌리내림으로써 사상적 만개를 이룬 것이다. 세속국가가 이슬람을 탄압해준 덕분에, 이슬람은 더더욱 하방할 수 있는 기회를 얻은 것이다. 이슬람의 민중화, 이슬람의 민주화, 이슬람의 근대화를 촉진한 것이다. 그럼으로써 서구적 세속주의도 아니요, 이슬람 근본주의도 아닌 제3의 길을 열어갈 수 있었다. 개신改新 이슬람이자 민중신학이었다. 말씀을 통한 지하드를 실천하고, 선의와 선업을 베푸는 행동주의를 고취했다.

《빛의 책》은 알음알음 전파되었다. 서슬 퍼런 군사독재 아래 출판과 복사는 불가능했다. 검열을 피하는 길은 필사뿐이었다. 6천 쪽의 책을 필사하고 또 필사함으로써 마을에서 마을로, 이웃에서 이웃으로 퍼져

갔다. 그 책을 함께 읽는 강독회와 학습회도 만들어졌다. 세속주의를 가르치는 근대적 학교도 아니고 이슬람을 고수하는 마드라사도 아닌 민간 교육기관이 자발적으로 솟아난 것이다. 누르시가 꿈꾸었던 '광명학원'에 가까운 모습이었다. 그곳에서 이슬람과 과학의 조화와 통섭을 모색했다. 이성과 영성의 공진화를 도모했다. 물질 개벽과 정신 개벽을 동시에 이루고자 했다. 이슬람을 몸에 익힌 과학자와 기술자, 정치가와 사업가를 양성코자 했다. 근대적인 이슬람 사회를 만들어가는 훈련장이자 실험장이 된 것이다. '경건한 시민'들이 배출되기 시작했다.

그리하여 1950년대 복수 정당을 허가하는 자유화 조치가 단행되자마자 '이슬람의 부활'이 일어났다. 이슬람 정당이 약진했다. 모스크 건설이 급증하고 이슬람 설교사를 양성하는 학교도 재차 문을 열었다. 아잔 역시 아랍어로 되돌리는 경우가 많았다. 이슬람의 가치를 강조하는 지식인들도 공론장에서 발언 기회를 얻어갔다. 자유와 평등보다는 '공정'公正을 내세웠다. 공명정대야말로 이슬람의 핵심 가치라고 했다. 공정함을 무기로 삼아 일방적인 세속화, 기울어진 운동장을 교정하려 들었다.

군부는 긴장했다. '조국 근대화' 30년에도 기층사회는 압도적으로 이슬람의 영향이 지대했다. 민주주의가 지속되어서는 아타튀르크의 이상이 실현될 수가 없었다. 세속주의 공화국의 근간을 사수하는 최후의 보루가 군부였다. 재차 '진보'를 위해서 정치에 개입한다. 쿠데타가 일어난 것이 1960년이다. 공교롭게도 누르시가 숨을 거둔 해가 1960년이었다. 쿠데타에 성공한 군인들은 누르시를 부관참시했다. 그의 묘소를 파헤쳐 시신을 옮겨버렸다. 성소가 되는 것을 방지하기 위해서였다. 세속화라는 금과옥조의 국시國是를 지켜내기 위하여 불경한 짓을 마다치 않은 것이다. 사법부와 합작하여 이슬람 정당을 해산하고 주요 지도자들은 '공화국의 적'으로 숙청했다. 이에 대학과 언론에 근무하는 '자유주의' 도시인들은 환영했다. 반동파의 소굴인 모스크에서도 사회학과 경제학을 가르치라는 행정명령까지 내려졌다.

그러나 터키 현대사의 방향은 갈수록 누르시의 쪽으로 흘러갔다. 민주화가 되면 될수록 재이슬람화가 역력해져 갔다. 아니, 이슬람파야말로 군사독재에 맞서는 민주 세력의 선봉대가 되었다. 기어이 새 천년에는 이슬람주의 정당이 정권 교체를 이루고 여당이 된다. 안정 과반석을 유지하며 15년째 집권하고 있다.《빛의 책》이 뒤늦게 광명을 발하고 있는 것이다. 그 누르시를 계승한 대표적인 인물로 펫훌라흐 귈렌과 에르도안을 꼽을 수 있다. 귈렌은 민간 사회에서 이슬람 시민운동을 만개시켰고, 에르도안은 '공정발전당'을 발족시켜 정치권력을 움켜쥐었다. 새 천년 터키에서 펼쳐지고 있는 거대한 반전의 물결, 재이슬람화와 신오스만주의의 풍경을 살펴본다.

026

터키의 신오스만주의

풀뿌리 이슬람,
잃어버린 시간을 찾아서

귈렌 운동과 풀뿌리 이슬람

풀이 눕는다. 바람보다 먼저 눕고, 바람보다 먼저 일어난다. 터키공화국의 세속화 바람에 이슬람은 바짝 엎드려야 했다. 숨을 죽여야 했다. 바닥을 기어야 했다. 바닥을 다질 수 있었다.

기회가 왔다. 1960년대 후반이다. 68혁명의 물결이 앙카라와 이스탄불에도 닿았다. 청년들은 너나없이 신좌파를 자랑했다. 파리와 베를린과 런던과 샌프란시스코를 동경하고 모방했다. 터키의 군사정부를 세속주의라고 비난하지 않았다. 우익독재라고 비판했다. 좌/우 구도였다. 군부는 그 틈을 파고들었다. 이슬람을 동원했다. 좌파를 억압하기 위해 이슬람 세력을 활용했다. 1970년 1월, 공화국 역사상 처음으로 이슬람주의를 표방하는 정당이 창당한다. 공정과 도덕, 행복과 안녕 같은 이슬람 고유어를 정당 강령으로 삼았다. 아타튀르크가 극구 억압했던 아랍어 기원의 고어들이 복원된 것이다. 아랍어-터키어 혼용체(=오스만어)도 되살아났다. 그 고풍스러운 담론으로 신좌파의 새 언설을 눌러간 것이다. 빨갱이를 사냥하고 공산주의 침투를 막는 방파제로 이슬람을 요긴하게 써먹었다.

신좌파의 부상이 터키에 현실적인 위협이기는 했다. 옛 오스만제국 영토들이 온통 적화되는 듯했다. 터키의 북쪽에는 동유럽 사회주의가 건재했다. 터키의 남쪽에서도 아랍 사회주의가 약진했다. 동쪽의 중앙유라시아에는 -스탄, -스탄 하는 튀르크계 국가도 여럿이었다. 거개가 사회주의 모국 소련에 속해 있었다. 특히 튀르크계 사회주의 국가의 존재는 신청년들에게 솔깃한 대안이었다. 가장 심한 탄압을 받았던 쿠르드인들부터 쿠르드노동자당을 만들었다. 마르크스주의를 표방하며 분리독립운동을 펼쳤다. 쿠르디스탄으로 독립하거나, 20세기형 유라시아 제국을 구현했던 소비에트연방에 편입되는 방안을 강구했다. 이들을 억제하기 위해서라도 무신론의 과학적 공산주의에 가장 적대적이었던 이슬람 세력을 키워줄 필요가 있었던 것이다.

그러나 일단 물꼬가 트이자 걷잡을 수가 없었다. 들풀처럼 들불처럼 퍼져갔다. 터키행진곡을 무시하고 이슬람의 상징인 녹색 깃발을 흔들었다. 터번과 히잡을 두르고, 샤리아(이슬람법)의 부활을 요구했다. 이슬람을 통해 좌파를 견제한다는 이이제이以夷制夷가 부메랑이 되었다. 신좌파와는 별개의 독자적인 '민주화'를 요구한 것이다. 대도시 명문대학에 거점을 둔 학생 시위와는 범위와 규모가 달랐다. 마을 구석구석까지 10배, 20배가 넘는 군중집회가 열렸다. 결국 1980년 9월 12일, 쿠데타가 발생한다. 치안 유지가 목표라고 했다. 한 달간 1만 5천 명을 체포했다. 연말까지 3만 명을 구속했다. 일 년간 12만 명을 구금했다. 모든 정당 활동이 중지되었고, 당수들 또한 체포되었다. '이스탄불의 봄'은 찰나였다. 군부 통치가 재개되었다.

1971년과 1980년 쿠데타마다 체포된 인물로 귈렌이 있다. 군부와 사법부가 위험인물로 찍었던 사람이다. 1941년에 태어났다. 아버지는 울라마였고, 어머니는 마을 모스크에서 《코란》을 가르치는 선생님이었다. 가학으로 이슬람을 전수받았다. 열 살 때 이미 《코란》을 암송했다. 10대 중반에 누르시의 《빛의 책》을 접한다. 개안했다. 각성했다. 누르시를 직접 뵙고 가르침을 얻고자 했다. 그럴 수 없었다. 선생은 1960년 숨을 거두셨다. 대신 그를 사상적으로 계승했다. 학교도 모스크도 아닌 별도의 공부방을 꾸렸다. 여기서 《빛의 책》을 읽어가는 독서회를 열었다. 학생들이 넘쳐흘렀다. 돈이 모여들었다. 십시일반 무슬림들의 헌금이 꼬리를 물었다. 티끌이 모여 태산이 되었다. '등대'라는 이름의 여름 캠프도 만들어 젊은이들을 가르쳤다. 이른바 '귈렌 운동'으로 성장한 것이다. 풀뿌리 이슬람 운동이 만개했다. 풀이 바람을 일으켰다.

귈렌이 힘을 쏟은 것은 교육 사업과 언론 사업이었다. 누르시가 꿈꾸었던 '광명학원'에 빗댈 수 있는 학교들을 세워갔다. 1990년대 말이면 2,000개의 고등학교, 80개의 대학예비과정, 7개의 종합대학을 거느리게 된다. 터키 전역에 귈렌계 교육망을 구축한 것이다. 누르시의 가르침을 실천하는 '황금세대'를 키우고자 했다. 종교심이 투철한 현대적 엘리트를 육성하고자 했다. '근대적인 무슬림'을 배양하는 수련장이었다. '경건한 인재' 양성을 표방했다.

'이슬람의 집'이 본디 일국에 한정될 수 없음은 귈렌 운동에서도 약여하게 드러났다. '소비에트의 집'에서 벗어난 중앙유라시아의 튀르크계 국가들에도 학교를 세웠다. 발칸반도와 아라비아반도에도 진출했다. 구사회주의권의 재이슬람화를 견인했다. 재오스만화에 그치지도 않았다. 이슬람권이 아닌 지역까지 확산되었다. 현재 100여 개 국가에 귈렌

술탄 아흐메드 모스크(이스탄불).

계 학교가 설립되어 있다. 전 세계 도처에서 무슬림이 살아가고 있기 때문이다. 글로벌 움마를 위한 글로벌 학당이 된 것이다. 마드라사의 근대화, 마드라사의 세계화다.

미디어 사업도 활발하다. 1979년 월간 과학지를 창간한다. 1988년에는 월간 신학지도 창간한다. 과학과 신학을 물과 기름으로 여기지 않았다. 신학과 과학의 통섭을 꾀했다. 1990년대에는 시사주간지, 환경문제 전문지, 육아보건지 등도 간행한다. 민간 방송 합법화에 맞추어 방송국도 설립한다. 세속주의를 전파하는 관제 방송의 대안으로 이슬람 방송국을 만든 것이다. 기다렸다는 듯 이슬람 자본이 대거 투입되었다. 순식간에 전국 단위의 TV 방송국과 라디오 방송국을 확보한다. 2001년에는 인터넷에도 진출한다. 이슬람 정보를 집약하는 온라인 아카이브를 구축했다. 최근에는 SNS도 적극 활용하고 있다. 말씀을 통한 지하드라는 누르시의 메시지를 충실하게 실천하고 있다.

'이슬람 담론' 개발에도 적극적이다. 1994년 '언론인, 작가 재단'을 만든다. 이스탄불과 앙카라 사이에 있는 아름다운 휴양지 알반트에서 정기 포럼을 개최한다. 국내외 저명한 언론인과 지식인들을 초빙하여 국제회의를 연다. 세속주의, 민주주의, 신헌법 초안 등 터키의 중요하고도 민감한 문제를 기탄없이 토론하는 공론장이 되었다. 세속주의의 편향성을 교정하고 이슬람 근본주의 또한 해독解毒해가는 '이슬람 근대화'의 국제적인 토론장이다.

세속주의의 보루 군부는 더 이상 좌시할 수 없었다. 1997년 또다시 쿠데타가 일어난다. 이번에는 귈렌을 직접 겨냥했다. 총칼이 겨누는 표적이 되었다. 국가 분열과 내란선동죄를 씌웠다. 신변의 위협을 느낀 귈렌은 요양을 구실로 미국으로 피신한다. 사실상의 망명이었다. 1999년부터 펜실베이니아에서 살고 있다.

허나 귈렌은 유연한 인물이었다. 성聖과 속俗의 균형을 취했다. 학교가 만들어지는 만큼 모스크도 세우자고 했다. 세속에서도 '경건한 시민'으로 살아갈 수 있다고 했다. 본인은 술을 마시지 않으면서도 세속주의자들과 어울릴 때는 맥주를 먼저 권하는 기지도 발휘했다. 물론 최종 목적은 지하드였다. 세속적 시민을 경건한 시민으로, 끝내는 경건한 무슬림으로 바꾸는 것이 목표였다. 그러나 '이슬람의 집'에서 이교도와 함께 살아갔던 것처럼, 세속파를 배타하지도 억압하지도 않았다. 그를 탄압한 것은 '유럽의 집'을 선망하는 세속주의 군부였을 뿐이다.

귈렌의 망명에도 귈렌 운동은 사그라들지 않았다. 애당초 엄격하고 엄숙한 근본주의와는 거리가 멀었다. 기쁘게, 보람되게, 축복되게 살아가는 방법을 전수해주었다. 마음의 평화, 정신의 풍요, 선의와 선행의 도덕적 삶을 은총으로 여기는 가치관의 전환(귀환)을 선사해주었다. 체제의 모순을 사회과학적으로 날카롭게 분석하는 비판적 지식인이 아니다. 생활의 모범을 보이고 삶의 귀감이 되는 선생님이고 훈장님이었다. 논리로 설복하기보다는 공감과 공명으로 감득시켰다. 풀뿌리 이슬람은 갈수록 무르익었다. 물이 차올랐다. 바람의 방향도 바뀌었다. 배를 띄우기만 하면 됐다. 2001년 공정발전당이 발족한다. 선장이 에르도안이었다. 2002년 압도적인 표차로 정권을 교체한다. 재이슬람화가 시대정신이 되었다.

에르도안의 '이슬람 민주주의'

에르도안은 정치 역정 자체가 '교조적 세속주의'와의 투쟁이었던 인물이다. 1994년 이스탄불 시장에 당선된다. 행정가로서 수완을 발휘했다. 불법 건조물 철거, 녹지 조성 등 오래 방치되었던 현안을 척척 해결했다. 세속파의 아성이었던 이스탄불에서도 지지도가 점점 올라갔다. 점차 본인의 색깔도 드러냈다. 국가 의례였던 아타튀르크에 대한 묵념을 생략하기 일쑤였다. '전체주의' 요식행위 대신《코란》을 낭독하는 쾌거(폭거)를 선보였다. 단박에 전국적인 이목을 집중시켰다. 국법보다 이슬람법이 위대함을, 국가 위에 천하가 있음을 상징적 몸짓으로 드러낸 것이다. 탐탁지 않은 군부는 호시탐탐했다. 이슬람 정치의 차세대 주자를 주저앉혀야 했다. 1997년 2월, 정치 집회에서 종교적인 발언을 했다는 이유로 현직 시장을 긴급 체포한다. 짬짜미 사법부는 국가분열죄로 10개월 형을 선고했다. 4개월 후 가석방되기는 했으나 정치 참여 기회는 박탈당했다. 공공장소에서 이슬람(=전통문명)에 대해 입만 뻥긋해도 정치 생명이 끊어지는 참으로 '모던'한 정교 분리 시대였다.

당시의 굴욕은 에르도안의 투지를 더욱 불태우는 계기가 되었다. '타는 목마름으로' 이슬람을 외쳤다. 2001년 공정발전당 창당, 2002년 정권 교체, 2003년 총리 취임까지 일사천리로 내달렸다. 당당하고 떳떳하게 '이슬람 민주주의'를 표방했다. 영국은 성공회가 국교인 나라이고, 독일에는 기독교민주당이 건재하며, 미국의 대통령은 성경에 대고 선서를 한다. 터키의 남쪽에는 유대교 국가 이스라엘도 있다. 왜 무슬림이 90퍼센트가 넘게 살아가는 터키에서 이슬람을 발설할 수 없냐고 사자후를 뿜어냈다. 풀뿌리는 환호하고 열광했다. 2007년, 2011년, 2015년 총선에서 연거푸 승리했다.

군부가 위로부터 탈이슬람화를 강요했던 것처럼, 공정발전당이 재이슬람화를 강제하고 있는 것도 아니다. 아래로부터의 요구를 수용하고 있다. 기층의 목소리를 받아 안고 있다. 히잡 착용 금지를 해금한 것이 대표적이다. 터키는 건국 이래 공공장소에서 히잡을 쓰는 것을 금지했다. 1999년 일화가 유명하다. 초선 여성 의원이 히잡을 두르고 국회에 입장했다. 대소란이 일어났다. 의원 선언도 하지 못하고 쫓겨났다. 불체포 특권도 무시한 채 현장에서 구속되어 의원직이 박탈되었다. 소속 정당까지 해산되었다. 그래서 신심 깊은 여학생들은 명문대학 진학마저 꺼렸다. 고등교육을 받기 위해서는 히잡을 벗어야만 했기 때문이다.

공정발전당의 조치는 그 억압적인 조항을 폐지하는 것이었다. 히잡을 쓰든 말든 개인의 자유라고 했다. 자유주의의 논법을 그대로 빌려와 '교조적 세속주의'에 일격을 가한 것이다. 2008년 마침내 여학생들도 대학 캠퍼스에서 마음껏 히잡을 쓸 수 있게 되었다. 불특정 다수에게 신체를 노출시키지 않아도 될 자유와 권리를 획득했다. 세속주의 야당은 쪼르르 헌법재판소로 달려갔다. 헌법소원을 제기해 공정발전당을 해산하려 했다. 에르도안을 지켜준 것은 재차 민심=천심이었다. 2009년 지방선거에서도 압승한다. 도리어 반격을 펼쳤다. 1980년 쿠데타로부터 꼬박 30주년이 되는 2010년 9월 12일, 헌법 개정 국민투표를 실시했다. 쿠데타를 일으킨 군인을 법정에 세우는 조항을 포함시켰다. 헌법재판관과 검찰의 고위직 임명권을 의회와 대통령이 나누어 갖는 조항도 넣었다. 군부와 사법부를 대폭 약화시키는 개혁 헌법이었다. 문민 통제를 강화하는 '민주' 헌법이었다. 이 개정안 역시 58퍼센트의 찬성으로 가결된다. 풀뿌리의 지지에 힘입어 문/무 교체를 완성한 것이다. 이제는 영부인과 총리의 부인이 국가 행사에 히잡을 쓰고 나와도 군부가 찍소리도 하지 못한다. 국회에서도 히잡을 쓰고 국사를 논하는 여성 의원이 여럿이다. 이스탄불대학에서도, 앙카라대학에서도 형형색색 히잡을 두르고 한껏 멋을 부리고 있는 여학생들이 5할을 넘었다. 히잡은 이제 터키 여성들이 가장 선호하는 잇아이템이다. 명품 히잡이 날개 돋친 듯 팔려 나간다.

　가시적인 변화만이 아니다. 공정발전당은 이슬람적 가치를 공공정책

이스탄불의 귈렌계 초등학교 학생들.

형형색색의 히잡을 두른 앙카라대학의 여학생들.

으로 구현했다. 공공버스를 도입하여 서민의 교통난을 해소했다. 공공주택을 보급하여 주거생활의 안정화를 꾀했다. 교통과 주택이라는 일상생활의 핵심 문제부터 해결한 것이다. 부의 재분배 정책도 실시했다. 약자와 빈자를 먼저 보살피는 것이 이슬람주의 정당으로서 왕도를 실천하는 길이기 때문이다. 군사독재 아래 비대하게 성장했던 대자본/대도시 위주가 아니라 중소자본/지방 위주의 '균형발전' 또한 이루어갔다. 터키어 이외의 일체의 언어 사용을 금지했던 헌법도 개정했다. 쿠르드어도 교육 현장과 언론매체에서 사용할 수 있게 되었다. 2008년 쿠르드어 방송국이 생겼고, 2012년부터는 쿠르드어가 초등학교의 선택 과목이 되었다. 그리하여 2014년 터키공화국 최초의 대통령 선거에서도 에르도안은 52퍼센트의 득표율로 당선될 수 있었던 것이다. 민주화 이후 터키 사회는 질적으로 좋아졌다.

그럼에도 2016년 여름, 재차 군사쿠데타가 시도되었다. 국민이 직접 선출한 첫 대통령을 끌어내리려 했다. 1960년, 1971년, 1980년, 1997년에는 성공했다. 재이슬람화의 물결을 군부가 앞장서서 저지할 수 있었다. 그러나 새 천년, 더 이상은 안 된다. 국민이, 민중이, 청년들이 거리로 쏟아져 나와 탱크의 진격을 저지했다. 100만 명이 운집하여 민주공화국의 수호를 자축했다. 처음으로 민중이 군부를 이긴 것이다. 모름지기 주권자는 국민이다. 모든 권력은 국민으로부터 나온다. 에르도안은 재차 민심=천심을 받들어 천명을 수행하고 있다. 쿠데타 세력은 물론이요, 그들의 비호 아래 대학과 언론에서 기생하던 어용학자들(교조적 세속주의자, 자유주의 근본주의자)을 일망타진하고 있다. 근대화=세속화=서구화라는 얄팍한 도식 아래 80년간 지배체제를 형성했던 군부의 총, 검찰의 칼, 대자본의 돈, 언론/대학의 펜을 허물어뜨리고 있다. 백 년의 적폐를 일소하고 있는 것이다. 형식적 민주주의를 돌파한 대大민주의 구현이다. 소小민주에 안주하는 서방에서 전전긍긍 비방을 퍼붓는다.

　2016년 쿠데타의 정황을 적확하게 이해하기 위해서는 내정만 살펴서도 모자라다. 서유라시아 지도를 펼쳐놓고 전후 흐름을 복기할 필요가 있다. 공정발전당 집권 이래 터키는 해외 파병을 하지 않았다. 이라크전쟁에도, 아프가니스탄전쟁에도 지원을 하지 않았다. 동맹국 미국이 당근으로 유혹하고 채찍으로 협박해도 거듭 거절했다. 이슬람적 공정에 위배되는 정의롭지 못한 전쟁이었기 때문이다. 군부로서는 천금 같은 기회를 날린 셈이다. 그들로서는 냉전기야말로 황금 시절이었다. 소련과 적대하고 중동에 개입하는 통로 역할을 하면서 위세를 떨칠 수 있었다. 혹여 쿠데타에 성공했다면 우크라이나와 비슷한 현상이 일어났을 것이다. 터키 또한 러시아를 적대하는 신냉전의 첨병이 되었을 것이다. 확실하게 구미의 편에 섬으로써 떨어지는 떡고물도 커졌을 것이다. 사례가 없지 않다. 2년 전 이집트에서도 쿠데타가 일어나 '아랍의 봄'을 한순간에 되돌려버렸다. 30년 독재자 무바라크는 석방되었고, 국민이 선출한 무슬림형제단 출신의 무르시 대통령은 사형 선고를 받았다. 그러자 일시 중지되었던 미국의 군사 지원이 재개되었다. IMF도 긴급 자금을 충당해주었다. 기득권 세력의 호주머니로 재차 검은 돈이 흘러들었다. 즉 우크라이나에서, 이집트에서 획책되었던 수구반동파의 기획을 터키에서는 민중이 막아낸 것이다. 풀뿌리가 '내부자들'과 '외부 세력'을 이겨낸 것이다. 터키의 민주주의는 한층 공고해졌다. 이슬람이라는 기층에 착근하여 피어난 주체적이고 토착적인 '민주'이기 때문이다.

신오스만주의(1): 자주외교

공정발전당 집권 이래 터키의 GDP는 3배로 성장했다. 세계 15위의 경제대국이 되었다. 집권 초기만 해도 EU 평균의 20퍼센트에도 달하지 못했다. 15년 만에 70퍼센트 수준까지 육박했다. 2030년이면 유럽 국가들과 어깨를 나란히 할 것이라는 전망이다. 현재 인구 8천만, 2040년이면 1억에 근접한다. 영국, 프랑스는 물론 독일보다도 큰 나라가 된다. 더 이상 EU 가입에 안달하지 않게 되었다. '유럽의 병자' 취급을 받았던 20세기가 아니다. 항산恒産은 항심恒心을 낳는다. '신오스만주의'가 기지개를 켜고 있다.

터키는 미국의 동맹국이자 나토의 가맹국임에도 독자적인 이슬람권 외교를 펼치고 있다. 미국이 선도하고 유럽이 따르는 불의한 전쟁에 가담하지 않았다. 오히려 이슬람주의 세력을 지원했다. 2006년 팔레스타인에서 하마스 정권이 탄생했다. 이스라엘에 적대적인 토착 민주화 세력이었다. 미국과 유럽은 즉각 '테러 조직'으로 낙인찍었다. 서방의 눈치 보기에 급급한 아랍 국가들도 외면했다. '국제사회'의 원조가 끊기면서 신생 하마스 정권은 곤경에 빠졌다. 그때 구원투수로 나선 나라가 터키였다. 에르도안은 약자를 돕고 약소국을 지원하는 것이 무슬림의 의무라는 대의명분을 쥐었다. 아프가니스탄의 탈레반 정부에도 마찬가지 행동을 취했다. 아프리카 소말리아에도 수차례 방문하여 병원과 학교 건설을 지원한 인물이 에르도안이다. 부국강병의 일국주의에 매몰되지 않고 이슬람적 공정을 실천하는 국가가 여전히 존재하고 있음을 무슬림 세계에 선보인 것이다.

그래서 '아랍의 봄' 당시 튀니지와 이집트, 시리아 청년들이 에르도안의 어록을 플래카드로 만들어 자국의 독재정권에 맞서 싸웠던 것이다. 군부가 물러나고 실시된 선거에서도 무슬림형제단에 기반한 이슬람 정당들이 약진할 수 있었던 까닭이다. 터키식 민주화가 역할모델이 된 것이다. 풀뿌리 이슬람으로 민주화를 달성한 유일한 국가였기 때문이다. 바짝 긴장한 것은 사우디아라비아와 쿠웨이트 등 왕정국가들이다. 지난 백 년, 이슬람을 일국의 체제 이데올로기로 강등시킴으로써 혹세무민할 수 있었다. 그러나 터키라는 '이슬람 민주주의 국가'가 등장함으로써 무슬림들에게 '다른 백 년'의 길을 제시한 것이다. 왕정국가들은 패권주의 운운하며 '신오스만주의'를 일러바치고 있다. 터키공화국이 오스만제국처럼 재차 아랍 세계의 지배를 노리고 있다는 것이다. 구미의 '자유주의 근본주의' 세력은 얼씨구나 에르도안을 술탄에 빗대는 프로파간다를 발설한다.

구미와 불편해지고 중동의 독재국가들과 척을 졌다고 하여 터키가 고립된 것도 아니다. 확연하게 동쪽으로 눈을 돌리고 있다(Look East). 동시에 과거를 재인식하고 있다(Look Back). 앙카라와 이스탄불에 집약되었던 구미 지향의 대자본이 아니라, 아나톨리아의 중소자본 위주로 물류의 흐름이 바뀌고 있다. 소련 해체 이후 열린 남유럽과 중앙유라시아 지역이 왕년의 오스만제국이 구축했던 '이슬람의 집'과 얼추 겹친다. 그곳에 살아가는 주민의 대다수가 무슬림이다. 이슬람적 가치를 중시하는 신흥 사업가들에게 기회의 창이 열린 것이다. 이슬람 경제의 바람이 유라시아의 한복판에서도 불고 있다. 고로 터키의 세계화 또한 미국화도 서구화도 아니다. 세계화가 되면 될수록 더더욱 이슬람화가 심화된다. 재차 국가는 풀뿌리의 흐름을 받아 안아 'TAKM'을 조직했다. 터키, 아제르바이잔, 카자흐스탄, 몽골의 머리글자를 땄다. 이 터키발 독자적인 지역 구상에 우즈베키스탄, 아프가니스탄, 조지아(그루지야)도 참여를 타진하고 있다. 나토의 졸卒이었던 20세기와 결별하고, 오스만제국의 후예다운 기상을 발휘하고 있는 것이다.

오스만제국의 동편에는 페르시아제국이 있었다. 수니파의 종가가 오스만이고, 시아파의 수장이 이란이었다. 지금도 지정학적 라이벌이다. 그러나 경쟁국이라 해서 곧 적대국이라는 법은 없다. 터키의 자주외교 노선이 확고해지면서 갈수록 이란과 죽이 맞고 있다. 이슬람 세계에서 서방의 대리인 역할을 했던 터키의 회심에 이란 또한 반겨해 마지않는 것이다. 1979년 호메이니 혁명으로 재이슬람화의 선봉에 섰던 나라가 이란이다. 세계사의 대반전과 '이슬람의 집'의 귀환에 터키와 의기투합할 수 있다. 올 여름 쿠데타 국면에서 에르도안 정권을 가장 열성적으로 옹호했던 나라가 이란(과 러시아)이었음을 주시해야 할 것이다.

그리고 그 이란의 동쪽이 곧 중국의 서편이다. 위구르가 동유라시아에 사는 튀르크족이다. 2015년 말, 에르도안이 대통령으로서 처음 아시아 투어를 나서면서 선택한 나라가 셋이었다. 세계 최대의 국가 중국과 세계 1, 2위의 이슬람 국가 인도네시아와 파키스탄이다. 동아시아, 동남아시아, 남아시아를 주유하며 서아시아와의 연결망을 구축한 것이다. 중국과는 전략적 파트너십을 체결하고 상하이협력기구(SCO) 가입을 논의했으며, 인도네시아와 파키스탄과는 이슬람 세계의 부흥을 다짐했다. 중화세계와 이슬람 세계의 공진화다. 서유라시아의 '이슬람의 집'과 동유라시아의 '천하'가 합류하고 있는 것이다. 최신판 일대일로와도 오롯하게 포개진다. 터키 또한 그 축이 완연하게 아시아로 이동(Pivot to Asia)하고 있다.

신오스만주의(2): 이슬람학의 중흥

일주일에 사흘을 이스탄불대학 도서관에서 보냈다. 그중에서도 오스만제국 문헌이 빼곡한 열람실에 자리를 잡았다. 다종다기한 언어로 어마어마한 서책들이 600년간 쓰였다. 아랍어로, 페르시아어로, 튀르크어로, 그리스어로 적혀 있는 고서의 제목을 일별해가는 것만으로도 타임머신을 타고 '지고의 국가'를 여행하는 기분이었다. 그곳에 갈 때마다 눈이 마주치는 지긋한 노학자가 계셨다. 말문을 트기까지는 꼬박 한 달이 걸렸다. "Are you from China?" 달라진 세상, 열에 아홉은 중국인이냐고 먼저 묻는다. "No. I am a Korean." 그러면 다음 질문이 이어진다. "From North or South?" "I am from South Korea." 그렇게 연을 시작했다.

터키 사람이 아니었다. 시리아 난민이었다. 다마스쿠스 출신이었다. 대학에서 이슬람학을 가르치는 법학자였단다. 5년째로 접어든 시리아 내전으로 대학이 제 기능을 못한 지 오래다. 그래서 이웃 나라 터키로 이주한 것이다. 살펴보니 시리아뿐만이 아니었다. 리비아에서도, 이집트에서도, 이라크에서도 유수한 이슬람 학자들이 이스탄불로 모여들고 있었다. 그분처럼 영어나 터키어가 가능한 이들은 대학의 교원으로도 채용되었다. 혹은 마드라사 네트워크를 통하여 자리를 잡는 사람들도 있었다. 에르도안은 정권 차원에서 이들을 수용하고 연구를 지속할 수 있도록 지원하고 있다. '아랍의 봄' 이래 중동의 혼란이 가중되면서 이스탄불이 이슬람학의 근거지로 재탄생하고 있는 것이다.

1923년 건국 이래 터키의 이슬람 연구는 법학이든 신학이든 별 볼일이 없어졌다. 대학은 서구파가 점령군처럼 장악했다. 아랍어와 아라비아 문자부터 배제했기 때문이다. 로마자 알파벳을 채용한 터키어를 국어로 삼으니 이슬람 고전을 읽어낼 수 있는 인재를 배양할 수 없었다. 아니, 고전은커녕 100년 전 오스만제국 말기의 문헌도 제대로 해독하지 못했다. 튀르크족이 축적한 1,000년의 유산, 오스만제국이 쌓아온 600년의 유산, 그리고 오스만제국 말기 그 활달했던 동서고금의 사상 융합을 송두리째 잃어버리고 만 것이다.

이스탄불대학.

그러던 것이 새 천년 중동의 대혼란으로 터키에 천재일우의 기회를 열어준 것이다. 바그다드에서, 다마스쿠스에서, 카이로에서, 베이루트에서, 암만에서, 트리폴리에서 최고의 이슬람 학자들이 이스탄불로 이주하고 있다. 나도 2년째 이동살림을 하다 보니 사정을 얼추 짐작해볼 수 있다. 책처럼 골칫거리가 없다. 많고, 크고, 무겁다. 그래서 읽는 족족 찢어버려서 최대한 무게를 줄이는 습벽마저 생겼다. 견문하는 나조차도 그러하니, 전시 난민이 된 그들은 어떻겠는가. 농축된 에센스만 가지고 터키로 왔을 것이다. 서구화 일백 년, 커다란 공백이 생겼던 터키의 이슬람 사상계에 그 엑기스가 주입되고 있는 것이다. 과연 아랍어가 재차 학문 언어로 각광을 받고 있다. 19세기에 고안되었던 '오스만어'를 회복하자는 움직임마저 일어나고 있다.

그 난민 학자들이 담소하는 자리에 은근슬쩍 묻어간 적이 있다. 오가는 얘기를 거의 알아듣지 못했다. 표준 아랍어라고는 하지만 각국의 악센트가 들어가니 나로서는 오리무중이었다. 그럼에도 그 자리의 그 풍경, 그 범상치 않은 공기만은 한껏 들이킬 수 있었다. 마치 천 년 전 바그다드가 재림한 듯했다. 9세기부터 10세기, 서아시아에서 이단으로 배제되었던 기독교도들이 바그다드로 대거 도피한 적이 있다. 당시 바그다드는 학문과 사상의 해방구였기 때문이다. 아바스제국의 보호 아래 대번역운동을 펼침으로써 고대 그리스 학문이 이슬람 세계로 전수되었다. 특히 7대 칼리프 만수르가 유명하다. '지혜의 집'이라 불리는 대규모 도서관과 대학을 만들어서 서유라시아 지知의 집대성을 이루었다. 바로 그곳에서 아리스토텔레스도, 플라톤도, 소크라테스도, 히포크라테스도, 유클리드도 되살아났던 것이다. 그리스어에서 아랍어로, 키릴 문자에서 아랍 문자로 고전이 번역됨으로써 인류의 위대한 문명 유산이 지속될 수 있었다. '계몽 칼리프' 만수르가 아니었다면 르네상스는 도래하지 않았거나, 훨씬 늦게 개막되었을 것이다.

돌아보니 천시天時가 참으로 오묘하다. 아프가니스탄전쟁과 이라크전쟁으로 중동이 쑥대밭이 되기 시작한 바로 그 무렵에 터키에서 에르도안 정권이 출범했다. 재이슬람화가 시대정신이 되었기에 시리아부터 리비아까지 이슬람 학자들이 망명할 수 있는 공간이 마련된 것이다. 인샬라! 알라의 축복이 아닐 수 없다. 실제로 터키는 '난민대국'이다. 지난 반세기 600만을 수용했다. 소련에서, 유고슬라비아에서, 아제르바이잔에서, 이란과 이라크에서 난민이 속속 밀려왔다. 2011년 이래 끌어안은 시리아 난민은 170만에 이른다. 어느덧 내부 구성원의 면면에서도 '작은 오스만'이 구현되고 있는 것이다. 슬라브인과 아랍인도 '터키의 집'에서 살고 있다. 자칭 칼리프를 선언한 IS의 알-바그다디보다도 '신오스만주의'를 표방하는 에르도안이 만수르에 더 흡사한 형국인 것이다.

아무래도 락까*보다는 이스탄불이 이슬람의 중흥을 선도하는 21세기의 메카가 될 것 같다.

復國, 2023

2016년 세속주의자들에게는 시련의 시기다. 자유주의자와 사민주의자를 막론하고 곤경에 처했다. 하루는 그들의 회합에도 낀 적이 있다. 장소가 인상적이다. 술집이었다. 맥주를 마시고, 와인을 마신다. 음주를 하는 것이 그들만의 '구별 짓기'인 듯했다. 거개가 미국과 유럽의 유학파이니, 당시의 '자유로운 분위기'를 만끽하는 것도 같았다. 모처럼 알코올로 목을 축임에 감지덕지하면서도, 어쩐지 마음 한켠이 편하지 않았다. '경건한 시민'을 조롱하고 야유하는 태도가 은근하게 묻어났기 때문이다. 말을 섞기에는 그들이 편했지만, 마음은 다른 쪽으로 기울었다.

21세기 터키를 추동해가는 주체는 '경건한 시민'들이다. 1999년 배낭여행으로 이스탄불을 방문한 적이 있다. 관광명소 일대는 난장판에 아수라장이었다. 바가지와 날치기, 소매치기가 기승을 부렸다. 화폐개혁도 제때 안 되어서 무수하게 많은 0이 새겨져 있는 돈을 세느라 진땀을 뺐던 기억이 난다. 지금은 전혀 딴판이다. 깨끗하고 산뜻하게 정돈되었다. 정권 교체 이후 국가의 정책 때문이 아니다. '경건한 무슬림'으로 살아가고자 하는 각성된 시민의 뜻이 발현된 결과였다. 장사를 해도 정직하게, 이슬람적 공정에 부합하게 하자는 귈렌 운동의 소산이었다. 풀뿌리 이슬람 운동이 도시의 얼굴, 거리의 풍경마저 바꾼 것이다.

그 '개신改新 이슬람'의 바람은 터키를 넘어서까지 불고 있다. 종종

───── * 시리아 북부에 위치한 도시로 IS의 상징적 수도이다.

들르던 바자르(시장)의 헌책방 주인이 그러했다. 그 또한 귈렌 운동의 열성 참여자였다. 하루에 다섯 차례 꼬박꼬박 기도하는 경건한 무슬림이다. 돈을 벌어서 집 평수를 넓히고 새 차를 마련하고 옷을 사는 데 쓰지 않는다. 소비생활보다는 봉사활동을 즐긴다. 작년에는 아프가니스탄에도 다녀왔다고 했다. 탈레반 정부와 끈질긴 협상을 벌인 끝에 여학생도 공부할 수 있는 학교를 개설했다고 자랑한다. 내년에는 컴퓨터도 보급해줄 것이라며 광대가 솟아나는 함박웃음을 지었다. 곤궁한 이부터 먼저 돕는다는 이슬람적 도덕의 근간을 NGO 활동을 통하여 구현하고 있는 것이다. 욕심을 덜고 양심을 더하라는 무슬림의 의무를 다하고 있는 것이다. 끝없는 욕심과 만족할 줄 모르는 욕망을 '자유롭게' 채워가는 세속화=근대화가 아니라, 속된 미망으로부터 '자유로워지는' 경건한 삶을 향유하고 있는 것이다. 헛해방에서 진해방으로, 해탈하고 있었다.

목하 터키를 휩쓸고 있는 반동파의 숙청에는 분명 아슬아슬한 지점이 없지 않다. 군부와 사법부는 말할 것도 없고 학교와 언론에까지 칼바람이 불고 있다. 부디 지난 백 년의 반작용으로 이슬람 일방으로 기울지 않기를 바란다. 이슬람을 마녀사냥했듯이 세속파를 탄압해서는 곤란할 것이다. 기울어진 운동장을 거꾸로 기울이는 것이 해법은 아닐 것이기 때문이다. 내가 보건대 사민주의자와 자유주의자를 합해도 전체 국민의 1할도 되지 않는다. 빤한 말을 하고, 흔한 글을 쓴다. 참신하지도 않고, 감흥을 일으키지도 않는다. 군부의 총과 사법부의 칼이 없는 한, 대안 세력으로 성장할 가능성 또한 거의 없다고 하겠다. '이교도'에게도 숨 쉴 틈을 허락해주었던 '이슬람의 집'의 넉넉했던 품을 차근차근 회복해가기 바란다. 비정상을 정상화하는 첩경일 것이다.

하기에 더더욱 풀뿌리 이슬람에 기대를 걸지 않을 수가 없다. 견제받지 않는 권력은 부패하기 십상이다. 그 소금 같은 역할을 '경건한 무슬림'들이 수행해야 할 것이다. 성/속의 분화가 아니라 '어떤 이슬람이냐'로 분기하고 있는 것이다. 정의와 도덕이 강물처럼 흐르는 나라를 만들기 위하여 풀뿌리 무슬림은 더더욱 분발해야 할 것이다. 설혹 에르도안이, 공정발전당이 장기 집권에 취하여 이슬람의 천명을 방기한다면, 경건한 무슬림들부터 앞장서서 촛불을 들고 탄핵과 하야를 외쳐야 할 것이다. 쿠데타의 유탄을 맞고 터키 생활을 조기에 정리할 수밖에 없었던 내가 끝내 저버리지 않고 있는 연대의식이다. 잃어버린 시간을 되돌리고 잃어버린 고향을 되찾아가는, 그들의 복국復國 사업을 멀리서나마 응원한다. 모스크에서 울려 퍼지는 잔잔한 아잔 소리로 세속의 소음을 지우고 있는 이스탄불을 마지못해 떠났다. 2023년, 건국 100주년에 다시 가볼 것을 기약하며.

027

지중해의 분단국가, 키프로스
영국이 떠난 자리,
분단의 섬으로 남다

지중해와 해중지

유라시아 견문 2년차, 처음으로 배를 탔다. 바다를 건넜다. 지중해地中海, 땅으로 둘러싸인 바다다. 아랍과 유럽이 마주 본다. 서아시아와 북아프리카가 연결된다. 해중지海中地, 물 사이에 뭍도 있다. 섬이 점처럼 흩어졌다. 그중에서도 세 번째로 큰 섬이 키프로스다. 지중해의 동쪽 끝자락에 자리한다. 터키 남부 아나톨리아반도에서 70킬로미터 거리다. 동쪽으로 100킬로미터를 더 가면 시리아와 레바논이다. 남쪽으로 390킬로미터를 가면 이집트의 알렉산드리아다. 서쪽으로 530킬로미터를 가면 그리스의 아테네에 닿는다. 이 해중지에 80만 인구가 살아간다.

아름다운 섬이다. 인기 있는 휴양지다. 영국에서, 독일에서, 러시아에서, 스칸디나비아에서 매년 수백만의 관광객이 키프로스를 찾는다. 푸른 하늘과 파란 해변, 신선한 해산물과 낭만적인 밤 문화까지 다채로운 즐거움을 선사한다. 은퇴 이민의 장소로도 각광받고 있다. 먹고 마시는 재미로만 그치지도 않는다. 인문 역사의 흔적 또한 각별하다. 내륙의 바람이 섬까지 미쳤다. 여러 제국의 입김이 닿았다.

그리스에 속한 적도 있고, 페니키아가 지배하던 적도 있다. 페르시아 제국의 일부였던 적도 있다. 알렉산드로스 대왕도 키프로스를 정복했다. 이집트 다음으로는 로마제국이 흥했다. 비잔티움제국에도 속해 있었다. 지중해의 동서남북, 헬레니즘 세계의 연결망과 친근했다. 반면 아랍과는 뜸했다. 이슬람이 아라비아반도를 통일한 이후에도 아랍의 바람은 크게 불지 않았다. 키프로스에 이슬람을 전파한 이들은 아랍인이 아니라 튀르크족이었다. 오스만제국으로 편입된 것이 1571년이다. 유라시아 초원의 떠돌이가 지중해 섬마을의 아가씨와 눈이 맞아 토박이가 되었다. 300년 오스만제국의 지붕 아래서 무슬림으로 개종하는 이들도 늘어났다.

'이슬람의 집' 아래 동방정교회 신자들도 생활세계를 지속할 수 있었다. '해방'의 측면마저 없지 않았다. 사사건건 통제하려던 바티칸이나 비잔티움의 지배로부터 벗어난 것이다. 이스탄불의 칼리프는 현지의 자율성을 허락했다. 세금을 내고 반란을 일으키지 않는 한, 주민의 종교생활에 개입하지 않았다. 예禮를 갖추는 한, 덕德을 베풀었던 것이다. 모름지기 신앙은 개인의 자유였다. 교황이 교회를, 교회가 개인을 간섭하지 않았다. 나아가 정교회 종사자들이 제국의 운영에도 참여할 수 있었다. 술탄과 정교회 주민 간 매개 역할을 맡은 것이다. 즉 키프로스 교회의 수장이 된다는 것은 정교회 주민의 대표가 된다는 말이기도 했다. 이 말랑말랑한 시스템 속에서 무슬림과 정교도 또한 별 일 없이, 별 탈 없이 서로의 안부를 물으며 300년을 더불어 살았다. 은은한 교회의 종소리와 잔잔한 모스크의 아잔 소리가 평화롭게 공존했다.

그러나 2016년 현재, 키프로스는 분단된 섬이다. 남부의 3분의 2는 키프로스공화국이며, 북부의 3분의 1은 북키프로스 터키공화국이다. 1974년 남북으로 갈라졌다. 40년이 넘도록 분단체제가 작동한다. 누가 북조선과 남한을 세계 유일의 분단국가라고 했던가. 이 조그마한 섬에도 두 명의 대통령이 존재한다. 섬의 한복판에 자리한 수도 니코시아(터키어로는 레프코샤) 또한 한때의 베를린처럼 남북으로 갈라져 있다. 섬의 중간에 그어진 그린 라인은 양국의 국경선 역할을 한다. 도시와 섬을 가르는 분단선에는 유엔 평화유지군이 주둔하고 있다.

키프로스 남북 분단의 기원을 1974년에서 구하는 것은 충분치 않다. 한반도의 분단이 1948년에서 비롯한 것이 아님과 매한가지다. 20세기 초 중화세계의 해체와 식민지 전락과 불가분이다. 키프로스 역시 '이슬람의 집'이 붕괴되어간 시점으로 거슬러 올라가지 않을 수 없다. 600년 오스만제국이 30여 개 인공 국가로 쪼개어져 갔던 지난 백 년을 통으로 살펴야 한다. 서아시아 대분열체제의 모순이 키프로스에 응축되어 있는 것이다. 1878년이 병통이다. 영국이 접근했다. 제국주의와 민족주의의 물결이 지중해를 삼켰다.

악순환: 제국주의와 민족주의

오스만제국 최초의 독립국이 그리스다. 1832년에 떨어져 나간다. '이슬람의 집'이라는 커다란 지붕을 부수고 국민국가라는 작은 집을 구했다. 새 집의 범위가 애매했다. 에게해와 지중해의 무수한 섬들의 귀속이 결정되지 않았다. 크레타섬이 그리스령이 된 것도 1913년에 이르러서이다. 지중해를 영해領海로 쪼개어가는 데 근 백 년이 걸린 것이다. 크레타가 그리스로 낙착되면서 불똥이 튄 것은 무슬림 주민이다. 크레타에

서 대대손손 살았던 이슬람교도들이 고향을 떠나야 했다. 섬 인구의 절반이나 되었다. 실향민이 되어 생면부지의 땅, 아나톨리아로 강제 이주했다.

그리스를 본받은 것은 발칸반도다. 여기서도 민족주의가 유행했다. 오스만제국에서 벗어나 각자의 국가를 만들기를 염원했다. 분리독립의 기운이 지펴지자 호기로 삼은 것은 러시아제국이다. 발칸의 정교회와 슬라브인들을 음양으로 지원하며 흑해와 지중해로 남하했다. 오스만제국과 러시아제국이 서유라시아의 쟁패를 두고 19세기 내내 충돌한 것이다. 러시아의 지원으로 오스만제국에서 독립한 나라로 세르비아, 몬테네그로, 루마니아 등이 있다. 이들 동유럽과 남유럽 국가들을 사회주의라는 단일 이념 아래 통합하여 새로운 '지고의 국가'로 등장한 것이 20세기의 소련이었다. 모스크바는 20세기의 이스탄불, 유라시아의 제도帝都였다.

다급해진 것은 대영제국이다. 그리스의 분리독립을 기폭제로 남유럽과 북아프리카, 아라비아반도 등 오스만제국의 영토를 앗아가려던 기획에 차질을 빚었다. 애초에 그리스가 독립할 수 있었던 것도 영국의 지원 탓이었다. 마치 일본이 조선을 대청제국으로부터 '독립'시켜준 것과 흡사했다. 영국은 러시아의 남하에 돌연 전략을 수정하지 않을 수 없었다. 이른바 '그레이트 게임'이다. 더 이상 오스만제국이 약화되는 것은 곤란했다. 오스만제국이 러시아를 저지하는 방파제 역할을 해주어야 했다. 오스만제국의 '중앙집권화' 정책을 독려하고 훈수했다. 병을 주고, 약도 준 것이다. 그 전략의 연장선에서 키프로스를 점령한 것이 1878년이다. 아나톨리아와 아라비아로 남하하는 러시아를 견제할 수 있는 유효한 장소였다. 최대 식민지 인도와 연결되는 수에즈 운하의 안전을 확보하기에도 요긴한 위치였다. 처음에는 일시적인 점령이라 했다. 러시아의 위협이 사라지면 오스만제국에 되돌려준다고 했다. 그러나 들어갈 때와 나올 때 마음가짐이 다른 법이다. 백 년이나 눌러앉았다.

대영제국의 식민지로 전락한 것이 확실해지면서 키프로스 주민들은 반발하기 시작했다. 특히 다수였던 정교회 신자들은 그리스와의 통일을 원했다. 이른바 에노시스Enosis(합병) 운동이 일어난다. 에노시스 운동은 키프로스에 한정된 것이 아니었다. 오스만제국에 널리 퍼져 있던 정교회 신자들 모두가 '고토'故土로 돌아가자고 했다. 이슬람의 지배 아래 있는 모든 그리스인의 '해방'과 '통일'을 추구한 것이다. 마케도니아부터 흑해까지 에노시스의 물결이 일었다. 일부는 이스탄불을 콘스탄티노플로 되돌리자는 야심까지 품었다. 여기에 맞서 아나톨리아를 수호해낸 인물이 터키공화국의 아버지 케말 파샤다. 그는 그리스 민족주의에 잠식당하고 있는 오스만제국을 보다 못해 터키공화국의 분리독립을 선언했던 것이다. 오스만제국에서 분기해 나온 그리스와 터키는 철천지원

수, 적성국이 되었다.

키프로스 주민들이 에노시스 운동에 열성이었던 것은 그리스와의 통일이라면 영국이 지원해주리라고 착각했기 때문이다. 오스만제국 말기에 정교회에 대한 탄압이 극심했다. 그리스의 분리독립 이래 정교회 신도들에 대한 감시를 강화했다. 그리스 반란자들과 내통했다는 혐의로 이스탄불의 추기경과 통역관 등을 처형했다. 키프로스의 대주교와 지도자들도 숙청을 면치 못했다. 그리스가 촉발한 민족주의의 물결에 맞서 오스만제국도 '제국주의화'된 것이다. 말캉말캉한 제국이기를 그치고, 딱딱하고 단단한 근대 국가가 되어갔다. 하지만 대영제국 또한 본색을 드러냈다. 에노시스 운동을 철저하게 탄압했다. 배신감에 분노한 키프로스 주민들은 식민정부 청사에 불을 질렀다. 영국 또한 강경하게 대응했다. 그리스 국기 게양을 금지했다. 일체의 정당 활동도 못하게 했다. 언론 검열도 대폭 강화했다. 주민들은 '영국군'으로 징발되었다.

2차 세계대전이 끝나고 탈식민주의가 대세가 되었음에도 영국은 아랑곳하지 않았다. 분개한 주민들은 독자적인 '국민투표'를 실시했다. 만장일치에 가까운 결과가 나왔다. 정교회 신자의 96퍼센트가 그리스와의 통일을 지지했다. 그럼에도 영국은 수긍하지 않았다. 마치 남중국해의 홍콩을 식민지로 유지했던 것처럼, 동지중해의 교두보 역시 포기하지 않았다. 중화인민공화국과 소비에트연방, 유라시아의 적색화를 저지하는 냉전의 보루로 홍콩과 키프로스를 고수했던 것이다. 정교회 신자들 가운데 급진파를 중심으로 '민족해방전쟁'이 닻을 올렸다.

복병은 에노시스 운동에 위협을 느낀 주민들도 있었다는 점이다. 무슬림들이다. 이들로서는 그리스와의 통일이야말로 위협적이었다. 딱딱한 근대 국가 속에서 소수자로 전락하기 십상이었다. 그럴 바에는 차라리 분할되거나, 터키와의 통일이 나은 방안이었다. 에노시스와는 반대 방향으로 탁심Taksim(분할) 운동을 펼치며 터키와의 합병을 주장했다. 정교회 신도와 이슬람교도 간 분열이 갈수록 심해졌다.

이 또한 영국의 흑심이 먹혀들어간 것이다. 식민지 편입 이래 특유의 분할통치를 가동시켰다. 키프로스 전체를 아우르는 교육 정책을 시행하지 않았다. 학교를 갈랐다. 정교도들에게는 그리스에서 공수 받은 교과서로 가르쳤다. 본토의 표준어 교육이 도입되고 그리스의 역사를 공부했다. 무슬림들은 터키의 교과서로 국어와 국사를 익혔다. 보편 종교에 기반한 전통적 정체성을 희석시키고, '그리스인'과 '터키인'이라는 근대인으로 개조한 것이다. 그리스 민족주의와 터키 민족주의를 별도로 주입함으로써 영국의 제국주의가 작동될 수 있었던 것이다. 영국이 키프로스에 머물렀던 백여 년, 양 집단의 분화는 심화되었다. 더 이상 안부를 주고받지 않았다. 1960년 유니언잭이 내려가자 그리스계와 터키계의 충돌이 본격화되었다. 어딘가 낯설지 않은 풍경이다. 1947년의 남아시아, 영국이 떠난 자리에서 인도와 파키스탄도 분단되었다.

해방, 내전, 분단

1960년 8월 16일, 키프로스공화국 깃발이 올라갔다. 그리스와의 통일을 꿈꾸었던 44만의 그리스계 주민에게는 못마땅한 국기였다. 10만의 터키계 주민에게도 미심쩍은 깃발이었다. 인공 국가의 등장에 권력 배분도 인위적이었다. 대통령은 그리스계, 부통령은 터키계가 맡았다. 장관직 열 자리도 7 : 3으로 나누었다. 요직인 국방, 외교, 재무 가운데 한 자리는 터키계에 할당키로 했다. 국회의원 비율도 7 : 3으로 뽑기로 했다. 군대만은 6 : 4로 낙착되었다. 정부 청사의 풍경은 기묘했다. 일국삼

남키프로스의 수도, 니코시아.

기—國三旗, 키프로스공화국의 깃발 좌우로 그리스 국기와 터키 국기가 나란히 휘날렸다. 터키와 그리스의 공휴일은 키프로스의 휴일이기도 했다.

이슬람 명절마다 쉬어야 하는 그리스계 주민은 분통을 터뜨렸다. 그리스와의 통일도 불발되었을뿐더러, 7 : 3의 권력 배분도 불공평하다고 여겼다. 인구 비율을 따르자면 8 : 2가 합당했다. 씁쓸한 좌절감을 맛본 것이다. 터키계 주민의 불만은 그나마 덜했다. 그리스로의 흡수 합병은 피했으니 차선책은 되었다. 하더라도 불안감이 싹 가신 것은 아니었다. 그들 역시 키프로스공화국에 대한 애착심이 크지 않았다. 양쪽 모두에게서 충성심을 확보하지 못한 신생 국가가 효과적으로 작동하기는 애당초 어려웠다. 위태로운 출발이었다.

작위적인 권력 배분이 생활세계에도 영향을 미쳤다. 무슬림과 정교회가 혼거하던 마을까지 긴장감이 돌기 시작했다. 국회의원 선거야말로 복병이었다. 잠복하던 그리스계와 터키계의 갈등을 폭발시키는 기제였다. 기어이 1963년 사달이 난다. 주민 간 다툼이 내전으로 치달았다. 해를 넘겨서까지 상호 폭력이 지속되었다. 유엔군까지 파견되어서야 겨우 진정이 되었다. 터키계 관료들은 일괄 사퇴했다. 헌정체제가 사실상 붕괴한 것이다. 남과 북으로 대규모 인구 이동이 시작되었다. 터키계는 월북했고, 그리스계는 월남했다. 공간적 동질화가 심화됨으로써 양 집단 간 격리는 더욱 심화되었다. 한 지붕, 딴 가족이었다. 1967년, 1969년, 선거철만 되면 대규모 충돌이 이어졌다.

지중해의 섬, 중차대한 변화가 내륙에서 일어났다. 1974년 7월 15일, 그리스에서 군사쿠데타가 일어난다. 68혁명 이래 좌경화가 심해지는 내정을 수습한답시고 극우파 군부가 준동한 것이다. 이들은 열렬한 그리스 민족주의자, 즉 에노시스 운동파이기도 했다. 내부 분열을 봉합하기 위해서라도 키프로스 병합이라는 대외적 메시지를 크게 떠들었다. 키프로스의 통일론자들 또한 신속하게 합세했다. 양 세력이 단합하여 키프로스의 대통령궁을 공격한 것이다. 초대 대통령이자 정교회 주교였던 마카리오스는 비동맹 노선을 고수하는 중도좌파적 인물이었다. 키프로스가 그리스와 통일하여 나토에 편입되면 냉전의 최전선이 될 것이라며, 독립국가 유지를 위해 혼신을 다했던 사람이다. 나토 가입에 끝끝내 반대했기에, 서방에서는 '지중해의 카스트로'라며 비난하기도 했다. 그리스 신군부의 파상공세 끝에 그는 결국 망명할 수밖에 없었다. 키프로스의 실권자는 그리스의 꼭두각시가 맡게 되었다. 통일은 시간문제인 듯했다.

이에 터키군이 전격적으로, 전면적으로 개입한다. 한국전쟁 이래 터키 군대의 두 번째 해외 파병 장소가 키프로스였다. 7월 20일 오전 6시, 터키 전투기의 폭격이 시작되었다. 낙하산 부대와 특공대도 투입되었다. 튀르크/돌궐의 후예인 터키군은 나토 가운데서도 손꼽히는 강군이다. 지금도 세계 10대 군사 강국을 자랑한다. 작전 수행 이틀 만에 북부를 장악한다. 내륙의 터키 국민은 열광했다. 키프로스의 전황 변화는 곧바로 그리스까지 영향을 미쳤다. 신군부 정권이 조기에 붕괴한 것이다. 결국 일촉즉발의 상황까지 치달았던 아테네와 앙카라 간의 전면 대결은 피할 수 있었지만, 키프로스는 남북 분단이 고착되었다. 영국과 미국은 안도의 한숨을 내쉬었다. 나토 동맹국들인 터키와 그리스 간에 전쟁이 발발한다면 소련의 위세가 더욱 커질 수 있었기 때문이다.

1974년 7월에 대한 역사 해석은 극명하게 갈린다. 남부의 키프로스 공화국은 터키의 침공으로 간주한다. 외세의 내정 간섭이라 한다. 반면 북키프로스 터키공화국은 그리스의 강제 합병을 좌초시키고 터키계 주민을 보호한 평화 작전이라고 부른다. 확실한 것은 터키군의 출격으로

비잔티움제국 시절의 키레니아성.

'그리스바위'(Rock of Greek).

남북 간 세력 균형이 재정초되었다는 점이다. 영토의 36퍼센트를 북부가 차지하게 되었다. 상업과 산업, 교통의 요충지까지 점령했다. 터키는 아나톨리아 주민을 북키프로스로 이주시키는 이식 사업도 펼쳤다. 독립 당시 18퍼센트에 그쳤던 터키계 주민의 비율을 35퍼센트까지 불린 것이다. 이에 힘입어 북키프로스가 독립을 선언한 것이 1983년 11월 15일이다. 1832년 그리스 독립, 1923년 터키 독립, 1960년 키프로스 독립에 이은 네 번째 독립국가의 출현이었다. 포스트-오스만, 동지중해는 바람 잘 날이 없었다.

복합국가?

키프로스공화국의 똑똑한 친구들은 아테네로 유학을 간다. 월드컵 경기가 열리면 그리스를 응원한다. TV도 그리스 방송을 즐겨 시청한다. 언어, 문화, 종교 등 그리스와 여전히 긴밀하다. 그럼에도 에노시스 운동은 부쩍 잦아들었다. 1974년의 경험 탓이다. 통일보다는 강제 병합에 가까웠다. 지금은 '키프로스 국민'이라는 정체성이 더 강하다. 더 이상 크레타처럼 그리스의 일개 섬으로 강등되기를 원하지 않는다.

그리스와의 통일을 마다한 탓에 북부와의 분단체제를 돌파할 수 있는 여지도 생겼다. 2003년 4월 23일, 역사적인 이벤트가 열린다. 분단 이래 최초로 상호 방문을 허가한 것이다. 첫날에만 5천 명이 북부를 여행했다. 4월 28일 부활절에는 1만 5천 명이 북부를 방문했다. 북부의 정교회 유적지를 순례하고, 고향을 방문해 친지와 옛 이웃들과 재회할 수 있었다. 불과 2주 사이에 20만 명이 남북의 분단선을 월경했다. 자그마치 전체 인구의 4분의 1에 달하는 숫자다.

2015년 또 한 번의 획기적인 사건이 일어난다. (재)통일을 정책으로 삼는 후보가 북키프로스의 대통령에 당선된 것이다. 세계에서 오로지 터키만이 인정하는 분단국가 상태를 중지하자고 했다. 분단으로 말미암아 터키에 대한 종속이 심해진 것이다. 남북회담이 곧장 재개되었다. 통일 방안도 분출하고 있다. 북부는 기존의 분단국가를 완전히 청산하는 연방제 국가 수립을 주장한다. 남부의 키프로스공화국에 흡수되는 것이 아닌 별도의 새 국가를 만들자는 것이다. 남부는 보류 중이다. 연방제 국가는 재차 분리독립의 여지를 남긴다고 여긴다. 연방제는 임시응변이고, 궁극적으로는 유고슬라비아와 체코슬로바키아의 해체처럼 분리독립을 노린다는 의구심을 풀지 못하고 있다.

거주 이전의 자유에 대해서도 이견이다. 남부는 전면 허용을 주장한다. 북부는 일정한 제한을 요구한다. 여전히 그리스계 인구가 더 많다. 이들이 옛 고향으로 월북하면 북부의 속성이 약화될 것을 우려한다. 터키계 주민 공동체의 소멸을 염려하는 것이다. 현재로서는 남북이 합의할 수 있는 차선책으로 연방국가Federation보다는 국가연합Confederation이 유력해 보인다. 외교와 국방 등 중앙정부의 기능을 최소화하고, 남북 정부가 고도의 자율성을 갖는 일국양제 복합국가의 실험이다. 재통합은 넉넉하고 너그러운 대통합이 되어야 할 것이다.

재통일의 궤도에 들어설수록 1878년 이전에 대한 역사 또한 환기될 것이다. 그리스계와 터키계로 나뉘어 아웅다웅하지 않았던 시절이다. 무슬림과 정교도가 이웃사촌으로 지냈던 세월이다. 유럽형 국민국가의 속지주의가 아니라 '이슬람의 집'의 속인주의가 작동했다. 영토보다는 사람을 중시했다. 땅을 중시하기보다는 사람을 모시고 섬겼다. 그래서 이질적인 종교 간, 민족 간 공존의 양식도 만들어낼 수 있었다. 기층 마을조차도 모자이크형 제국의 구조를 복제했던 것이다. 이스탄불도, 아테네도, 니코시아(키프로스의 수도)도 잡거가 일반적인 정주 형태였다. 땅

따먹기 제국주의 시대에 땅 지키기로 응수했고, 땅을 가르니 사람들마저도 갈라졌던 것이다.

마침 지중해의 풍향도 달라지고 있다. 서풍이 잦아들고 동풍이 일어난다. 유럽연합(EU)이 내분으로 갈팡질팡하는 사이, 러시아는 남하하고 터키는 기력을 회복했다. '그렉시트'가 불발되었을망정 그리스는 부쩍 러시아와 돈독하다. 동방정교회의 일원으로 문명적 연대감을 회복해가고 있다. 신오스만주의를 표방하는 터키 역시 키프로스의 재통일에 우호적이다. 러시아와 터키의 합작으로 발칸반도와 동지중해(나아가 아라비아반도)의 풍경을 바꾸어가고 있는 것이다. 키프로스는 재차 지중해의 축도이자 척도이다. 21세기의 바람이 어디로 불지 가늠해보는 시금석이자 풍향계가 될 것이다. 지난 6월 방문 이래 키프로스의 통일 담론을 주시하고 있는 까닭이다. 청량한 소식이 전해지기를 기대해 마지않는다.

오스만제국기의 할라 술탄 모스크.

북키프로스의 그리스정교회 성당.

028

천 개의 고원, '쿠르디스탄'의 꿈(?)

쿠르드족,
천 년 세계시민에서 5천만 소수민족으로

백 년의 주박

'아랍의 봄'은 이미 새로운 단계로 진입했다. '독재에서 민주로'라는 얄은 이론이 통용되지 않는다. 기성의 인공 국가들 자체가 녹아내리고 있다. 중앙권력이 흐물흐물해지고 있다. 지난 백 년 아랍에 이식되었던 유럽의 국가간체제, 더 정확하게 말해 '독재국가간체제'가 붕괴하고 있는 것이다. 이라크와 시리아의 국경선을 돌파하여 '시라크'를 창출한 IS가 대표적이다. '이슬람국가'라는 국명이 상징하듯 '이슬람의 집'의 복원을 표방한다. 20세기의 신新부족주의(민족주의) 시대를 거두고 탈민족주의, 신新칼리프 시대를 개창하자는 것이다.

다른 방향에서 '독재국가간체제'를 뒤흔드는 힘도 있다. 암중모색하던 쿠르드의 약진이다. 흔히 국가를 가지지 못한 세계 최대의 민족으로 일컬어진다. 터키에 2,000만, 이란에 1,500만, 이라크에 850만, 시리아에 280만이 '소수민족'으로 살아간다. 유럽으로 이주한 난민도 많다. 얼추 5,000만에 이르는 이들이 제 나라를 갖지 못한 채 분단되고 분할되어 살아가고 있는 것이다. 백 년 만에 찾아온 아랍 세계의 질서 재편을 호기로 삼고 있다. 국민국가 건설이라는 못 다 이룬 숙원을 이참에 쟁취하고자 한다.

기폭제는 2003년 이라크전쟁이었다. 미국과 영국의 침공에 쿠르드는 내부에서 호응했다. 내/외 합작으로 사담 후세인 정권을 붕괴시킨 것이다. 독재정권 타도의 공로를 인정받아 '민주주의' 신체제 수립에도 주도적으로 참여한다. 연방제를 관철시킴으로써 너덜너덜해진 중앙권력에서 벗어날 수 있었다. 이라크 북부에 쿠르드 자치정부가 출범한 것이 2006년이다. 내치는 물론 군사와 외교까지 고도의 자율성을 확보했다. 그로부터 10년 후, 2016년에는 이웃한 시리아 북부에서도 쿠르드 자치정부가 선포된다. 그쪽에서도 시리아 내전을 발판 삼아 쿠르드 분리독립의 기운을 지핀 것이다. 양쪽이 연합하여 IS와는 또 다른 '시라크', 쿠르디스탄을 창출할지도 모르겠다.

쿠르디스탄의 꿈이 좌초된 사정은 백 년 전으로 거슬러 오른다. 1916년 영국과 프랑스가 사이크스-피코 협정*을 밀약한다. 포스트-오스만 공간을 양국이 쪼개어 갖는 중동 분할책이었다. 동아시아에 미·일 간 가쓰라-태프트 조약이 있었다면, 서아시아에는 영·프 간 사이크스-피코 협정이 있었다. 그런데 금세 탄로가 나고 만다. 오스만제국의 분할지배를 수긍했던 러시아에서 이듬해(1917) 볼셰비키 혁명이 일어난 것이다. 혁명정부가 구체제, 즉 러시아제국이 영국과 프랑스와 담합했던 비

----

* 1차 세계대전 중인 1916년에 영국의 사이크스(M. Sykes)와 프랑스의 피코(G. Pico)가 중심이 되어 영국, 프랑스, 제정러시아 사이에 맺은 비밀 협정. 현재와 같은 수십 개 국가로 쪼개진 '중동'의 기원이 된 협정이다.

밀 문건을 폭로해버렸다. 일종의 '위키리크스' 역할을 한 것이다.

밀약 당시만 해도 쿠르드를 민족국가로 분리독립시킨다는 구상이었다. 오스만제국의 영토를 현재의 중동보다도 더 잘게 나누려고 했다. 이를 도저히 좌시할 수 없었던 인물이 바로 케말 파샤다. 국토 회복을 표방한 독립전쟁을 선제적으로 수행함으로써 아나톨리아의 거개를 터키공화국으로 삼은 것이다. 당시 수복되지 못한 곳이 현재의 시리아 북부다. 쿠르디스탄으로 예정되었던 아나톨리아 남부가 터키공화국과 프랑스령 시리아, 영국령 이라크로 삼분되었던 것이다. 2016년 현재 '쿠르드의 시라크'가 창출된 바로 그곳이다. 포스트-오스만, 백 년의 주박이 풀려나고 있다.

'천 개의 고원'

1919년 파리강화회담이 열린 베르사유 궁전에 쿠르드인 대표도 참석했다. 베트남의 호찌민처럼 생전 처음 양장을 말쑥하게 차려 입고 갔는지는 알 수가 없다. 기록으로 남아 있는 것은 그가 제출한 지도 한 장이다. 쿠르디스탄의 영토를 제시한 국도國圖였다. 범위가 제법 넓다. 이란의 서남부 고원부터 페르시아만까지 이른다. 북쪽으로는 현재 아르메니아의 수도인 예레반을 포함하고, 서쪽으로는 터키와 시리아의 국경에 자리한 연안 도시 알렉산드레타까지 미친다. 내륙에 갇히지 않고 지중해와 페르시아만을 연결하는 국경 설정을 원했던 것이다. 최대 광역대의 '대大쿠르디스탄' 구상을 제출한 것이라고 하겠다.

그런데 그 국도의 기원이 간단치 않다. '이슬람의 집'을 구현했던 오스만제국에서 쿠르디스탄이라는 영토국가가 존재할 리 만무했다. 아테네보다도 이스탄불에 사는 그리스인이 더 많았던 시절이다. 예레반에도

아르메니아인보다 쿠르드인이 더 많이 살았던 세월이다. 쿠르디스탄 국
도가 처음 등장한 것은 역시나 19세기 말이다. 작성자 또한 대영제국의
장교였다. 오스만제국을 분할하기 위한 기획 중의 하나로 입안되었던
것이다. 그리스 민족주의, 터키 민족주의, 아르메니아 민족주의, 아랍 민
족주의 등 민족주의의 연쇄 파장 속에서 후발주자로 등장한 쿠르드 민
족주의자들이 제출한 국도 역시 그 영국인 장교가 그렸던 쿠르디스탄
판도였던 것이다.

그러나 1923년 로잔 조약*으로 쿠르디스탄의 수립은 불발된다. 이
제 쿠르드 지식인들은 '정신의 국가'를 세워야 했다. 정신의 국도, 국사

---

* 터키공화국 수립 이후 스위스 로잔에서 터키와 연합국이 체결한 조약. 이
로써 터키는 1894년 당시 소유했던 영토인 스미르나, 콘스탄티노플, 동
부 트라키아 등을 회복하였다. 이 조약은 터키공화국이 주권국가로서 국
제적으로 인정받는 계기가 되었다.

國史를 집필한다. 나와 남을 가르고, 아我와 비아非我의 투쟁으로 점철된 역사를 서술했다. 오스만제국과 페르시아제국에서의 억압과 탄압을 전면적으로 적나라하게 기술했다. 민족국가로의 분리독립이라는 '진보'를 향해 나아가는 목적론적 역사 서사였다.

그러나 실상은 딱히 그러하지 않았다. 오스만제국의 최후까지도 제국에 가장 충성했던 이들이 쿠르드인이었다. 그만큼 민족의식이 희박하고 무슬림으로서의 정체성이 강했기 때문이다. 그래서 모든 민족을 '오스만인'으로 평등하게 대하겠다는 오스만제국의 근대화 프로젝트에도 적극 호응했다. 오스만어를 가장 열심히 익힌 이들도 쿠르드인이었다. 이슬람의 근대화에 열성으로 정성으로 임했던 것이다. 서구화로 치닫는 터키공화국 아래서 이슬람의 중흥을 도모하며《빛의 책》을 저술한 누르시가 바로 쿠르드인이었다.

부작용도 있었다. 러시아의 막후 지원으로 분리독립을 꾀하는 아르메니아인의 대학살에 가담한 이들도 쿠르드였다. 오스만제국의 하수인으로 손에 피를 묻힌 것이다. '이슬람의 집'에 충성하는 쿠르드의 입장에서는, 아나톨리아의 일부를 떼어내어 아르메니아인들만 살아가는 국가를 만든다며 벽을 치고 담을 쌓는 것이 가당치 않았던 것이다. 그곳은 대대손손 쿠르드인과 그리스인, 튀르크인, 아랍인, 유대인이 함께 살아가던 곳이었기 때문이다. 마찬가지 이유로 일부의 영토를 떼어내어 쿠르드만의 국가로 삼는 것 또한 차마 추구할 수가 없는 노릇이었다. 국민국가란 이슬람적 공정[公]에 위배되는 사사로운 집단[私]이었다. '이슬람의 집'의 원리에 가장 충실했기에, '전쟁의 집'을 가지지 못하게 된 것이다. 후발국가로 진력했지만, 끝내 무산되었다. 쿠르드는 결국 터키, 이란, 이라크, 시리아, 아르메니아 등으로 사분오열된다. 천 년의 세계시민이 소수민족과 난민으로 전락하고 만 것이다.

쿠르드는 천성으로 산악지대의 유목민이다. 자그로스산이 쿠르드의 척추이다. 주변으로 이란에는 3,600미터의 알반드산, 이라크에는 3,700미터의 할구르드산, 시리아에는 3,800미터의 문주르산, 터키에는 5,200미터의 아라라트산이 솟아 있다. 원체 높은 지대라 비는 드물고 눈이 잦다. 그 눈물이 녹아내려 유프라테스강과 티그리스강이 된다. 강물은 페르시아만까지 흘러 바닷물이 되었다. 산과 산 사이 골짜기에 고인 눈물은 고산 호수도 이루었다. 이라크의 두칸 호수, 이란의 우르미아 호수, 터키의 반 호수는 그 절경으로 유명하다. 이 아름다운 고지대에서 유목 생활을 향유하던 이들이 쿠르드이다.

응당 자연지리가 인문지리에도 영향을 미쳤다. 오스만제국과 페르시아제국의 경계가 이 산악지대다. '제국간체제'를 매개하는 완충지였다. 쿠르드의 민족주의적 '국사'에서는 이 시기를 이중 속국 상태였다고 서술한다. 하지만 내가 보건대 어느 한쪽에도 일방으로 복속되지 않고 독자성과 자율성을 구가했던 시대라고 기술하는 편이 더 합당할 듯싶다. 제국과 국가를 가로지르며 '천 개의 고원'을 넘나드는 '탈영토화'의 유목주의를 실천했던 것이다.

문헌 자료로도 입증이 된다. 오스만제국기는 여행문학의 전성기였다. 남유럽과 북아프리카, 서아시아를 통합한 제국이었기에 종으로 횡으로 삼대륙 간 여행이 인기였다. 아랍어와 페르시아어, 그리스어와 튀르크어 등으로 기록된 여행기가 넘쳐난다. 자연스레 쿠르드인이 살아가는 도시와 마을에 대한 기록도 남아 있다. 그중에서도 특히 비틀리스가 유명하다. 17세기 오스만제국과 페르시아제국을 중계하며 경제적으로 번영했던 자치 도시다. 문화적으로도 융성했다. 도시 한복판에 자리한 도서관에는 수만 권의 장서가 보관되어 있었다. 아랍어로는 법학과 신학 경전이, 페르시아어로는 문학과 예술 도서가, 프랑스어로는 지리학과 물리학, 천문학, 의학 서적이 구비되었다. 코즈모폴리터니즘이 만개하는 이슬람판 르네상스 도시였던 것이다. 하여 후발국가로서 쿠르드가 경험했던 지난 백 년의 수난사를 천 년으로까지 소급 적용하는 것은 지나치다. 심정적으로 이해는 가지만, 동의하기는 힘들다.

백 년의 수난

두 개의 제국 사이를 영유하다 네댓 개의 국가로 쪼개지면서 비로소 백 년의 수난이 시작된 것이다. 아타튀르크의 터키공화국부터 탈아입구脫亞入歐로 질주했다. '오족공화'五族共和를 방기하고, 튀르크 민족주의로 내달렸다. 터키에 쿠르드인은 없다고도 했다. '산악의 터키인'만 있을 뿐이라고 했다. 새 나라, 새 마을 만들기에 저항하는 쿠르드인들은 봉건적이며 수구적이고 종교적인 반동분자로 처단되었다. '공화국의 적'으로 내몰린 쿠르드계 울라마들은 차라리 프랑스의 식민지가 된 시리아로 망명하기를 선택했다. 터키는 더 이상 울라마의 법치가 통하지 않는 이교도의 개발독재 국가였기 때문이다.

1925년 팔레비 왕조가 성립된 이란 역시 크게 다르지 않았다. 1927년부터 서구화=근대화가 본격 추진된다. 탈이슬람화 정책을 추진하는 군사독재 정권이었다. 2차 세계대전기 나치독일과 협력한다. 탓에 1941년 영국과 소련이 이란을 분할 점령했다. 소련은 쿠르드를 지원하여 위성국가를 만들고자 했다. 아제르바이잔과 흡사한 형태의 쿠르드인민공화국을 이란의 서북부에 세운 것이다. 그러나 괴뢰 정권적 속성이 강했다. 소련군이 철수하자마자 붕괴되었다. 초대 쿠르드 대통령은 이란에 대한 반역죄로 교수형에 처해진다. 11개월 천하를 누렸던 쿠르드 지도자들은 소련으로 망명하지 않을 수 없었다. 이란에 남은 쿠르드인들은

이란 서북 지방의 쿠르드 도시인 사난다지의 한 고산 마을.

잠재적인 위험분자로 탄압을 면치 못했다.

　바닥을 친 것은 1980년대다. 터키에서는 쿠르드노동자당 당원들이 4만 명 이상 숙청되었다. 이라크에서는 사담 후세인이 화학무기로 18만 명 이상의 쿠르드인을 제거했다. 알-아사드의 시리아에서도 인종 청소가 단행되었다. 이슬람 세계가 집합적으로 '탈아입구'한 지난 백 년, 쿠르드에게는 처절하고 잔혹한 수난의 세월이 이어졌다.

뉴로즈, 쿠르드의 봄(?)

'뉴로즈'라는 명절이 있다. 쿠르드의 최대 축제날이다. 쿠르드어로 '새날'을 뜻한다. 일종의 춘절이다. 산간지역의 추운 겨울을 지나 새로운 생명이 움트는 계절의 첫날을 기리는 것이다. 굽이굽이 산 정상마다 횃불을 밝힌다. 이슬람으로의 개종 이전, 불을 섬겼던 조로아스터교의 영향이다. 20세기에는 정치적인 의미도 담았다. 횃불은 자유와 해방의 상징이 되었다. 외세의 침략과 내부자들의 폭정을 극복하고 '끝내 이기리라'를 다짐하는 날이 되었다. 매년 3월, 사분오열되었던 쿠르드인들은 각자의 나라에서 엇비슷한 모습의 축제를 즐긴 것이다. 천 개의 고원을 가로지르는 초국가적 페스티벌이다.

　21세기, 다른 백 년의 봄날이 도래한 것도 같다. 이라크전쟁 이래 이라크는 사실상 삼분되었다. 바그다드의 중앙정부는 명목일 뿐 실상은 수니파 자치구에 그친다. 시아파 자치구는 이란의 입김이 드세다. 쿠르드 자치구는 이미 준국가다. 치안이 불안한 바그다드에서 대사관과 영사관을 쿠르드 자치구로 옮긴 나라도 적지 않다.

　이라크의 재건에 실패한 미국은 아예 쿠르디스탄을 건설하는 플랜 B를 세웠다. '이슬람주의적 시라크'를 창출한 IS에 맞서 '민주주의적 시라크'로서 쿠르디스탄 독립국가 카드도 만지작거린다. 이슬람국가(IS)의 확산을 저지할 수도 있고, 이슬람 공화국(이란)의 영향력 확대를 차단할 수도 있는 일석이조의 프로젝트다. 사담 후세인 정권에 이어 IS를 섬멸하는 작전에도 쿠르드 부대가 최전선에 동원되고 있는 까닭이다. 20세기 이슬람판 탈아입구로 가장 큰 피해를 입었던 이들이 21세기 탈아입미入美의 선봉이 되었다.

뜻밖의 혜택을 입기도 했다. 현재 이란의 테헤란이나 터키의 앙카라에서는 이라크의 바그다드로 입국할 수 없다. 이라크는 여행 금지 국가이기 때문이다. 그런데 이란 서북부의 쿠르드 도시 사난다지와 이라크의 쿠르드 자치정부 사이에는 비행기가 왕래하고 있었다. 출입국 관리도 별도로 하고 있는 것이다. 이게 웬 횡재인가, 아르빌(에르빌)로 이륙할 수 있었다. 비행 시간은 불과 1시간 30분. 이란의 쿠르드와 이라크의 쿠르드를 잇는 것이니 '국제선'International Flight이라고 하기도 애매했다. 동쿠르디스탄에서 남쿠르디스탄으로 이동했던 것이다.

아르빌은 쿠르드 자치정부의 수도다. 거대한 국회의사당이 버젓하게 자리한다. 불과 100킬로미터 떨어진 모술은 화염이 그치지 않는 전쟁터가 되었건만, 이곳만은 전혀 딴판이었다. 건설 붐이 한창이다. 터키계와 아랍에미리트계의 고급 호텔이 들어섰고, 슈퍼마켓과 백화점, 대형 쇼핑몰도 여럿이다. 투명한 유리창이 빛나는 초고층 빌딩도 우후죽순 솟아나고 있다. 거리에는 유럽산과 일본산 자동차가 빼곡하다. 오일 머니의 파워 덕분이다. 2003년 이라크전쟁으로 중앙정부가 붕괴하면서, 이 지대에 매장된 풍부한 석유의 관리권을 (미국의 지원 아래) 지방정부가 획득한 것이다. 쿠르드로서는 미군이야말로 '해방군'이었다. 친서방적이고, 친미적이며, 친민주주의적이다.

하지만 '제2의 두바이'가 되는 것이 목표라는 말에는 끝내 뜨악하고 말았다. 지난 여정 가운데 가장 따분한 장소가 두바이였다. 역사 없는 인공 도시였다. 사람이 아니라 석유가 만든 테마파크였다. 그 매끈한 인공미에 첫날밤은 감탄했으나, 이튿날부터 한없이 지루했다. 다시 가보고 싶은 마음이 조금도 일어나지 않는 곳이다. 백 년의 수난을 겪은 쿠르드가 마침내 획득한 수도라는 곳이 겨우 두바이와 같은 인공 도시란 말인가? 쿠르드의 민족성과 정체성을 말살하고자 했던 사담 후세인의 기획이 성공한 듯하여 모골이 송연했다. '역사적 민중people'은 사라지고 '탈역사적 시민citizen'만 남은 포스트모던 도시였다.

술라이마니야, 기억의 역전

이 풋내 나는 신도시를 보기 위하여 입국 거부의 위험마저 불사한 채 비행기 삯을 지불했던가 하는 자괴감이 들던 차, 또 한 번 뜻하지 않은 인연이 닿았다. "일본 분이세요?" 내 또래로 보이는 여성이 한껏 들뜬 목소리로 물어온다. 얼떨결에 일본어로 아니라고 했다. 완연하게 실망한 기색으로 탁자 위의 책을 물끄러미 응시한다. 난개발의 공사판을 돌아다닐 맛이 안 나서 사흘째부터는 카페에 죽치고 앉아 책을 읽었던 것이다. 마침 일본에서 나온 쿠르드 역사서였다. 그녀는 일본 영사관의 직원이라고 했다. 가족과 함께 파견된 영사와는 달리 본인은 혼자란다. 벌써 부임 2년차, 우연하게 일본인을 만난 듯하여 그리도 반갑게 말을 걸었던 것이다. 나도 사흘을 삭인 불만을 털어놓았다. 도무지 정이 안 가는 도시라고 했다. 그러자 술라이마니야로 가보세요, 라고 제안한다. 2012년 '문화수도'로 지정된 곳이란다. 생뚱맞은 신도시가 아니라고 했다. 18세기의 혁신 도시였다. 인샬라.

때는 1784년이다. 당시 이 지역에 살던 쿠르드 왕이 신도시 건설에

이란 서북 지방의 쿠르드 도시, 사난다지.

페르시아 양식의 건축물(술라이마니야).

마스투라 아르달란 조각상.

나선다. 청년기를 바그다드와 이스탄불, 카이로에서 보냈다. 서쪽으로는 알렉산드리아, 동쪽으로는 상트페테르부르크까지 여행했다. 동시대 서유라시아에서 가장 번영했던 세계도시를 경험한 것이다. 고향으로 돌아와서 오스만제국의 일등 도시에 버금가는 쿠르드의 미래 도시 건설에 나선 것이다. 술라이마니야는 그의 아버지 술레이만의 이름을 딴 것이다. 거대한 도서관을 갖춘 대모스크를 건설한다. 지식의 중심이자 도시의 중심인 모스크-도서관을 꼭짓점으로 주택, 시장, 학교가 배치되는 원형 도시를 만들었다. 그럼에도 '민족 도시'는 아니었다. 전형적인 오스만적 환경을 구현했다. '이슬람의 집'을 압축한 혁신 도시의 탄생에 서페르시아부터 남아나톨리아까지 쿠르드인 철학자와 시인들, 작가들이 몰려들었다. 새로운 시장 창출의 기회를 엿보는 상인과 사업가들도 결집했다. 메소포타미아의 개혁개방을 선도하는 경제특구였다.

술라이마니야의 번창에는 19세기의 변화도 일조한다. 서구열강의 압력에 맞서서 오스만제국도, 페르시아제국도 '중앙집권화'를 강화한 것이다. '터키화'와 '이란화'가 심화되었다. 남오스만과 서페르시아의 난민들이 술라이마니야로 몰려온 것이다. 마스투라 아르달란이 대표적인 인물이다. 페르시아의 걸출한 여성 시인이자 역사가였다. 그녀가 '이란화'가 심해지는 페르시아를 떠나 생을 마감한 곳이 술라이마니야였다. 그녀를 따라온 장인과 석공들도 적지 않았으니, 페르시아가 자랑하는 건축술과 예술 기법도 전파되었다. 오스만과 페르시아의 정수를 융합시키는 복합 도시가 된 것이다. 이곳에서 혁신Renovation과 중흥Restoration이 공진화했다. 그 바탕이 있었기에 1920~30년대 쿠르드어 신문과 잡지 발행의 거점이 되었다.

술라이마니야의 한복판에 자리했다는 그 도서관은 더 이상 존재하지 않는다. 1921년 영국이 '이라크'를 점령하면서 대모스크에 부속된 도서관을 불태워버렸다. 오스만제국의 일부를 '이라크'로 떼어내어 영국이 위임 통치하는 데 가장 격렬하게 저항했던 도시가 술라이마니야였기 때문이다. '이슬람의 집'을 고수했던 최후의 도시였던 것이다. 쿠르드 민족주의자들이 서술한 '국사'를 해체하고 왜곡된 기억을 역전시킬 수 있는 전복성을 내장한다.

과연 쿠르디스탄의 분리독립이 21세기의 시대정신에 부합하는가? 나는 몹시 회의적이다. 자칫 '쿠르드판 이스라엘'이 되기 십상이다. 서아시아의 대분열체제에 화약고를 하나 더 보태는 '전쟁의 집'을 짓는 셈이다. 유럽식 소가족, 핵가족보다는 이슬람식 대가족, 대일통의 기억을 환기하는 편이 훨씬 이롭다고 여긴다. 칼리프의 복원을 선언한 IS나 신오스만주의를 표방하는 터키가 당장은 위태위태할망정 차라리 '다른 백 년'의 물꼬를 트고 있다고 판단하는 것이다.

'기억의 역전' 차원에서 회감해볼 만한 또 하나의 역사 조류로 '아랍 민족주의'라는 것도 있다. 20세기 중반 20여 개 국가로 쪼개져버린 아랍 세계의 대일통을 도모했던 운동이다. 그 선봉에 섰던 인물이 이집트의 나세르다. 내가 지금 이 글을 쓰고 있는 알렉산드리아가 나세르의 고향이다. '20세기의 알렉산드로스'를 꿈꾸었던 나세르의 일생을 복기해본다. 카이로로 간다.

카이로의 중심지 타흐리르 광장.

029

아라비아의 나세르

이집트-시리아-이라크, 100년의 아랍몽

〈나세르, 56〉

공항은 그 나라의 얼굴이다. 첫인상을 좌우한다. 상징적인 이름을 딴 곳이 많다. 인도에 입성했던 콜카타는 찬드라 보스 공항이었다. 이란의 테헤란에는 이맘 호메이니 공항이 있다. 터키의 이스탄불 공항에도 아타튀르크가 새겨져 있다. 그런데 이집트의 카이로 공항에는 별다른 명칭이 없었다. 의아한 마음이 일었다. 20세기 세계에 명성을 떨친 아랍인으로 나세르가 단연 으뜸이기 때문이다. 비단 공항만이 아니었다. 카이로 시내를 걸어도 그의 이름을 딴 건물이나 대로를 찾기 힘들었다. 베트남의 호찌민 영묘, 파키스탄의 부토 영묘와 같은 기념비적 장소도 없었다. 지하철역 가운데 '나세르 역'이 있기는 했지만, 카이로의 중심지인 타흐리르 광장의 역 이름은 그의 후임자 이름을 딴 '사다트 역'이었다. 1970년 나세르의 서거 이래 그를 기리기보다는 지우기에 급급했던 것이다.

2011년 '아랍의 봄' 당시 30년 독재자 무바라크에 도전하는 청년들이 나세르의 사진을 들고 나왔다. 10대 청소년기에 영화 〈나세르, 56〉*을 보고 자랐던 이들이다. 1996년 수에즈 운하 국유화 선언 40주년을 기념해 특별 제작된 영화였다. 그 시대를 통과해온 노년층에게는 아련한 향수를 자극하고, 그 시대를 모르는 어린 친구들에게는 신선한 충격을 선사한 작품이다. 오스만제국에서 아랍 세계를 분리시켰던 '아라비아의 로렌스'가 아니라, 아랍 세계의 대일통을 추구했던 '아라비아의 나세르'가 환기되기 시작한 것이다. '아랍의 봄' 이후 혼란을 수습한다며 2013년에 일어난 쿠데타 세력 또한 자신들의 행동을 1952년 나세르의 군사혁명에 빗대었다. 현직 대통령 압둘팟타흐 시시는 거듭 자신을 나세르와 포갠다. 지지자들은 시시가 나세르와 같은 지도자가 되기를 바라며, 비판자들은 감히 나세르를 운운하냐며 성토하고 있다. 어느새 나세르가 공론장의 중심으로 부활한 것이다. 카이로에 나세르박물관이 들어선 것도 2015년이다. 올해(2016)는 20세기 중반 세계를 뒤흔들었던 수에즈 운하 국유화 선언 60주년이기도 하다. 나세르의 삶을 복기해보기에 안성맞춤인 것이다.

1919년 혁명 신세대의 탄생

1919년 동유라시아의 조선에서는 3·1운동이, 중국에서는 5·4운동이 일어난다. 서유라시아의 이집트에서도 3월을 기점으로 '1919년 혁명'이 일어났다. 거국적인 반영反英 운동이었다. 영국이 이집트를 군사 점

---

* 나세르가 미국, 영국, 프랑스 등 강대국에 맞서 수에즈 운하를 국유화하는 과정을 그린 영화. 나세르는 1956년 7월 26일, 20여만 명의 군중 앞에서 수에즈 운하 회사의 국유화 결정을 전격 발표했다.

나세르박물관.

시시(왼쪽)와 나세르.

령한 것은 1882년이다. 수에즈 운하를 보유한 이집트는 최대 식민지 인도와 연결되는 대영제국의 핵심적인 연결고리였다. 양질의 면화 생산도 활발하여 식민지 중에서도 위상이 높았다. '1919년 혁명'을 받아 안아 1922년 '독립국가'가 선포된다. 그런데 이집트가 아니라 영국이 일방적으로 선언한 것이다. 영국 군대 역시 그대로 주둔했다. 재차 '독립국가'라는 말이 고약하다. 실상은 오스만제국으로부터의 독립을 의미했던 것이다. 이집트를 '이슬람의 집'에서 '독립'시켜줌으로써 대영제국의 보호국임을 공식화한 것이다. 이스탄불을 대신하여 카이로의 국왕을 술탄으로 부르기 시작했다. '마지막 황제' 푸이溥儀를 재등극시켰던 괴뢰 국가 만주국과 흡사한 모습이었다.

다만 무단통치가 문화통치로 전환되었다. 완전 독립을 쟁취하려는 정치운동도 본격화되었다. 이집트 현대사에서는 '1919년 혁명' 전후로 태어난 이들을 '신세대'로 명명한다. 이집트판 신청년쯤 되겠다. 나세르가 그 대표주자다. 1918년 1월, 이집트의 제2도시 알렉산드리아에서 태어났다. 알렉산드리아는 나폴레옹의 이집트 침공(1798) 이래 유럽과 긴밀했다. 남지중해의 개항장이었다. 영국인, 이탈리아인, 그리스인, 유대인들도 다수 거주하는 국제 상업무역 도시였다. 유럽과 아랍을 잇는 연결망의 허브였던 것이다. 그만큼 유럽-아랍의 제국주의적 모순을 응축하는 장소이기도 했다.

나세르는 조숙했다. 반영 시위에 처음 참가한 것이 열두 살 때란다. 왕성한 독서가이기도 했다. 사색하는 행동가, 혁명가로 성장한다. 그가 청소년기를 보냈던 1930년대 이집트의 사상 사조는 크게 셋으로 나뉜다. 으뜸은 개신改新 이슬람이었다. 1928년 설립된 '무슬림형제단'이 가장 큰 지지를 받았다. 민중/기층에 단단히 뿌리박고 있었기에 조직력과 영향력에서 발군이었다. 다만 근대적인 정치 조직, 정당은 아니었다. 서구의 침투로 본래의 모습을 잃어가는 이슬람 사회의 갱신과 회복을 도모하는 NGO였다. 다음으로는 '청년이집트'가 있다. 세속적 민족주의를 표방했다. 그 뒤를 이은 것이 사회주의/공산주의 운동이다. 세력으로서는 미미했다. 카이로와 알렉산드리아 등 대도시에 거주하는 소수 인텔리겐치아의 서클에 가까웠다. 그들이 대변하겠다는 노동자/농민의 다수는 무슬림형제단을 지지했다.

나세르는 이들 3대 사상만으로는 이집트의 완전 독립이 불가능하다고 여겼다. 무력이 필수였다. 무장투쟁이 필요했다. 1937년 육군사관학교에 입학한다. 약육강식의 전국시대, 이집트 혁명의 첨경으로 군인의 길을 선택한 것이다. 비단 나세르만이 아니었다. 영국 제국주의와 그에 기생하는 친영파로부터 벗어나 진정한 독립국가를 건설하기 위해서는 군사혁명이 필요하다고 여기는 청년 장교가 적지 않았다. 그들이 훗날 '자유장교단'으로 집결한 것이다.

기폭제는 1948년 팔레스타인전쟁이다. 유럽 내부의 고질적인 병폐인 유대인 차별과 박해를 아랍으로 배출하고 이식해버렸다. 1948년 5월, 유대인 국가 이스라엘이 탄생한다. 팔레스타인인이 살고 있던 땅을 분할하고 강탈한 것이다. 이에 이집트, 시리아, 요르단 등 주변 아랍 국가들이 연합군을 파병한다. 결과는 이스라엘군의 승리였다. 일국이 7개국 연합군을 이겼다. 유엔의 분할안보다 더 넓은 영토를 이스라엘이 차지하게 된다.

나세르는 바로 그 팔레스타인전쟁에 장교로 참전했다. 그리고 이집트 군부의 부패를 현장에서 실감했다. 불량 무기를 구입해서 사익을 취하는 지배층의 실태를 목도했다. 이집트의 국군이라기보다는 영국의 주구였던 것이다. 외부 세력의 축출만큼이나 내부자들의 척결이 절실했다. 극비리에 자유장교단을 결성한 것이 패전 이듬해인 1949년이다. 그리고 3년의 준비 끝에 쿠데타를 감행한 것은 1952년이다. 1953년에는 왕정을 폐지하고 공화정을 선언한다. 추방된 국왕은 알렉산드리아에서 배를 타고 이탈리아로 망명했다. 1954년에는 영국군도 철수시킨다. 내부자들(왕당파)과 외부 세력(영국 제국주의)의 적폐를 일소한 것이다. 영국군의 완전 철수를 축하하는 기념행사가 열린 것도 알렉산드리아의 만쉐아 광장이었다.

나세르가 연설자로 등장하는 순간, 여덟 발의 총성이 울렸다. 극도의 긴장과 적막이 흘렀다. 단 하나의 총탄도 그의 몸을 관통하지는 못했다. 그는 피신하지 않기로 했다. 혼비백산은커녕, 군복을 추스르고 즉석 연설을 시작한다.

"만약 내가 이곳에서 죽더라도 저는 후회하지 않습니다. 왜냐하면 바로 이곳에 모인 여러분이 또 다른 나세르이기 때문입니다. 여러분이 이집트의 영광을 수호하고 존엄을 수호해줄 것을 믿기 때문입니다. 나의 피는 여러분의 것이며, 나의 혼 또한 여러분의 것입니다."

향후 15년간 이집트를 넘어 아랍 세계를 진두지휘하는 카리스마적 리더가 탄생하는 순간이었다. 카이로로 돌아가는 기차역마다 나세르를 연호하는 이들로 인산인해를 이루었다. 그 용감무쌍한 신세대 지도자의 등장은 아랍어 공론장을 통하여 인도양 너머 인도네시아까지 전파된다. 1955년 반둥 회의에 참석한 아시아-아프리카 지도자 가운데 가장 어렸던 나세르는 단연 최고의 인기를 누리는 제3세계의 슈퍼 아이돌이었다.

아랍의 소리: 홍해부터 인도양까지

독립 이후에는 자력갱생해야 했다. 숙원사업이었던 아스완 댐 건설을 추진한다. 산업화를 위한 전력을 공급하기 위해서였다. 그런데 1956년

만쉐아 광장(알렉산드리아).

미국과 영국, 세계은행이 융자를 철회한다. 이집트가 중화인민공화국을 승인했다는 이유에서였다. 융자를 지속받기 위해서는 공산 진영으로부터 원조를 받지 않겠다는 각서를 쓰라고 했다. 나세르는 격분했다. 중립 외교를 허용하지 않는 내정 간섭이었다. 타협은커녕 강공책을 선택한다. 수에즈 운하를 국유화하여 부족한 자금을 충당키로 한 것이다. 제국주의의 종언을, 이집트의 주권 회복을 상징하는 사건이었다.

그러나 운하의 지분을 갖고 있던 영국과 프랑스도 고분고분하지 않았다. 이스라엘과 합작하여 운하의 무력 탈환에 나선다. 나세르를 제거하는 '체제 전환'마저 노렸다. 이스라엘군은 시나이반도를 넘어 이집트로 진격했다. 영국의 식민지 키프로스와 프랑스의 식민지 알제리에서 양국의 전투기가 출격했다. 2차 세계대전, 독일-이탈리아-일본의 전체주의에 맞서 자유와 민주를 수호했다는 연합군의 민낯이 까발려지는 순간이었다. 그들이야말로 골수 제국주의의 원조였다. 〈가디언〉에서도, 〈르몽드〉에서도 나세르를 히틀러에 빗대는 '교조적 민주주의' 프로파간다가 울려 퍼졌다. 이 노골적이고 적나라한 야욕에 차마 미국마저 옹호할 수가 없었다. 자칫 아랍 세계에서 소련의 영향력이 커질 수 있었기 때문이다. 급히 제동을 건다. 마셜플랜으로 유럽의 돈줄을 쥐고 있던 미국의 압력에 영국도, 프랑스도, 이스라엘도 굴복하지 않을 수 없었다. 영국의 총리는 사임해야 했고, 베트남에서 굴욕적인 패배(1954)를 당했던 프랑스는 또 한 번의 치욕을 맛보았다. 바야흐로 탈식민주의가 대세였다.

나세르는 단박에 세계적인 지도자의 반열에 오르게 된다. 천 년 전 십자군을 물리쳤던 살라딘*에 견주는 아랍인들까지 생겨났다. 이집트

――――――― * 이집트 아이유브 왕조의 시조로, 1187년에 십자군을 격파하고 예루살렘을 탈환했으며, 제3차 십자군도 격퇴하여 세력을 확보했다.

또한 아랍 세계의 중심 국가로 부상했다. 지리적으로도 한복판에 자리한다. 북아프리카와 아라비아반도를 잇는 중간 지대다. 인구 역시 가장 많았다. 1956년 통계로 아랍인의 35퍼센트를 차지했다. 군사력에서도 선두였다. 이집트 일국의 군사비가 시리아, 이라크, 요르단을 합한 것보다 두 배 이상 많았다. 프란츠 파농이 맹활약했던 알제리의 민족해방전선이 프랑스와 맞서 싸울 때 유일하게 군사적으로 지원했던 나라 역시 이집트였다.

하드파워에서만 돋보였던 것이 아니다. 소프트파워는 더욱 독보적이었다. 유럽 문명의 수용이 일렀기 때문이다. 1956년 당시 카이로에는 19개의 일간지와 26개의 주간지가 발행되고 있었다. 아랍어를 공유하기에 카이로에서 발행하는 신문과 잡지들은 북아프리카의 서쪽 끝 모로코부터 아라비아반도의 동쪽 끝 오만까지 퍼져 나갈 수 있었다. 영화산업의 중심지 또한 카이로였다. 1950~60년대 아랍 세계의 극장에서 이집트 영화는 할리우드와 경쟁했다. 뮤지컬과 오페라에서도 독보적인 위상이었다. 이집트의 성악가들이 아라비아의 슈퍼스타로 군림했다. 그들의 목소리가 라디오를 통하여 바그다드로, 다마스쿠스로, 카사블랑카로, 암만으로 널리 울려 퍼졌다. 카이로는 도시 문화와 현대예술의 메카, 아랍 세계의 뉴욕이었다.

나세르는 라디오라는 뉴미디어를 적극 활용했다. 1953년 7월 '아랍의 소리'(사와트 알-아랍)를 출범시킨다. 유럽의 소리, 미국의 소리, 소련의 소리가 아니라, 아랍의 독자적인 목소리를 발신했다. 1953년 30분 시험방송으로 출발한 '아랍의 소리'는 1960년부터 24시간 방송으로 성장한다. 1960년대 이집트는 미국, 소련, 중국, 서독, 영국에 다음가는 세계 6대 방송대국이었다. 이 라디오 방송을 십분 활용하여 서방의 제국주의와 그에 기생하는 아랍의 주구들에 맞서 선전선동을 펼쳐 나간 것이다.

음악과 드라마 방송 사이에 나세르가 등장해서 펼치는 연설에서 가장 많이 쓰였던 단어는 '존엄'이었다. 아랍의 영광스러운 과거를 환기시키며 아랍인으로서의 존엄을 회복하자고 열변을 토했다.

홍해와 지중해, 아라비아해를 하나의 공론장으로 삼는 '아랍의 소리'의 영향력은 막대한 것이었다. 남태평양의 수백 개 섬을 인도네시아라는 하나의 '상상의 공동체'로 묶어낼 수 있었던 것도 미디어의 힘이라고 했다. 카이로발 라디오 방송을 통하여 매일같이 나세르의 목소리를 듣는 아랍 세계에서도 '상상의 공동체'가 만들어져 갔다. 나세르는 즐겨 "대서양부터 아라비아해까지 아랍 민족은 하나다"라고 외쳤다. 이 상상의 공동체가 끝내 현실태로 등장한 것이 1958년이다. 이집트와 시리아를 통합한 아랍연합공화국이 출범한다. 나세르가 일국의 대통령에서 아랍 세계의 천자로 등극하는 듯 보였다.

아랍연합공화국: 대서양부터 아라비아해까지

1958년 2월 1일, 아랍연합공화국이 등장한다. 수에즈 운하 국유화 선언보다 더 큰 충격이었다. 유럽의 제국주의로 토막토막 났던 아랍 국가들의 대일통이 시작된 것이다. 당시의 아랍어 언론들은 십자군전쟁(=유럽의 아랍 침략)의 승리 이래 아랍의 천 년사에서 가장 위대한 순간으로 기록하고 있다. 이집트의 카이로와 알렉산드리아는 물론이요, 시리아의 다마스쿠스와 알레포에서도 거리로 사람들이 쏟아져 나왔다. 흥겨운 노래를 부르고 덩실덩실 춤을 추었다. 프랑스와 싸우고 있던 알제리에도 서광이 비치는 듯했다. 분기탱천한 파농은 시대의 물결을 직시하라며, 프랑스의 회심과 회개를 요청하는 글을 〈르몽드〉에 투고한다. 이에 화답한 지식인이 사르트르였다. 제3세계의 투쟁을 옹호했다. 아랍연합공화국의 탄생에 아랍과 유럽의 공론장이 공진화한 것이다. 이에 동방 고전만큼이나 〈르몽드〉를 챙겨 읽었던 북베트남의 호찌민까지도 고무되었다. 남/북베트남 통일도 머지않은 듯했다.

이집트와 시리아에서 실시된 국민투표 역시 아랍연합공화국의 출범에 만장일치에 가까운 지지를 표했다. 이집트는 99.8퍼센트, 시리아에서는 99.2퍼센트가 가결했다. 고무된 나세르는 태어나서 처음으로 다마스쿠스를 방문한다. 나세르를 난생처음 보는 시리아 사람들이 열광적으로 그를 환영했다. 이라크의 변호사도, 요르단의 학생도, 바레인의 시인도, 시리아의 의사도, 모로코의 사업가도, 이집트의 농부도 아랍연합공화국의 탄생에 기뻐해 마지않았다.

본디 시리아 자체가 영국과 프랑스가 작당해서 주조해낸 인공 국가였다. 애당초 이름이 없던 바는 아니다. 하지만 '역사적 시리아'는 작금의 국경보다 훨씬 넓은 의미를 가졌다. 오늘날의 시리아, 레바논, 팔레스타인, 요르단을 아울러 '대大시리아'라고도 할 수 있다. 유대교, 기독교, 이슬람의 역사가 켜켜이 쌓여 있는 인류 문명의 요람이었던 곳이다. 내부 구성원 또한 다양했다. 원체 복합적인 오스만적 환경을 수백 년간 향유했기 때문이다. 따라서 시리아를 '국민'으로 결집시킬 구심력은 처음부터 턱없이 미약했다. '이슬람의 집'이라는 커다란 지붕을 허물고 국민국가라는 작은 집으로 우겨 넣었기에 안정적인 국가 운영이 힘들었던 것이다. 더 넉넉한 집을 구하든가(아랍 세계의 대통합), 작은 집을 윽박다짐으로 유지하는(군사독재) 수밖에 없었다.

아랍연합공화국의 파장은 곧바로 이웃한 이라크까지 미쳤다. 이라크 역시도 시리아만큼이나 작위적인 인공 국가였다. 그 작위성을 외부 세력(영국과 미국)에 기생하며 간신히 지탱했던바, 아랍 민족주의에 공감하는 청년 장교들이 1952년의 나세르 혁명을 모방하여 군사쿠데타를 일

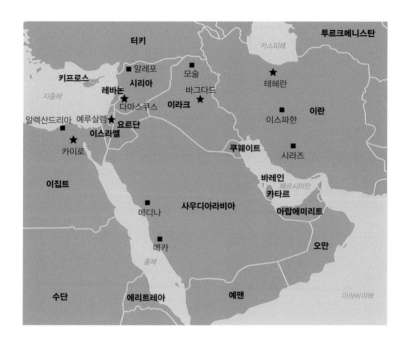

으킨 것이다. 이라크 역시도 왕정을 전복하고 혁명정권을 출범시킨 것이 1958년이다. 쿠데타를 성공시킨 신군부는 곧장 나세르를 만나러 다마스쿠스로 향한다. 이라크의 혁명가들이 시리아에 왔다는 소식에 다마스쿠스는 다시 한 번 열광의 도가니로 변했다. 이라크도 아랍연합공화국에 편입하겠다는 의사를 타진했다는 소식이 전해지자 아랍 세계 전체가 또 한 번 축제 분위기가 되었다. 카이로와 다마스쿠스와 바그다드는 하나였다. '오스만튀르크'(오스만제국을 튀르크만의 제국으로 폄하하는 20세기의 용법)와 서구 제국주의 500년의 역사를 청산하고 아랍의 귀환을 완성하는 날이 목전에 도래한 듯했다. 이집트-시리아-이라크는 '아랍 세계의 심장'이라고 불리는 곳이다. '속 아랍 세계'라고도 한다. 파문은 곧 '겉 아랍 세계'까지 미쳤다. 알제리가 끝내 프랑스를 물리치고 혁명정권을 수립한 것이 1962년이다. 레바논, 요르단, 예멘 등 소국들에서도 나세르주의자가 대약진했다. 나세르주의자와 왕정파 간 내전이 잇따랐다.

그러나 복병은 다시금 이스라엘이었다. 나세르를 천자로 삼는 아랍 세계의 대통합에 가장 큰 위협을 느낀 국가가 이스라엘이었다. 1967년 제3차 중동전쟁, 아랍-이스라엘 전쟁이 발발한다. 흔히 '6일 전쟁'이라고도 불린다. 불과 6일 만에 이스라엘군이 아랍군을 초토화했기 때문이다. 특히 이집트는 치명적인 타격을 입었다. 병력의 80퍼센트를 잃었다. 시나이반도와 가자 지구는 물론이요, 성지 예루살렘을 포함한 요르단 서안지구까지 이스라엘이 점령했다. 망연자실한 국민들 앞에서 나세르는 사임을 표하지 않을 수 없었다. 국민들이 재신임을 표명하여 사임은 철회되었으나, 아랍 세계의 유일무이한 지도자로서의 위상은 사라지고 말았다. 세계는 여전히 아랍 민족주의의 이상보다는 군사력이 압도하는 전국시대의 후반전이었던 것이다. 이스라엘(과 미국)의 가공할 무력 앞에서 아랍몽은 산산조각이 나고 만다.

'6일 전쟁'의 충격으로 나세르는 건강마저 악화되었다. 심장발작으로 급사한 것이 1970년이다. 52세의 젊은 나이였다. 카이로에서 열린 장례식에는 수백만의 아랍인이 참배했다. 미증유의 열광을 자아냈던 20세기의 최고 지도자에게 때 이른 안녕을 고한 것이다. 그의 사후 아랍 민족주의의 열기 또한 시나브로 잠잠해졌다. 당장 후계자 사다트부터가 노선을 전면 수정한다. 미국과 타협하고, 이스라엘과 단독으로 평화 협상을 한다. 역설적으로 아랍 세계에서 가장 먼저 이스라엘을 인정한 나라가 이집트가 되었다. 아랍인들은 충격과 배신감으로 부들부들 떨었다. 한때나마 이집트의 아랍연맹 자격마저 박탈되었다. 그 시절을 이끌었던 독재자가 바로 무바라크였다. 그렇다면 2011년 이래 '아랍의 봄' 또한 '독재에서 민주로'라는 흔해빠진 일국적 서사가 아니라, '아랍의 귀환'이라는 지역적이고 문명사적인 층위에서 접근하는 편이 한층 온당할 것이다.

아랍의 냉전: 서아시아 대분열체제

유라시아 전도를 펼쳐놓고 1950~60년대 이집트와 아랍을 살펴볼 필요가 있다. 유라시아의 동편에서 중화민국을 상실하고(China Lost) 중화인민공화국이 등장한 것은 미국의 세계 정책에 치명적인 타격을 입혔다. 중국 혁명에 힘입어 북베트남의 호찌민은 프랑스에 맞서 봉기했고, 북조선의 김일성은 38선 이남으로 진격했다. 한국전쟁을 겨우 수습한 1953년, 미국은 유라시아의 서편으로 눈길을 돌렸다. 아랍 세계를 주시하기 시작한다(Pivot to Arab). 동아시아에서의 실패를 반복해서는 곤란했다. 첫손으로 꼽은 나라가 바로 이집트였다. 아랍 세계에서 가장 큰 대국이었기 때문이다. 미 국무장관 덜레스가 카이로를 방문한 것이 그해 5월이다. 소련을 봉쇄하는 군사동맹을 체결하자고 제안했다. 지중해 건너 북대서양조약기구(NATO)를 아라비아해 너머 동남아시아조약기구(SEATO)와 연결하고자 한 것이다. 그러나 나세르는 수긍하지 않았다. 소련은 5천 마일이나 떨어져 있는 나라라며, 전혀 위협이 아니라고 했다. 도리어 훈수를 두었다. 소국이 대국과 군사동맹을 체결하면, 소국은 대국의 명령을 수행하는 속국에 그친다고 했다. 아랍의 안보는 아랍 자체에 맡기라고 훈계했다. 덜레스는 결국 빈손으로 카이로를 떠난다.

그러나 아랍을 포기한 것은 아니었다. 이집트를 대신하여 이라크를 선택했다. 그래서 체결된 것이 1955년 바그다드 조약이다. 이라크와 터키, 파키스탄, 이란을 결합시켜서 미국이 지휘하고 영국이 지원하는 군사안보기구를 만들고자 했다. 그러나 1958년 이라크에서 혁명정부가 수립되면서 바그다드 조약에서 이탈한다. 결국 터키, 이란, 파키스탄만 묶어내서 출범한 것이 중앙조약기구(CENTO)였다. 아랍 세계에서는 단한 나라도 참가하지 않은 비아랍 조직이었다. 그만큼 아랍에서는 아랍민족주의가 드세었던 것이다.

하더라도 도저히 아랍 세계를 방기할 수는 없었다. 석유라는 핵심 자원이 묻힌 곳이기도 하다. 집단안보기구 대신에 개별 격파에 나선다. 이때 간택된 나라가 바로 사우디아라비아다. 아랍 세계에서도 가장 보수적인 왕정국가를, 나세르가 주도하는 아랍 민족주의의 대타항으로 마주세운 것이다. 사우디아라비아의 국왕이 워싱턴을 방문한 것이 1957년이다. 미국의 중동 개입을 공식적으로 천명한 '아이젠하워 독트린'이 발표된 것도 바로 그해다. '아랍의 냉전'이 닻을 올리는 순간이었다. 반反나세르 왕정국가들을 규합하는 '재균형' 정책이었다.

따라서 '아랍의 냉전' 또한 미국과 소련의 동/서 이념 대결을 복제한것이 아니었다. 왕정 대 공화정, 보수파 대 진보파의 길항으로 이해하는것도 일면적이다. 심층적이고 장기적인 갈등의 축은 아랍 세계의 재통합을 꾀하는 세력과 아랍 세계의 분열/분할을 지속하려는 세력 간의 길항이었다. 재아랍화와 탈아랍화의 경합이야말로 서아시아 대분열체제의 핵심 모순이었다.

이 재아랍화와 탈아랍화의 길항이 압축되었던 장소가 바로 예멘이다. 예멘은 사우디아라비아의 뒷마당, 아라비아반도의 가장 후미진 곳에 자리한다. 여기서마저 아랍 민족주의를 표방하는 혁명파가 왕정을 전복한 것이다. 공화정 수립 직후 이들 역시 나세르에게 타전을 보낸다. 아랍 민족주의에 헌신하겠다는 전갈이었다. 사우디아라비아(와 미국)는 좌시하지 않았다. 왕정 세력의 복귀를 위하여 총력으로 지원한다. 결국 예멘 또한 내전으로 빠져들었다. 내전이면서도 이집트와 사우디아라비아의 대리전이었고, 아랍 세계의 국제전이기도 했다. 1961년 100명의 이집트군을 파병했을 때만 해도 그것이 수렁이 되리라고는 예상하지 못했을 것이다. 1965년에는 무려 7만 명으로 늘어난다. 이집트의 재정을 갉아먹고 국력을 소진시키는 늪이 되었다. 1967년 이스라엘에 6일 만에 무참하게 패한 것 또한 예멘 파병과 전혀 무관하지 않았다. 예멘은 '이집트의 베트남'이 되었던 것이다.

나세르의 운명과 함께 홍망성쇠했던 아랍 민족주의는 비단 20세기의 유산으로 그치지 않는다. 목하 IS가 표방하고 있는 것 역시도 아랍의 (재)통일이기 때문이다. 지난 백 년 유럽식/외래산 민족주의(알-와따니야)를 거두고 아랍 민족주의(알-카우미야)를 복원하자고 선동한다. 아랍 민족주의자의 입장에서는 여태 '대장정'을 완수하지 못한 것이다. 나세르 개인을 넘어서 사상사적 지평에서 아랍 민족주의를 복기해보아야 하는 까닭이다. 다음에 이어 살펴본다.

030

아랍 민족주의, 중동과 이슬람 사이

포스트-오스만 증후군을 넘어

대大시리아: 아랍판 국제주의 정당, 바트당

손뼉도 마주 쳐야 소리가 난다. 아랍연합공화국의 첫 당사자가 이집트와 시리아였던 것도 우연만은 아니다. 혁명 직후 나세르가 처음 통합하길 원했던 나라는 수단이었다. 나일강을 공유하는 이웃 국가였다. 영국이 그어둔 작위적인 국경선을 지우고자 했다. 그러나 수단이 수긍하지 않았다. 일국으로 홀로서기를 고수했다. 반면 시리아는 달랐다. '역사적 시리아', '대大시리아'의 기억이 선명했다. 프랑스가 주입한 딱딱한 국경이 어색했다. 1947년 아랍 민족주의를 표방하는 토착적인 정치집단이 등장한다. 바로 바트당이다.

1947년 4월, 다마스쿠스에서 창당했다. 당의 제1강령부터가 '아랍은 불가분의 통일체'라는 것이다. 창당 목표 또한 아랍의 단일 국가 건설임을 분명히 했다. (소)시리아 건국은 그 초석이었을 뿐이다. 인공적인 국민국가의 틀을 허물고 아랍의 통일국가를 만듦으로써 아랍 문명의 가치와 도덕을 회복코자 한 것이다. 곧장 레바논과 이라크, 요르단 등에도 산하 기구를 설립한다. 즉 바트당은 태생부터 일국주의 정당이 아니었다. 모스크바를 북극성으로 삼는 공산당 못지않은 아랍판 국제주의 정당이었다. 본디 '바트'란 아랍어로 '재생'을 뜻한다. 아랍의 대일통을 실현함으로써 포스트-오스만 증후군(서아시아 대분열체제)에 시달리는 아랍 세계의 회생回生을 도모한 것이다.

1951년까지 여러 국가에 바트당의 지부를 세워가던 차, 1952년 아랍의 최대 국가 이집트에서 나세르 혁명이 일어난 것이다. 아랍 민족주의를 먼저 표방한 것은 바트당이었지만, 나세르와 같은 카리스마적인 리더는 없었다. 소비에트연방에는 레닌이, 중화인민공화국에는 마오쩌둥이, 유고연방공화국에는 티토가 있었다. 아랍에서는 나세르가 그 역할을 수행할 수 있었다. 영감을 자극하고 촉발하는 예언자형 정치인에 근사했다. 시리아의 바트당도 나세르와 합작키로 결정한다. 1958년 두 나라가 전격적으로 통일국가를 이룰 수 있었던 배경이다.

그러나 아랍연합공화국의 좌절을 이스라엘(과 미국) 탓으로만 돌리는 것은 공정하지 못하겠다. 당장 시리아부터가 통합 3년 반 만에 이탈해 나갔다. 용두사미에 그쳤던 것이다. 대일통보다는 흡수통일에 가까웠기 때문이다. 시리아는 이집트와 대등한 대접을 원했다. 그러나 실상은 그러하지 못했다. 원체 규모의 차이가 컸다. 당시 2,600만의 이집트에 견주어 시리아는 400만의 소국이었다. 대국 이집트의 제도가 일방으로 시리아에 이식되었다. 사실상의 병합이었다. '이슬람의 집'을 복원하지 못하고, 근대 국가를 확장한 것에 그쳤던 것이다. '대서양부터 아라비아해까지'라는 원대한 구호에도 불구하고 홍해마저 통합하지 못한 것이다.

그럼에도 아랍의 재통합 시도는 멈추지 않았다. 1963년 시리아와 이라크에서 바트당이 동시에 집권하자 대통합 논의가 재개되었다. 3월 14일, 카이로에서 삼국협상 회의가 열린다. 3년 만에 좌초한 아랍연합공화국을 반면교사로 삼아 훨씬 구체적인 통일 방안이 논의되었다. 나세르의 권위를 인정하되, 이집트로의 수렴이 아닌 통합국가 모델을 강구했다. 그렇다면 20세기 후반 아랍 세계의 대일통이 실현되지 못한 근본 원인 또한 제 탓보다는 남 탓이 더 컸음을 부정하기 힘들 것이다. 아랍 세계를 통합하려는 구심력보다 아랍 세계의 분열을 획책하는 외부 세력의 원심력이 더 강했다. 이른바 서세동점, 지난 백 년의 멍에다.

바그다드: 아랍 민족주의와 알-후스리

시리아는 프랑스산 인공 국가다. 다마스쿠스와 알레포를 한 바구니 안에 구겨 넣었다. 북부의 알레포는 튀르크 문화가 짙다. 경제망도 터키의 아나톨리아와 더 촘촘하게 연결되어 있었다. 반면 남부의 다마스쿠스는 베이루트(레바논)나 예루살렘(이스라엘)과 더 긴밀했다. 이라크 역시 영국산 인공 국가다. 오스만제국의 세 주를 억지로 합친 것이다. 북부의 모술은 터키/시리아와 친근하고, 남부의 바스라는 이란/페르시아 문화권에 가깝다. 그리하여 식민지 시절에는 프랑스와 영국의 무력에 의해서, 탈식민 이후에는 알-아사드와 후세인의 철권통치가 아니고서는 국가로서의 틀이 유지되기 힘들었던 것이다.

이 병통을 타개하기 위해 제출된 방편이 바로 아랍 민족주의였다. 아랍 민족주의는 아랍주의와는 다르다. 아랍주의는 문화적 개념이다. 아랍 세계의 공속감을 뜻한다. 서쪽으로는 북아프리카의 대서양 연안부터 동쪽으로는 아시아의 페르시아만까지 드넓게 펼쳐진 역사-공간이다.

이 소박한 아랍주의에 정치적 의미를 주입한 것이 바로 아랍 민족주의다. 아랍의 대일통을 천명으로 삼는 회심의 정치 프로젝트다. 그 대표적인 사상가이자 이론가로 사티 알-후스리Sati al-Husri(1879~1968)를 꼽을 수 있다.

1879년 예멘에서 태어났다. 부모는 시리아 출신이다. 청년기는 이스탄불에서 보낸다. 전형적인 '오스만적 환경'을 향유한 것이다. 이스탄불에서는 제국의 수도[帝都]답게 아랍어, 터키어, 프랑스어 등을 습득할 수 있었다. 내친김에 유럽에서도 공부를 한다. 귀국한 이후에는 오스만제국의 관료로 채용된다. 첫 부임지가 공교롭게도 발칸반도였다. 유럽산 민족주의의 물결이 일면서 오스만제국에 대한 반발이 거세게 불던 장소다. 발칸의 이곳저곳을 돌아다니며 사상의 벼리를 다질 수 있었다. 1차 세계대전기에는 시리아의 교육 관료로 파견된다. 그때부터 시리아와 이라크를 중심으로 교육 개혁가이자 사상가로 활동한다. 신교육을 통하여 '아랍 민족주의'를 발양코자 한 것이다. 동시기 청년튀르크와 케말 파샤의 '튀르크 민족주의'와 경합하는 측면도 없지 않았다. 오스만제국 아래 이슬람을 공유했던 튀르크족과 아랍족(ethnic)이 각자 '민족'(nation)으로 분리되어 가는 '근대화' 과정에 진입한 것이다.

알-후스리는 무슬림 공동체 움마를 기각했다. 실재하는 것은 민족 뿐이라고 했다. 보편 종교가 아니라 민족문화에 바탕해서 정치공동체를 만들어야 한다는 것이다. 이슬람에 기초해서는 근대 국가(국민국가)를 만들 수가 없었다. 응당 '이슬람의 집'을 고수하는 울라마들의 수구성도 맹렬하게 질타했다. 투철한 민족의식으로 무장한 '신아랍인'을 양성해야 했다.

그 아랍 민족주의의 첫 실험장이 이라크였다. 1920~30년대 알-후스리는 이라크의 교육부 개혁을 주도한다. 이라크를 '아랍의 프로이센' • 463

사티 알-후스리.

으로 만들고자 했다. 60여 년 전 독일
이라고 하는 신생 국가를 창출한 프러
시아처럼, 이라크를 아랍 통일의 디딤
돌로 세우고자 한 것이다. 바그다드가
누리는 상징성이 워낙 다대했다. 아바
스제국의 영광이 서린 장소이기 때문
이다. 유럽이 중세의 암흑에 갇혀 있던
9~10세기 바그다드는 르네상스가 만
개하는 세계도시였다. 동유라시아에
장안長安이 있다면, 서유라시아에는 바
그다드가 있었던 것이다. 장안에서 불
교 경전이 산스크리트어에서 한문으
로 번역되고 있을 때, 바그다드에서는 그리스 고전이 희랍어에서 아랍
어로 번역되었다. 천 년 전 바그다드의 영광을 환기시키며 아랍의 재기
와 중흥을 다짐했던 것이다.

알-후스리가 주력했던 분야는 언어와 역사였다. 현대 표준 아랍어를
확립한 인물이 바로 알-후스리다. 그의 고투가 있었기에 지금도 20개가
넘는 아랍 국가들이 단일 언어로 소통한다. 아니, 전 세계 무슬림이 소
통하는 16억 공론장이 알-후스리로 말미암아 가능했다고도 할 수 있다.
표준어의 정립 다음에는 역사를 새로이 썼다. 과거를 재인식함으로써
미래가 열리는 법이다. 1931년 이라크에서 편찬한 저서가 바로 《아랍
민족의 역사》이다. 아랍인들이 세계 문명, 인류 문명에 미친 공헌과 공
로를 강조했다. 군사적, 과학적, 문화적 성취를 한껏 과시했다. 반면 오
스만제국은 극히 소략하게 다루었다. 터키공화국으로 떨어져 나간 이스
탄불도 경원시했다. 아랍 세계의 중심축으로 바그다드를 높인 것이다.

언어 공정과 역사 공정을 마무리 짓고는 정치 공정도 개시했다. 아랍 민족주의를 표방하는 국제기구를 설립한 것이 1935년이다. 훗날 아랍연맹(1945)으로 결실을 맺는 모태 조직이었다.

아랍연맹이 공식 출범하자 알-후스리는 거처를 이집트의 카이로로 옮긴다. 1947년부터 아랍연맹의 문화국을 담당했다. 아랍 세계 전체에서 통용될 수 있는 통일 교육 마련에 진력했다. 1953년에는 아랍연구소를 발족시켜 소장을 역임한다. 학부 졸업생을 대상으로 직접 강의도 했다. 카이로 유학을 마친 유수한 학생들이 모국으로 돌아가서 '아랍 민족주의'에 헌신하도록 가르친 것이다. 그래서 1950~60년대 알-후스리의 저작들은 아랍 세계 도처의 대학에서 필독서로 꼽혔다. 아랍 민족주의의 최전성기를 이끈 '시대의 은사'였던 것이다. 20세기 아랍 사상사를 정리한 영미권의 서적에서는 알-후스리를 '아랍의 피히테'라고 즐겨 묘사한다. 적절한 수사가 아닌 것 같다. 굳이 유럽에 빗대자면 유럽 통합의 아버지 장 모네*에 더 가까울 것이다.

알-후스리가 사망한 것은 1968년이다. 나세르가 서거한 것은 1970년이다. 아랍 민족주의를 대표하는 이론가와 실천가가 연이어 숨을 거두었다. 1967년 '6일 전쟁'(제3차 중동전쟁) 이후 아랍 세계의 정세 또한 급변했다. 영감어린 정치가 사라지고, 실무적인 '국제정치'가 들어섰다. 국제회의 또한 대의를 내세우기보다는 각국의 국익을 최우선으로 삼는 협상장이 되었다. 아랍 민족주의를 대체하여 일국주의가 대세가 된 것이다.

그때부터 걸프만 산유국들의 목소리가 커지게 된다. 석유 파동으로 오일 머니가 쏟아진 것이다. 아랍 근현대사에서는 1970~80년대의 자

---

* 프랑스의 정치가이자 경제학자로 유럽경제공동체(EEC)의 창설자다.

본(싸르와)이 1950~60년대의 혁명(싸와라)을 잠식했다고도 표현한다. 걸프만 산유국들은 스스로를 '신아랍'으로 내세우며, 낡은 이념에 집착하는 이집트-시리아-이라크를 '구아랍'으로 강등시켰다. 이들 신아랍은 아랍 세계의 대의명분일랑 아랑곳없이 부국강병으로 질주하는 신진 국가들이었던 것이다. 이들 나라에 '이데올로기의 종언'을 상징하듯 세워진 포스트모던 도시가 바로 아랍에미리트의 두바이와 아부다비, 카타르의 도하 등이다. 카이로, 바그다드, 다마스쿠스와는 전혀 딴판인 탈역사적인 도시들이라 하겠다.

곧 구아랍도 신아랍을 따라간다. '아랍의 심장'이라 불리는 이집트, 시리아, 이라크에서도 일국주의가 만개했다. 그 시절을 이끈 독재자들이 바로 무바라크와 알-아사드, 후세인이다. 아랍 세계의 대일통을 방기하고 지방을 할거하는 군벌통치에 흡사했다. 구아랍에서도 일국주의가 승하면서 고투하게 된 것은 팔레스타인이다. 나세르 시절 카이로에서 유학했던 야세르 아라파트부터가 더 이상 아랍 민족주의에 기댈 수 없게 되었다. 그래서 출범시킨 새 조직이 팔레스타인민족해방기구 (PLO)Palestine Liberation Organization다. 아랍 세계의 통일과 아랍 문명의 복원이 아니라 팔레스타인만의 민족해방운동으로 전변한 것이다. 아랍연맹조차 립 서비스에 그칠 뿐, 실질적인 지원을 하지 않는다.

도리어 팔레스타인 해방에 열성으로 관심을 기울이는 것은 아랍 세계의 외부에 있는 이슬람 국가들이다. 이란(이슬람 공화국), 파키스탄(이슬람 사회주의), 말레이시아(이슬람 경제) 등에서 더 큰 열의를 보인다. 아랍 국가들이 '내정 불간섭'이라는 일국주의 국제정치에 결박되어 있는 반면에, 이슬람을 바탕으로 국가의 꼴을 개조하고 있는 비(非)아랍 국가들에서 내/외를 가리지 않던 무슬림 공동체(움마)의 속성을 먼저 회복해가고 있는 것이다. 본디 아랍 민족주의와 이슬람주의 사이에 미묘한 차이가 있었다고 하겠다. 근대적인 개념의 '중동'Middle East과 전통적인 이슬람 세계의 차이라고도 하겠다.

자힐리야, '무지의 시대'

알렉산드리아에 입성한 이래 아랍문화원을 다니고 있다. 처음에는 알-자지라 신문의 사설과 칼럼을 읽는 공부를 지속하기 위해서였다. 그런데 한국 사람이 카이로도 아니고 알렉산드리아에 와서 아랍어 신문을 읽어가는 모습이 신기했었나 보다. 원장이 호의를 베풀었다. 기왕 공부하는 김에 정통을 접해보라는 것이다. 몸소 시간을 내어 《20세기 아랍 사상사》를 함께 읽어간다. 고진감래苦盡甘來, 신문 읽기와는 비교가 안 될 공력을 쏟아야 했지만 그만큼 얻는 바도 크다. 유라시아의 동과 서, 대청제국과 오스만제국 이후 아랍 민족주의와 중화 민족주의의 비교 연구 등 대학으로 돌아가면 논문으로 쓸 만한 소재와 주제를 한껏 얻어간다.

아랍문화원의 풍경 자체도 흥미롭다. 로마박물관 바로 옆에 자리한다. 이곳도 한때 로마제국의 영역이었던 것이다. 지중해 세계의 일원이었다. 올해에는 지중해 영화제가 알렉산드리아에서 열리기도 했다. 이집트가 지중해 세계보다는 아랍 세계의 속성이 짙어진 것은 역시나 이슬람의 도래 이후라고 하겠다. 천 년의 유산이다. 그런데 비단 아랍 세계로만 한정할 수 없음이 핵심이다. 문화원 카페에서 커피를 마시고 있노라면, 이슬람 세계의 광대함을 새삼 실감하게 된다. 모로코와 수단 등 북아프리카 출신부터 말레이시아와 인도네시아 등 동남아시아 출신까지 구성원이 다채롭다. 그중에는 몰디브에서 온 유학생도 있었다. 그간 몰디브는 신혼여행지로만 알았다. 이슬람 국가였다는 사실을 알렉산드

리아에 와서야 처음 알게 된 것이다. 가히 인도양은 '이슬람의 바다'라
고도 할 수 있었다.

 그 아랍문화원의 복합적인 풍경과 그곳에서 읽어가는《20세기 아
랍 사상사》의 낙차를 점점 더 예민하게 의식하게 되었다. 아랍 민족주
의는 여전히 '작은 집'이었다. 알-후스리의 맞은편 논적으로 무슬림형
제단을 창설한 하산 알-반나가 있다. 그는 어찌하여 아랍과 비아랍을
나누느냐며 알-후스리를 비판했다. 아랍의 통일이 궁극적인 목표가 될
수 없다는 것이다. 어디까지나 이슬람 세계를 재건하는 중간 단계, 이
행 단계일 뿐이다. '이슬람의 집'의 복원이야말로 무슬림들에게 주어
진 천명이라고 했다. 아니, 아랍을 아랍으로 통일해주었던 이념 자체가
이슬람이었다. 이슬람이 도래하기 이전 아랍은 그저 부족국가 시대였
을 뿐이다. 이슬람을 방기한다면 아랍은 재차 신부족주의(20세기의 민족
주의) 시대를 지속할 수밖에 없다며 엄중하게 경고한 것이다. 즉 '청년
이집트'의 이집트 민족주의는 '소민족주의'(일국주의)이고, 알-후스리와
나세르의 아랍 민족주의 역시 '대민족주의'(지역주의)일 뿐이다. 양자 모
두 이슬람 문명에 바탕한 보편주의에는 이르지 못한다며 이슬람의 귀
환을 갈파했던 것이다.

 동아시아 출신인 나로서는 하산 알-반나의 주장에 더 큰 호감을 느
낀다. 알-후스리의 '아랍 민족주의'를 중국에 빗대어 보자면 '한족 민족
주의'에 그친 것이다. 아랍연합공화국이라는 것도 흡사 산둥성, 광둥성,
저장성 등을 통합한 한족 통일국가의 수립에 가깝다. 만주족, 몽골족,
장족, 위구르족을 아우르는 '중화민족'의 개념에는 이르지 못했던 것이
다. 그러고 보니 알-후스리는 늘 양복에 넥타이를 매었고, 나세르는 군
복을 착용했음에 눈길이 닿는다. 나세르주의도, 바트주의도, 아랍 민족
주의도 결국은 세속화=근대화를 섬기는 유로파의 한계를 담지했던 것

이다. 성聖과 속俗을 아울렀던 이슬람 세계의 사대부, 울라마와는 거리
가 먼 사람들이었다.

아랍 민족주의조차도 '서구에서 수입된 잘못된 관념'임을 공개적으
로 천명한 학자-정치인이 등장한 것은 1979년이다. 이집트가 이스라
엘과 관계를 정상화한 바로 그해에 중동 정치의 지각변동이 이란에서
일어난다. 호메이니가 이슬람 혁명(이란 혁명)을 성공시킨 것이다. 그는
아랍 민족주의를, 무슬림을 분리시켜 서로가 서로를 향해 싸우게 만드
는 이이제이以夷制夷의 책략이라고 성토했다. 민족도, 민족주의도 이슬
람에서는 애당초 가능하지 않은 개념이기 때문이다. 국민국가와 주권,
민족주의, 국가간체제 등을 싸잡아 '무지의 시대'에서 비롯한 적폐라고
비판했다.

이슬람 문명사에서 '무지의 시대'(자힐리야)란 이슬람의 도래 이전을
일컫는다. 즉 서구적 근대(민족주의=신부족주의)가 이식되었던 지난 20세
기를 '제2의 자힐리야'로 자리매김하는 것이다. 그리고 "유일한 해결책
은 이슬람"임을 설파한다. 새 천년의 출발을 알렸던 9·11 사태(2001)도,
칼리프의 복원을 선언한 IS의 등장(2014)도 1979년 이슬람 혁명의 후폭
풍이라고 할 수 있다. 2016년 8월 알-자지라에서 아랍 세계 9개국을 대
상으로 한 여론조사 결과도 마찬가지다. 이슬람법(샤리아)이 국법의 기
초가 되어야 한다는 견해에 50~70퍼센트가 지지를 보내고 있다. 과반
수 이상이 재이슬람화에 수긍하고 있는 것이다.

1916 역성혁명의 꿈

꼭 백 년 전인 1916년은 아랍 현대사에서 획기적인 해였다. 이른바 '아
랍 대봉기'가 일어난다. 그간 아랍 국가들의 민족주의 서사에서는 근대

적인 애국운동으로 묘사했다. 오스만제국의 '동양적 전제'에 맞서서 '아랍 독립 만세'를 외쳤던 것처럼 서술했다. 그러나 어디까지나 '아라비아의 로렌스'를 비롯한 외부자의 시선일 뿐이다. 혹은 국민국가 수립을 불변의 진보로 간주하는 목적론적 역사관의 편향된 독법이다. 아랍인들, 특히 무함마드 라시드 리다 같은 당대 일급의 사상가들은 결이 달랐다. 단지 분리독립을 위하여 봉기했던 것이 아니다. '청년튀르크'의 등장 이래 이스탄불이 방기하고 있는 이슬람 문명을 고수하기 위해서 떨쳐 일어났던 것이다. 오스만제국이 점점 더 근대화=서구화함으로써 이슬람적 공정에 위배되는 '부국강병'을 추구했기에, 이에 저항해야 할 무슬림으로서의 의무를 다하기 위하여 아랍인들이 궐기한 것이다. 즉 튀르크를 대신하여 아랍인들이 칼리프가 됨으로써 이슬람 문명을 수호하는 '역성혁명'을 꾀했던 것이다.

그렇다면 1916년의 아랍 대봉기와 1911년 무창武昌 봉기로 시작된 신해혁명 사이에도 흡사한 면이 있었다고 하겠다. 신해혁명 역시 메이지유신과 같은 '부국강병'을 추구한 혁명이 아니었다. 여전히 '천하위공'天下爲公을 으뜸의 가치로 삼는 역성혁명이었다. 다만 그 방편이 달라졌다고 하겠다. 의회제와 총통제 등 공화정을 수용함으로써 중화문명을 더욱 완미하게 성숙시키고자 한 것이다. 그래서 '한족 공화국'이 아니라 '중화민국'이 들어섰던 것이다. 아랍 역시 마찬가지였다. 비록 이스탄불이 아닐지라도 바그다드나 카이로, 메카로 천도함으로써 이슬람 문명을 지속시키는 재생=역성혁명을 원했던 것이다. 당시 아랍 봉기에 가담한 이들은 오늘날처럼 개별 국가로 쪼개져서 '전쟁의 집'을 지속하는 '중동'으로 전락하는 것을 조금도 원하지 않았다.

'중동'이라는 20세기형 지정학의 속박으로부터 벗어나 '이슬람의 집'이라는 문명 세계를 회복해가는 대반전의 물꼬 또한 1979년 이란 혁명에서 비롯한 것이다. 호메이니는 이슬람 문명과 공화제를 접합시켜 '이슬람 공화국'이라는 독특한 고/금 합작의 정체를 만들어낸다. 이슬람 공화국의 출현으로 기성의 아랍 왕정국가들은 바짝 긴장하지 않을 수 없었다. 아랍 민족주의보다도 더 큰 위협이 될 수 있었다. 공화정과 왕정, 진보와 보수의 대결이 아니라, 이슬람과 이교도(사이비 이슬람)의 대결로 갈등의 축을 전환한 것이기 때문이다. 과연 호메이니는, 서방에 기생하며 이슬람을 일국의 체제 이데올로기로 왜곡하고 만 '이교도 국가'들에 대해 지하드를 선포했다. 아랍 민족주의의 태양이 저무는가 했더니 이슬람의 초승달이 떠오르기 시작한 것이다. 마침내 이란으로 간다. 1979년의 테헤란이다.

031

1979 호메이니, 이란 혁명

아랍 민족주의의 태양이 저문 자리,
이슬람의 초승달이 뜨다

혁명: 왕국에서 민국으로

100만이 아니었다. 200만도 훌쩍 넘었다. 자그마치 600만에 달했다. 테헤란의 도로를 가득 메운 600만 인파가 단 한 명의 귀환을 목 놓아, 손꼽아 기다렸다. 아야톨라 루홀라 호메이니Ayatollah Ruhollah Khomeini다. 이맘(지도자)이, '선생님'이 돌아오신 것이다. 1964년 추방 이래 15년 만의 귀국이었다. 1979년 2월 1일의 일이다. 이란 혁명이 시작되었다.

세기적인 사건이었다. 1917년 러시아 혁명, 1949년 중국 혁명에 필적한다. 아니, 기왕의 20세기형 혁명과 일선을 긋는 21세기형 혁명이었다고도 할 수 있다. 지난 백 년, 반체제 이념을 대표했던 사회주의도, 민족주의도 내세우지 않았다. '이슬람 혁명'이었다. 진보progress가 아니라 복고復古를 앞세웠다. 1789년 프랑스 혁명 이래 200년 만의 이슬람의 응전이었다. 그러나 반동이나 복벽만도 아니었다. 세계사 최초로 이슬람 문명[古]과 공화정치[今]를 결합한 '이슬람 공화국'이 들어선 것이다. 이로써 2,500년 장구히 지속된 페르시아의 군주정도 막을 내리게 된다. 샤Shah가 '지배'하는 왕국王國이 아니라, 이슬람 율법학자들이 '지도'하는 민국民國이 수립된 것이다.

1979년 2월 호메이니의 귀국.

누구도 혁명의 성공을 장담할 수 없었다. 망명지 파리에서 테헤란으로 향하는 비행기, 긴장어린 적막감이 흘렀다. 무사 착륙을 확신할 수 없었기 때문이다. 이란 왕정의 전투기가 호메이니가 탄 민항기를 격추시킬 것이라는 소문이 흉흉했다. 마침내 사제복을 갖추어 입은 그가 테헤란 공항에 모습을 드러내자, 600만 인파는 일제히 환호성을 내질렀다. '알라는 위대하다', '국왕은 하야하라', '호메이니야말로 지도자이다'… 계엄령에도 굴하지 않았던 반정부 외침들이 일시에 쏟아졌다. 구호에서 상징하는바, 이란의 혁명은 68혁명과도 전혀 달랐다. 신좌파 이론가들이 아니라 종교학자들이 최전선에 섰다. 대학보다는 모스크가 반체제 운동의 거점이었다. 이라크와 프랑스를 전전하던 호메이니 역시도 그의 설법을 테이프로 녹음해서 방방곡곡 모스크에 뿌렸다. 1979년 당시 테헤란에만 천 개를 헤아리는 모스크가 있었다고 한다. 그 오래된 신성한 장소에서 근대화=세속화=서구화 일방으로 질주하던 팔레비 왕조에 대한 전복 운동이 싹을 틔운 것이다. 그리하여 호메이니는 레닌이나 마오쩌둥, 호찌민과 카스트로와는 결이 다른 인물이다. '뉴에이지 혁명가'였다.

이슬람 공화국으로의 개헌이 국민투표에 부쳐진다. 90퍼센트가 넘

아자디 타워(테헤란).

는 압도적인 지지로 가결된다. 그러나 국내 정치와 국제정치는 불가분이다. 더군다나 이란은 유라시아 지정학의 요충지에 자리한다. 이란의 동쪽은 중국이고, 남쪽으로는 인도와 이어진다. 서쪽으로는 아랍/유럽과 연결되고, 북쪽으로는 소련과 접하고 있다. 그래서 냉전기 이란은 미국의 전폭적인 지원을 받을 수 있었다. '페르시아만의 헌병'이라고 불렸다. 중동 최대의 친미 국가가 이란이었다. 따라서 이란의 이슬람 혁명은 미국의 중동 정책의 근간을 뒤흔드는 중차대한 사태가 아닐 수 없었다. 1975년 베트남전쟁 패배를 능가하는 충격이었다. 백악관 긴급비상회의를 소집한 이가 대통령 안보보좌관 브레진스키이다. '거대한 체스판'의 형세가 심대하게 동요했던 것이다.

이슬람 공화국 내부에서도 미국의 대응을 우려했다. 대학생 450명이 미국 대사관을 점거하여 52명의 외교관을 인질로 삼는다. 망명자 신세가 된 전 국왕이 암 치료를 위해 미국에 입국했다는 소식이 전해진 직후였다. 444일이나 이어진 이 사태로 양국은 국교를 단절한다. 복선이 없지 않았다. 1953년 CIA의 공작으로 군사쿠데타가 일어나 '체제 전환'이 가장 먼저 일어난 곳이 바로 이란이었다. 석유산업의 국유화를 추진하던 모사데크 정권을 미국이 갈아엎은 것이다. 자칫 산유국 전체로 자원 민족주의가 확산될 수 있었기 때문이다. 군부와 정치권을 돈으로 매수하고, 언론을 움직여서 여론을 조작했다. 그러나 1979년 혁명만큼은 1951년*처럼 죽 쒀서 개 주는 꼴을 허용할 수 없었다. 대학생들은 미 대사관의 각종 기밀 문건을 폭로한다. 군과 경찰, 정보기관, 행정부에 심어둔 미국의 스파이 명단이 낱낱이 드러났다.

---

* 모사데크 총리 아래 영국 자본의 석유기업을 국유화하는 민족주의 정책을 처음 실행한 것이 1951년이다.

이에 브레진스키는 다른 수를 두었다. 중동의 말[馬]을 바꾸기로 한다. 바로 이웃 나라가 이라크였다. 마침 그곳에서도 1979년 새 지도자가 들어섰다. 이름이 사담 후세인이라 했다. 그를 지원키로 결정한 것이다. 이라크를 군사 원조함으로써 이란 혁명을 분쇄하는 이이제이를 취한 것이다. 그리하여 발발한 것이 이란-이라크 전쟁이다. 장장 1988년까지 지속되는 중동 현대사 최장기전이었다. 양국 도합 100만이 희생되는 처절한 전쟁이기도 했다. 이라크는 이란에 비하여 인구는 절반, 영토는 4분의 1에 그치는 소국이었다. 미국의 지원이 없었다면 장기전을 감당할 수 없었다. 이 전쟁으로 이라크는 군부가 과대 성장하는 군사대국이 될 수 있었다. 걸프전쟁(1991)부터 이라크전쟁(2003)까지 지속되는 '이라크 문제'의 씨앗이 이때 뿌려졌던 것이다.

사담 후세인이 바트당 출신이었음을 기억할 필요가 있다. 사회주의와 세속주의를 받드는 아랍 민족주의 정당의 후예였다. 이란-이라크 전쟁을 아랍과 페르시아의 대결이라고 선동했다. 호메이니는 후세인을 크게 꾸짖었다. 이슬람에서는 민족주의가 존재할 수 없다고 했다. 이라크 인민 또한 무슬림으로 한 형제일 뿐이라고 했다. 게다가 이라크에는 이란과 친근한 시아파가 다수였다. 이슬람을 기각하고 사회주의와 민족주의를 주장하는 바트당조차도 '서구적'이라며 비판한 것이다.

즉 호메이니는 이란-이라크 전쟁을 국가 대 국가의 전쟁으로 간주하지 않았다. 수니파 대 시아파의 종교전쟁도 아니었다. 어디까지나 무슬림 공동체, 움마의 대동단결을 수호하는 '성전'(지하드)으로 자리매김했다. 그래서 전사자 또한 '순국자'가 아니라 '순교자'로 기렸다. 무슬림과 이교도 사이의 '이슬람 전쟁'으로 위치시킨 것이다. 나세르부터 후세인까지 '좌경화된 서구파'들을 교정하는 '문명의 충돌'로 이해한 것이다. 아랍 민족주의에서 이슬람주의로 반체제 이데올로기가 전환되는 순간이었다. 20세기와 21세기가 갈라지는 이행기였다. 이슬람 공화국이 출현함으로써 중동의 세력 균형만이 아니라 담론 구조 자체가 반전된 것이다. 과연 정명正名이야말로 혁명의 근간이다.

혁명 이전: 샤의 독재

호메이니에 앞서 테헤란을 방문한 이가 있다. 지미 카터 미국 대통령이다. 1978년 새해를 그곳에서 맞았다. 그만큼 미국과 이란은 돈독했다. 신년 만찬회에서 이란의 성취를 극찬했다. 중동에서 예외적인 '안정의 섬'을 이루었다고 칭송했다. 샤에 대한 상찬도 보태었다. "국민에게 가장 사랑받는 국왕"이라고 했다. 그러나 정작 카터가 떠나자 반정부 운동은 더욱 크게 일어났다. 그가 표방하는 '인권 외교'가 무색할 지경이었다.

그에 앞서 1971년에는 세계 각국의 지도자와 귀빈들이 이란에 집결했다. 테헤란이 아니라 페르세폴리스였다. 북아프리카부터 중앙아시아까지 광활한 영역을 지배했던 아케메네스 왕조의 수도였던 곳이다. 그곳에서 '건국 2,500년'을 경축하는 성대한 행사가 열린 것이다. 전 세계의 최고급 포도주와 산해진미가 페르세폴리스의 '만국萬國의 문'으로 운송되었다. 고대 페르시아제국의 영화를 20세기 이란의 발전에 포갠 것이다. 그만큼 샤는 자신만만했다. 근저에는 석유의 힘이 있었다. 이란산 석유가 유럽으로, 아시아로, 아메리카로 철철 흘러 나갔다. 반면으로 오일 머니가 쏟아져 들어왔다. 1950~60년대 미국의 원조를 받던 이란은 1970년대 미국산 최첨단 무기를 가장 많이 구입하는 국가로 전변한다. 마침 시기도 절묘했다. 페르시아만에서 영국이 물러나던 시점이었다. 바레인, 카타르, 아랍에미리트 등이 독립했다. 영국의 공백을 이란이 메우기 시작한 것이다. 샤는 '페르시아만의 헌병'으로 족지 않았다.

1980년대 말까지 이란을 세계 5대 강대국의 반열에 올리겠다는 야심을 품었다.

1976년 이슬람력도 폐지한다. 서력으로 바꾼 것도 아니다. 아케메네스 조에서 기산하여 1976년을 2505년으로 삼는 제왕력을 채택했다. 위대한 고대의 영광에 한껏 심취한 것이다. 1975년 출범시킨 새 정당의 이름도 '부흥당'이었다. 사실상 일당이 지배하는 이란판 유신체제였다. 1975년 당시 40만 대군으로 성장한 군부가 든든한 버팀목이 되었다. 6만을 헤아리는 정보기관 요원이 촘촘한 경찰국가를 지탱했다. 30만 관료 또한 샤의 개발독재를 지지하고 수혜를 입는 부역자 노릇을 해주었다.

샤의 근대화=세속화=서구화를 가장 강도 높게 비판한 인물이 바로 호메이니였다. 외부 세력의 이익을 충실하게 대행하는 '괴뢰 정권'이라며 극언을 서슴지 않았다. 중동에서 이스라엘을 때 이르게 승인한(1960) 나라도 이란이었다. 이스라엘의 정보기관 모사드Mossad와도 적극 협력했다. 이란의 정보기관 설립에 CIA는 물론이요, 모사드까지 합작했던 것이다. 호메이니는 미국을 '대악마', 이스라엘을 '소악마'에 빗대었다.

특히 1970년대 미국인들이 일시에 테헤란으로 몰려든다. 동남아시아, 그중에서도 인도차이나 출신이 많았다. 1975년 베트남, 캄보디아, 라오스가 적화되면서 '반공주의' 임무에 실패한 것이다. 미국으로 돌아가더라도 살 길이 마땅치 않은 이들이 일확천금을 노리고 이란으로 대거 이주했다. 1970년 8천 명이었던 숫자가 1978년에는 5만 명으로 늘어난다. 양의 변화는 질적 변화를 수반한다. 게다가 이전에 거주했던 고급관료들과는 질이 다른 사람들이었다. 술과 마약, 섹스와 폭력 등 사회문제가 심각하게 불거진다. 이슬람의 '경건한 삶'을 침해하는 향락과 부패의 상징으로 '아메리카'가 환기되기 시작한 것이다. 1970년대 테헤란은 남과 북으로 뚜렷하게 갈라졌다. 경건한 이슬람 문화가 지속되는 남

호메이니의 프랑스 망명 시절.

부에 반하여, 북쪽에서는 아메리카 문화로 흥청망청했다. 이 낙차를 묵인하는 샤 정권에 대한 불만이 기층에서 차곡차곡 쌓여갔다.

　1964년 호메이니의 추방을 촉발했던 사안도 미군지위협정 문제였다. 미군에 부속하는 민간인까지도 외교관에 준하는 특권을 인정하는 내용이 담겨 있었다. '이슬람적 공정'에도 위배될뿐더러, 근대적인 의미에서도 불평등조약이 아닐 수 없었다. 이슬람의 위기가 심화되고 있다며 경종을 울리다 나라 밖으로 쫓겨난 것이다. 호메이니가 가장 먼저 망명한 곳은 시아파의 성지인 이라크의 나자프였다. 그곳에서 《이슬람 율법학자에 의한 통치》라는 회심의 저서를 집필한다. 13회에 걸친 강의를 책으로 엮어낸 것이다. 이란의 개발독재 체제를 무너뜨린 사상이 '민주주의'가 아니라 '개신改新 이슬람'이었음이 각별하다. 이란 현대사의 모순을 '독재 대 민주'가 아니라 '탈이슬람화와 재이슬람화'의 길항으로 파악했던 것이다. 미국의 우산 아래 유라시아의 동서남북으로 번성했던 개발독재 체제 가운데 가장 먼저 '민주화'를 이룬 나라가 이란이었다.

그 이란판 민주화를 상징하는 건물도 미 대사관이다. 이란에는 군대가 둘이다. 첫째가 일반적인 국군이요, 두 번째가 이슬람 체제를 수호하는 혁명방위대다. 전자가 세속적인 군대라면, 후자는 종교적인 군사조직이다. 국군은 나라를 지키고, 혁명방위대는 이슬람을 수호한다. 그 혁명방위대가 옛 미 대사관 건물을 사용하고 있는 것이다. 거리의 이름 또한 극적으로 바뀌었다. 이슬람 혁명 이전 테헤란에는 케네디 대로大路, 루스벨트 대로, 엘리자베스 2세 대로 등 영미권 지도자의 이름을 딴 곳이 많았다. 지금은 단 하나도 없다. 역사적으로 명성이 높았던 이슬람 세계의 사대부, 울라마들의 이름으로 죄다 바꾸었다. 샤의 독재체제 타도로 내부 세력을 척결한 것이 제1혁명이었다면, 개발독재의 후견인 노릇을 했던 외부 세력을 근절한 것이 제2혁명이었던 것이다. 이를 통하여 정권 교체와 체제 교체를 넘어 '시대 교체'를 이룰 수 있었다.

유언: 예언자의 이슬람

호메이니가 숨을 거둔 것은 1989년 6월 3일이다. 이맘의 장례식에는 900만 명이 참배하여 애도를 표했다. 흥미로운 사실은 1983년에 미리 유서를 써두었다는 점이다. 맑은 정신이 유지되고 있을 때, 자신의 사상과 이상을 압축한 문헌을 남겨둔 것이다. 나의 페르시아어 실력으로는 완독해낼 수가 없었다. 일본어 번역본을 참조하여 읽어보았다.

이슬람을 두 종류로 분류한다. '예언자의 이슬람'과 '아메리카의 이슬람'이다. '예언자의 이슬람'이란 본래의 이슬람, 진정한 이슬람이다. '아메리카의 이슬람'은 사이비似而非 이슬람이다. 혁명 이전의 이란 사회도 사이비 이슬람이었다. 사회 전 영역에서 이슬람법이 시행되지 않았다. 성장과 발전만 섬길 뿐 정의와 공정을 방기함으로써 권선징악勸善懲惡이 흐려지고 말았다. 사우디아라비아도 사이비 이슬람으로 지목하고 있다. 억압자(사우드 왕가)와 식민 지배자(미국)에 봉사하는 체제 이데올로기로 이슬람을 타락시켰기 때문이다. '민주주의'에도 일갈을 고한다. 처음에는 선교사를 보내 개종시키려고 하더니, 나중에는 사법제도와 정치제도 등을 통하여 이슬람을 무력화한다는 것이다. 십자군전쟁의 연속으로 20세기를 파악했다.

그리하여 유언으로 재차 고수한 것이 이슬람 율법학자의 통치론이다. 울라마의 정치적 역할을 강조했다. 이슬람을 부정하는 세속화 세력만큼이나, 종교의 정치 불개입을 주장하는 종교학자들도 비판했다. 무릇 수기修己와 치인治人은 분리될 수 없는 것이다. 자리自利와 이타利他도 불가분이다. 본디 사회적 종교이자 정치적 종교로서 대승적 성격이 농후했던 이슬람이 20세기 서구화의 영향 아래 소승화되고 말았다는 것이다. 세속을 경건하게 만들어가는 책무를 국시國是로 삼는 이슬람 공화국을 옹호했다.

그 이슬람 공화국의 청사진이 전혀 새로운 것만도 아니다. 16세기 사파비(페르시아)제국에서 시아파 이슬람을 국교로 받아들인 이래 일관된 것이었다. 교계 내부의 '세속화'가 일어난다. 시험을 보게 한 것이다. 울라마의 능력과 자질을 평가하는 수험체계가 도입되었다. 송나라의 과거제도가 몽골제국의 우산 아래 페르시아 세계까지 확산된 것이다. 그 객관적 지표를 바탕으로 왕권으로부터 독립한 권위를 누릴 수 있었다. 군주가 혈통을 이었다면, 율법학자들은 도통을 쥐고 상호 견제와 균형을 이루었던 것이다. 교육과 결혼, 상속 및 상거래 등 일상생활의 거개를 울라마들이 관할했다. 건전하고 건강한 이슬람 사회를 유지하기 위해서

호메이니 영묘.

성과 속의 상호 보완이 필요함이 '사회계약'으로 확립되었던 것이다. 이러한 역사적 경험이 반천 년 누적되었기에, 1979년 이슬람 혁명도 가능했다고 하겠다.

호메이니는 근대 정치의 병폐 또한 좌와 우의 대결에서 구하지 않았다. 성과 속의 균형이 깨진 것이야말로 병통이라고 여겼다. 우파는 가진 자의 욕심을 더욱 채우려는 세력이다. 좌파는 못 가진 자들의 욕심을 대변하려는 세력이다. 그러나 양쪽 모두 편중되고 편향된 것이다. 어느 쪽도 양심을 충족시키는 일에는 정성을 기울이지 않는다. 양심을 일깨우고 만족시킨다면 좌와 우의 분별은 부차적인 것이라고 했다. 따라서 국민의 욕심(이익)을 대변하는 국회의원을 선출하여 의회를 구성하는 만큼이나, 보편적 양심을 수호하는 율법학자의 역할 또한 지속되어야만 했던 것이다. 그래서 오늘날 이란은 성과 속의 이원집정제 국가다. 의회와 대통령은 민심을 대의하고, 이슬람 율법학자는 천심을 대변한다. 중세의 종교국가도 아니고, 근대의 세속국가도 아니다. 이슬람 문명 독자의 공화국일 뿐이다.

호메이니는 성과 속의 균형이라는 점에서 테헤란이 워싱턴이나 모스크바, 바티칸보다도 우월하다고 주장했다. 그래서 '이슬람의 세기'가 머지않았음을 의심치 않았다. 숨을 거두기 직전인 1989년 1월, 소련의 고르바초프 서기장에게 편지를 보냈음이 흥미롭다. 장차 공산주의는 고고학박물관에서나 보게 될 것이라며, 소련의 해체를 당돌하게 예견했다. 무엇보다 과학적 유물론의 폐해가 지나쳐 영성이 부재함이 치명적인 결함이라고 했다. 소련의 미국화(=세계화)도 미리 걱정해주었다. 아메리카의 물질주의와 자본주의의 늪에 빠져들기 전에 서둘러 이슬람을 공부할 것을 권장했다. 이슬람을 대표하는 철학자와 사상가들의 저서를 선물로 보냈다.

말로만 그치지도 않았다. 삶으로 본을 보였다. 호메이니는 그 파란만장한 일생만큼이나 반듯했던 일상으로도 유명하다. 단단한 일상이 있었기에 굴곡진 일생을 지탱할 수 있었다. 그의 일상이 널리 알려진 계기 또한 망명생활 탓이었다. 파리 교외에서 지내던 4개월간, 프랑스를 비롯한 세계 언론의 집중적인 주목을 받을 수 있었다. 방문자와 담소하는 시간마다 카메라가 진을 쳤다. 그 가운데는 당대를 주름잡던 철학자 미셸 푸코도 있었다. 근대성에 대한 발본적인 비판에서 푸코는 호메이니와 통하는 바가 있었다. 푸코가 말년에 집필한 《성의 역사》의 제3권 '자기에의 배려' 또한 호메이니와의 교감 속에서 착상을 얻은 것이라고 한다. 호메이니의 일상이야말로 '자기 수양'으로 빛을 발했기 때문이다.

그는 매일같이 새벽 3시에 일어났다. 이른 시각에 원고를 집필하고, 편지를 쓰고 읽었다. 외국어 신문 읽기도 새벽의 주요 일과였다. 그러고는 아침 기도를 올린다. 식사 시간은 7시였다. 9시까지는 이란의 신문을 읽고 뉴스를 들었다. 10시까지 휴식을 취한다. 다시 기도를 드리고 12시에 점심을 먹었다. 2시부터 3시까지는 낮잠을 취했다. 한숨 자고 일어난 3시부터 정무에 종사했다. 망명지에서 이란의 혁명을 진두지휘했다. 와중에도 기도는 빠뜨리지 않았다. 세속의 업무 중간 중간 기도를 올리며 정심正心을 흩뜨리지 않았다. 경전에 거하면서 경세에 임한다는 성/속 균형의 태도를 견지한 것이다. 저녁은 9시가 되어서야 간단하게 들었다. 밤 11시 취침 전까지는 외국의 페르시아어 방송, 특히 BBC를 즐겨 들었다고 한다. 가끔은 TV 방송을 통하여 축구 경기를 보는 것이 소소한 낙이었다.

예배와 강의는 귀국 이후에도 이어졌다. 특히 청년을 위한 철학 강좌를 열었다. 여기서 설파한 것이 '유덕有德 도시'론이다. 유덕한 지도자와 깨어 있는 민중이 공동선을 향하여 협동하는 아름다운 도시를 일구자고 했다. 그 내용을 살피노라니 플라톤의 《국가》가 떠오른다. 철학적 이상 도시다. 희랍어 고전이 아랍어와 페르시아어로 번역되어 이슬람 세계에서 천 년간 널리 읽혀왔음을 재차 확인케 된다. 《국가》에서 묘사되었던 철인 왕국의 근대화로서 이슬람 공화국을 자리매김하는 것이다. 플라톤과의 차이라면 '대大지하드'라는 어휘가 등장한다는 점이다. 자기 정화에 이르는 자신과의 싸움을 지칭한다. 세상을 바꾸는 첩경은 나를 바꾸는 것이었다. 내 안의 인성을 갈고 닦아 신성에 이르는 길, 나의 본성을 연마하고 조탁하여 천성을 발휘함으로써 성자에 달하는 것을 대大지하드라고 일컬었다. 공맹 식으로 옮기자면 내성외왕內聖外王이 아니었을까 싶다. 서쪽의 철인정치와 동쪽의 성인정치가 유덕 도시에서 합류했던 것이다. 호메이니가 문사철文史哲에만 달통했던 것도 아니다. 시서화詩書畵에도 능했다. 특히 시 짓기를 좋아했다. 공개 발표한 적은 없다. 다만 편지를 보낼 때마다 시 한 수씩 지어서 정감을 나누었다. 사후에 그의 시편을 모아서 편찬한 책이 《사랑의 와인》이다.

테헤란 북부 자마란에는 그가 말년을 보냈던 집이 보존되어 있다. 10평 남짓한 방에는 《코란》과 예배용 용기, 그리고 몇몇 신문과 라디오가 보인다. 테라스에는 긴 의자가 배치되어 있었다. 그곳에서 책도 읽고 사색도 하고 담소도 나누었을 것이다. 책장에는 아랍어와 페르시아어, 프랑스어로 된 장서가 꽂혀 있고, 조그마한 침상 옆에는 낡은 고무 샌들이 가지런히 놓여 있었다. 평생토록 청빈한 삶을 고수했던 인물이 호메이니다. 지도자일수록 생활은 서민처럼, 혹은 그보다 더 소박하고 검약해야 한다는 것이 그의 지론이었다. 윗물이 맑아야 아랫물도 맑기 때문이다. 아니, 아랫물은 조금은 흐리고 탁해도 된다. 그래야 피라미도 함께 살아갈 수 있다. 그러나 윗물이 썩으면 만물이 썩기 마련이다. 이슬람 세계의 경건한 지도자, 이맘의 전범을 보이고 돌아가신 것이다. 그의 시신을 안치한 영묘조차도 검소하다 못해 초라해 보였다. 그간 내가 보아왔던 마오쩌둥, 호찌민, 부토의 영묘와는 전혀 다른 모습이었다. 종종 그를 절대적 권력자나 종교의 화신으로 묘사하는 글을 접한다. 혹은 '악의 축'이나 독재자라는 상투적인 수사도 잇따른다. 하나만 설피 알고 열은 모르는 뚱딴지같은 소리다. '무지의 시대'(자힐리야), 눈먼 자들의 무엄한 망발이다.

파문: 제국주의 인공 국가들에서 페르시아 세계로

육신은 가셨지만, 말씀은 남았다. 이슬람 혁명의 파문은 이란으로 그치지 않았다. 국경 밖으로도 파장이 일어났다. 일파가 백파, 천파, 만파가 되었다. 아라비아반도, 메카에 있는 대모스크를 100여 명의 이슬람주의

골레스탄 궁전(테헤란).

자들이 점거한 사건이 1979년 11월에 일어난다. 사우드 일가의 통치 이념으로 전락한 이슬람을 처분하고 진정한 이슬람을 회복하자고 주장했다. 그들이 역할모델로 삼은 것 역시 이란이었다. 특공부대 투입으로 체포된 이들 가운데서 호메이니의 사진이 나왔다. 동쪽으로 이웃한 아프가니스탄에서도 무자헤딘이 봉기한다. '좌파 세속주의'를 강요하는 소련의 속국 상태를 거두고 이슬람 혁명을 이루고자 했다. 이란이 미국의 '자유주의 제국주의'에 맞서서 이슬람 혁명을 쟁취했듯이, 아프가니스탄은 소련의 '사회주의 제국주의'에서 떨쳐 일어나 이슬람 혁명을 성취코자 한 것이다. 백색도 적색도 아닌 녹색 깃발을 들자, 수많은 무슬림들이 의용병으로 참전했다. 그곳 아프가니스탄에서부터 소련은 침몰되어 갔다(1991). 그리고 10년 후 그 무자헤딘의 후예들(알-카에다)이 자본주의 세계체제의 상징적 건물인 뉴욕의 세계무역빌딩도 폭파한다(2001). 1979년 이란 혁명의 파문이 탈냉전을 촉발하고 21세기를 격발하고 있는 것이다.

중동의 지정학도 요동치고 있다. 이슬람에 공화정을 접속시킨 혁명국가의 등장은 나세르의 세속주의 공화정보다 더욱 큰 위협이었다. 서방의 획책으로 분할된 영토에서 영주처럼 군림하던 인공 국가들의 지배자들에게 치명적인 타격이 될 수 있었다. 1981년 9월 쿠웨이트, 바레인, 사우디아라비아, 카타르, 오만, 아랍에미리트가 서둘러 걸프협력기구(GCC)Gulf Cooperation Council를 형성한다. 왕정국가들이 연합하여 공화혁명의 확산을 저지코자 했다. 그럼에도 35년이 지난 2016년 현재, 이란의 영향력은 아랍 세계 전반으로 미치고 있다. 이라크의 수도 바그다드, 시리아의 수도 다마스쿠스, 레바논의 수도 베이루트, 예멘의 수도 사나까지 테헤란의 영향권에 들어갔다. 북아프리카의 알제리에서도 더 이상 마르크스주의에 정신분석학을 결합한 프란츠 파농을 읽지 않는다.

새 천년 좌파 세속주의자들을 대체하여 이슬람주의자들이 집권한 것이다. 21세기의 이집트, 시리아, 이라크, 레바논, 알제리, 튀니지, 바레인, 사우디아라비아, 요르단, 모로코, 파키스탄, 그리고 터키까지 이슬람 세계는 온통 1979년 이란 혁명에서 정치적 영감을 얻고 있다.

즉 어느새 이란은 근대 국가의 울타리를 훌쩍 넘어서 페르시아 세계의 좌장 역할을 복원해가고 있다. 동쪽으로는 인도의 펀자브 지방부터 서쪽으로는 이집트까지, 남쪽으로는 아라비아반도부터 북쪽으로는 흑해 연안까지를 폭넓게 아울렀던 것이 페르시아 세계였다. 이란의 21세기를 전망하기 위해서도 지난 백 년의 이란사만이 아니라 누천년 페르시아 문명사를 겹쳐 보아야 하는 까닭이다. 수도 테헤란을 떠나 향한 곳은 옛 사파비제국의 황도皇都였던 이스파한이다. 한때는 '세계의 절반'이라고 불리었던 찬란한 유덕 도시다.

032

페르시아와 유라시아

이란몽, 유라시아 만국의 길이 테헤란으로 통한다

'세계의 절반', 이스파한

천 년의 고도古都이다. 반천 년으로 절반을 가른다. 셀주크튀르크*의 수도가 된 이래 첫 번째 오백 년은 구시가에 흔적을 남겼다. 사파비제국의 수도가 된 이후 다음 오백 년은 신시가라고 불린다. 이스파한의 백미라면 아무래도 신시가 쪽일 것이다. 16세기와 17세기, 세계 문명의 절정을 구가했던 이슬람식 계획도시의 정수를 선보인다. 비단 사파비의 제도帝都만으로 그치지도 않았다. 서아시아의 오스만제국과 남아시아의 무굴제국이 이스파한을 통하여 연결되었다. 이스탄불과 델리를 잇는 가교형 제국이 사파비였던 것이다. 이슬람 세계의 허브이자, 굴지의 코즈모폴리

---

* 10세기에 튀르크족이 중앙아시아와 러시아 동남부로부터 이동할 때 셀주크라는 이름의 족장이 이끈 유목민족.

턴 도시였다. '세계의 절반'이라는 수사가 조금도 어색하지 않았다.

그 300년 전의 영화를 접하기 위해서는 테헤란에서 남쪽으로 300킬로미터를 더 가야 한다. 오늘날 이란의 한복판이다. 단박에 이란의 동서남북을 잇는 교통의 요충지임을 알 수 있다. 이란은 또 유라시아의 한가운데 자리한다. 그래서 천 년간 동서남북의 교역로가 교차하는 곳이 이스파한이었다. 셀주크튀르크 시대에만 대상인들이 쉬어가던 객잔이 50개를 넘었다고 한다. 그들이 동서 문화의 교류를 자극하고, 남북 물자의 교역을 촉진했다. 13세기 유라시아의 대일통을 달성했던 몽골세계제국도 이스파한을 지나칠 리 없었다. 14세기의 이스파한을 기록한 이로는 당대의 여행가 이븐 바투타도 있다. 학술과 상업의 거점으로 이스파한을 묘사한다.

신시가의 핵심 지역인 이맘 모스크와 이맘 광장 일대가 세계문화유산으로 등재된 것은 1979년이다. 마침 이맘 호메이니의 이란 혁명으로 재이슬람화에 발동을 걸던 무렵이다. 자연스레 17세기 이스파한의 영광이 환기되었다. 시아파 이슬람의 수용으로 이란이 재도약했던 시기다. 이맘 광장의 사방으로 쭉쭉 뻗어 나가는 대로 또한 그때 지어진 것이다. 도로의 시점과 종점에는 이슬람식 정원을 조성했다. 중간 중간은 모스크와 마드라사, 도서관으로 채웠다. 그 주요 장소들을 잇는 교각 또한 하나하나가 예술작품에 값한다. 자연스레 건축가와 세밀화가, 시인들이 커피를 즐기며 예술을 논하던 카페도 여럿이었다. 오스만제국 출신의 작가들과 무굴제국에서 여행 온 지식인들도 합류했다. 바로 이곳에서 이슬람 세계의 공론장이 형성되었다.

즉 '이스파한의 봄날'을 이란인들만 구가한 것이 아니다. 튀르크인, 아랍인, 인도인, 아르메니아인, 유대인 등이 혼재하는 다문화 사회, 글로벌 시티였다. 그중에서도 특히 아르메니아인이 유명하다. 동/서 무역에

이스파한의 아르메니아 교회.

페르세폴리스의 '만국의 문'.

종사하는 발군의 중개상인이었다. 지금도 그 후예들이 살아가는 거주지가 남아 있다. 그들이 주일마다 행차하는 교회도 여럿이다. 아르메니아 기독교와 페르시아 이슬람이 혼용되어 빚어낸 건축미학이 빛을 발한다. 근방으로는 조로아스터교도들과 유대교도들이 살아가는 마을도 옹기종기 들어서 있다.

17세기 말 이스파한의 인구는 이미 50만을 넘었다고 한다. 당시 세계에서 가장 크고 가장 아름다운 도시 가운데 하나였으리라. 기록으로 남긴 프랑스 상인도 있다. 162개의 모스크, 48개의 마드라사, 273개의 공중목욕탕이 번창하고 있었다고 한다. '세계의 절반'을 유럽에 처음 소개한 그 책이 프랑스에서 출판된 것이 1711년이다. 18세기 파리는 '페르시아의 진주' 이스파한을 동경해 마지않았다. 100여 년이 더 흘러 19세기 파리의 지식인과 예술가들도 살롱에서 커피를 마시고 담배를 태우면서 신문에 발표할 글을 쓰고 논쟁을 펼치는 '부르주아 공론장'이 출현한다. 이스파한의 '초기 근대'가 파리의 모더니티를 촉발했다.

천 년의 세계어, 페르시아어

이스파한에서 어울렸던 친구들이 오스만제국이나 무굴제국으로 돌아가더라도 소식을 끊고 살지는 않았다. 제국 간에는 외교 문서를 교환했고, 민간에서는 손 편지를 주고받으며 시와 소설을 공유했다. 그 인적, 지적 교류를 매개한 수단 가운데 하나가 페르시아어였다. 상징적인 인물로 시라즈에서 활약한 14세기 이란의 시성詩聖 하피즈를 꼽을 수 있다. 카슈미르의 여인들도, 사마르칸트의 아가씨들도 그의 시(=노래)에 맞추어 춤을 추었다고 한다. 더 멀리로는 벵골의 왕국(오늘의 방글라데시)에서 초대를 받기도 했다. 보스니아 사라예보의 모스크에서도 하피즈의

시가 울려 퍼졌다고 한다. 이 모든 일화들을 집대성한 작품이 바로 이븐 바투타의 여행기다. 더불어 13세기 마르코 폴로의 《동방견문록》에도 항저우杭州의 서호西湖에서 페르시아의 시를 읊고 있는 몽골 귀족의 자태를 접할 수 있다. 유라시아를 아우르는 드넓은 강역에서 '페르시아어 문예공화국'이 작동했던 것이다.

페르시아어는 아랍어와 불가분이다. 현재의 페르시아어와 고대의 페르시아어는 전혀 다르다. 이슬람의 전래 이래 아랍 문자를 차용하여 페르시아어를 표기하기 시작한 것이다. 아랍 문자를 장착한 신형 페르시아어 문예 활동은 10세기부터 활기를 띤다. 그래서 아랍어 기원의 어휘를 빼놓고는 페르시아 문학을 제대로 음미할 수도 없다. 페르시아 문학의 정수로 일컬어지는 시의 특징 자체가 아랍어의 영향에서 비롯하기 때문이다. 장/단음의 음절에 따라 음률을 맞춤으로써 예술성을 획득한다. 이란의 민족문학을 대표하는 장대한 서사시 〈왕서〉(샤-나메) 또한 아랍 문자와의 조우로 꽃을 피운 유라시아 문화 교류의 소산이다.

서쪽의 아랍 문자와 결합함으로써 페르시아 문학이 만개했다면, 페르시아어를 유라시아 차원으로 확산한 데는 동쪽에서 온 돌궐인, 즉 튀르크족의 기여가 다대했다. 셀주크튀르크부터 관료의 행정문서로 페르시아어를 사용하기 시작한다. 튀르크의 왕성한 정복 활동으로 페르시아어는 아나톨리아부터 아프가니스탄 및 북인도, 중앙아시아까지 널리 퍼져갔다. 북방에서 온 몽골인의 역할 또한 간과할 수 없겠다. 그들이 일군 몽골세계제국으로 페르시아어 세계는 서쪽의 아랍어 세계부터 동쪽의 한문 세계까지 더욱 촘촘하게 연결될 수 있었다. 이 또한 《동방견문록》에 흔적으로 남아 있는바, 마르코 폴로는 베이징의 노구교盧溝橋를 '프리 산긴'이라는 페르시아어로 표기하고 있다. 원뜻을 살려 한자로 옮기자면 석교石橋가 될 것이다.

즉 9세기부터 19세기까지 페르시아어는 유라시아를 종횡으로 엮고 묶는 세계어의 하나였다. 아나톨리아, 발칸반도, 코카서스, 이란고원, 인도, 중앙아시아, 중국의 서부까지 페르시아어로 통하였다. 문법적 특수성도 한몫했을 듯싶다. 변화무쌍한 조어를 가능케 하는 복합동사의 기능이 빼어나다. 조어력이 탁월하기에 고도의 유연성을 발휘할 수 있었다. 페르시아어를 모어로 삼지 않는 이들도 혼(오)용하기 쉬웠던 것이다. 따라서 페르시아어 문예공화국은 페르시아어가 독점하는 '국어'國語의 세계와는 전혀 성질을 달리했다. 페르시아어와 타 언어의 역동적인 습합이야말로 페르시아어 세계의 특징이다. 구미歐美(유메리카)적 세계체제의 점령 이전에 작동했던 구아歐亞(유라시아)적 세계체제의 복합성을 재고하는 방편으로도 유력한 사례가 될 것이다.

현재 페르시아어를 국어로 삼는 나라는 셋에 그친다. 이란과 아프가니스탄, 타지키스탄이다. 19세기부터 퇴조가 두드러졌다. 역시 유럽의 식민주의 탓이다. 영국이 지배한 남아시아에서는 1835년부터 영어가 페르시아어를 대체한다. 러시아의 남하에 따라 발칸반도와 코카서스, 중앙아시아에서도 페르시아어의 위상은 추락했다. 19세기 영국과 러시아의 '그레이트 게임'으로 페르시아어 세계 또한 축소되어간 것이다. 또 하나의 원인으로는 식민주의에 저항했던 민족주의의 약진을 꼽을 수 있겠다. 20세기 내내 일국가, 일민족, 일언어를 표준으로 삼는 근대화 모델이 확산되어 갔다. 영국이나 프랑스, 러시아와 같은 식민모국의 언어만큼이나, 선조들이 천 년이나 사용했던 페르시아어 역시도 '외래어'로 간주하게 된 것이다. 마치 조선의 한글 민족주의자들이 천 년의 한자 문명을 배타해갔던 것처럼, 페르시아어 역시도 배제되고 배척되었다. 그리하여 오늘날 페르시아어는 나라마다 그 이름마저 다르다. 이란에서는 이란어, 아프가니스탄에서는 다리어, 타지키스탄에서는 타지크어라고 부른다. '세계의 절반'을 소통시켰던 '페르시아어 문예공화국'이 사라진 자리에, 공간적으로 분획되고 시간적으로 분절된 수십의 민족문학들이, 국문학들이 들어섰다.

이슬람 세계의 화/이

이 도도한 '근대화'의 물결을 일거에 반전시킨 것이 1979년 이란의 이슬람 혁명이다. 명시적으로는 미국을 적대했다. 그런데 정작 소련에 더 치명적인 타격을 가했다. 의도치 않은 성서격동聲西擊東 꼴이었다. 미국은 멀고, 소련은 가까웠다. 당시 이란은 소련과 국경을 맞대고 있던 중동의 최강국이었다. 소련이 품고 있던 구페르시아권 공화국들에 직접적인 영향을 미칠 수 있었다. 이란 혁명이 일어났던 1979년에 소련이 아프가니스탄에 개입하는 무리수를 두었던 것도 이 때문이다. 이란과 이웃한 아프가니스탄마저도 '이슬람화'된다면 소련 내부의 '-스탄' 국가들마저 동요할지 몰랐다. 마치 미국이 동남아시아의 공산주의 도미노를 우려하여 베트남에 개입했던 것처럼, 소련은 중앙아시아의 이슬람주의 도미노를 염려하여 아프가니스탄에 진입한 것이다. 결국 제 발등을 찍고 말았다. 소련은 아프가니스탄에서부터 침몰되어 갔고, 아프가니스탄에 이웃한 중앙아시아에는 재차 이슬람 국가들이 들어섰다. 즉 공산독재 체제가 자유민주주의로 이행한 것(=역사의 종언)이 아니라, 좌파 세속주의 국가에서 이슬람 국가로 반전한 것(=역사의 소생)이다.

이로써 중앙아시아와 남유럽에서도 이란의 입김이 드세졌다. 백 년도 가지 못한 공산주의 이념이 사라진 공백을 천 년의 역사적, 문화적, 언어적, 종교적 공속감으로 메워간 것이다. 레닌의 동상을 철거한 자리에 모스크가 세워지고, 마르크스를 읽던 시간에 《코란》을 암송했다. 모스크바의 TV 방송보다는 테헤란의 라디오 방송을 듣기 시작했다. 그 반전하는 세계사의 현장을 누볐던 산증인도 우연찮게 만날 수 있었다. 내가 운동하러 다니던 헬스장의 트레이너가 혁명방위대 출신이었다. 10대에 지원병으로 이란-이라크 전쟁에 참전했다가, 20대에는 (유고슬라비아의 일부였던) 보스니아와 (러시아의 일부인) 체첸에도 파병되었다고 한다. 탈이슬람화에서 재이슬람화로, 이란 혁명 수출의 선봉대였다.

그 가운데서도 특히 타지키스탄과 아제르바이잔의 동향이 흥미롭다. 타지키스탄은 아프가니스탄과 더불어 페르시아어를 사용하는 나라다. 그래서 '두 개의 몸, 하나의 영혼'이라는 말까지 있다. 이란과 국가로서는 분리되어 있으되 정신만은 통한다는 뜻이다. 1930년대 소련 치하에서 도(주)입 되었던 키릴 문자를 폐지하고 아랍 문자를 되살려 정통 페르시아어를 사용하자는 목소리가 작지 않다. 아제르바이잔은 드물게 시아파가 다수인 국가다. 1990년대 독립 당시 별개의 국가를 이룰 것인가, 이란의 아제르바이잔주와 통합할 것인가를 진지하게 논의했다고 한다. 탈소련의 방편으로 이란과의 통일을 궁리했던 것이다. 실제로 독립국가 아제르바이잔보다 이란의 아제르바이잔주의 인구가 두 배는 더 많다. 현재 이란에 살고 있는 아제르바이잔족 혈통만 2천만을 헤아린다. 그중에는 이란의 최고 지도자 알리 하메네이도 있다. 즉 8천만 이란인 가운데 페르시아어를 모어로 삼는 인구는 절반밖에 되지 않는다. 나머지 절반은 터키어, 아제르바이잔어, 러시아어, 아랍어 등 여러 언어를 두루 쓴다. 여전히 제국의 속성을 속 깊이 간직한 복합국가라고 하겠다.

소련의 소멸로 이란의 영향력이 구페르시아권으로 확산되어간 반면에, 아랍 세계로의 진출에는 미국의 자충수가 한몫했다. 이라크부터 리비아까지 '민주주의'를 확산한답시고 기존 체제를 전복함으로써 이란식 이슬람 공화국의 매력을 더욱 돋보이게 한 것이다. 아프가니스탄에서는 탈레반 정권을 붕괴시키고 이라크에서는 후세인을 제거함으로써 이란의 안보 환경을 개선해준 효과 또한 톡톡했다. 손도 안 대고 코를 푼 셈이다. 21세기 중동의 지정학을 가늠해볼 수 있었던 시리아 내전에서도 반군을 지원했던 미국보다는 알-아사드 정권을 지원했던 이란 쪽으로 힘이 기울어지고 있다. 이란의 굴기가 확연하고 여실하다.

미국이 동아시아에서 중국의 굴기를 제어하는 임무를 일본에게 부여한 것처럼, 중동에서는 사우디아라비아를 통하여 이란의 굴기를 저지하고자 한다. 그래서 이란 대 사우디아라비아의 대결로 중동 정세를 접근하는 보도가 흔하다. 시아파 대 수니파라는 구도 역시 잇따른다. 적절한 독법이 아닌 것 같다. 내가 만난 이란인들은 남녀노소, 지위고하를 막론하고 사우디아라비아에 대한 열등감이 거의 없었다. 경쟁의식조차 희박했다. 우월감이 월등했다. 사우디아라비아는 장구한 역사와 전통을 자랑하는 이란과는 비교를 불허하는 새파란 인공 국가에 불과하다는 것이다. 고작 석유 하나로 웃자라서 미국의 군사력에 기대어 연명하고 있을 따름이다. 영토의 태반은 사막이요 자체적인 산업도 부재하니, 석유를 다 뽑아 쓰고 나면 신기루처럼 사라질 '테마파크'라며 낮추어 본다.

즉 이란은 2,500년의 문명사에 터하고 있는 이슬람 세계의 '중화'요, 사우디아라비아는 비록 메카와 메디나라는 성지를 보유하고 있을지언정 실상으로는 오랑캐이자 짝퉁에 가깝다는 식이다. 만리장성에 빗댈 수 있는 자연적 경계로는 페르시아만이 있을 것이다. 바다 건너에는 이슬람을 왜곡하고 있는 왕정국가들, 즉 바레인, 카타르, 아랍에미리트 등 인공 국가들이 번성하고 있다. 이란이 보기에는 좀체 문명의식이 부재한 '극장국가'들이다. 혹은 수장들과 왕족들이 통치하는 '가산家産국가'들이다. 이란의 이슬람 공화국과는 체제 경쟁을 할 깜냥이 못 된다. 민

이스파한.

심도 반영하지 않고(민주주의 부재), 천심도 따르지 않으면서(이슬람의 곡해), 물신(석유와 자본)만 섬기는 '천민 이슬람주의'이기 때문이다. 확연하고도 투명한 화/이 구도였다.

이들은 중동의 장래에 대한 전망 역시도 호흡이 깊고 길었다. 사막 아래 석유에만 기대어 일시적으로 솟아난 나라들이 과연 22세기에도 지속될 것인가? 도리어 나에게 되물어보는 식이었다. 곰곰 생각해보노라니 나로서도 몹시 회의적이다. 20세기와는 달리 21세기, 22세기에는 지하자원보다는 지상자원, 그중에서도 전통과 역사라는 '재생 가능 자원'이 더욱 관건적일 것 같기 때문이다. 걸프만의 '테마파크'들을 작위적으로 세웠던 영국과 프랑스는 이미 쇠락했고, 그들을 계승했던 미국조차도 갈수록 힘이 떨어지고 있다. 아무래도 페르시아제국의 후신 이란(과 오스만제국의 후예 터키)이 주도하는 새로운 '이슬람의 집'이 구축되어 가면서 '중동'이라는 명칭 자체를 지워갈 공산이 크다고 하겠다.

'유라시아의 절반', 지중해에서 황하까지

견문 2년차의 막바지, 애용하는 지도도 진화한다. 요즘은 구글의 지구도Earth Map를 살펴보는 재미에 푹 빠져 있다. 평면 지도나 지구본에서는 감지하기 힘든 입체감을 선사하기 때문이다. 특히 이란의 위치와 위상을 간취하기에 더없이 적합하다. 일단 이란은 높다. 영토의 대부분이 고원지대다. 특히 테헤란은 해발 1,200미터의 고지에 자리한다. 내가 머물렀던 5월과 6월에도 저 멀리로 만년설이 덮여 있는 엘부르즈산맥이 시원하게 눈에 들어왔다. 이란은 또 크다. 중동에서 자웅을 다투는 터키와 이집트보다 훨씬 더 넓다. 유라시아 전도를 펼쳐놓고 이란을 유럽에 포개어보면 독일에서 그리스까지 아우른다. 평면 지도의 왜곡을 교정한 실제 크기로는 영국에서 그리스까지 육박할 것이다. 그 넓은 영토 아래 묻혀 있는 지하자원 또한 풍부하다. 석유와 천연가스 매장량이 세계 2, 3위를 다툰다. 인구대국, 영토대국에 자원대국이기도 한 것이다.

지리적 조건만큼이나 역사적 위상 또한 돋보인다. 이란은 누천년 페르시아 문명을 선도해온 전위국가였다. 지난 백 년 역시 예외가 아니었다. 1951년 모사데크 수상의 지휘 아래 자원 국유화 운동을 개시한 것이 이란이다. 이집트의 나세르가 수에즈 운하의 국유화를 단행했던 것도 이란의 선례를 따른 것이었다. 1960년대 이후 중동 산유국의 자원 민족주의의 원조였다. 선봉 국가의 면모가 절정에 달한 것은 역시나 1979년 이슬람 혁명이다. 북아프리카, 중동, 중앙아시아, 남아시아, 동남아시아를 아우르는 거대한 이슬람 세계에 커다란 파장을 일으켰다. 그 시공간적 중심성으로 미루어보건대, 이란은 재차 세계사의 주축 국가로 복귀할 공산이 크다고 하겠다. '세계의 절반'을 자부했던 이스파한과 '만국의 문'을 과시했던 페르세폴리스만큼이나, 유라시아 만국의 길이 테헤란으로 통하는 날이 성큼성큼 다가오고 있는 것이다.

물론 회의와 우려가 없지 않다. 특히 미국에서 트럼프가 집권하면서 오바마의 핵 합의를 무력화할 것이라는 전망이 나온다. 이미 최고 지도자 하메네이가 경고를 해두었다. 혁명방위대를 앞에 둔 일장 연설에서 미국이 핵 합의를 파기할 경우 즉각 반격을 가할 것이라며 엄포를 놓은 것이다. 그 반격이 핵 개발 재개를 뜻하는지는 알 길이 없다. 다만 러시아와 중국과의 협력 노선을 더욱 강화할 것임만은 분명하다. 중국의 일대일로에서도, 러시아의 유라시아경제연합(EEU)에서도 이란의 잠재적 역할을 높이 평가하고 있기 때문이다.

이런 배짱 또한 나름의 시장 분석에 바탕한 것이다. 미국이나 유럽이 더 이상 이란산 자원의 으뜸 시장이 아니다. 첫째가 중국이요, 두 번째로는 인도가 등극했다. 인도는 이미 세계에서 석유를 세 번째로 많이 수입하는 산업국가로 변모했는바, 그 가운데 가장 많은 양을 이란에서 수입하고 있다. 굳이 서방이 아니더라도 러시아(중앙아시아), 중국(동아시아), 인도(남아시아)를 축으로 삼는 유력한 대안이 존재하고 있는 것이다. 이란의 '축의 이동'(pivot to Asia)은 지속될 것이다.

독자적인 유라시아 프로젝트도 가동되고 있다. '지중해에서 황하까지' 연결되는 신新실크로드의 허브로 이란을 자리매김한다. 특히 소련 해체 이후 (재)등장한 남유럽과 중앙아시아를 발판으로 삼고 있다. 전자에는 아제르바이잔, 아르메니아, 조지아(그루지야)가 있고, 후자에는 카자흐스탄, 키르기스스탄, 타지키스탄, 투르크메니스탄, 우즈베키스탄이 있다. 이들 8개국은 공히 18세기까지 사파비제국의 영향력 아래 있었던 곳이다. 현재 이란의 인구와 GDP가 이들 8개국을 합한 것에 버금갈 만큼 규모의 차이 또한 현저하다. 이란은 이미 2013년 체결된 이란-아르메니아 철도 건설을 통하여 흑해와 페르시아만을 잇는 최단기 노선을 구축했다. 아르메니아를 통하여 유럽과 연결되는 것이다. 이란-투르크메니스탄-카자흐스탄 삼국을 잇는 중앙아시아 철도가 완성된 것은 2014년이다. 이들 주변국과의 국경 도시에는 자유무역지대도 만들어 국경무역을 촉진하고 있다.

이란의 실크로드와 중국의 일대일로가 포개어지고 있음을 실감하는 현장 또한 그리 멀지 않았다. 테헤란대학교에 부속된 어학당에서 페르시아어를 배웠더랬다. 내가 속했던 중급-1 과정의 동급생 13명 가운데 7명이 중국인이었다. 중국에서 파견된 관료나 사업가의 부인들이 다수를 차지했다. 이란-중국 경제 합작을 위하여 테헤란에 살고 있는 중국인만 4천 명이 넘는다고 했다. 이란 전체로는 1만 명을 헤아렸다. 페르시아 세계와 중화세계가 공진화하고 있다.

천 년 전 '호인'胡人들의 춤과 노래 등 페르시아 문화가 대당제국으로 전파되어 '장안長安의 화제'를 일으킨 적이 있다. 이백과 두보는 호희들의 미모를 칭송하는 시를 여러 수 남겼다. 새 천년 테헤란에서는 중국에서 전파된 소림사가 큰 인기를 누리고 있었다. 소림사에서 중국어를 배우고 서예를 익히고 무술을 연마하는 이란 청년들이 적지 않다. 〈대장금〉의 선풍적이었던 인기가 소림사로 옮아간 것 같다. 온라인에서도 중국풍은 드세다. 이란에서는 페이스북과 구글, 트위터 등이 차단되어 있다. 이란의 청춘들은 화웨이華爲와 샤오미小米의 스마트폰을 손에 쥐고 중국의 SNS를 통하여 문자를 주고받고 사랑의 밀어를 나눈다. 덩달아 나까지도 테헤란 이후로는 위챗WeChat(웨이신微信)과 웨이보微博 앱을 장착해서 페르시아어와 아랍어, 중국어가 뒤죽박죽 혼종된 외계어로 '디지털 실크로드'에 동참하고 있는 중이다.

실제로 중국과 이란은 은근히 비슷한 구석이 많다는 인상을 받았다. 무엇보다 '문명국가'로서 대국 의식이 뿌리가 깊다. 페르세폴리스를 우주의 중심으로 여겼던 옛 페르시아인만큼이나, 오늘의 이란인들도 자신들이 이슬람 세계의 중화이자 정수임을 자부해 마지않는다. 테헤란대학의 남쪽으로 서점과 헌책방이 밀집해 있는 엥겔럽 거리를 산책하노라면, 길바닥에 퍼져 앉아 독서에 열중하고 있는 젊은이들의 모습을 심심찮게 목도할 수 있다. 지난 백 년, 이 나라에서 발현되지 못한 잠재력이 무궁무진할 듯하다. 페르시아몽이 무럭무럭 뭉게뭉게 피어오르는 '다른 백 년'을 예감한다.

중국몽이 서구의 자유주의도, 동구의 사회주의도 아닌 독자적인 고전 문명에 바탕하고 있는 것처럼, 이란몽의 초석 또한 이슬람 문명이 아닐 수 없을 듯하다. '중국의 충격'만큼이나 '이란의 충격'에도 대비해야 할 시점이다. 첩경은 역시나 이슬람 문명에 직접해 들어가는 것이리라.

하지만 홀로 수행하기에는 시간은 턱없이 모자라고, 능력은 더없이 부족했다. 앞서가신 분, 먼저 사신 분들의 가르침이 절실했다. 파키스탄부터 이집트까지 이슬람 세계 곳곳에서 울라마들을 만나 말씀을 청해 들었던 까닭이다. 울라마는 움마(무슬림 공동체) 사이에서 '만 권의 서책을 독파한 사람'으로 존경받는 이들이다. 이제는 내가 '선생님'으로 모시는 그분들과의 대화를 공개하기로 한다.

033

이슬람학을 권장함
울라마들과의 대화

아라비안 나이트: 달빛 아래 아랍어 문·사·철 읽기

테헤란에 둥지를 튼 것이 2016년 5월이었다. 그 후 이스탄불과 알렉산드리아로 거처를 옮겼고, 아라비아반도의 주요 나라와 도시도 살펴보았다. 아랍어 공부를 시작한 지는 1년이 넘었고, 페르시아어도 반년 이상 배웠다. 나름의 목표도 세웠다. 이슬람 문명의 문사철文史哲을 대표하는 책 한 권씩 아랍어로 읽어내는 것이다. 문학에서는 《천일야화》가 첫손에 꼽힌다. 역사라면 이븐 할둔(1332~1406)의 《역사서설》이 으뜸일 것이다. 철학이라면 역시나 《코란》이 아닐 수 없다. 하루에 30분씩, 하얀 달빛 아래 아랍어 원전을 읽어가는 '아라비안 나이트'가 8개월째 펼쳐졌다.

목표를 이루지 못했다. 절반도 이르지 못했다. 완독한 것은 달랑 한 권이다. 《천일야화》는 읽는 재미가 쏠쏠했다. 신드바드와 알리바바, 알라딘과 지니 등 익숙한 이야기가 많다. 야시시한 일화도 적지 않아 몰입도를 높이는 데 기여했다. 반면으로 《역사서설》과 《코란》은 힘겨운 독서였다. 내용도 평이하지 않을뿐더러, 참고해야 할 각주도 많아서 속도가 한참 더디었다. 결국 유혹에 기울고 말았다. 《역사서설》은 영역본으로, 《코란》은 일역본으로 때웠다. 세 권을 원전으로 독파하기에 250일은 턱없이 부족했다고 자위한다. 천 번의 밤을 아라비아에서 지새워야 했을 것이다.

더불어 읽어간 책들도 요긴했다. 재발견한 책이 적지 않다. 먼저 일본의 비교문명학자 우메사오 다다오梅棹忠夫가 있다. 《문명의 생태사관》이 대표작이다. 꼭 10년 전, 도쿄에서 읽었더랬다. 미니홈피에 독서 기록도 남아 있다. 일본을 구세계와 분리시키고 서구와 연결하는 탈아론의 연장선이라며 매몰찬 비판을 가했다. 이참에 재독하니 헛다리를 짚었음이 확연하다. 딱 그 시절 수준으로 책을 읽었다. 이제는 더 중요한 입론이 눈에 든다. 구세계를 4개 문명권으로 파악했다. 중국 세계, 인도 세계, 러시아 세계, 그리고 지중해/이슬람 세계. 근세에는 청제국, 무굴제국, 러시아제국, 오스만제국으로 등장했다. 특히 지중해와 이슬람을 하나로 묶어낸 안목이 빼어나다. 한창 지중해를 내해로 삼아 유럽과 아랍을 아우르는 '유라비아'적 시각을 연마하던 와중이었다. 향후 세계사의 전개를 '구세계의 재건'이라고 전망한 대목에서는 무릎을 치지 않을 수 없었다. 《문명의 생태사관》은 1958년부터 집필하여 1967년에 단행본으로 출간된 책이다. 냉전기의 한복판, 좌/우라는 얕은 이념 대결에 함몰되지 않고 거시적으로 세계사를 조망했던 문명사학자의 통찰이 빛을 발한다. '국가의 진보사관'을 돌파하여 백 년을 내다본 탁견과 혜안에 연신 감탄하던 이스탄불의 밤이었다.

우메사오 다다오보다 더 앞선 사람도 있다. 20세기 최고의 역사가라고도 불리는 아널드 토인비Arnold Toynbee다. 1948년에 《문명의 시련》

Civilization on Trail을 출간한다. 그중에서도 '이슬람, 서구, 그리고 미래'라는 논문이 돋보인다. 양차 세계대전이 성찰을 촉발한 것으로 보인다. 민족주의를 극복하는 대안으로 이슬람을 높이 평가했다. 인류의 위기를 타개하는 방편으로 이슬람적 가치의 보급이 긴요하다는 것이다. 예견도 보태었다. 서구화된 세계에서 만국의 노동자가 먼저 반기를 들고 (프롤레타리아트 혁명) 나면, 반反서구적 지도권을 요구하는 목소리의 하나로 이슬람이 부상할 것이라고 전망했다. 특히 앞으로도 국가 간 전쟁이 계속된다면 칼리프가 재림하여 그 역사적 사명을 수행할지도 모른다는 대목에서는 소름이 쫙 돋을 지경이었다. 실제로 IS가 칼리프의 복원을 선포한 것이 2014년이었다. 유럽의 토인비와 아랍의 칼리프, 그 기묘한 조합이 빚어내는 흥분으로 잠을 못 이루던 카이로의 밤이었다.

토인비를 계승한 이로는 어니스트 겔너Ernest Gellner도 있다. 석·박사 시절에 그의 논문을 몇 차례 읽어본 적이 있다. 민족주의 이론가로만 알고 있었다. 그가 말년에 저술한 책이 《자유의 조건》(1994)이다. 비슷한 시기에 제출된 후쿠야마의 《역사의 종언》과는 전혀 다른 전망을 담고 있었다. 소련 해체 이후, 즉 포스트-소비에트의 공간이 자유민주주의로 수렴될 것이라고 보지 않았다. 이슬람이 재부상할 것임을 적확하게 예상했다. 서구의 시민사회에 대한 유력한 대안으로 이슬람의 '움마'를 제시했던 것이다. 서구의 시민사회와 동구의 소비에트에 견주어 움마의 강점으로 꼽은 것은 성聖과 속俗의 튼튼한 결합이다. 사회과학적 정책과 종교적 구제를 동시에 제공하는 개념으로서 움마를 주목하라고 갈파한 것이다. 일생을 민족주의 연구에 천착했던 노학자의 귀결이 이슬람의 움마였다니! 만시지탄을 금치 못했던 알렉산드리아의 밤이었다.

아널드 토인비, 우메사오 다다오, 어니스트 겔너, 이 기라성 같은 학자들이 공통적으로 예견했던바, 이슬람은 목하 도저하게 (재)부상하고 있다. 정치, 경제, 사회 전 영역에서 배제되었던 이슬람이 공적 공간에 재진입하여 주도권을 장악해간다. 지난 백 년 단련되고 숙련된 '개신 이슬람'이 전통적 이슬람을 대체해가고 있는 것이다. 이슬람 세계 밖으로의 파장 또한 여실하다. 알-자지라는 이미 CNN에 버금가는 16억 아랍어 공론장의 허브가 되었으며, 이슬람 은행은 2008년 세계 금융위기 이후 유럽과 미국까지 역수출되고 있다. 마셜 호지슨의 대작 《이슬람의 모험》을 빌려 말하자면, '이슬람의 모험'은 21세기에도 줄기차게 지속되고 있는 것이다. 아니, 새 천년의 개막과 함께 더욱 박차를 가하고 있는 형국이다. 이슬람 세계의 재이슬람화는 이미 '신상태'이자 '뉴노멀'이 되었다.

하여 고대-중세-근대라는 '교조적인 진보사관'은 미련 없이 버려도 좋겠다. 노예제-봉건제-자본제라는 부언 설명 또한 파기하는 편이 이롭다. 1,400년 이슬람 문명사를 파악하는 데 한 치도 들어맞지 않는다. 내 나름으로 세운 틀은 이슬람화-탈이슬람화-재이슬람화의 대서사다. 진보적 아랍 민족주의와 보수적 왕정국가로 분열되어 갔던 이슬람 세계가 1979년 이란 혁명 이래 재이슬람화로 합류하고 있다고 보는 편이 대국에 합치한다. 물론 나 홀로 궁리하여 세운 입론일 리가 없다. 어디까지나 입문자이자 초심자일 뿐이다. 조력자가 있었다. 묻고 되묻고 거듭 여쭈었던 선생님, 울라마들이 계신다. 지금은 두 손으로 헤아려도 모자라는 숫자다. 그들과의 대화를 녹음한 분량만 사흘을 넘는다. 몽땅 전달하는 것은 가능하지도 않을뿐더러 현명하지도 못할 것이다. 질문의 수준부터 천차만별이다. 처음에는 몹시 조야하고 조잡했다. 시간이 흐르고 공부가 쌓이면서 꼴과 격을 갖추어갔다. 내가 곱씹고 되씹어서 소화한 수준으로 재구성하여 전달키로 한다. 호칭은 '울라마'로 통일했다. 국적 또한 생략한다. 그 편이 민족과 인종, 국가에 연연하지 않고 이슬

람의 진리를 탐구했던 울라마 본연의 모습에 가까울 것이다. 천일야화
千一夜話에는 한참 모자랐던 250일, 동방 객사의 아라비안 나이트를 기
록해둔다.

울라마: 만 권의 서책을 독파한 사람

이병한　　1979년 이란의 왕정국가를 타파하고 '이슬람 공화정'을 세
운 인물이 이슬람 학자 호메이니였습니다. 1998년 인도네시아에
서 수하르토 군사독재 정권을 무너뜨리고 집권한 이도 울라마 출
신의 와힛 대통령입니다. 2011년 이집트의 군사독재자 무바라크
정권을 전복하고 집권한 사람도 무슬림형제단 출신의 무르시였
죠. 중동의 이란, 동남아시아의 인도네시아, 북아프리카의 이집트
각 지역의 대국들에서 공히 이슬람 학자들이 민주화의 선봉에 섰
던 것입니다. 그런가 하면 헌팅턴의 《문명의 충돌》에 맞서서 '문명
간 대화'를 촉구하며 2001년을 원년으로 삼았던 이란의 하타미 대
통령 역시도 울라마였습니다. 새 천년 터키의 재이슬람화를 선도
하고 있는 에르도안 대통령의 발화도 정치인의 연설보다는 울라
마의 설교에 가깝다고 하더군요. 가히 '울라마의 귀환'이라고 해도
지나치지 않을 것 같습니다. 그런데 그 울라마가 어떠한 존재인가,
명료하게 상을 잡기가 쉽지 않습니다. 신부나 목사, 승려 같은 성
직자인가 하면, '율법학자'라는 번역어가 있는 것처럼 법조인의 성
격도 강합니다. 다른 한편으로는 학자이자 교육가이기도 하지요.
'울라마는 누구인가'에서부터 대화를 시작했으면 합니다.

울라마　　아랍어로 '지식/학문'을 뜻하는 말이 '일름'입니다. 학문에 종
사하는 이를 '알림'이라고 하고요. '울라마'는 '알림'의 복수형입니

대화를 나누었던 울라마들. ①튀니스 출신의
유스프할 샤예흐, ②콤 출신의 마흐드 아잘란,
③무스카트 출신의 알 사이드, ④다마스쿠스
출신의 하산 이븐 알리, ⑤바그다드 출신의
하삼 알바야티.

다. 이슬람 학자들을 울라마라고 부르는 것입니다.

이 하지만 교수나 지식인과는 다른 개념입니다.

울 이슬람학의 근거는 《코란》입니다. 더불어 《코란》에 근거해서 나온 이슬람법(샤리아)에 바탕합니다. 즉 울라마는 알라의 사도이자, 샤리아의 수호자라고 할 수 있습니다. 샤리아는 알라의 계시를 올바르게 해석하기 위한 부단한 학문적 노력의 축적입니다. 울라마를 '만 권의 서책을 독파한 사람'이라고 말하는 까닭도 《코란》을 현실 사회에 적용하기 위해 시행착오를 거듭했던 기록으로서 샤리아를 공부하기 때문입니다.

이 테헤란대학교 도서관에서 처음으로 샤리아를 보았는데요. 그 어마어마한 분량에 압도되었던 기억이 납니다. 일종의 판례집이라고 할까요. 무려 1,400년간 여러 장소에서 발간되었던 판례집을 참조하여 오늘의 현실에 적용하는 사람들이 울라마라고 하겠습니다.

울 그래서 이슬람을 성직자가 아니라 법학자가 지탱하는 종교라고 하는 것입니다. 유대교나 기독교와는 전혀 다릅니다. 가령 바티칸에는 교황이 있지요. 교황이 임명하는 추기경이 있고, 추기경 아래 사제들도 있습니다. 그러나 이슬람에는 그런 계서제형 조직 자체가 처음부터 없었습니다. 메카에도, 메디나에도, 예루살렘에도 신앙공동체를 조직하고 관리하는 집단이 없습니다. 신앙공동체로서의 종파가 아니라 법 해석을 달리하는 학파가 있을 뿐입니다.

이 칼리프 역시도 알라의 뜻을 대리 수행하는 존재이지 않습니까? 칼리프와 울라마의 관계는 어떠한지요?

울 《코란》에서 이미 울라마를 왕족보다 상위에 두고 있습니다. 울라마는 교사, 재판관, 설교사 등 다양한 전문가 집단으로 진화해왔습니다. 국가의 고위관료로 편입된 경세가형 울라마도 있고, 마을의 모스크를 관리하며 생계를 해결하는 훈장님형 울라마도 있었죠. 다만 국가를 경영하든 마을을 다스리든, 알라의 뜻이 이 땅에 임하는 것을 목적으로 삼았다는 점에서 동일한 역할을 수행했다고 하겠습니다.

이슬람 사회는 울라마와 칼리프, 움마로 나뉩니다. 칼리프는 '칼을 쥔 사람'입니다. 움마는 일반 신도입니다. 그 사이에 '붓을 든 사람', 울라마가 있습니다. 그들이 지배집단과 피지배집단 사이의 균형자 역할을 합니다. '칼을 쥔 사람'이 전횡을 부리면 움마의 편에 서서 압정을 비판합니다. 반대편으로 힘이 기우는 혼란기에는 다른 쪽으로 힘을 보탬으로써 사회의 질서를 유지하는 역할을 합니다.

칼리프는 국가의 지도자이지만 사법적 판단을 내리는, 즉《코란》을 해석하는 권한은 없었습니다. 그래서 법을 제정하는 권한도 가지고 있지 못했습니다. 입법권은 울라마에게 귀속되어 있고, 행정권만이 칼리프에게 주어졌던 것입니다. 만약 칼리프가 이슬람법을 제대로 시행하지 않으면 그를 파면할 수 있는 권한까지도 원칙적으로는 울라마에게 있었습니다.

이 이슬람판 '역성혁명'에 가까운 발상이네요. 그 칼리프가 폐지된 것이 1924년입니다. 오스만제국이 해체됨으로써 무슬림 공동체=움마 또한 사라졌다고 할 수 있습니다. 움마 대신에 수많은 '국민국가'가 들어섰고, 그 국가들의 수장은 대통령이나 총리라고 불리었습니다. 칼리프와 움마가 부재함으로써 울라마의 역할 또한 미미해졌고요. 그 빈자리를 민족주의나 사회주의를 주장하는 근대적인 지식인과 정치인들이 대신하게 됩니다. 이른바 '세속화'죠.

울 20세기는 '유물론의 세기'였습니다. 세 명을 대표로 꼽을 수 있습니다. 첫째가 마르크스요, 둘째가 프로이트이며, 셋째가 니체입니다.

마르크스는 종교를 민중의 아편이라고 비판했고, 프로이트는 무의식의 왜곡된 투영이라고 분석했으며, 니체는 '신의 죽음'을 선언하며 종지부를 찍었습니다. 신이 부재하는 세계에 이성과 과학에 근거한 이상국가 소련을 건설한 인물이 레닌과 스탈린이었고요. 신과의 일체의 관계를 끊고 등장한 노동자 국가의 탄생(1922)은 칼리프의 폐지(1924)와도 직결되는 엄청난 충격이었습니다. 오스만제국, 사파비제국, 무굴제국의 3대 이슬람 제국의 상당 부분이 소련의 내부 내지는 위성국으로 편입되게 됩니다.

그러나 유물론의 실험은 20세기가 끝나기도 전에 실패로 마감합니다. 소련이 와해된 자리에 동방정교와 이슬람, 불교 등이 되살아났습니다. 신의 죽음으로 출발한 20세기가 영성의 귀환으로 막을 내린 것입니다. 따라서 소련의 해체를 자유민주주의의 승리로만 간주한 것 역시도 단기적이고, 일면적이며, '냉전적인 시각'이었던 것입니다. 이성의 독재로부터 영성의 부활로 접근하는 편이 더 합당합니다. 그중에서도 가장 전위에 서 있는 것이 이슬람 세계이고요. 즉 이슬람의 시각에서 20세기를 회고하면, '세속화의 실험이 실패한 세기'로 정리됩니다.

이 탈세속화와 재영성화라고 표현할 수 있을까요?

울 애당초 이슬람에서는 성/속의 분리가 가능하지 않습니다. 바티칸의 교황처럼 절대 권력을 행사하는 곳이 없으니, 종교와 정치를 분화시키자는 세속 권력의 요구 자체가 일어나지 않습니다. 모스크역시도 교회와 다릅니다. 신도를 교인으로 등록하는 시스템이 없습니다. 중앙집권은커녕 차라리 아나키즘에 가깝습니다. 알라 외에는 다른 신이 없고 무함마드가 알라의 사도임을 인정하기만 하면 누구나 무슬림이 되는 것입니다. 특정 교구의 신부나 목사에 소속되는 것이 아니라, 알라와 직접 대면하는 것입니다. 그래서 모스크의 실상 또한 교회보다는 현대적인 의미에서의 주민센터에 더 가깝습니다. 울라마는 그 마을 사람들이 도덕적인 삶, 경건한 삶을 영위할 수 있도록 견인하는 조력자였고요. 그래서 하루에 다섯 차례씩 모스크에서 아잔이 울려 퍼지는 것입니다. 주중에는 세속의 법률에 따라 살다가 주일에는 교회에 가서 회개하는 것이 아니라, 매일 매일을 알라의 뜻에 부합하게 사는 것이 무슬림으로서 의무를 다하는 삶입니다. 성과 속, 영성과 이성, 천상과 지상은 결코 분리되지 않습니다.

그것을 억지로 분화시킨 정교 분리의 원칙이야말로 근대의 신앙입니다. 잘못된 신앙, 즉 우상 숭배이지요. 유물론의 세기, 20세기가 증언하고 있기도 합니다. 1차 세계대전과 2차 세계대전은 모두 정교 분리를 달성했다는 유럽 열강이 야기한 참혹한 전쟁이었습니다. 냉전 또한 자유주의와 사회주의를 섬기는 양대 진영의 다툼이었습니다. 정교 분리를 이루지 못했다는 이슬람 세계에서 20세기의 대참화를 일으킨 적이 없습니다.

이 하지만 1971년의 동/서 파키스탄 전쟁과 방글라데시의 분리독립은 이슬람 국가 간 전쟁이지 않습니까? 1980년부터 벌어진 이란-이라크 전쟁 역시도 이슬람 국가 간 전쟁입니다. 두 전쟁 공히 100만 이상의 희생자를 낳았고, 그 후유증은 지금도 이어지고 있습니다. 저는 무굴제국 이후의 남아시아를 '대분할체제', 오스만제국 이후의 서아시아를 '대분열체제'라고 표현하는데요. 그 화근이 유럽의 제국주의, 미국의 세계 정책에 있었다는 점에는 십분 동의하지만, 이슬람에 전혀 책임이 없다고 말하기도 힘들지 않습니까.

울 동/서 파키스탄 전쟁도, 이란-이라크 전쟁도 '국가 간 전쟁'이지 이슬람의 전쟁이 아닙니다. 1970년대의 파키스탄과 방글라데시 모두 이슬람을 방기한 세속주의 근대 국가였습니다. 서파키스탄은 펀자브 문화에 기초하여, 동파키스탄은 벵골 문화에 기반하여 세워진 '국민국가'입니다. 양국이 분단된 것 역시도 양쪽 모두가 이슬람 국가가 아니라, 민족적 동질성과 언어적 동질성을 따지는 근대 국가였기 때문입니다. 1980년대의 이라크 또한 사회주의와 민족주의를 결합한 바트당이 이끄는 근대 국가였습니다. 세 개의 이슬람 제국이 60여 개의 국민국가로 분열한 것이 무슬림이 경험한 20세기의 비극인 것입니다.

다만 두 차례의 전쟁이 결정적으로 중요한 것은, 움마 간의 전쟁 즉 '이슬람 세계의 내전'을 직접 목도함으로써 무슬림의 각성을 촉발한 데 있습니다. 더 이상 유럽의 식민주의, 소련과 미국의 신식민주의 탓만 할 수 없게 된 것입니다. 독립 이후에 도리어 서구의 가치를 내면화하고 말았음을 자각하게 됩니다. 정치적으로는 독립하였으되 사상적으로는 식민화가 지속되었던 것입니다. 혹자가 '친밀한 적'이라고 했었죠. 그 내재하는 적이 바로 민족주의와 세속주의, 사회주의와 자유주의 등이었습니다. 그러한 근대의 이데올로기를 깊이 성찰함으로써 이슬람의 부흥을 촉구하는 효과를 낳았던 것입니다.

이슬람의 견지에서 보자면, 국가와 민족에 충성하는 부국강병 노선 또한 우상 숭배에 다름 아닙니다. 자본주의는 실체 없는 화폐를, 민족주의는 부질없는 국가를 맹목하는 것이죠. 국가는 고작 100년, 200년 명멸하는 잠정적인 존재일 뿐입니다. 자본도 국가도 자신의 욕망을 신의 자리에 올려놓는 것, 이 세계를 아집의 고해로 만드는 도착을 야기합니다. 유물론, 무신론, 무종교야말로 탐진치貪瞋癡의 종합 산물인 것입니다. 따라서 무슬림이 헌신해야 하는 대상은 오로지 영원히 존재하는 신, 알라의 뜻입니다. 부강 또한 응당 무슬림 전체, 움마에 귀속되어야 합니다. 경제적인 풍요도, 강성한 군사도 일국만이 누린다면 이슬람적 공정에 위배되는 것입니다.

이 '이슬람 세계의 내전'이라는 말이 흥미롭습니다. 저는 국공내전부터 한국전쟁, 베트남전쟁까지의 30년 동아시아 냉전사를 '탈중화와 재중화의 길항'으로 포착했었는데요. '중화세계의 내전'이라고 간명하게 표현할 수도 있겠군요. 부국강병을 '우상 숭배'에 빗대는 발상 또한 동아시아의 '천하위공'과 통하는 것 같아서 솔깃합니다. 부국강병의 일국주의와 천하위공의 세계주의가 길항하는 구도로 20세기의 유라시아 전체를 독해해볼 수도 있겠습니다.

울 무신론의 세기에 두 개의 물신이 횡행하게 됩니다. 하나가 만물을 화폐로 환산해버리는 맘몬의 자본주의요, 다른 하나가 지상의 신으로 군림하는 리바이어던으로서의 국가이지요. 자본주의가 활개 치고 국가주의가 폭주할 수 있었던 근간에 유물론이 자리했던 것입니다. 국가와 자본이라는 두 물신을 동시에 타파해야 한다고 주창한 이로는 마르크스도 있습니다. 그래서 정치학과 경제학을 분리하지 않고 '정치경제학'을 세운 것이겠죠. 그러나 그는 끝내 영적 해방까지는 사유하지 못했습니다. 자본과 국가의 철폐, 노동의 해방만을 설파했죠. 《공산당 선언》의 치명적인 결함입니다.

이 언뜻 에리히 프롬의 현대 사회 진단과도 통하는 말씀 같습니다. 그도 니체, 마르크스, 프로이트를 두루 섭렵한 후에 '소유냐, 존재냐'라는 화두를 던졌습니다. 참존재의 방식으로 계급투쟁이 아니라 '사랑의 기술'을 설파하기도 했고요.

울 역설적인 것은 마르크스가 염원해 마지않았던 노동해방의 국가가 걸프만에 존재한다는 점입니다. 이들 산유국은 오일 머니에 기초해서 완전복지국가를 이루었어요. 도로 건설부터 집안 청소까지 육체노동은 죄다 외국인 노동자들이 대신해줍니다. 국가의 재정이 풍부하니 납세의 의무마저 없어요. 세금도 안 내는데 교육도 무료이고, 의료도 무료입니다. 그래서 이들 국가에서 살아가는 사람들이 행복할까요? 무료하고 지루한 일상을 영위할 뿐입니다. 그래서 더더욱 소비 중독이 만연하지요. 두바이와 아부다비, 도하에서 경쟁적으로 세계 최대의 쇼핑몰이 들어서고 세계에서 가장 높은 건물들이 들어서지만 영성의 갈증을 채워주지는 못합니다. 이들 산유국에서조차 재차 이슬람이 부흥하고 있는 근본적인 연유라고 하겠습니다. 영성의 충족 없이 인간은 결코 충만해질 수 없습니다.

이 1917년 러시아 혁명과 1979년 이란 혁명 사이를 '이슬람의 암흑기'라고 부를 수 있을까요? 궁금한 것은 그 60년, 두 세대에 걸친 짧지 않은 세월이 흘렀음에도 '울라마의 귀환'이 가능했던 기저가 무엇이었을까 하는 점입니다. 울라마를 동아시아에 견주면 유학자나 사대부 정도 될 것 같은데요. '선비의 귀환' 같은 현상은 찾아보기 힘들거든요. 동아시아의 민주화를 추동했던 이들은 여전히 민족주의와 사회주의, 자유주의 등을 익힌 근대적 지식인이나 청년 학생들이었습니다.

울 무슬림형제단을 주목할 필요가 있습니다. 1928년 이집트 아스완에서 처음 등장했습니다. 마드라사 등이 폐지되면서 울라마의 사회적 기반이 허물어지던 때였죠. 기존의 울라마 가운데는 유럽 유학 이후 전향하여 정당을 설립하는 경우가 많았습니다. 바트당이 대표적이죠. 독립 초기까지만 해도 이들이 역사를 주도해갑니다. 이집트와 시리아 등 아랍 민족주의 국가에서는 좌파 근대화론자들이, 걸프만의 왕정국가에서는 우파형 개발독재론자들이 나라를 이끌었던 것이지요. 이들은 아랍이 유럽에 역전당한 까닭을 이슬람의 '후진성'에서 찾았다는 점에서 동일했습니다. 탈식민화의 방편으로 탈이슬람화를 더욱 가속시켰던 것입니다.

반면 무슬림형제단은 민간 단체에 가까웠습니다. 즉 울라마가 아니라 움마가 주도한 민중적이고 민주화된 이슬람이 부상한 것입니다. 그래서 좌/우파 근대화 세력에 의해서 배척당했죠. 정권의 잠재적 위협이 되리라는 것을 본능적으로 알아차렸던 것입니다. 덕분에 더더욱 기층사회로 하방하지 않을 수 없었습니다. 마을 모스크의 재건, 《코란》독서회 조직, 병원 운영, 고아와 빈곤자 지원, 스포츠클럽 활동 등 풀뿌리 이슬람 운동을 전개한 것입니다. 아스완에서의 실험에 성공한 무슬림형제단은 카이로로 본부를 옮겼고, 순식간에 수백만을 거느리는 거대한 조직으로 성장합니다. 이 조직의 지도자들이 차세대 울라마, 신진 울라마로 성장해간 것이고요. 이 자생적 움마로부터 단련된 울라마들이 정치권력을 대체해가는 과정이 '이슬람의 민주화'입니다. 즉 이슬람의 '민주혁명'은 곧 '움마혁명'이라고도 할 수 있습니다. 트로츠키의 어법을 빌리자면 '영구혁명'*을 성공시키고 있는 세력 또한 공산주의자들이 아니라 이슬람주의자들입니다. 이들이 재차 세계적인 네트워크를 형성함으로써 글로벌 움마를 회복해가고 있는 것이고요.

이   세계적인 네트워크란 무엇을 말씀하시는 것인지요?

---

*   자본주의가 역사적 전개에 따라 다양한 형태로 진화할 수 있기 때문에, 공산주의 혁명 또한 각 단계에 따라 유동적으로 거듭 혁신되어야 한다는 주장. 프롤레타리아트 혁명으로 공산혁명을 완수했다고 여기는 레닌이나 스탈린과는 상이한 관점으로, 소련공산당 내 노선 투쟁을 촉발했다.

울 무슬림형제단은 주로 아랍 국가들에 퍼져 있습니다. 더불어 비아랍 국가들의 이슬람 개혁주의 단체들과 긴밀하게 연대하고 있죠. 현재 터키의 집권당인 공정발전당의 모체가 되었던 조직도 무슬림형제 단과 관련이 있습니다. 인도네시아의 공정영광당도 마찬가지고요. 말레이시아의 이슬람당과도 인적, 지적 연결망이 촘촘합니다. 풀뿌리 운동이면서 동시에 초국적인 운동입니다. 자연스레 기존 국가의 경계를 넘어서는 움마의 복원으로 이어지고요.

이 저는 그간 1979년 중국의 개혁개방이 21세기를 추동하는 가장 큰 힘이라고 생각하고 있었습니다. 지금은 같은 해에 일어났던 이란의 이슬람 혁명도 마찬가지 비중으로, 혹은 그 이상으로 대접해야 한다는 생각을 굳혀가고 있습니다. 산술적으로 중국인/화교/화인 15억보다 무슬림 16억이 더 많을뿐더러, 개혁개방이 세계체제의 세력 균형을 변화시키고 있는 반면에 이슬람 혁명은 세속적 세계 자체를 전복하려는 동력이라는 점에서 더욱 더 근본적인 도전이라는 생각마저 듭니다. 즉 중국의 부상은 영국-미국을 잇는 패권국의 교체라는 점에서 근대 세계체제의 반복일 수가 있지만, 이슬람의 부흥은 자본주의/민족주의/국민국가에 대한 정면도전이라는 점에서 더더욱 심층적인 충격을 야기할 수 있습니다. 자연스레 화제를 움마로 옮겨보겠습니다.

움마: 무슬림 공동체

울 '움마'는 아랍어로 '움므'(엄마)와 어원을 같이하는 단어입니다. 또 아랍어로 인류를 '바누 아담'이라고 하는데 '아담의 자손'이라는 뜻이죠. 즉 인간은 모두가 어머니로부터 태어나는 순간 이미 아담의 계보를 잇고 있다는 인식에서 이슬람의 인간론이 출발합니다. 따라서 '개인'이라는 발상도 들어설 수가 없습니다. 인간은 오로지 다른 인간과의 관계 속에서만 존재합니다. 그것을 가장 명료하게 표현한 이가 바로 아리스토텔레스죠. "인간은 사회적 동물"이라고 말했습니다. 이슬람은 그리스 사상의 적통을 자임하는 종교입니다. 로마가 기독교를 국교로 삼아 반지성주의의 중세로 이행했던 천 년 동안 그리스 사상을 만개시킨 것이 이슬람이었습니다. 고로 '개인'이라는 존재할 수 없는 개념에 바탕해서 입안된 근대의 자유주의도, 사회주의도 이슬람에서는 통용될 수가 없는 것입니다. 움마의 언어적, 철학적 기초라고 하겠습니다.

움마의 역사적 기원은 메디나로 거슬러 오릅니다. 무함마드가 메카에서 메디나로 이주함으로써 최초의 이슬람 국가가 성립합니다. 이곳에서 무함마드와 신도들 간에 '메디나 헌장'이 맺어집니다. 이슬람의 사회계약이라고도 할 수 있죠. 메디나 헌장은 지금도 이슬람적 시민사회의 원형으로 환기되고 있습니다. 납세의 의무만 다하면 종교의 자유를 보장하고 공동체의 자치를 허용한 쌍무雙務 협정이었습니다. 그래서 메디나에서는 유대교도 기독교도 공존할 수 있었던 것입니다. 즉 삼교가 공존하는 다종교 도시가 메디나였습니다. 이를 세계적으로 확장한 것이 움마라고 하겠습니다.

이 그럼 움마를 흔히 '무슬림 공동체'라고 번역하는 것도 오역이겠군요? 무슬림만의 공동체가 아니라, '이슬람의 집' 아래 살아가는 만인을 뜻하는 것입니까?

울 근대적인 개념으로는 세계시민주의, 사해동포주의, 글로벌 시티즌, 지구사회 등에 더 근접할 것입니다.

이 근현대 아랍 사상가들의 저작을 일별해보면, '움마'라는 단어가 특별한 마력을 지니고 있는 듯 보였습니다. 결국 어떻게 움마를 재구상하고 재구성해낼 것인가가 20세기 아랍 사상의 귀결점으로 보이더군요. 움마를 국민으로 삼으면 일국주의가 되고, 아랍인으로 삼으면 아랍 민족주의가 되고, 무슬림으로 삼으면 이슬람 세계 전체의 통합을 지향하게 됩니다.

울 움마는 각국의 헌법에도 흔적으로 남아 있습니다. 1950년 시리아 헌법에 최초로 '아랍 움마'라는 표현이 등장합니다. 1952년 요르단 헌법에도 같은 말이 나오죠. 1956년 이집트 헌법에도 채용되었습니다. 1958년 이집트와 시리아가 통일하면서 출범한 아랍연합공화국의 헌법에도 명기됩니다. 1960~70년대 걸프만의 신생 독립국가들도 공식적으로는 '아랍 움마'의 일원으로 자국을 자리매김합니다. 자국의 영토조차도 '아랍 조국의 일부'라고 표기한 경우도 있었어요. 즉 아랍 세계의 독립국들은 초기부터 이미 '주권국가'라는 발상을 넘어서고 있었던 것입니다. 아니, 넘어섰다기보다는 애당초 국가의식/국민의식이 희박했다, 낯설었다고 보는 편이 더 합당하겠죠. 1950~60년대 아랍의 통일국가를 수립하자는 아랍 민족주의의 실험에 아랍인들이 열광했던 까닭입니다.

이 그 열기에 찬물을 끼얹은 것이 1967년 아랍-이스라엘 전쟁이었습니다. 그럼에도 1988년 발표된 팔레스타인 독립선언서에도 "팔레스타인은 아랍 민족의 불가분의 일부이다"라는 표현이 재차 나오더군요. 움마의 관성이랄까 자성磁性, 근성을 새삼 확인하게 됩니다.

울 아랍-움마의 실험이 좌초하면서 부상한 것이 무슬림-움마입니다. 1979년 이란의 이슬람 혁명이 기폭제였습니다. 같은 해 11월, 레바논의 베이루트에서 아랍통일연구원 주최로 8개국 30명의 지식인이 참가한 국제회의가 열립니다. '아랍 민족주의의 이념과 실천'

이 주제였는데요. 아랍 민족주의에서 이슬람주의로 전환하는 이정표가 된 행사였습니다. 그때 명성을 쌓은 이로 카이로대학의 정치학자 알리 히라르가 있습니다. 《이슬람적 움마 부흥을 위한 주요 노선》이라는 소책자를 발간하죠. 1980년대부터 이 문건이 아랍 세계 전역으로 퍼져 나갑니다. 이에 화답하듯 시리아의 무슬림형제단 이론가였던 사이드 하와우도 《신의 전사—그 문화와 논리》를 집필합니다. 이슬람주의에 바탕한 혁명국가 노선을 표방한 강령 문건쯤 됩니다. 크게 3단계를 제시했어요. 이슬람적 인격의 형성, 각 나라에서의 이슬람 국가 수립, 그리고 움마의 통일입니다. 이슬람적 인격이 존재하지 않으면 이슬람 국가가 수립될 수 없고, 각국에 이슬람 통치가 작동하지 않으면 무슬림의 통일도 실현되지 않는다는 발상입니다.

이 저도 두 팸플릿을 읽어보았습니다. '사회주의 국제주의'에 빗댈 수 있는 '이슬람 국제주의' 문건 같더군요. "만국의 노동자여 단결하라"에서, "만역의 무슬림이여 단결하라"로 바뀌었다고 할까요. 한편으로는 이슬람판 '수신제가치국평천하'修身齊家治國平天下의 논리로 보이기도 했고요. 또 하나 흥미로웠던 것은 아랍-이스라엘의 중동 전쟁에 대한 역사 해석이 달라지는 대목이었습니다. 아랍인 대 유대인의 민족 간, 국가 간 대결이 아니라, 이슬람과 유럽 간 문명의 충돌로 이해합니다.

울 이슬람 세계에 주입된 유럽의 식민지가 이스라엘입니다. 이를 아랍인 대 유대인의 대립 구도로 보는 것은 문제의 본질을 은폐하는 것입니다. 아랍과 유럽의 모순이라고 보는 편이 더 적절합니다. 팔레스타인 땅을 점령하여 이스라엘을 건국한 이들은 유대인이 아니라 유럽인이었습니다. 폴란드인, 러시아인, 독일인, 프랑스인 등 유럽인입니다. 즉 이스라엘은 유럽인이 팔레스타인에 만든 식민지로서, 유럽 최후의 교두보라고 보아야 합니다.

이스라엘의 탄생 또한 유럽식 국민국가의 모순을 이슬람 세계로 이식한 것입니다. 국민국가란 국민의 헌신을 요구하는 리바이어던(=우상) 숭배 체제입니다. 유럽의 근대에서 '유대인'들은 국민국가라는 우상에 전면적으로 충성하지 않는 비국민의 전형이었던 것이죠. 그래서 개별 국가로부터 배제하고 유럽의 바깥으로 배출해야 했던 것입니다. 그 파장이 곧장 아랍 세계에도 미쳤습니다. 조상 대대로 아랍인이면서 유대교를 믿는 신도가 적지 않았어요. 이슬람 세계에서는 하등 문제가 되지 않았습니다. 그러나 유럽식 체제가 이식되면서 그들의 존재 또한 애매해진 것이죠. 아랍인 동포로부터 적대감이 고조되었습니다. 이슬람형 공존체제가 유럽식 분단체제로 전환되면서 소수자로 전락하게 된 것입니다. 그들도 결국 고향을 떠나 이스라엘로 이주할 수밖에 없는 역설이 일어납니다. 이 수십만의 '아랍인 유대교도'야말로 유대인 대 아랍인의 대결 구도가 허상임을 증명해주는 것입니다.

이 예루살렘에 갔더니 의외로 아랍어가 통하는 곳이 많아서 신기했던 경험과도 무관치 않을 듯합니다.

울 《메카 회의》라는 책이 있습니다. 1902년 카와키비가 저술한 가상의 회의록이죠. 최후의 이슬람 제국인 오스만제국의 붕괴가 머지않았음을 예감하고 미래를 상상하여 그린 공상과학 소설입니다. 국가별로 쪼개졌던 움마들이 메카에서 회합함으로써 칼리프를 재옹립하고 무슬림 세계를 재통일하는 과정을 토의하는 모습을 그린 것이죠. 실제로 이슬람회의기구(OIC)Organization of the Islamic Conference가 출범한 것이 1969년이에요. 그 책이 발간되고 70여

년이 흘러서 '이슬람'을 표방하는 국제기구가 등장한 것입니다. 기독교 문명권이나 불교 문명권에서는 찾아보기 힘든 현상이죠. 다시 70년이 더 흐른 2040년이 되면 《메카 회의》의 결말처럼 칼리프 국가가 재림할지도 모를 일입니다. 러시아와 같은 광활한 영토를 보유한 국가도, 중국이나 인도와 같은 10억이 넘는 인구를 포함한 국가도 이미 존재하지 않습니까? 언젠가 움마 전체를 먹여 살릴 수 있는 농산물을 자체적으로 생산하고 사회경제적 발전을 도모할 수 있는 자원과 자본, 노동력을 확보한 이슬람 연합국가가 창출될 수도 있는 것이죠.

따라서 칼리프의 복원 선언을 중세적 신정神政국가로의 반동이라고만 이해하는 것 역시 일면적인 것입니다. 도리어 탈식민 운동의 지속이자 심화이며 완성일 수도 있어요. 이 세계의 근본적인 복수화, 다양화에 기여할 수 있습니다. 뿌리를 상실하고 고향을 잃어버린 무슬림-움마의 터전을 이 세계에 다시 확보하는 것입니다. 즉 국민이나 민족이 아니라 무슬림으로서 이 세계에 존재하게 되는 것입니다. 헤겔이나 마르크스가 '보편사'라고 정립한 역사의 법칙에 종속되는 인간이 아니라, 인류사의 진정한 창조적 주체로서 거듭나는 것입니다.

이 흥미롭습니다. 동아시아의 캉유웨이康有爲의 《대동서》大同書와 견줄 수 있는 작품일 것 같네요. 저도 꼭 읽어보겠습니다. 그런데 이미 칼리프의 부활을 선언한 IS가 2014년에 등장하지 않았습니까? 그들의 기관지 《다비크》를 읽노라면 '하나의 움마, 복수의 국가'라는 모순, 즉 서구가 주입한 국가간체제와 작위적인 국경선을 허물고 이슬람적 세계질서를 복구하겠다는 의사 표명이 확실합니다. IS에 대해서는 어떻게 생각하시는지요?

울 이슬람 국가에도 계보가 있습니다. 20세기 최초로 이슬람을 국명으로 삼았던 나라는 파키스탄이었어요. 막대한 희생을 무릅쓰고 인도에서 분리하여 세운 국가가 바로 파키스탄이슬람공화국이었죠. 그럼에도 결국 방글라데시가 파키스탄으로부터 떨어져 나가는 비극을 경험하고야 말았습니다. 즉 '일국 이슬람주의'가 실패한 것입니다. 세계주의와 보편주의를 내장하고 있는 이슬람주의는 일국주의와 양립할 수 없기 때문입니다. 거꾸로 일국주의를 강제하는 국가간체제를 지속해야만 이슬람주의를 봉쇄할 수 있다는 말도 됩니다.

이 램프 속의 거인, 지니처럼 국가 속에 갇혀 있는 움마라고나 할까요. 그러하면 현재의 '난민 위기' 또한 20세기의 '국민'으로부터 필사적으로 탈출하여 움마를 회복해가는 과정이라고 볼 수도 있겠습니다. 2016년 시리아 난민 통계를 보니, 이미 중동에 주입되었던 '국민국가' 체제는 내파되고 있는 듯합니다. 터키에 260만, 레바논에 110만, 요르단에 65만, 세르비아에 32만, 이라크에 25만, 이집트에 12만의 시리아 난민이 수용되었더군요. 여기에 이라크와 리비아 난민까지 보태면 더 복잡해질 것이고요. 기성의 국민과 새로운 난민이 혼종됨으로써 국민도 난민도 아닌 '움마'가 되어간다고 할까요. 난민대국 터키에서 '신오스만주의'가 제기되는 것과도 무관치 않은 흐름 같습니다. 오스만제국 말기에 국민도 난민도 아닌 움마의 근대화로서 창출된 개념이 바로 '신오스만인'이었습니다.

울 IS가 국제질서와 상충되는 근본적인 까닭도 여기에 있습니다. IS는 현재 국제질서의 근본적 모순을 적나라하게 표출하고 있습니다. 이라크와 시리아라는 인공 국가가 파탄나면서 불거진 난민 위기가 그러하죠. 이슬람에서는 '난민'이라는 개념이 처음부터 성립할 수 없습니다. '국민'이라는 것이 애당초 없기 때문입니다. 국경이라는 것 역시 부재하죠. 인간의 기본적인 권리인 자유로운 이동을 금지하는 것이 국경입니다. 대지에 철조망을 쳐서 인간의 이동을 가로막는 것이죠. 국가를 만들고, 국경을 쌓고, 국민을 형성했기에 난민 위기가 초래되는 것입니다. 이 '난민 위기' 또한 21세기의 새로운 사태가 아닙니다. 20세기 초 유럽의 질서가 아랍으로 이식되면서 줄곧 난민 위기는 지속되었습니다. 억지로 국민국가를 만들어가다 보면, 그 국민에서 배제된 사람들이 곧 난민으로 전락하는 것입니다. 따라서 난민 위기는 '국경 문제', '국가 문제', '국민 문제'라고 불러야 마땅합니다.

《코란》에서는 이미 수차례에 걸쳐 이 세계의 하늘과 땅의 주권은 알라에 귀속된다고 말하고 있습니다. 일정한 영토를 일정한 시기에 점하고 있는 일부의 인간에게 주권이 귀속될 수 없습니다. 무슬림이 별개의 국가에 나뉘어서 살아가고 서로간의 이동이 자유롭지 못한 체제야말로 억압적이고 차별적인 것입니다. 대지는 지역에 따라 기후가 다르고, 분포되어 있는 자원에도 차이가 있습니다. 특정한 지역이 일시적으로 자연재해로 생활이 곤란해질 수도 있고요. 따라서 이주의 자유는 인류의 생명에 공정과 평등을 보장해주는 제1원칙인 것입니다. 그래서 사람의 이동을 제한하는 국경의 폐지는 이슬람 질서의 재건에 필수불가결한 사항입니다. 유럽에서 말하는 자유, 평등, 민주, 정의, 인권 등을 실현하기 위해서라도 개별 국가권력의 카르텔에 불과한 국가간체제를 해체해야 하는 것입니다.

이슬람은 본래 내재적으로 '세계화'에 익숙했습니다. 그래서 가장 늦게 등장한 종교임에도 가장 짧은 시간에, 가장 넓은 지역으로, 가장 많은 사람들에게 퍼져 나갈 수 있었던 것입니다. 움마와 칼리프는 천 년이 넘는 세월 동안 세계에서 가장 강고한 법적 안정성을 확보하며 사막지대부터 열대우림까지, 북아프리카부터 동남아시아까지 이슬람의 지배를 실현해왔습니다. 국가주의에서 세계주의로 흐름이 바뀌는 21세기에 더더욱 강력한 대안적 세계화의 첨병으로 이슬람은 부흥할 것입니다.

다만 현재의 IS는 이슬람의 원리에 기반해 있는 국가가 아니라 전쟁 중에 가동되고 있는 전시체제 국가라고 보아야 합니다. 그래서 움마의 복원과 칼리프의 수립을 어떠한 방법론에 기초해야 하는지에 대한 이론적, 사상적 토론이 치열하지 못합니다. 따라서 이슬람법의 구현을 표명만 하고 있을 뿐, 실질적으로는 전시체제, 치안 유지를 위한 전체주의 경찰국가에 가깝죠. 그러나 그럼에도 불구하고 현재 인류에게 요청되는 국민국가의 폐지와 공정한 세계화, 즉 전지구, 전 인류, 전 생명을 영토적 국민국가로부터 해방시키는 이슬람의 과업은 IS의 성공 여부와 무관하게 지속될 것입니다.

이 탈냉전 이후 세계화를 이끌었던 미국은 자국 중심주의로 후퇴하고 있습니다. 그 빈자리를 중국의 물류와 이슬람의 문류가 주도하는 '다른 세계화'가 펼쳐질지도 모르겠군요. 이슬람 사상에서 흥미로웠던 부분이 '국가'라는 말의 어원이었습니다. 아랍어로 '다울라'라고 하지요. 본래 뜻은 '순환, 변천, 교체'입니다. 즉 국가라는 것은 흥망성쇠의 숙명을 따르지 않을 수 없습니다. 따라서 항구적이고 항상적인 존재가 아닌 국가에 성심을 바칠 수가 없다는 논리로 귀결됩니다. 그래서 국법 위에 이슬람법, 샤리아가 있는 것이고요. 무슬림이 따르고 지키며 귀의해야 할 대상 또한 국법이 아니라 샤리아입니다. 샤리아로 주제를 옮아가 보겠습니다.

샤리아: 이슬람의 법

울 '샤리아'는 아랍어로 '물길'이라는 뜻입니다. 물이 나는 곳으로 난 길을 말하죠. 사막에서 우물에 이르는 길, 구제에 이르는 길입니다. 진리에 이르는 길, 알라의 뜻에 이르는 길이 이슬람의 법, 샤리아인 것입니다.

이 재미있습니다. 한자로 '法'법 또한 물[水]처럼 흐르는[去] 것으로 풀어볼 수 있는데요. 그럼 샤리아가 구현된 이슬람 사회는 '법치국가'인 것입니까?

울 서구에 '법치국가'는 있어도, '법의 지배'는 없습니다. 법의 지배가 부재함을 가장 명료하게 보여주는 것이 법학 교육입니다. 서구적 교육에서는 초등학교에서도 중고등학교에서도 법학 교육을 받지 않습니다. 헌법의 일부를 사회 교과서에서 배우는 경우가 있을 뿐이죠. 법치국가라면서 정작 법학의 기초가 없는 시민을 양성하는 것입니다. 그리고 그 법을 만들고(입법부) 다루고(사법부) 집행하는(행정부) 소수에게 과도한 권력이 부여되어 있습니다. 즉 사람의 사람에 대한 지배, 소수의 다수에 대한 지배가 이루어지고 있을 뿐 '법의 지배'는 아닌 것입니다. 이와 같은 인간의 인간에 대한 지배에서 인간을 해방시키고 법의 지배를 실현하는 것이 이슬람의 정신입니다.

이 법치와 법의 지배는 어떻게 다른 것입니까?

울 이슬람의 법, 샤리아는 인간이 작위적으로 만드는 것이 아닙니다. 신의 뜻이 곧 법이기 때문입니다. 그래서 특정한 사람만 법을 배우지도 않습니다. 만인이 신의 법 아래 평등해야 합니다. 그래서 어린 시절부터 샤리아를 익히는 것입니다. 가정교육과 마을교육, 또 국가가 세운 학교의 공교육을 통해서 끊임없이 샤리아 공부를 하게 됩니다. 하루에 다섯 번씩 《코란》을 소리 내어 읽으며 기도를 올리는 것도 자신의 일상 속에서 샤리아를 관철하기 위한 방법이지요. 즉 샤리아는 일상과 떨어져 있는 법치가 아니라, 천상과 지상을 하나로 이어주는 법의 지배입니다. 칼리프 역시도 샤리아의 집행자에 불과합니다. 샤리아를 구현하는 칼리프의 지배란, 인간에 의한 인간의 지배에서 해방됨을 의미합니다.

이 그러나 입법권은 결국 울라마에게 있지 않습니까? 서구에서 국회의원이 입법권을 행사하는 것과 이슬람에서 울라마가 샤리아를 해석하는 것 사이에 얼마나 큰 차이가 있는지 모르겠습니다. 마찬가지로 인간에 의한 인간의 지배, 소수에 의한 다수의 지배라고 할 수 있지 않는지요?

울 울라마는 국가에 속해 있는 사람이 아닙니다. 따라서 국법을 입안하는 사람도 아니지요. 여전히 입법을 국가의 단위에서 사고하는 것입니다. 이슬람은 개인을 부정하는 것만큼이나 국가도 부정합니다. 개인도 국가도 자기중심주의의 표출에 불과합니다. 진정한 공공성을 국가는 담지할 수가 없습니다. 국가를 최상위 집단으로 여기고 국가의 공公과 개인의 사私를 대립시키는 사회과학의 전제부터가 이슬람의 견지에서 보자면 잘못되어 있는 것입니다. 이슬람법은 국법이 아니라 보편법입니다. 즉 개인과 국가보다 더 위에 신이 자리하고 있습니다. 국가는 진정한 공공성으로 가는 중간 단계일 뿐입니다. 따라서 울라마 또한 국가에 연연하지 않았습니다. 그래서 신의 뜻을 관철시킬 수 있는 통치자를 찾아서 나라를 옮겨 다닐 수 있었습니다. 그들의 사명은 민족과 국가에 충성을 바치는 것이 아니라, 이 땅에 알라의 말씀을 실현하는 것에 있었기 때문입니다. 칼리프 통치의 정당성 또한 샤리아의 시행 여부에 달려 있었습니다. 그러한 보편주의를 담지하고 있었기 때문에, 서쪽으로는 모로코부터 동쪽으로는 인도네시아까지 놀라울 만큼의 적응성과 융통성을 보이며 확산될 수 있었던 것입니다. 지금 말하는 '법치'란 특정한 지역에 사는 일정한 사람들(민족, 국민)의 습관이자 관습을 말할 뿐이죠. 그것을 '법의 지배'라고 말할 수는 없는 것입니다.

이 알듯 말듯 아리송합니다.

울 샤리아의 본질을 이해하기 위해서는 중국의 정치사상을 참조하고 비교할 필요가 있습니다. 중국 정치의 핵심은 유가의 덕치주의죠. 도덕 교육을 으뜸으로 칩니다. 그 가르침을 받드는 나라가 중화가 되는 것이요, 그 배움이 미치지 못한 곳이 오랑캐의 땅입니다. 황제 역시도 그 천명을 받고 수행하는 천자라고 불리었죠. 황제가 화/이 질서의 중심에 있는 것이 아닙니다. 덕화야말로 정치질서의 핵심인 것입니다. 그래서 황제조차도 그 가르침을 초월한 존재가 아니라, 거꾸로 그 유교적 덕을 체현할 것을 끊임없이 요구받는 대상이었습니다. 따라서 유교의 가르침에 위배되고 덕을 상실하면 방벌의 대상으로 전락했던 것이고요.

즉 이슬람 사상에서도, 중국의 정치사상에서도, 중추적인 이념은 사람의 지배가 아니라 정치에 의한 성스러운 질서의 확립에 있습니다. 그것을 이슬람에서는 샤리아의 구현이라고 말하는 것이고, 중국에서는 왕도의 실현이라고 표현했던 것이죠. 중국이 '덕의 지배', 이슬람이 '법의 지배'를 실현하고자 한 반면에, 서구의 근대 정치는 '인간의 지배'였던 것입니다.

이 인간에 의한 인간의 지배를 배격하고, 인간에 의한 인간의 지배로부터 해방되는 이념으로 샤리아를 고수하기에 '정당정치'의 발전이 더디었다고 할 수도 있습니까? 근대 정치의 핵심은 정당정치입니다.

울 정당을 아랍어로 '히즙'이라고 합니다. 어감이 좋지 않습니다. 분파, 당파, 도당에 가까운 뜻입니다. 부정적인 견해가 이미 내장되어 있죠. 역사적인 배경이 있습니다. 초기 이슬람의 와해가 파당 간의 분열 탓이었습니다. 칼리프 폐지 이후에 이슬람 결사체가 무슬림형제단과 같은 NGO로 등장한 이유입니다. 비슷한 시기에 인도네시아에서 등장한 단체의 이름도 이슬람동맹이었죠. 한사코 정당이라는 이름은 피했던 것입니다. 20세기 중반에서야 '중도 이슬람개혁당' 등 중도라는 수사를 포함하여 정당들이 들어섭니다. 그렇게라도 해야 '히즙'이라는 단어의 부정적 어감을 희석할 수 있기 때문입니다. 그러다가 마침내는 헤즈볼라(히즙+알라), 즉 '신의 정당'이라는 이름을 단 정당까지 출현하게 되죠. '신의 말씀을 따르는 정당'을 표방함으로써 중도라는 수사를 떼어내도 되었던 것입니다. 헤즈볼라 역시 1979년 이란의 이슬람 혁명 이후에 등장했고, 1982년 레바논에서도 결성되었습니다. 지금은 예멘, 리비아, 사우디아라비아, 바레인, 터키 등에서 헤즈볼라가 활동하고 있습니다.

이 그 이슬람주의 정당들이 냉전의 종식과 함께 전 세계적으로 약진하고 있습니다. 민주화와 재이슬람화가 공진화하고 있음이 이슬람 세계의 가장 큰 특징인 것 같아요. 이슬람의 후진성 때문에 민주주의가 발전하지 못한다는 상투적인 인식과는 정반대의 현상입니다.

울 이슬람 세계에서도 응당 정치가 민의를 반영하기를 바랍니다. 민주주의가 구현되기를 희구합니다. 그래서 반드시 《코란》이 설파하는 이슬람의 정의가 실현되는 사회가 만들어지기를 희망합니다. 본디 이슬람이 내면의 신앙으로 그치는 종교가 아니지 않습니까. 장대한 이슬람법과 결합되어 있는 정치적 종교입니다. 그 이상을 실현하지 못했던 개별 국가의 국법을 샤리아의 수준까지 끌어올리라고 요구하는 흐름이 민주화로 표출되고 있는 것입니다. 이슬람적 정의를 조금 더 잘 실천하는 국가로 바꾸어달라는 것이 무슬림의 민의인 것입니다. 그래서 히즙(정당)조차도 방편으로서 인정하게 된 것이지요. 국법에서 이슬람법으로 귀의하는 수단이자, 국가에서 움마로 귀의하는 도구라는 관점에서 이슬람 정당을 승인하고 있는 것입니다.

이 이슬람주의 정당의 활약 또한 '정당정치의 성숙'보다는 '샤리아의 실현'으로 가는 이행기의 지표라고 보아야 하겠군요.

울 개인은 사회를 분절하고, 국가는 움마를 파편화하며, 국법은 샤리아를 왜곡합니다. 무슬림의 민의는 움마를 복원하고 샤리아로 귀의하라는 것입니다. 그래서 민주화가 진척될수록 재이슬람화는 더더욱 강화될 수밖에 없습니다. 민주화=재이슬람화는 비가역적인 변화라고 생각합니다.

이 그렇다면 재이슬람화, 즉 이슬람의 부흥 현상을, 20세기 근대화로 말미암아 비대하게 확장된 국가권력에 대항하여 이슬람적 시민사회(=움마)를 복원해가는 운동이라고 표현해도 되겠습니까?

울 이슬람은 애당초 약한 국가, 강한 사회로 작동했습니다. 19세기의 식민화와 20세기의 근대화로 이슬람의 민간 사회를 지탱했던 근간이 해체되고 말았던 것입니다. 아랍 민족주의의 좌파 국가이든, 산유국 왕정국가의 보수파이든, 국가권력의 강화와 사회 능력의 약화라는 점에서는 비슷했습니다. 좌파적 시각에서 보면 나세르의 이집트, 후세인의 이라크에서 사회주의와 민족주의를 실시하며 '복지국가'의 단초를 마련했다고 후하게 평가할 수도 있습니다. 그러나 이슬람의 시각에서 보면 국가권력의 민간 장악이 강화되면서 전통적인 사회의 자율성을 현저하게 떨어뜨린 것으로 이해할 수밖에 없습니다. 재이슬람화=민주화가 시민사회의 강화와 연동되는 까닭입니다.

이 개인, 국가, 법치 등의 개념에는 호의적이지 않으셨는데요. 시민사회에는 거부감이 덜하신 것 같습니다.

울 자유로운 시민의 공동체라는 시민사회의 원형이자 이념형이 고대 그리스의 폴리스이지 않습니까? 그 폴리스가 천 년의 공백 끝에 우연히 유럽으로 전파된 것이 아닙니다. 12~13세기부터 지중해의 북부, 유럽의 남부 도시에서 시민계급이 등장했던 것은 지중해의 남부, 즉 아랍의 북부 도시의 영향을 받았기 때문입니다. 이슬람은 유대교나 기독교처럼 유목민의 종교가 아닙니다. 이슬람이 처음 등장한 메카는 당시 아라비아반도 최대의 상업 도시였습니다. 무함마드 본인부터가 상인 출신이었고요. 즉 이슬람은 그 출발부터 도시 종교이자 시민 종교였던 것입니다. 그래서 이슬람 세계에는 찬란한 도시들이 번영할 수 있었습니다. 그 도시생활을 더욱 잘 영위하기 위해서 '이슬람적 공정'이 강조되었던 것이고요. 아랍 상인과 페르시아 상인이 유명했던 이유도 여기에 있습니다. 또 그랬기에 플라톤의 이상 도시론을 비롯한 그리스 사상이 이슬람 세계에 널리 전파되었던 것입니다. 시민사회와 이슬람은 하등 충돌할 이유가 없습니다. 시민사회를 억압하며 팽창하는 국가권력이 이슬람과 상충할 뿐입니다.

이 그 이슬람적 시민사회에서 작동했던 제도들은 어떠한 것들이 있습니까? 또 민주화=재이슬람화의 과정에서 그러한 제도들 역시도 복원되고 있는 것인지요?

울 재이슬람화=민주화와 더불어 일어나는 현상이 바로 경제의 자유화 ·533

입니다. 사회주의, 복지국가, 개발독재 모두 국가권력의 강화로 귀결되고 맙니다. 이슬람에서는 복지국가가 아니라 '복지사회'가 작동합니다. '와크프'라는 제도가 있지요. 이슬람 고유의 기부 제도라고 하겠습니다. 이 역시 사유-국유-공유라는 소유의 세 형태로부터 비롯하는 발상입니다. 사유제와 국유제를 제어하는 방편으로 공유제가 고도로 발달한 것입니다. '와크프'는 아랍어로 '정지'라는 뜻이에요. 소유의 정지를 의미합니다. 이 세계의 만물은 근본적으로 신이 창조한 것입니다. 신의 소유가 곧 공유입니다. 따라서 개인의 사유도, 국가의 국유도 일시적일 뿐입니다. 사유권과 국유권을 '정지'시킴으로써 재차 신의 귀속으로 되돌리는 것이 와크프인 것입니다. 무슬림의 일상에서 가장 큰 비중을 차지하는 모스크가 대부분 와크프로 만들어지는 것이에요. 개인의 재산을 '정지'시킴으로써 마을공동체에 귀속시키는 것입니다. 모스크에 부속되기 마련인 도서관과 병원, 고아원 등도 그렇게 만들어지지요. 마을의 안녕과 복지를 위해 사용되는 자율적 사회안전망이 가동되었던 것입니다.

이처럼 와크프로 작동하는 이슬람 시민사회의 원리를 '재산권'에 기초한 민주주의로 작동하는 서구인들은 제대로 이해할 수가 없었어요. 와크프를 '신의 재산'이라고 잘못 번역하고는 이슬람의 후진성의 증거라며 와크프를 강제적으로 폐지했지요. 이슬람적 공유제를 파기함으로써 우파는 소유제로, 좌파는 국유제로 퇴행할 수 있었던 것입니다.

이 소유와 국유를 '정지'시킨 그 와크프의 운영 주체는 누구입니까? 어떻게 재화를 (재)분배할 것인가가 복지사회를 판별하는 잣대일 텐데요.

울 물론 울라마입니다. 샤리아에 근거하여 와크프를 공공선에 부합하도록 사용하는 역할을 울라마가 담당합니다. 그래야 신(=보편적 공공성)에 근거하여 기부한 재산을 국가라는 또 다른 사적 권력을 매개하지 않고 직접적으로 민중의 복지와 후생에 사용할 수 있기 때문입니다. 민중(=신도) 또한 신의 이름으로 기부된 공공재임을 알기에 와크프의 관리와 운영을 더더욱 엄격한 눈으로 감시하게 되고요. 나아가 움마로서의 공공의식 함양에도 기여를 하게 됩니다.

이 '자카트'라는 것도 있지요? 일본의 이슬람 경제 책에서는 '구빈세'라고 번역했던데요. 국가에 내는 세금이 아니라는 점에서 적절한 역어가 아닌 것 같습니다. 아랍어 원뜻에 맞추어 한자를 조합하면 '희사'喜捨가 가장 어울릴 것입니다.

울 자카트는 무슬림이 수행해야 할 다섯 가지 의무, 오행 가운데 하나일 정도로 중요한 것입니다. 신앙고백, 예배, 단식, 순례와 더불어 희사가 있습니다. 어원을 따져 들어가면 '정화하다', '맑게 하다'라는 뜻을 담고 있죠. 세속에서 거두어들인 재산을 성스럽게 정화한다는 의미입니다. 자카트는 무슬림과 알라의 계약입니다. 세계는 신이 창조한 것으로, 본래 만물이 신의 소유물입니다. 인간은 그것을 일시적으로 대리할 권리만 있을 뿐이죠. 따라서 그 일시적인 소유로 인해 증식된 재산은 다시 신에게 되돌려주어야 한다는 것입니다. 그 증식된 재산 가운데 신의 몫을 바로 자카트라고 하는 것이지요.

다음으로는 공동체에 대한 의무가 있습니다. 재차 이슬람에서는 재산권에 기초한 인권이나 민법이 들어설 여지가 없습니다. 오로지 움마가 있을 뿐입니다. 따라서 만인은 동포정신에 기초하여 상호 부조하지 않으면 안 됩니다. 자카트는 그 상부상조를 제도화한 것입니다. 실리적인 효과도 있습니다. 재산을 그냥 보존만 하면 자카트의 몫도 점차 줄어들게 됩니다. 신과의 계약을 더욱 충실하게 이행하기 위해서, 또 공동체에 더욱 많이 봉사하기 위해서라도 무슬림은 더더욱 경제 활동을 활발하게 펼쳐야 하는 인센티브가 되는 것입니다. 상업을 널리 장려하는 이슬람의 특징이 여기서도 잘 발현되고 있습니다.

이슬람은 현세를 부정하지도 않고, 자연적 욕망을 억제하라는 금욕주의도 아닙니다. 그러나 인간의 부는 자신이 실제로 사용할 만큼만 있으면 충분하다고 가르칩니다. 욕망의 기호화에 의한 물신 숭배를 단호하게 거부하는 것이지요. 이자의 취득, 증권의 선물 매매, 즉 화폐가 화폐를 낳는, 화폐가 실제 세계와 유리되어 자기 증식하는 금융자본주의를 엄격하게 금지하는 것입니다. 그래야 이슬람 경제가 건전하게 작동하고, 그 기반 아래서 시민사회 또한 건강하게 운영될 수 있습니다.

이 그런 발상의 연장선상에서 이슬람 은행도 나온 것이겠죠. 이자를 수취하지 않으면서도 상업 활동을 더욱 활발하게 하는 것이 곧 신의 뜻을 더욱 널리 펼치는 것이 됩니다.

울 이슬람 은행의 목표는 인간의 복리 증진에 있습니다. 그 복리에는 물질적 만족도 포함되지만, 더 중요한 것은 마음의 평안과 행복입니다. 따라서 생산의 최대화, 소비의 극대화가 이슬람 은행의 목표가 될 수 없습니다. 정신의 건강함과 생활의 경건함, 사회적 공정과 공평의 실현이 수반되어야 합니다. 즉 이슬람 경제는 경제적 고려를 도덕적 고려에 종속시킵니다. 이자 없는 은행이라는 특수성에 주목할 것이 아니라, 그 기층에 깔려 있는 이슬람적 가치관에 주의를 기울여야 할 것입니다. 은행의 활동마저도 결국은 알라의 뜻을 이 땅에 실현하는 것, 지상을 천국으로 만드는 것이 궁극의 목표인 것입니다.

즉 '성장'이나 '발전'의 의미가 다르다고 하겠습니다. 애당초 아랍어에는 발전이나 개발 같은 단어가 없었어요. 굳이 비슷한 것을 꼽자면 울라마의 '영혼의 성장'이라는 개념이 있었죠. 경제를 통하여 영성을 고조시키고 양심을 충족시킨다는 이슬람의 목표는 앞으로도 지속될 것입니다. 생산과 소비, 유통이라는 영리 활동을 통하여 도덕적 각성을 촉발하고 윤리적 실천을 이끄는 것이 목적입니다.

이 작년에 말레이시아를 견문하면서 이슬람 경제에 처음 입문했던 기억이 납니다. 특히 할랄 제도가 인상적이었는데요. 정작 중동에 왔더니 할랄 로고를 발견하기가 힘들더군요. 역설적이게도 이스라엘에서는 할랄 상품이 많았습니다.

울 할랄 인증제는 매신賣神적 행위입니다. 신의 이름으로 이윤을 취하려는 삿된 마음입니다. 그래서 유럽이나 미국에서 할랄 상품이 더 큰 인기를 얻고 있는 것입니다. 할랄 제도는 이슬람적인 것이 아니라, 말레이시아와 인도네시아의 '국가자본주의' 전략이라고 보아야 합니다. 종교를 활용한 마케팅이자 후발국가의 정책인 것이죠. 유대인의 넉넉한 주머니를 겨냥하여 도입된 코샤르 인증제를 차용한 것에 불과합니다. 이슬람은 유대교와 달리 일개 민족의 종교가 아닙니다. 특정 국가의 발전 전략을 위해서 이슬람을 활용하는 것에 결연하게 반대합니다. 어찌 일개 국가가 국익을 위해서 신의 섭리를 인증할 수 있다는 말입니까. 할랄 상품은 이슬람의 원리에 정면으로 위배되는 것입니다.

이 제가 《유라시아 견문》 제1권에서 썼던 내용과 상반되는 말씀을 주시니 조금 당혹스럽습니다. 도덕 경제, 윤리적 소비 등에 할랄 제도가 기여하는 바가 전혀 없다고 생각하시나요?

울 할랄의 인증 권한을 특정 국가가 독점하고 그 이익을 국유화하는 것은 이슬람의 원칙에 위배된다는 뜻입니다. 말레이시아가 진정으로 할랄 제도를 통하여 '이슬람적 가치'를 세계적으로 실현하고 싶다면, 할랄 산업으로 인한 수익 또한 공공의 목적(=신의 뜻)의 실현을 위해서 희사해야 할 것입니다. 그렇다면 이슬람적 공정이 지구적 차원에서 선순환할 수도 있겠지요.

이 할랄을 통한 이윤 또한 와크프를 통해 '정지'시키고 자카트를 통해 '희사'해야만 이슬람적이라고 말할 수 있다는 뜻으로 이해하겠습니다.

울 무슬림에게는 인류 사회에 최선의 것을 제공해야 하는 책무가 있습니다. 모세와 예수를 이은 최후의 예언자가 무함마드였기 때문입니다. 근대 유럽이 부상하기 전까지 약 천 년간 무슬림은 그 책임을 다하였습니다. 세계를 동서남북으로 연결한 것도 무슬림이었고, 유럽을 중세의 암흑기로부터 구원해준 것도 이슬람이었습니다. 다만 지난 200여 년 그 역할을 수행하지 못했을 뿐입니다. 무슬림으로서 자부심과 책임감을 가지고 재차 이 세계에 이바지할 것입니다. 서구적 근대는 이미 말세에 접어들었고, 서구의 가치 또한 말법이 되었습니다. 그 말세와 말법을 대신할 유력한 자산으로 이슬람 문명이 있습니다.

이 과연 이슬람 정치, 이슬람 경제가 어디까지 진화해갈는지 '이슬람의 모험'을 계속 주시하겠습니다.

학문의 권장

이슬람권 국가에서는 지금도 아이를 대여섯씩 낳는 경우가 흔하다. 1인 가구는 좀체 찾아보기 힘들다. 3대가 함께 사는 경우도 많다. 그래서 방하나 딸린 집을 구하기가 쉽지 않을 정도였다. 혼자 사는 것을 이해할 수 없다는 눈치였다. 혼밥이나 혼술, 고독사는 상상하기도 힘든 문화일 것이다. 사람이라면 모름지기 어우러져서 살아야 하기 때문이다. 그들의 이름에서도 그런 발상은 잘 녹아 있다. 무슬림의 이름은 유독 길다. 아버지와 할아버지, 증조할아버지는 물론 더 먼 조상의 이름까지 따오기도 한다. 그리고 오늘을 사는 나는 또한 누구의 어머니이자 할머니이며 증조할머니 등으로 자리매김하게 된다. 고로 이슬람 세계에 나 홀로 개인은 존재하지 않는 것이다.

개인주의와 자유주의가 진보의 척도인가? 그럴지도 모르겠다. 그러나 진화적 관점에서는 성공적인 수단이 아닌 것 같다. 그런 사조가 만연한 사회일수록 인구가 급격하게 줄어들고 있다. 종의 번식에, 가치의 전파에 실패하고 있다. '인구 절벽'이라는 말이 유럽에서도, 일본에서도, 한국에서도 심심찮게 들려온다. 반면 이슬람의 인구는 중단 없이 늘어나고 있다. 21세기 인구 전망 통계를 보면, 무슬림의 약진이 단연 두드러진다. 2070년이면 인류의 3분의 1이 무슬림이 된다. 유라시아로만 따지면 절반 가까이가 무슬림이다. 유럽조차도 15퍼센트가 무슬림이 될 것이다. 양적 변화는 질적 변화를 수반하기 마련이다. 이미 조짐은 완연하다. 2016년 서유럽의 런던에서 최초의 무슬림 시장市長이 탄생했다. 동유럽의 루마니아에서도 무슬림 여성이 총리 후보까지 지명되었다. 당장은 유럽 극우파의 반동이 눈에 띈다. 하지만 민주화=이슬람화의 물결은 이미 아랍을 넘어 유럽까지 당도해 있는 것이다. 재이슬람화의 물결이 반동파의 저항을 타고 넘어 문명 융합을 선도하고 강제해갈 것 같다. 본디 유대교-기독교-이슬람은 한 뿌리이지 않았던가. 세 종교가 조화로웠던 시절이 바로 '이슬람의 집'이 작동하던 때였다.

지난 백 년 유럽은 선망하고, 아랍은 등한시했다. 석유와 천연가스 등 지하자원으로만 간접적으로 관계를 맺었던 20세기의 이슬람 인식은 서둘러 떨쳐내는 편이 이로울 것이다. 지상자원에도 주목해야 한다. 때마침 적기이기도 하다. '식민지 근대화'와 '조국 근대화'를 추동했던 자본주의도, 국민국가도, 민족주의도 유효기간을 만료했다는 실감을 한층 더하는 2016년이었다. 지난 세월 금과옥조로 여겼던 관념과 신념이 송두리째 무너져 내리는 '탈-진실'Post-Truth 시대로 진입했다. 그럴수록 '교조적인 근대화'가 군림하기 이전에 작동했던 다양한 문명권의 숙성된 지식과 농축된 지혜, 그 '숙지'熟知를 재발굴하고 채취하여 세련시키는 제련 기술이 중요해질 것이다.

150년 전 일본의 계몽가 후쿠자와 유키치福澤諭吉(1835~1901)가 《학문의 권장》을 집필한 바 있다. 대저 서학을, 구미의 학문을 배우자고 제자들과 후세에 권한 것이다. 그 서학을 곧 진리이자 진실로 떠받들었던 한 시절이 시나브로 끝나가고 있는 것이다. 새로운 학문의 권장이 필요한 때에 이른 것이다. 나로서는 이슬람학을 크게 권장하는 바다. 태생적으로 세계화, 정보화, 네트워크화 등 21세기의 시대정신과 어울리고 부합하는 학문이자 사상이다. 유럽의 근대 사상을 처음부터 '우상 숭배'라며 비판했던 해체주의와 탈진실의 기수이기도 했다. 지난 백 년의 학문을 재고하고 성찰해볼 수 있는 흥미진진한 지적 모험의 기회를 제공해줄 무진장한 보물창고임에 틀림없다.

안타깝게도 나는 다소 늦은 것 같다. 기억력이 영 예전만 못하다. 중요한 단어도 돌아서면 곧장 까먹기 일쑤다. 그나마 다행이라면 구글의 번역 능력이 갈수록 탁월해진다는 것이다. 특히 아랍어-영어의 번역 정확도는 한국어-영어와 비교할 수 없을 정도로 훌륭하다. 그만큼 아랍어-영어 번역을 활용하는 빈도가 높다는 뜻일 것이다. 3대 이슬람 제국을 분쇄했던 대영제국의 혜택을 이런 식으로나마 보게 된다. 하더라도 불혹을 목전에 둔 나이에 이슬람학에 매진할 수는 없을 것이다. 어디까지나 동(아시아)학과 서(유럽)학의 곁가지로서 '이슬람의 모험'을 곁눈질하려고 한다.

　그러하기에 더더욱 새 천년의 신청년에게 기대를 걸게 된다. 부디 뜻을 높고 크게 세워줬으면 좋겠다. 일생을 투신하여 일가를 이루어봄직한 유망한 분야다. 2050~2060년 이슬람 세계의 재이슬람화가 절정에 달할 무렵에 학문적으로도 만개할 수 있을 것이다. 이들이 세계의 3할이자 유라시아의 5할을 차지할 '21세기의 색목인'과 한반도를 긴밀하게 (재)접속시켜 주는 첨단이 되어주기를 바란다. 그 편이 유라시아 이니셔티브와 창조경제, 문화 융성에도 일조하는 첩경이기도 할 것이다. 따라서 개개인의 작심과 분발에만 맡겨서도 안 될 것 같다. 국가적 사업으로 진흥해야 할 것이다. 할랄 산업 단지를 조성하는 것만큼이나, 이슬람학의 메카가 될 대학과 연구소도 지어야 할 것이다. 독어와 불문학 이상으로 아랍어를 가르치고 페르시아 문학을 공부해야 할 것이다. 태평양보다는 인도양으로, 신대륙보다는 구대륙으로 방향을 크게 선회해야 한다. 테헤란으로, 이스탄불로, 카이로로 미래의 주역을 과감하게 파견해야 할 것이다. 장차 이슬람을 모르는 자, 감히 21세기를 논할 수 없으리, 장담하는 바다. 재차 읍소하건대, 부디 이슬람학을 권한다.

알렉산드리아 도서관 내부.

034

유라비아, 르네상스의 서진

새 천년의 집현전,
라틴어 이전에 아랍어가 있었다

알렉산드리아: 서방의 제자백가

문명은 오리엔트에서 시작했다. 최초의 문자가 등장한 것이 기원전 3200년, 오늘날 이라크의 남부지대다. 비슷한 시기 이집트에서도 문자가 탄생했다. 알파벳의 기원이 되는 페니키아 문자도 오리엔트에서 전파된 것이다. 가지를 치고 나와 라틴 문자와 키릴 문자가 되었다. 히브리 문자와 아랍 문자에도 지대한 영향을 미쳤다. 이집트에서는 파피루스도 발명된다. 페이퍼의 원조가 되었다. 이집트와 이라크 사이에서는 기독교도 탄생했다. 그래서 성경을 '바이블'Bible이라고 한다. '비블로스'Biblos라는 레바논의 지명에서 따온 것이다. 오리엔트는 책Book의 기원이자 문명의 시원이었다.

고대 오리엔트의 대일통을 달성한 이가 기원전 4세기의 알렉산드로스 대왕이다. 이집트부터 그리스를 지나 인도까지 하나의 세계를 일구었다. 각지의 개별 문화가 그리스 문화, 헬레니즘으로 합류했다. 제국의 수도에 값하는 곳은 역시 이집트였다. 나일강의 은총을 입었기 때문이다. 풍부한 곡물을 생산함으로써 시장경제가 활달하게 작동했다. 자연스레 문화적인 욕구도 증폭했다. 문화 융성에 몰두한 이가 알렉산드로스 대왕의 뒤를 이은 계몽 군주 프톨레마이오스다. 본인부터가 역사가이자 수학에도 조예가 깊었다. 문화의 전당을 만들기로 한다. 거점으로 삼은 곳이 알렉산드리아다. 본래는 군항이었던 곳이다. 수군이 집결했던 군사 도시를 학술 도시로 탈바꿈시켰다.

핵심 사업은 박물관을 건설하는 것이었다. 고대의 박물관Musem은 아홉 무사 여신Muses을 모시는 신전이었다. 그곳에 신의 뜻을 헤아리는 지식도 집적키로 했음이 혁신의 요체였다. 호메로스와 소포클레스의 작품을 비롯하여 그리스 문학의 보고가 된다. 최전성기에는 60만 권의 도서를 소장했다고 한다. 시인, 극작가, 지리학자, 천문학자 등이 차례로 도서관장을 역임하면서 문학부터 과학까지 당대의 지식을 두루 집대성했다. 도서관 운영을 위해 필수적인 목록 작성법도 마련되었다. 저자별로, 분야별로 목록을 만들어갔다.

자연스레 서방의 제자백가가 속속 집결했다. 유클리드부터 히포크라테스, 아르키메데스까지 당대 최고의 지성이 알렉산드리아를 생활의 터전으로 삼았다. 도서관은 이들에게 높은 급료를 주고 세금도 면제해주었다. 숙소와 식사 또한 무료로 제공했다. 군주의 자금으로 운영되는 일종의 국책 '싱크탱크'였던 셈이다. 고로 그리스 문화의 정수를 만끽하고 싶다면 아테네가 아니라 알렉산드리아로 가야 한다.

그 영화가 영원하지는 못했다. 로마인이 지중해 세계를 석권한다. 지식과 학문보다는 무용武勇에 더 가치를 두는 사람들이었다. 논쟁보다는 결투를 즐기고, 말싸움보다는 몸싸움에 능했다. 전사와 투사의 전성기가 열린 것이다. 영토를 확장해 나가면서 발견되는 도서관들을 족족 무너뜨렸다. 그 로마제국이 기독교를 국시로 삼으면서, 정통과 이단도 날카롭게 가르기 시작했다. 곧장 이단의 책을 모아둔 알렉산드리아 도서관은 블랙리스트에 오른다. 교황의 명령으로, 주교의 실행으로 도서관을 파괴한다. 60만 장서는 불에 타오르고, 장대한 대리석 건물은 무너져 내렸다. 서방판 '분서갱유'였던 셈이다.

동/서 로마 분리 이후 비잔티움제국도 크게 다르지 않았다. 플라톤이 아테네에 세웠던 아카데미아들도 모조리 문을 닫는다. 로마 시절 도서관이 전혀 없었던 것은 아니다. 다만 리조트의 일부가 되었다. 열탕과 냉탕을 갖추고 사우나와 수영장, 마사지실을 구비한 종합 레저 센터의 한 모퉁이에 자리했다. 로마에서 가장 큰 도서관이라고 해봐야 3만 권이 고작이었다. 지식과 문화의 암흑기, 이른바 '중세'가 출발한 것이다.

바그다드: 빛은 다시 오리엔트에서 왔다

빛은 다시 오리엔트에서 왔다. 로마에서 외면당한 그리스 사상은 페르시아에서 계승되었다. 로마와 페르시아 사이, 아라비아반도가 있었다. 그곳에서 기적처럼 솟아난 것이 이슬람이다. 헬레니즘과 헤브라이즘을 융합한 종합 종교였다. 무함마드는 모세와 예수의 계승이자 완성을 자처했다. 정통 아브라함 종교의 중흥을 표방했다. 기독교를 유럽의 종교인 양 착각해서는 곤란하다. 지금도 원시 기독교의 모습이 오롯하게 남아 있는 곳은 시리아다. 오늘까지도 예수가 말씀하셨을 옛말로 예배를 드린다. 10대 시절 무함마드는 시리아에도 행차했다. 유대교-기독교의 적통을 잇는 이슬람이 등장한 까닭이다. 《코란》은 구약과 신약을 망라한 문헌이다. 그래서 이삭과 야곱, 모세, 다비드, 솔로몬을 아랍어로 만날 수 있다.

더불어 그리스-페르시아의 헬레니즘도 계승했음이 백미다. "학자의 잉크는 순교자의 피보다 더 성스럽다"라고 말한 것이 무함마드였다. 학문을 적극 권장하고 장려했다. 유일신의 섭리를 헬레니즘의 이성으로 밝혀내고자 했다. 고로《코란》또한 경전으로만 그치지 않았다. 철학과 윤리, 민법과 형법, 상법과 국제법을 아울렀다. 가히 당대의 '백과전서'에 해당했다. 게다가 문장까지 아름다웠다. 암송과 낭독에 최적화되었다. 지중해의 양대 사상을 통합한 무함마드의 가르침은 삼시간에, 파죽지세로 확산되었다. 반도의 위치가 절묘했다. 동으로는 페르시아만, 남으로는 인도양, 서로는 홍해, 북으로는 지중해를 끼고 있었다. 포교 활동에 나선 지 불과 백 년 만에 이베리아반도(남유럽)부터 인도의 국경(아프가니스탄)에 이르는 총 7천 킬로미터를 아우르게 된다. 천 년 로마제국의 최전성기에도 5천 킬로미터에 그쳤다. 이슬람의 모험은 알라의 진격인 양 거침이 없었다.

이슬람의 서진은 이베리아반도에서 멈춘다. 서유럽은 허허벌판 황무지(wild west)였다. 너무나도 궁색하여 전리품을 기대할 수가 없었다. 날씨마저 추웠다. 아라비아 출신의 무슬림은 이베리아에 족하기로 한다. 이슬람의 동진이 멈춘 곳은 탈라스(키르기스스탄)였다. 동쪽에는 또 하나의 문명대국, 대당제국이 버티고 있었다. 탈라스에서 양 제국이 일합을 다투었다. 이슬람이 헤브라이즘과 헬레니즘을 통합했다면, 대당제국은 동아시아의 유교와 남아시아의 불교를 통합한 또 하나의 문명대국이었다. 게다가 제지술까지 발달했다. 이슬람의 동진을 멈춘 대신에 최신의 테크놀로지를 얻어왔다. 비로소 무함마드의 계시를 양피지가 아니라 종이 위에 기록할 수 있었다. 태초에는 말씀만 있었다. 그 말씀을 입으로 읊고 외워서 귀를 자극함으로써 대뇌피질에 각인한 것이다. 종이책《코

알렉산드리아 도서관 전경.

란》은 양피지 《코란》과는 비교할 수 없을 만큼 가벼웠다. 중화세계의 제지술을 수용함으로써 이슬람 세계는 날개 단 듯 비상할 수 있었다. 관료는 공문서를 기록하고 상인은 계약서를 작성하면서 이슬람 제국은 더욱 더 팽창하고, 이슬람 무역 네트워크는 더더욱 확산되었다.

문서가 폭발적으로 늘어나면서 문서 보관소도 생겨났다. 이슬람 최초의 도서관이 들어선 곳은 지금의 시리아 수도인 다마스쿠스였다. 샤리아의 관철 아래 다문명, 다종교가 공존했던 다문화 도시였다. 계몽 칼리프 시대를 열어젖힌 이로는 만수르를 꼽을 수 있다. 바그다드로 천도하여 아바스제국의 수도로 삼는다. 바그다드는 아랍어로 '평화의 도시'라는 뜻이다. 실지失地 회복을 호시탐탐 노리는 비잔티움제국에서 동쪽으로 더 멀리 떨어진 곳으로 옮아간 것이다. 그곳을 왕년의 알렉산드리아를 능가하는 문화 도시로 만들고자 했다. '지혜의 집'이라고 하는 거대한 도서관을 건설한다. 이슬람판 집현전集賢殿이라고 할 수 있는 곳이다. 인도에 사절단을 보내 산스크리트어로 된 문헌들을 가지고 왔다. 페르시아의 의학교들도 바그다드로 이전시켰다. 그리스의 고전도 죄다 수집했다. 산스크리트어, 페르시아어, 그리스어 유산이 몽땅 아랍어로 번역된 것이다. 아랍어는 동유라시아의 한문과 더불어 서유라시아를 대표하는 세계어이자 문명어가 되었다.

모름지기 지도자는 본이 되는 사람이다. 만수르는 꿈에서 아리스토텔레스를 만나 대화를 나눌 만큼 학문을 사랑하는 계몽 칼리프였다. 탁월한 설교자이자 문장가이기도 했다. '칼리프의 글쓰기', '칼리프의 말하기'의 전범을 세웠다. 그의 문화통치 아래 바그다드는 독서인의 천국, 서치書癡들의 유토피아가 되었다. 골목마다 마을 도서관이 들어서고, 마을 인문학이 꽃을 피웠다. 도서 시장도 아연 활기를 띠었다. 서점과 서적 판매상의 전성기였다. 책을 써서 생업을 해결하는 전업 작가가 생겨났고, 필사가와 편집자, 마케터라는 신종 직업도 등장했다. 바그다드의 대번역사업은 다양한 문화를 이슬람이 흡수·수용한 것에 그치지 않았다. 타문화를 몸에 익힌 최고의 지성들이 이슬람으로 개종함으로써 이슬람을 더욱 개방적이고 포용적이며 확장적인 종교로 만들었다. 이슬람이야말로 유럽과 아랍, 지중해를 마주한 '유라비아'의 지식과 문화를 환류시키고 생기를 돌게 하는 대동맥의 역할을 수행한 것이다.

따라서 이슬람을 '중세의 종교'라고 말하는 것은 적절치 않다. 중국의 신유학과 더불어 유라시아의 초기 근대를 싹틔운 학문으로 대접해야 온당할 것이다. 르네상스의 원조이고, 계몽주의의 기원이었다. '잃어버린 근대성'의 하나로 이슬람을 복권시켜야 할 것이다.

이베리아와 이탈리아: 아라비아 르네상스의 서진

바그다드는 홀로 빛나지 않았다. 더불어 빛을 발했다. 이웃에는 다마스쿠스가 있었다. 홍해를 지나서는 카이로도 있었다. 인도양과 지중해, 홍해, 그리고 나일강을 잇는 교역의 중심지가 카이로였다. 세계 최초의 시아파 대학 알-아즈하르가 카이로에 생긴 것이 천 년 전이다. 당시 이미 100만 권의 장서를 자랑하던 알-아즈하르대학의 하킴 도서관은 바그다드, 다마스쿠스와 자웅을 다투었다.

아랍 세계로 그치지도 않았다. 지중해 건너 유럽으로도 문명의 바람, 훈풍이 분다. 북아프리카와 마주하고 있는 곳이 이베리아반도다. 모로코와 스페인 사이는 바다라기보다는 강이라고 할 만큼 좁고도 가깝다. 쾌청한 날이면 서로의 해안선이 눈에 들 정도다. 자연스레 이슬람 문화가 흘러 넘쳐 들어갔다. 711년 첫 상륙 이래 1609년 완전 추방까지, 근천 년간 '이슬람적 유럽'의 전성기를 구가한다. 그 대표적인 도시가 스

알-아즈하르대학(카이로)

스페인 코르도바의 대모스크.

페인의 코르도바다. 아라비아와 북아프리카에서 이주한 무슬림이 개척한 신도시였다. 이슬람 세계 및 인도양 교역망과 접속함으로써 진귀한 농산물과 향신료, 약품이 전래되었다. 설탕과 오렌지, 쌀과 후추 등이 처음 유럽으로 전래된 곳도 스페인의 안달루시아다. 유럽의 남부까지도 아프로-유라시아 네트워크가 작동하자 지중해를 누비고 다닌 이들은 유대인 상인이다. '베니스의 상인'으로 명성을 떨치게 되는 원시자본을 이베리아에서부터 축적한 것이다.

물류는 필시 문류도 수반한다. 당시의 보편어이자 세계어인 아랍어가 보급되었다. 이슬람이 집대성한 서유라시아의 지식과 문화도 전파되기 시작했다. 400권의 도서를 보유했던 수도원을 40만 권을 소장한 칼리프 도서관이 대체했다. 안달루시아 일대에 공공도서관만 70개가 넘게 들어섰고, 무상교육을 실시하는 학교(마드라사) 또한 30여 개에 달했다. 유럽에서 배움을 갈망하는 이들도 코르도바로 유학 오기 시작했다. 아랍어로 기록된 그리스, 페르시아, 인도의 문물을 익히다 이슬람으로 개종하는 경우가 허다했다. 유대인이 《탈무드》를 아랍어로 번역하여 칼리프에 헌사한 곳도 코르도바다. 코르도바는 아랍과 유럽을 잇는 유라비아의 허브가 되었다. 아라비아의 르네상스가 이베리아에서 전수된 것이다.

이베리아의 르네상스는 이탈리아로도 전파되었다. 지중해를 끼고 있는 이탈리아 역시 이슬람의 문물 수용에 유리한 곳이었다. 특히 반도의 남쪽이 거점이 되었다. 시칠리아섬이 유명하다. 1225년 이탈리아 남부의 로마와 나폴리 사이, 시칠리아 왕국의 영지에서 태어난 이로 토마스 아퀴나스가 있다. 아퀴나스는 지명에서 유래했다. '아퀴노의 토마스'라는 뜻이다. 그의 스승이 바로 안달루시아 출신 수도사였다. 이슬람의 수학과 지리학, 천문학 등을 배울 수 있었다. 이슬람의 자연철학과 합리주의를 사사한 것이다. 자연스레 아리스토텔레스도 탐독하기 시작했다. 토마스 아퀴나스는 중세의 수도사이기를 거두고 스콜라 철학자로 거듭 났다. 비유하자면 신과 이성의 조화를 탐구하는 이슬람의 울라마처럼 되어간 것이다. '유럽 최초의 울라마'였다고 할 수 있을지도 모르겠다. 물론 살아생전 인정받지는 못했다. 교황으로부터 위대한 교부라며 '성' 토마스 아퀴나스로 추인받은 것은 1567년이다. 그가 집필한 《신학대전》이 가장 권위 있는 주석서로 교황의 승인을 받은 것은 1879년이다.

그 토마스 아퀴나스가 공부한 곳이 나폴리대학이었다. 바그다드의 집현전이 이베리아를 지나 이탈리아까지 전파된 것이다. 아랍의 마드라사가 유럽의 대학을 촉발한 것이다. 13세기 서구 최초의 대학들로 꼽히는 볼로냐, 파리, 옥스퍼드 대학 공히 안달루시아의 아랍어 텍스트를 주교재로 삼았다. 그래서 대학입학자격을 의미하는 '바칼로레아'라는 말부터 박사 학위를 뜻하는 '닥터'까지 죄다 아랍어에서 기원한 말이다. 흔히 라틴어로 착각하는 경우가 많지만, 그 라틴어가 대개 아랍어를 번역했던 것이다. 박사 학위를 취득하고 입는 가운과 모자는 울라마의 복장과도 흡사하다.

이븐 할둔의 《역사서설》을 읽고 사회과학에 눈 뜬 이로는 마키아벨리가 있다. 보카치오의 《데카메론》도, 단테의 《신곡》도 안달루시아의 만화작가 이븐 알-아라비의 작품을 모방한 것이다. 《로빈슨 크루소》의 원작이 된 작품은 《신드바드의 모험》이다. 12세기 무슬림 상인 이븐 투파일이 쓴 책의 영향을 받아 소설로 집필된 것이다. 창작이라고 추키기도 어렵고 표절이라고 깎아내리기도 애매하다면 '번안 소설'이라고 하는 편이 더 어울릴지 모른다. 이븐 투파일의 책은 존 로크, 뉴턴, 라이프니츠, 볼테르에게도 영향을 미쳤다. 그는 천문학자이자 수학자이기도 했기 때문이다. 거인의 어깨 위에 올라서 있다고 말한 이는 아이작 뉴턴이었다. 그가 올라타고 있던 거인이 다름 아닌 지니, 이슬람 문명이었던 것이다. 아랍의 요술 램프의 마법이 유럽의 과학혁명을 촉발했다.

유럽이 중세에서 근대로 이행하는 시기의 대표적인 문학작품으로 《돈키호테》가 꼽힌다. 이 역시도 아랍의 역사가가 쓴 책이 원작이다. 세르반테스가 자신의 창작물이라며 발표한 것이 1605년인데, 마침 이슬람이 이베리아/안달루시아에서 사라진 시점이었다. 1492년 무슬림의 통치가 종언을 고하며 재차 기독교의 땅이 된다. 무슬림과 유대인을 모두 추방하면서 그들이 일구었던 르네상스의 흔적도 죄다 지운다. 1499년 안달루시아의 그라나다 광장에서 어마어마한 화염이 불타올랐다. 아랍어로 된 책을 몽땅 불태운 것이다. 자그마치 200만 권으로 추산된다. 약 천 년에 걸쳐 축적된 이슬람의 황금시대가 일소된 것이다. 알렉산드리아의 비극이 반복되고 변주된 꼴이다. 1609년 스페인은 무슬림이 완전히 소거된 신천지, 신세계가 되었다. 그렇게 기원을 말살함으로써 현재 우리가 알고 있는 근대 유럽의 '고전'이 성립되어 갔다. 그리스-로마-유럽을 직선으로 잇는 '서양사'의 기본 틀도 마련되었다.

문명의 공진화, 유라비아사史

완전범죄는 없다. 흔적을 남기고 단서가 남는다. 천만다행으로 이베리아의 서책들이 전소된 것은 아니었다. 천신만고 끝에 필사적으로 필사본을 들고 탈출한 무슬림들이 있었다. 이 난민들이 정착한 곳이 지중해 건너 북아프리카 도시들이다. 모로코부터 튀니지, 알제리, 리비아, 이집트에 '유럽의 아랍어 책'들이 남아 있다. 내 눈으로 직접 본 것은 2002년 재개장한 알렉산드리아 도서관에서였다. 고문헌 특별실에 깍듯하게 모셔져 있다. 손으로 만져서도 안 되고, 카메라 촬영도 허락되지 않는다. 유럽사를, 유라비아사를, 유라시아사를, 세계사를 다시 쓸 소중한 단초라고 하겠다.

그러나 제대로 읽어낼 수가 없었다. 문법도 어휘도 내가 익힌 현대 아랍어와 차이가 컸다. 현대 중국어와 한문 고전이 별세계의 언어인 것과 마찬가지 이치일 것이다. 눈 뜬 장님 신세가 아닐 수 없었다. 압도적인 막막함이 파도처럼 몰려왔다. 이슬람학을 하고 싶다! 공부심이 솟구쳐 올랐다. 무지의 자각으로부터 미지의 세계가 펼쳐진다. 모른다는 것을 알아야 비로소 앎이 시작된다. 눈이 뜨이고 빛이 드는 계몽의 출발에 캄캄하고 막막한 무명無明의 시절(자힐리야)이 자리한다.

낯설지 않은 경험이었다. 15년 전이 떠올랐다. 보스턴에 있는 옌칭 도서관에서였다. 하버드대학의 동아시아 도서관이다. 웬걸, 나는 읽어낼 수 있는 문헌이 거의 없었다. 영어를 기본으로 독어와 불어를 보태고 있던 시절이었다. 한문은 까막눈이었다. 부모님 이름 여섯 글자도 제대로 쓰지 못하던 때다. 옌칭 도서관 서적 가운데 95퍼센트를 읽어낼 수가 없었다. 한국 출신인 내가 미국의 동아시아 도서관에서 문외한門外漢의 소외감에 빠져든 것이다. 개항기와 개화기는 물론이요, 일제기, 해방 이후 발간된 《사상계》조차도 온전히 읽을 수가 없었다. 중요한 개념은 죄다 한문으로 표기되어 있었기 때문이다. 중국과 일본, 베트남은 외계外界와 다름없었다. 즉 내 교양은 한글 전용과 가로쓰기를 도입한 '창작과비평'이나 '문학과지성'에서 출발한 것이었다. 1970년대 이후 겨우 30년이, 내가 기댈 수 있는 한 줌의 유산이었다. 나의 지성이 얼마나 허약한 토대 위에 서 있는가를 처음으로 자각하는 순간이었다. 진보연했던 패션 좌파의 부실한 밑천을 직시하게 된 것이다. 조선왕조 오백 년은 물론이요, 동아시아 오천 년 유산으로부터 까맣게 단절되어 있다는 황망함에서 동학으로의 회심과 전향이 시작되었던 것이다.

고대 오리엔트의 영화를 머금고 있는 알렉산드리아 도서관에도 1,400년 이슬람 문헌이 빽빽하게 보존되어 있다. 아랍어를 모르면 이슬람 문명은 물론이요, '서양사'조차도 온전히 이해할 수 없다는 자각을 이제야 하게 된다. 영어/불어/독어 이전에 라틴어가 있었고, 그 라틴어 앞에 아랍어가 있었음을 이제야 알아차리게 된 것이다. 강남과 강북의 변증법으로 동아시아 문명이 발전해왔듯이, 해남海南과 해북海北의 상호작용으로 유라비아 문명 또한 공진화해온 것이다. 지중해를 사이로 밀물과 썰물이 오고갔던 유럽사와 아랍사를 유라비아사로 회통시켜야 할 것이다.

　　오해는 삼가자. 아랍이 유럽보다 앞섰다며, 동양이 서양보다 먼저였다며 선후 관계를 다시 따지자는 말이 아니다. 백인의 진보사관을 처분하고 호모 사피엔스의 진화사관을 제대로 고쳐 쓰자는 것이다. 이슬람을 기각하면 유럽사도 온전하지 못하고, 아시아사도 제대로 성립하지 못한다. 서양사도 동양사도 불구의 틀인 것이다. 서(유럽)학과 동(아시아)학도 충분치 못한 그릇인 것이다. 20세기의 시공간 관념을 전면적으로 쇄신할 수 있는 첩경이 이슬람학일 것이다. 21세기의 '지혜의 집', 새 천년의 집현전을 재건하는 데 이슬람학이 중추가 되어야 하는 까닭이다. 공간적으로 동과 서를 잇고 시간적으로 고와 금을 엮는 척추에 이슬람이 자리한다. 이슬람은 유라시아의 허브다. 다시 한 번 이슬람학을 권장한다. 부디 후학들의 고군분투를 촉구한다.

035

히잡, 네오클래식 패션

무슬림 페미니스트의 일갈,
"왜 히잡 쓰냐고?"

세계 히잡의 날

지난 2월 1일은 '세계 히잡의 날'이었다. 2013년부터 시작되었다. 올해 (2017) 유독 이목이 집중되었다. 트럼프 대통령이 이슬람 7개 국가에 대한 반反이민 행정명령을 내림으로써 나라 안팎으로 소란을 일으킨 시기였다. 평소에 히잡을 쓰는 무슬림 여성들과, 하루만은 히잡을 써보려는 비무슬림 여성들이 뉴욕에 집결하여 반反트럼프 시위에 나선 것이다. 비단 뉴욕만이 아니었다. 전 세계 150개 국가, 300여 도시에서 히잡의 날 행사가 동시에 개최되었다. 종교와 인종, 국적을 망라하여 아메리카의 국수주의를 지탄하는 글로벌 페스티벌이 된 것이다.

히잡에 처음 주목한 것은 이스탄불에 머물 때였다. 이슬람 패션 주간이라는 것이 있었다. 이슬람 패션 브랜드의 박람회 격이다. 오가는 길에 두어 차례 아이쇼핑도 했다. 무료로 배포하는 패션 잡지 《알라》도 손에

이슬람 시크.

들었다. 터키에서 발행되는 월간지라고 한다. 모로코부터 인도네시아까지, 이슬람 세계 전역의 패션산업 종사자들이 모이는 자리인 만큼 아랍어 특별판으로 제작되었다. 흥미로운 기사가 적지 않았다. 온라인 히잡 아울렛인 'E-Tesettür'가 대박을 터뜨렸다고 한다. 사우디아라비아의 벤처 자본을 투자받아서 창업에 성공한 20대 여성이 청년 사업가로 주목받고 있었다. 터키 최대의 온라인 쇼핑몰 'Modanisa'도 60여 개 국가에 히잡을 수출하고 있다고 한다. 전 세계 무슬림 소비자가 애용하는 해외 직구의 메카가 된 것이다.

하나만 섣피 알고, 둘은 모른다. 둘을 겨우 알아도, 열은 미처 모른다. 아라비안 나이트가 펼쳐진 250여 일간 거듭 되새겼던 생각이다. 오만과 편견이 켜켜이 쌓여 있다. 히잡도 그 가운데 하나다. 흔히 여성 억압의 상징처럼 간주된다. 그러나 사정이 그리 간단치가 않다. 20세기 내내 무슬림 여성이 히잡을 썼던 것이 아니다. 이란과 터키 같은 개발독재형 우파 국가에서도, 수카르노의 인도네시아나 나세르의 이집트 같은 좌파 독재국가에서도 히잡 착용은 '여성 해방'의 상징으로 금지되어 있었다. 국가가 국책으로 히잡을 벗겨냈던 것이다. 그 독재권력에 맞서서 민주화 운동에 투신한 열혈 여성들부터 히잡을 다시 쓰기 시작했다. 억압은커녕 저항의 상징이었던 것이다. 의상을 통한 인정투쟁은 민주주의가 착근하면서 남성 지도자들에게도 영향을 미쳤다. 20세기에는 좌/우파를 막론하고 양복을 입거나 군복을 입었으나 지금은 드물다. 갈수록 전통적 복장으로 갈아입고 있다.

즉 히잡 쓰기는 천 년이나 고인 물이 아니다. 백 년의 격변 끝에 재귀한 새 천년의 새 물결이다. 뉴웨이브이고, 누벨바그다. 자부심과 자긍심의 발로이기도 하다. 1923년 건국 이래 철저한 세속주의 원칙을 관철한 터키에서 히잡이 대세가 된 것도 신중산층이 부상하면서부터다. 구

중산층은 군사독재 정부에 부역하는 서구파였다. 민주화를 추동한 것은 재이슬람화를 견인하는 신중산층이었다. 이 신중산층 여성들이 패션과 이슬람의 결합을 욕망했던 것이다. 두툼해진 지갑으로 이슬람 브랜드를 소비하기 시작했다. 옷차림을 통하여 경건한 무슬림 여성임을 과시하는 것이다. 단정한 옷차림을 고수하되 고혹적인 품격도 갖추기를 원한다. 그만큼 다양한 색상과 다채로운 스타일의 히잡에 대한 수요가 늘어났다. 히잡 패션은 2000년대 이후 급성장한 신종 산업이다.

그 히잡 다시 쓰기의 물결이 아랍을 지나 가장 먼저 당도한 것은 지중해 건너 유럽이었다. 왈가왈부 치열한 곳도 유럽이다. 그중에서도 유별난 나라가 프랑스다. 2016년 여름, 부르키니* 논쟁이 뜨겁게 달아올랐다. 파리의 논쟁을 이스탄불에서 지켜보았다. 시좌視座가 바뀌니, 그간 보이지 않던 사각死角이 눈에 들었다.

니스: 세속주의 vs 식민주의

논쟁이 촉발된 장소는 니스였다. 아름다운 해양 휴양지다. 무장한 백인 남성 경찰들이 부르키니를 입은 무슬림 여성들을 물 밖으로 끌어냈다. 공공질서를 어지럽히는 복장이라며, 옷을 벗으라고 요구한 것이다. 무슬림 여성들은 반발했다. 만인에게 자신의 맨살을 드러내기를 원하지 않았다. 그러자 경찰은 프랑스 헌법에 명시된 세속주의를 위반했다며 경찰서로 연행했다. 적지 않은 벌금까지 부과되었다.

---

* 무슬림 여성의 복식인 부르카(burqa)와 비키니(bikini)를 조합한 신조어로서, 자신의 신체 전부를 가린 수영복. 호주의 레바논계 패션 디자이너인 아헤다 자네티에 의해 고안되었는데, 이슬람교의 율법인 샤리아에 맞게 손발 끝과 얼굴만 노출하면서 몸에 달라붙지 않는 디자인이다.

제동을 건 것은 법원이다. 부르키니 착용이 위헌이 아니라고 판결했다. 바닷가에서 어떤 옷차림을 하든, 개인의 자유라고 했다. 사법부의 판단에 정치권이 가세하여 딴죽을 걸었다. 사회주의자 마뉘엘 발스 총리는 법원의 판결이 잘못되었다고 성토했다. 부르키니는 여성의 노예화를 상징하는 옷이라는 것이다. 좌파가 불을 지피자, 우파는 기름을 부었다. 무슬림 이주자들이 프랑스의 정체성을 무너뜨리고 있다는 것이다. 반反이슬람으로 좌/우 합작이 이루어졌다. 이참에 헌법을 고쳐서라도 부르키니를 금지해야 한다고 주장한 이는 사르코지 전 대통령이다. 극우파의 선봉에 섬으로써 다시금 대권을 취하고자 했다.

프랑스에서 유독 논쟁이 뜨거운 이유가 있다. 가톨릭교회의 영향력이 그만큼 강했던 나라다. 1789년 프랑스 혁명 이후에도 좀처럼 세속주의가 관철되지 못했다. 19세기 내내 공화정에 대한 저항의 물결이 도저했다. 그 반동의 최전선에 교회가 자리했던 것이다. 따라서 혁명파는 더더욱 성과 속의 분리를 신조로 삼게 되었다. 프랑스인이냐 기독교도냐, 양자택일을 요구했다. 좌파와 우파 간에는 톨레랑스를 베풀어도, 앙시앵레짐의 부역자들에게는 관용을 허용치 않았다. 그래서 프랑스는 지난 백 년 가장 비종교적인 나라가 되었다. 그 잣대를 다른 종교, 이슬람에도 들이대고 있는 것이다. 프랑스 국민이냐 무슬림이냐, 선택을 강요한다.

식민지 근대화론의 변형도 등장했다. 19세기와 20세기, 프랑스의 '문명화 사업'mission civilisatrice을 철저하게 완수하지 못했기 때문에 지금까지도 이슬람이 화근이 된다는 역사수정주의다. 즉 부르키니 논쟁의 근저에는 세속주의를 빙자한 식민주의가 자리한다. 더 깊숙이는 인종주의도 똬리를 틀고 있다. 북아프리카와 중동의 미개한 무슬림을 해방시키고 개조시켜야 한다는 200년 전 사고방식이 지속되고 있는 것이다. 일개 국가에 불과한 프랑스의 가치가 보편 종교 이슬람보다 우월하다

는 전제가 내장되어 있다. 알제리에서, 시리아에서 프랑스에 맞서 반제
국주의 운동을 펼쳤던 여성들이 히잡을 다시 씀으로써 정체성과 주체
성을 재건해갔던, 탈식민의 역사성을 철저하게 소거하는 것이다.

실제로 히잡의 정치성은 프랑스로만 한정되지 않는다. 지난 2년, 내가
살펴본 유라시아의 도처에서 저항과 해방의 상징으로 히잡이 환기되고
있었다. 중국의 인민으로만 호명되기를 거부하는 신장위구르의 여성들
도, 인도의 국민으로만 불리지 않기를 원하는 카슈미르의 여성들도, 버
마족 패권주의를 상징하는 아웅산 수치의 미얀마 국민이 되기를 우려하
는 로힝야족 여성들도 히잡을 씀으로써 무슬림으로서의 정체성을 고수
하고 있는 것이다. 다시금 이슬람 사상의 내재적 논리로 접근할 필요가
있다. 세속의 국가는 부단하게 변하는 것이다. 국민이라는 정체성은 일
시적인 것이다. 근원적인 정체성은 무슬림이다. 탈민족주의적이고 초국
가주의적인 글로벌 움마로서의 정체성이 훨씬 뿌리 깊은 것이다. 20세기
만연했던 '세속주의 근본주의'만으로는 쉬이 재단하기 힘들다고 하겠다.

리우: 비키니 vs 부르키니

지중해 건너 유럽의 자폐적인 논쟁을 무색하게 만든 것은 대서양 너머
라틴아메리카였다. 브라질의 리우에서 하계 올림픽이 열렸다. 남미에서
열린 최초의 올림픽이다. 더불어 역대 올림픽 가운데 여성 선수의 비율
이 가장 높은 올림픽이기도 했다. 47.7퍼센트로 남녀 비율이 대등해졌
다. 그 일등공신이 바로 히잡이었다. 2012년 올림픽위원회가 히잡을 공
식 인정함으로써, 이슬람 국가에서 여성 국가대표들이 대거 참여할 길
이 열린 것이다. 이슬람 국가로만 한정되지도 않았다. 현재 무슬림이 살
지 않는 나라는 거의 없다. 미국의 펜싱 대표 입티하즈 무함마드 또한

히잡을 쓰고 참여했다. 단체전 동메달을 땄지만, 금메달리스트를 능가하는 주목을 받았다. 독일과 이집트가 겨룬 비치발리볼 경기도 화제를 모았다. 한쪽은 비키니, 다른 쪽은 부르키니를 입고 실력을 겨루었다. 팬티와 탑만 걸치지 않고도 바다 스포츠를 즐길 수 있게 된 것이다. 부르키니를 처음 고안했던 무슬림 디자이너 아헤다 자네티의 소망이 마침내 이루어졌다.

남의 나라에서 낯선 음식을 먹고 설익은 말로 살아가야 하는 스트레스를 운동으로 푸는 편이다. 헬스장과 요가원을 꼬박 꼬박 다닌다. 이란처럼 남녀가 아예 분리된 곳도 있다. 시커먼 남자들 사이에서만 운동을 하노라니, 군대인 듯싶었다. 카투사 출신인 나는 논산 훈련소에서나 경험했던 바다. 어느새 나도 모르게 발길이 뜸해졌다. 터키와 이집트에서는 남녀가 같은 장소를 사용하되, 여성들이 몸을 꽁꽁 가리는 경우가 많다. 곁눈질을 거두고 운동에만 몰두할 수밖에 없었다. 그러던 어느 날, 한 여성이 말을 걸어왔다. "중국인이에요?" 중국어로 물었다. "아닌데요. 한국 사람입니다." 중국어로 답했다. 알렉산드리아대학에서 중국어를 전공하고 중국의 스마트폰 기업 오포OPPO에서 일한다고 했다. 그날부터 아랍어와 중국어에 영어가 뒤섞인 외계어로 대화하는 친구가 되었다.

그 친구는 히잡을 쓸 때도 있고, 긴 머리칼을 풀어헤치는 날도 있었다. 하루는 왜 답답하게 히잡을 쓰고 운동을 하느냐고 물었다가 된통 혼이 났다. '무슬림 페미니스트'이기도 했던 것이다. 조금도 갑갑하지 않단다. 모자 쓰고 운동하는 것과 마찬가지란다. 답답한 것은 너 같은 엉큼한 수컷일 뿐이라고 반격한다. 자신은 도리어 자유롭다고 했다. 흘낏거리는 남성의 끈적끈적한 시선에서 벗어날 수 있기 때문이란다. 유행에 휩쓸리지도, 소비주의에 끌려 다니지 않을 수도 있다고 했다. 샴푸와 린스, 컨디셔너를 매일같이 쓰지 않아도 되고, 염색과 드라이에 소요되는 시간과 비용도 들이지 않게 된단다. 자신의 신체를 남성의 시선을 매개한 자본의 논리에 정복당하지 않겠다는 여성적 주체성의 발현이라는 것이다. 본인이 원할 때, 원하는 장소에서, 원하는 남자 앞에서만 머리를 푼다. 당당하다 못해 당돌한 응수에 당혹스러울 정도였다.

온몸을 검은 천으로 두르는 니캅이 선사하는 해방감도 설명해주었다. 타인의 시선, 평판에서 완벽하게 차단된단다. 눈만 빼꼼 드러내니 가방부터 신발까지 조금도 치장하지 않아도 된다. 하이힐을 신어 발가락이 구부러지고 골반이 틀어지는 형벌을 수행하지 않아도 된다. 여성성을 발산하라고 부추기는 성형산업, 미용산업, 다이어트산업의 유혹도 차단할 수 있다. 남을 만족시키는 것이 아니라 나를 충족시키는 것이며, 남의 시선으로 의식을 분산하는 것이 아니라 나 자신에게 집중하게 된다는 것이다. 히잡을 쓰는 날이면 더더욱 자신이 무슬림 여성이라는 자각을 더 하게 된다고도 했다. 무슬림적 정체성을 드러냄으로써 반듯하고 경건하게 살겠다는 다짐을 보태게 된다는 것이다.

히잡을 쓰고 있기에 더더욱 도드라져 보이는 똘망똘망한 눈빛 앞에서 나는 마땅하게 대꾸할 거리를 찾지 못했다. '자유주의 근본주의'에 은근슬쩍 묻어가려 했던 흑심마저 발로된 듯하여 부끄러운 마음까지 일었다. 졸지에 모자라고 못난 사내로 쭈그러진 것이다. "하나만 설피 알고 둘은 모르며, 둘은 겨우 알아도 열은 미처 모른다"는 그날 밤에 처음 떠오른 말이다.

이슬람 시크: 네오클래식 패션

내가 몰랐던 그 열의 세계로 '히자비스타'도 있다. '히잡'과 '패셔니스타'를 결합한 말이다. 이미 이슬람 금융이나 할랄 산업만큼이나 비중이 상당했다. 유명한 디자이너도 많다. 스웨덴의 이만 알데베가 첫손에 꼽힌다. 부모님은 요르단인이다. 아버지는 울라마였는데 스톡홀름의 모스크에서 훈장 노릇을 하셨단다. 그녀는 늘 까만색 히잡만 쓰는 아줌마들의 옷차림이 지겨웠다고 한다. 무슬림 패션의 현대화를 진지하게 궁리하게 된 것이다. 전통의 고수도 아니고, 탈이슬람화도 아니다. 처음에는 양쪽에서 비난을 받았다고 한다. 이슬람 근본주의자와 스웨덴 민족주의자 모두가 그녀가 선보이는 히잡 패션을 거부했다. 그러나 지금은 '아라비안 아이돌'의 대명사가 되었다. 스웨덴을 대표하는 패션 브랜드 H&M의 히잡 디자이너가 바로 그녀다.

미국에서는 라비아 Z가 유명하다. 아랍에미리트 출신이다. 9·11 이후 히잡을 벗는 친구들이 많아졌다. 이슬람에 대한 반감이 깊어졌기 때문이다. 그녀는 그러고 싶지가 않았다. 경건한 무슬림으로서 미국인이 되기를 원했다. 적대적인 환경 속에서 히잡을 고수하는 것이야말로 자유 의지의 표출이고, 선택의 자유를 만끽하는 것이라고 여겼다. 그녀 또한 히잡의 현대화를 꾀한다. 지금은 DKNY와 유니클로, 망고의 히잡 디자이너가 될 만큼 큰 성공을 거두었다. 중동, 북아프리카, 유럽, 동남아시아, 남아시아까지 세계를 휘젓고 다닌다.

사드리예바는 러시아의 무슬림 여성이다. 터키나 중동에서 수입되는 히잡 의상이 마땅치가 않았다. 러시아의 기후와 취향에 맞지 않았기 때문이다. 스스로 옷을 수선해서 입다가 창업까지 이르렀다. 'Bella Karéema'라는 유명한 브랜드까지 되었다. 러시아에서의 성공은 물론이요, 역수출까지 하고 있다. 런던과 두바이, 파리와 밀라노, 뉴욕과 상하이를 오가며 패션쇼를 연다. 내가 이스탄불에서 보았던 것도 그녀의 패션쇼였다. 전통과 현대의 접목, 이슬람적 보편과 로컬 문화의 융합이 콘셉트였다. 그래서 무슬림 여성만 겨냥하지도 않는다. 모든 여성에게 아름다움을 선사하기 위하여 히잡을 차용할 뿐이다. 이런 민간의 저류가 있었기에 '세계 히잡의 날'까지 등장할 수 있었을 것이다.

2016년 글로벌 이슬람 경제 보고서를 주목할 필요가 있다. 무슬림 소비자가 의복에 2조 3천억 달러를 소비했다고 한다. 2030년에는 3조 5천억 달러에 이를 것으로 예상된다. 영국, 독일, 프랑스 유럽 3대국을 합친 것을 능가하는 수치다. 재차 이슬람 인구가 지속적으로 늘고 있음을 강조하지 않을 수 없다. 2070년이면 인류의 절반이 무슬림이 된다. 그 무슬림의 절반은 또 여성이다. 세대 구성도 인상적이다. 무슬림의 평균 나이가 30세다. 유럽과 미국은 45세다. 패션에 관심이 높은 이 젊은 이들마저 성과 속을 분리하지 않는다. 유럽은 종교가 중요하다고 여기는 사람의 비중이 30퍼센트까지 떨어졌다. 미국은 50퍼센트 수준이다. 하지만 이슬람 세계에서는 여전히 88퍼센트가 종교를 중요하다고 여긴다. 히잡 패션산업이 갈수록 유망한 까닭이다. 시장은 이미 기민하게 움직이고 있다. D&G 같은 명품 브랜드도 히잡 컬렉션을 선보이기 시작했다. '이슬람적 시크'Islamic Chic라는 신조어까지 생겨났다. '조국 근대화'를 위하여 국법으로 히잡을 벗겨내었던 20세기에서, 글로벌 트렌드로서 히잡을 다시 쓰는 21세기로 반전하고 있는 것이다. 모더니즘과 포스트모더니즘을 지나 네오클래식이 재기하고, 재귀한다.

이 흥미로운 역逆세계화의 풍경을 지속적으로 추적할 수 있었던 것은 알-자지라를 애청했기 때문이다. 지난 1년, 머무는 장소는 달라져도 채널만은 항상 고정되어 있었다. 세계화(=재이슬람화)의 추세를 살피는 유용한 학습 수단이었다. 내친김에 알-자지라의 본부도 방문해본다. 카타르의 도하로 간다.

스웨덴의 세계적인 히잡 디자이너, 이만 알데베.

말레이시아 패션지 《히자비스타》.

036

알-자지라, 대안적 진실

초대 편집장
아흐마드 알−셰이크와의 대화

16억 아랍어 공론장의 중심, 알−자지라

지난 1년 이슬람 세계 방방곡곡을 다녔지만, TV 채널만은 하나로 고정되어 있었다. 알−자지라다. 박근혜-최순실 국정 농단에 자괴감을 느낀 것도, 광화문光化門의 현현인 듯 촛불 항쟁에 자긍심을 맛본 것도 알−자지라 방송을 통해서였다. 비단 아랍어 공부 수단으로만 그치지 않았다. 아랍의 눈으로 세상을 보는 방법을 연마하고 터득하는 수련의 과정이었다. 다른 눈으로, 겹눈으로, 입체적으로 세계를 관찰하고 감별하게 된다.

오해가 크다. 글로벌 공론장에서 영어가 득세하는 양 착각한다. 실상은 그러하지 않다. 영어에만 몰입되어 있기에 그러한 착시가 일어나는 것이다. 으뜸은 아랍어다. 가장 다양한 채널을 확보하고 있다. 현재 아랍어 위성방송의 채널 수는 700개를 넘어섰다. 전 세계 위성 채널의 40퍼센트가 아랍어로 송출된다. 그 전파를 수신하는 아랍어 공론장의 규모는 16억에 이른다. 20억 영어 공론장에 버금가는 규모다.

그중에서도 알-자지라는 독보적이다. 1996년 11월 1일, 첫 방송이 나갔다. 2016년 20주년을 맞이했다. 20년 사이 괄목할 발전을 이루었다. 시운이 딱 맞아떨어졌다. 탈냉전 이후 중동이 세계 뉴스의 중심이 되었다. 걸프전부터 9·11을 거쳐 이라크전쟁과 IS의 등장, 시리아 내전까지 새 소식이 마를 날이 없었다. 알-자지라는 아랍의 시각에서 중동의 소식을 전하면서 대안적 미디어로 부상했다. 미국과 영국의 이라크 공습을 바그다드에서 독점 보도한 것도 알-자지라였다. CNN 화면이 일방적으로 확산되었던 걸프전과의 결정적인 차이다. 항공모함에서 미사일이 발사되는 장면이 아니라, 미사일 폭격을 맞고 붕괴되는 바그다드의 도심이 클로즈업되었다. 오사마 빈 라덴을 독점 취재한 것 역시 알-자지라다. 알-카에다의 영상 메시지의 거개가 알-자지라를 통해 송출되었다. 튀니지와 이집트에서 출발한 '아랍의 봄' 국면에서도 알-자지라는 발군이었다. 이슬람 세계의 촘촘한 취재 네트워크를 십분 발휘하여 특종에 특종을 거듭했다.

CNN 같은 뉴스 전문 채널 이미지가 강하지만 실제로는 그렇지 않다. 2003년 '알-자지라 네트워크'로 이름을 고친다. 지금은 스포츠 채널만 10개에 이른다. 유럽의 축구, 남아시아의 크리켓, 미국의 야구와 농구에 UFC 종합격투기 대회까지 모두 아랍어로 중계한다. 가장 최근에는 페더러와 나달이 맞붙었던 테니스 호주 오픈 결승전의 명승부를 아랍어로 볼 수 있었다.

2006년에는 '알-자지라 잉글리시'도 출범한다. 아랍의 시각을 영어로 역수출하기 시작한 것이다. 2007년에는 '알-자지라 다큐멘터리'도 개설한다. 내가 가장 좋아하는 채널이다. 작년에 방영되었던 〈칼리프〉, 〈십자군〉, 〈와크프〉는 걸작이라는 수사가 전혀 아깝지 않은 명품 다큐

알-자지라 본사(카타르 도하).

였다. 2013년에는 '알-자지라 아메리카'까지 만든다. 중동 매체에서 명실상부 '글로벌 미디어'로 진화한 것이다.

2016년에는 경사도 잇따랐다. 런던에서 열린 온라인 미디어 시상식에서 '베스트 웹사이트'를 비롯해 4개 부문을 석권했다. BBC와 〈가디언〉, ITV 등을 모두 제친 것이다. '올해의 온라인 에디터'로 선정된 이 역시 알-자지라의 야시르 칸이다. 구미 미디어의 정보 독과점을 타파하겠다는 출범 당시의 목표를 상당 부분 달성한 것이다. 알-자지라를 대표하는 토론 프로그램의 제목이 상징적이다. 〈알-잇티자흐 알-무아끼스〉, 직역하면 '반대 방향', '다른 방향'쯤 된다. 브렉시트와 미국 대선, 시리아 내전 등 굵직굵직한 사건에 대해서도 이 토론 방송을 보면서 생각을 다질 수 있었다. 이 방송을 처음 기획한 이가 아흐마드 알-셰이크다. 알-자지라 초대 편집장을 지낸 40년 경력의 베테랑 언론인이다. '알-자지라의 전설'로 통하는 그를 만났다. 대안적 목소리를 들어본다.

대안적 진실: "폭스 뉴스가 가짜 뉴스"

이병한   알-자지라 20주년을 축하드립니다. 초대 편집장으로 소회가 남다르실 것 같습니다.

아흐마드   언론 지형이 크게 바뀌었습니다. 소셜미디어의 등장으로 신문과 방송이 주도하던 '부르주아 공론장'이 흔들리고 있습니다. SNS를 통하여 대안적으로 소통하면서 주류 매체의 정보 생산 및 유통 독과점을 허물고 있습니다. 풀뿌리 공론장이 출현한 셈이죠. 그러나 마냥 긍정적이지만은 않습니다. 가짜 뉴스가 범람하고 대안 팩트까지 난무하는 탈진실 시대가 열렸습니다. 거짓이 진실을, 감정이 이성을, 개인적 편견이 종합적 판단을 대체합니다. 갈수록 시시비비를 가리기 힘든 시대가 되고 있습니다. 정보의 부족만큼이나 정보의 과잉이 문제를 야기하는 시대입니다. 기성 미디어의 하나로서 알-자지라의 역할을 재정립해야 할 것입니다.

이 얼핏 SNS에 부정적인 견해처럼 들립니다.

아 가짜 뉴스가 꼭 소셜미디어만의 전유물은 아닙니다. 〈폭스 뉴스〉Fox News야말로 가짜 뉴스Fake News의 진원지였습니다. 그러나 CNN과 BBC도 자유롭지 못합니다. 2016년 영국에서 '칠콧 보고서'*가 발표되었습니다. 비판의 표적은 이라크전쟁 당시의 토니 블레어 정권입니다. 하지만 언론 또한 정보기관이 흘린 거짓 정보를 제대로 확인하지도 않고 과장 보도함으로써 이라크전쟁을 일으킨 책임을 면하기 힘듭니다. 군산복합체의 이익에 기성 언론이 복무한 것입니다. 최근 러시아의 미국 대선 개입 보도 또한 의구심이 없지 않습니다. 특정 정파의 주장을 검증 없이 일방적으로 전달하고 있습니다. 미국 대선에서 드러난 민심의 표출을 수긍하지 않

---

* 영국이 2003년 이라크전쟁에 참전하기까지의 과정과 진행 과정을 조사한 보고서로, 정식 명칭은 '이라크 조사 보고서'다. 이라크전쟁 참전을 결정한 토니 블레어 총리의 정책 결정이 정치적으로 타당했는가를, 그 후임인 고든 브라운 총리가 이라크조사위원회를 구성해 공개 조사(public inquiry)하도록 지시했는데, 조사위를 이끈 원로 행정가 존 칠콧의 이름을 따 '칠콧 보고서'로 불린다. 공개 조사 기간은 원래 1년이었지만 이라크전쟁 6년보다 긴 7년간 진행되었다. 토니 블레어 전 총리를 포함해 120명의 증언을 들었으며, 2001~2009년 정부 문서 15만 건을 분석했다. '공개 조사'란, 전 국민적 관심사에 대해 영국 상류사회의 저명한 인사들이 위촉되어 심도 있고 광범위하게 조사하여 결과를 발표하는 일종의 '정치적 재판'이다. 영국 총리의 정책 결정은 통치 행위로서 법정에서 '법적 재판'을 받지는 않지만, 국민적 관심사에 대해 정치적 재판이 면제되는 경우는 없다.

고 외부 세력의 개입으로 빚어진 결과인 것처럼 왜곡합니다. 선거 내내 전폭적으로, 일방적으로 힐러리 당선을 지원했던 주류 언론이 자성하기보다는 남 탓에 열중하고 있는 것입니다. 네오리버럴과 네오콘이 합작하고 거대 미디어 기업들이 가세하여 트럼프 정권을 24시간 총력전으로 흔들고 있습니다. '대안적 진실'을 말하자면, 선거 개입이야말로 20세기 내내 미국이 타국에 해온 것입니다. 그 선거 결과가 뜻에 맞지 않으면 정권을 전복한 경우도 허다합니다. 아프가니스탄부터 리비아까지, 이슬람 세계에서는 21세기에도 지속되고 있는 현상입니다.

여론조사의 신빙성 또한 갈수록 의심받고 있습니다. 영국의 브렉시트 국민투표도, 미국의 대선 결과도 주류 언론의 여론조사는 줄곧 잘못된 정보를 발신해왔습니다. 여론을 왜곡한 것에서 나아가 여론을 조작하려 한 것이라고도 말할 수 있을지 모르겠습니다. 트럼프 대통령이 취임 이후에도 뻔뻔하고 태연한 얼굴로 '대안적 진실'을 호기롭게 설파하고 있는 까닭입니다. 그야말로 주류 미디어와의 적대적 관계 속에서도 트위터를 통하여 대중과 소통하며 최고 권력까지 거머쥔 'SNS 대통령'이라고 할 수 있습니다.

이 트럼프를 히틀러에 빗대는 경우가 종종 있는데요. 중국 현대사를 전공한 제 입장에서는 마오쩌둥의 문화대혁명이 떠오릅니다. 당시에는 대자보라는 게 있었죠. 트위터는 '디지털 대자보'쯤 되는 것 같습니다. 마오쩌둥은 인민과 직접 소통하면서 '사회주의 기득권'의 당과 국가를 뒤흔들었습니다. 트럼프가 자유주의와 '정치적 올바름' 등을 공유하는 미국 사회의 '기득권', '기성세력'이 아니라 소외된 백인 노동자들을 동원한 점도 비슷해 보입니다. 2016년은 1966년 프롤레타리아트 문화대혁명 50주년이기도 했지요.

아 트럼프는 취임 이후 기존의 백악관 기자회견실을 철거했습니다. 50여 명으로 한정된 장소에서 400명을 수용할 수 있는 기자회견실로 개조할 것이라고 합니다. 주류 미디어의 엘리트 기자만이 아니라, '대안적 미디어'의 소수 기자들도 대우하겠다는 뜻입니다. 기성 매체들이 '선출되지 않은 권력'으로서 누리고 있던 특권을 박탈하고 있는 것입니다.

중요한 것은 주류 미디어가 '가짜 뉴스'를 발신하고 있다고 조롱하는 이유의 상당수가 대외 보도라는 점입니다. 그중에서도 중동 뉴스가 중요하지요. 이라크부터 시리아까지 미국의 중동 정책이 실패한 것과 미디어 보도가 불가분이라는 점입니다. 알-자지라에 20년째 몸담고 있는 저로서는 트럼프의 견해를 마냥 부정하기가 힘듭니다. 알-자지라의 출범 자체가, 1960년대 이스라엘-아랍 전쟁이나 1990년 걸프전쟁의 보도가 지나치게 서방 중심적이었기 때문입니다. 아랍의 소리, 이슬람의 시각을 전달할 필요가 긴절했습니다.

이 알-자지라의 시각에서 2016년 가장 중요한 사건은 무엇이었습니까?

아 단연 시리아 내전입니다. '아랍의 봄' 이후 중동의 향방을 가늠해 볼 수 있는 척도였습니다. 동시에 준準세계대전에 값하는 전쟁이기도 했습니다. 이란과 사우디아라비아의 지역 강국과, 미국과 러시아의 세계 강국이 모두 개입한 복합적인 전쟁이었습니다.

이 다른 시각, 다른 관점으로 내세우실 만한 내용은요?

아 보도의 전제부터가 편향되어 있습니다. 알-아사드 정권을 '악'으로 치부하고, 체제 전복만을 '선'으로 여깁니다. 정권 전환만을 유일선으로 간주하기 때문에 다각적인 보도와 분석이 불가능합니다. 정부군이 알레포를 재탈환한 사건을 '해방'이 아니라 '학살'로 낙인찍는 경우가 대표적이지요. 일각에 서는 작전을 주도했던 러시아에 의한 홀로코스트라고 비유합니다. 반면 평화협상과 내전 종식에는 관심이 덜합니다. 내전 종식이야말로 시리아인의 입장에서 크게 환영해야 하는 사건임에도 정작 보도는 뜸합니다. 다마스쿠스를 비롯하여 내전으로 폐허가 된 도시를 재건하는 사업 또한 거의 주목받

아흐마드 알-셰이크.

고 있지 못하지요. 민주주의로의 체제 전환에만 관심을 기울일 뿐 그 밖의 사정에는 무심한 것입니다. 시리아에만 한정되지도 않습니다. 리비아도 마찬가지죠. 나토군이 개입하여 카다피 정권을 붕괴시켰습니다. 독재정권을 무너뜨렸다며 대대적인 뉴스가 쏟아졌습니다. '북아프리카의 히틀러'를 제거했다는 전시 보도가 넘쳐났지요. 그런데 지금은 어떻습니까? 무정부 상태에 빠진 리비아의 현실은 거의 알려지지 않습니다. 리비아는 아프리카에서 생활수준이 가장 높은 나라 가운데 하나였습니다. 그러나 그 정권이 전복됨으로써 순식간에 '실패 국가'로 전락했습니다. 테러리스트의 온상이 되고 말았죠. 리비아의 젊은이들이 IS에 속속 참여하고 있습니다. 트럼프가 거듭 오바마-힐러리가 IS를 만들었다고 '가짜 뉴스'를 발신하는 연유도 여기에 있습니다. 전후사정을 살펴보면 전혀 틀린 견해라고 반박하기도 힘들어요.

이 다른 사례도 있습니까?

아 예멘도 내전 상황입니다. 그러나 시리아에 비해 거의 주목받지 못하고 있습니다. 예맨 내전을 촉발한 세력이 미국과 사우디아라비

아이기 때문입니다. 국제법 위반에 대한 유엔 조사조차 미국은 거부하고 있습니다. 시리아에서, 리비아에서, 예멘에서, 중동 전체에서 어느 쪽이 내전을 유도하고 있는지, 어느 쪽이 내전을 종식시키고 있는지 복합적으로 판별해야 합니다. '십자군식 프로파간다'는 지양되어야 할 것입니다.

이 중동 이외의 지역은 어떻습니까? 이슬람 세계가 아닌 곳에서도 알-자지라만의 시각이 관철되는지요?

아 우크라이나가 대표적인 경우겠죠. 러시아의 제국주의를 성토했던 보도가 난무했던 이후 잠잠해졌습니다. 그러나 극우파가 준동했던 '민주화' 이후 우크라이나는 경제적으로 붕괴 직전의 상황까지 곤두박질쳤습니다. 인구의 절반이 빈곤선 이하로 떨어졌어요. 부패지수 또한 더욱 나빠졌습니다. 우크라이나 이전에는 발칸반도도 있지요. 유고전범재판소에서 밀로셰비치*의 측근들이 줄줄이 무죄 선고를 받고 있습니다. 2016년에도 계속 무죄 판결이 나왔어요. 그러나 거의 알려지지 않고 있습니다. 한때는 '발칸의 도살자'라며 인종 학살의 주범으로 낙인찍는 융단폭격식 보도가 넘쳐났던 것과 너무나도 대조적인 모습입니다. '가짜 뉴스'만 기억되고, '대안적 진실'은 묻혀 있는 셈입니다. 아프가니스탄부터 이라크를 거쳐 리비아까지, '인도주의적 개입주의'의 원형이 되었다는 점에서,

---

* 1989년 유고슬라비아 사회주의 연방공화국에 속한 세르비아 사회주의 공화국의 초대 대통령이 되었으며, 이후 유고슬라비아 붕괴 과정에서 일어난 내전에서 대(大)세르비아주의를 주창하며 타민족 학살을 주도했다는 혐의로 국제사회의 큰 지탄의 대상이 되었다. 1997년 옛 유고슬라비아연방의 후신인 유고슬라비아 연방공화국의 대통령이 되었으나, 2000년 민중 봉기로 실각했고, 이후 국제사법재판소에 전쟁 범죄자로 수감되어 재판을 받던 중 2006년 감옥에서 사망했다.

이 1990년대 발칸 사태와 나토의 개입을 재조망하는 특집을 알-자지라에서 기획하고 있습니다.

이 발칸반도는 저도 곧 가볼 예정입니다. 유럽의 논리, 이슬람의 논리, 러시아의 논리가 중층적으로 길항하는 흥미로운 장소 같습니다. 알-자지라의 보도를 긴히 참조하겠습니다. 2017년에 대한 전망을 부탁드려도 될까요?

안 '러시아의 시간'이 될 것입니다. 2016년은 1991년 소련 해체 이후 25년이 되는 해였습니다. 러시아의 귀환이 도처에서 완연했습니다. 시리아에서는 러시아가 완승했다고 할 수 있습니다. 러시아와 터키, 이란의 고위관료들이 모스크바와 아스타나(카자흐스탄의 수도)에서 시리아의 재건을 논의하고 있습니다. 백 년 전 영국과 프랑스가 합작하여 현재의 중동을 탄생시켰던 1916년과 전혀 다른 풍경이 연출되고 있는 것입니다. 리비아에서도 러시아군이 국가 재건에 핵심적인 역할을 맡고 있습니다. 나토의 주축국이었던 터키도 러시아로 기울고 있고, 이스라엘마저도 러시아와의 협력에 박차를 가하고 있습니다. 신중동질서를 러시아가 주도하여 만들어가는 중입니다. 탈냉전 이후 '자유주의적 세계질서'가 실패로 돌아감으로써 러시아의 영향이 전방위적으로 확대되고 있는 것입니다. 마침 미국에서도 푸틴과 적대했던 오바마-힐러리가 아니라 트럼프가 당선됨으로써 세계에서 가장 영향력 있는 지도자로서 푸틴의 지위는 더욱 견고해질 것입니다. 탈근대=탈서구=탈진실 시대의 전위로서 러시아를 주목할 필요가 있습니다. 20세기의 공산주의가 아니라, 21세기의 새로운 '러시아 혁명'에 착목해야 할 것입니다.

이 동유라시아에 있으면 '중국의 굴기'만이 과장되게 인식됩니다. 서유라시아에 있노라면, 그리고 이슬람 세계의 대안적 미디어인 알-

자지라를 통해 세계를 접하고 있노라면, 러시아의 귀환이 확연하게 느껴집니다. 2017년에는 저 또한 모스크바에 거점을 차리고 유럽부터 중앙아시아까지 살펴볼 예정입니다. 북방에 가서도 알-자지라를 애청하면서 '대안적 진실'에 더욱 근접해보려고 노력하겠습니다. 머지않아 알-자지라 러시아어, 알-자지라 중국어 채널까지도 생겨나기를 기대해봅니다.

등대: 아랍의 소리

알-자지라가 불현듯 솟아난 것은 아니다. 21세기 신아랍에 도하가 있다면, 20세기 구아랍에는 카이로가 있었다. 아랍 세계와 이슬람 세계를 관장하는 정보 제국의 수도였다. 카이로에서 발행되는 신문과 잡지, 도서가 이슬람 세계 전역으로 유통되었다. 그중에서도 특히 라디오 방송이 유명하다. 1950~70년대에 절정기를 구가한다. 당대 최고의 라디오 스타는 나세르였다. 그의 카랑카랑한 목소리가 이집트 너머 아랍 세계 전역으로 울려 퍼졌다. 그 전위 매체가 '아랍의 소리'였다. '아랍의 소리'를 통하여 공화혁명과 아랍 통일을 설파하는 사자후를 토해낸 것이다. 응당 왕정국가들은 카이로발 라디오 방송을 통제해야 했다. 요르단과 예멘의 국왕들이 공공장소에서 라디오를 몰수하는 조치를 취할 정도였다. 아랍 세계의 공화파와 왕정파 간 이데올로기 투쟁을 대리하는 선전기구였던 셈이다.

  나아가 새로운 국제 정보 질서를 요구하는 정보 자립의 출발로서 '아랍의 소리'를 자리매김할 수도 있다. 1950~60년대 아랍 세계에 독립국가들이 속속 등장하면서, 식민지 시절의 군사적 지배와는 다른 정보와 지식의 지배(=오리엔탈리즘)가 화두로 부상하게 된다. 선진국과 후진국 사이의 정보 격차를 둘러싼 논쟁이 촉발된 것이다. 그 정보 격차를 시정하기 위하여 1975년에 설립된 것이 비동맹국가 통신사기구Non Aligned News Agencies Pool다. 1976년에 26개, 1978년에는 50개 통신사가 참여한다. 거개가 아랍 및 이슬람 국가였다. 초국가적인 정보 질서를 구축하려는 시도가 20세기 후반부터 지속되었던 것이다.

시간을 조금 더 거슬러 올라가 볼 수도 있다. 19세기, 지중해의 풍향이 바뀐다. 아랍풍이 불었던 천 년을 대신하여 유럽풍이, 북풍이 불기 시작했다. 유럽의 바람이 가장 먼저 닿은 곳이 알렉산드리아였다. 그리스인, 이탈리아인 연결망이 여전했기 때문이다. 그들이 도입한 신문물 가운데 인쇄술도 있었다. 1821년 최초의 인쇄소가 들어선다. 이듬해 가장 먼저 찍어낸 책이 이탈리아어-아랍어 사전이다. 그러나 속도가 붙지 않았다. 필사본 시대 유럽을 압도했던 아랍이 인쇄술 시대에 뒤처진 데는 아랍 문자의 특성도 한몫했다. 위치에 따라 글꼴이 달라진다. 단어의 앞에 있느냐, 중간에 자리하느냐, 마지막에 붙느냐에 따라 모양새가 변하는 것이다. 활자판 만드는 초기 비용이 많이 들었다. 최초의 《코란》 인쇄본이 완성된 것도 1923년에 이르러서다. 그 백 년 사이 유럽과 아랍의 격차는 더욱 벌어졌다.

응당 유학의 방향도 달라졌다. 이집트 최초의 국비 유학생이 파견된 나라는 프랑스였다. 10대의 파릇파릇한 울라마 지망생들이 유럽에서 공부했다. 파리 견문기를 책으로 발간한 이도 있다. 아랍어판 《서유견문》에 해당한다. 이집트는 물론 아랍 세계에서 큰 화제를 일으켰다. 그렇게 유학생 시절부터 명성을 쌓은 이가 리파 알-타흐타위(1801~1873)이다. 귀국해서는 번역사업에 매진했다. 루소의 《사회계약론》을 비롯하여 서구의 정치사상을 아랍어로 번역했다. 교육부 산하 번역국을 담당했고, 번역학교의 교장을 맡기도 했다. 본디 이슬람 학자였기에 유럽어와 아랍어 간 번역에 능숙했던 것이다. 메이지유신기 일본의 계몽가들이 동방 고전의 한자를 조합하여 유럽의 사상을 번역했던 것과 흡사한 이치다. 일본식 한자 개념들이 중화세계 전반으로 확산되어간 것처럼, 이집트에서 고안된 신조어들이 이슬람 세계 전역으로 퍼져 나갔다.

신문과 잡지도 속속 발간된다. 1875년 알렉산드리아에서 처음 등장한 신문이 〈아흐람〉이다. '피라미드'라는 뜻이다. 카이로로 본사를 옮겨 지금까지 발행되고 있다. 150년 역사를 자랑하는 아랍 세계 최장수 신문이다. 최초의 주간지로는 《힐랄》이 꼽힌다. '새 달', '초승달'이라는 뜻이다. 역시나 오늘까지 월간지로서 명맥을 이어가고 있는 100년 이상의 정통 시사지다. 월간지로는 《마나르》가 유명하다. '등대'라는 뜻이다. 1898년에 발행을 시작하여 1940년에 폐간되었다. 나로서는 유독 《마나르》에 눈길이 쏠린다. '개신 이슬람' 운동을 주도했던 지식인 잡지였기 때문이다. 디지털 미디어 알-자지라의 기원으로 종이 잡지 《마나르》를 꼽을 수 있을 것이라는 판단이다.

'등대'라는 제호부터 상징적이다. 세속화=서구화의 북풍 속에서 한 줄기 이슬람의 빛을 발산했다. 기고자들의 면면도 흥미롭다. 시리아, 레바논, 터키, 모로코, 인도, 인도네시아를 망라한다. 20세기형 국민국가 체제로 재편되기 이전 '최후의 이슬람 세계'의 흔적을 간직하고 있는 것이다. 자연스레 독자들 또한 국가 단위로 쪼개지지 않았다. 태평양의 자바섬부터 대서양의 카사블랑카까지 글로벌 움마를 독자로 삼는 초국적 잡지였다. 응당 세속주의, 자유주의, 사회주의 등 '식민지 근대화'에 함몰되지도 않았다. 알라를 우러러 한 줌 부끄러움이 없기를 바라는 마음이 간절했다. 민족해방운동보다는 문명해방운동에 가까웠다.

발간 당시에는 동조보다는 비판이 잦았다고 한다. 반식민, 반제국주의 운동의 주도권을 쥔 쪽은 민족주의와 사회주의 진영이었다. 《마나르》

는 시대착오적인 보수파로 낙인찍혔다. '아랍의 소리'를 통하여 아랍 민족주의가 절정을 구가하던 1960년대까지도 《마나르》를 주목하는 연구자는 거의 없었다. 그러나 새 천년, 지금은 너도 나도 《마나르》를 연구한다. 문학, 철학, 역사학, 정치학, 사회학을 막론하고 《마나르》에 대한 석박사 논문이 쏟아지고 있다. 1979년 이란 혁명 이래 도도하게 전개되고 있는 재이슬람화의 원조로 간주되기 때문이다. 이슬람 문명의 현대적 유효성을 입증하는 기초 이론을 세운 시조로서 재평가받고 있다.

화두: 움마와 천하

나도 《마나르》의 전권을 PDF로 구했다. 견문 이후 대학에 복귀하면 논문으로 써볼 요량이다. 비슷한 시기에 발행되었던 중국의 《동방잡지》와 견주어보면 흥미로운 그림이 펼쳐질 것 같다. 동아시아에서도 20세기에는 단연 《신청년》이 돋보였다. 1915년에 창간되어 신문화운동을 주도하고, 1921년 중국공산당 창당을 이끈 독보적인 잡지였다. 1915년의 《신청년》이 1949년의 신중국을 만들었다고 할 수 있을지도 모른다. 그 《신청년》의 맞은편에 서 있던 것이 바로 《동방잡지》였다. 자유주의와 사회주의로 내달리는 《신청년》에 어깃장을 놓으며 전통의 근대화를 옹호했다. 21세기 중국의 방향을 백 년을 앞서 미리 준비해둔 것이다. 과연 중국에서도 《동방잡지》에 대한 논문과 책이 속속 등장하고 있는 중이다. 1920년대 그 유명한 동/서 문화논쟁 또한 《신청년》과 《동방잡지》 간 지식인들이 일합을 겨룬 것이었다. 《마나르》의 특집 기획들을 일별하노라면, 마치 이슬람판 동/서 문화논쟁인 양 보인다. 고로 《마나르》와 《동방잡지》를 겹쳐 읽는다면 21세기 '동방의 등대'가 밝혀질 수 있겠노라 예감하게 되는 것이다.

견문 2년차, 중화세계와 이슬람 세계의 공진화를 진지하게 궁리하고 있다. 천하와 움마의 '더불어 중흥'이라는 필생의 화두도 얻게 되었다. 움마와 천하의 관점에서 지난 한 해를 회고해보기로 한다. 《유라시아 견문》 제2권도 막바지에 이르렀다.

037

역逆세계화, 신新세계화, 진眞세계화

'쇄국 정책'과 '주체 노선'은
망국의 첩경이다

탈세계화De-Globalization: 신촌에서 베이루트까지

트럼프의 당선을 이집트 알렉산드리아에서, 취임식을 레바논의 베이루트에서 지켜보았다. 혹여나 했건만, 역시나였다. 혼용무도昏庸無道한 자가 세계 권력의 정점에 올랐다. 선거 내내 거의 모든 매체가 트럼프 반대 진영에 섰던 것을 상기하노라면 놀라운 결과다. 공화당과 민주당의 양당 과점제는 물론이요, 현대 사회의 제4부라고 하는 주류 언론 '빅브라더'까지 탄핵당한 것이다. 몰락한 백인 노동자들의 비뚤어지고 비틀린 계급의식이 '교조적 민주주의', '자유주의 근본주의'를 갈아엎었다. 탈냉전 이래 네오리버럴과 네오콘이 합작하던 세계화의 질주에도 급제동이 걸렸다. 영국 민중people이 글로벌 시민citizen을 누르고 브렉시트를 선택한 것과도 맥이 통하는 흐름이다. 내 정치적 신념과는 다른 방향일망정, '혁명'에 준하는 사태라는 판단을 거두기가 힘들다.

신촌에서 베이루트까지, 언 20년이 주마등처럼 스쳐갔다. IMF 사태와 더불어 대학생이 되었다. 사회학 입문 수업, 《세계화의 덫》을 읽고 보고서를 써내는 것이 새내기 첫 중간고사였다. 내게 두고두고 깊은 영향을 미친 책이다. 이후 줄곧 반反세계화 운동에 가담해왔기 때문이다. 시애틀의 WTO 반대 시위를 지켜보며 밀레니엄을 맞은 것은 2000년이다. "다른 세계는 가능하다"를 구호로 내세운 세계사회포럼을 뭄바이에서 구경한 것은 2004년이었다. 2011년 LA에서는 '99% 시위'에도 참여했다. 헌데 그 반세계화 운동들과는 전혀 다른 형태로, 뜻밖의 모습으로 영미식 세계화가 종지부를 찍은 것이다. 영국은 유럽에서 떨어져 나가고, 미국은 보호무역과 반反이민을 내세워 담을 높게 쌓는다. 결자해지라도 되는 양, 세계화의 선봉대가 탈세계화의 기수로 표변했다.

과연 말이 많다. 소란하다. 현란하다. 대가들도 한두 마디씩 보탠다. 이안 부루마Han Buruma가 〈뉴욕 타임스〉에 기고문을 보냈다. 꽤 좋아하는 사학자였다. 하지만 칼럼은 퍽이나 실망스러웠다. 1945년을 원년Year Zero으로 삼는 전후질서, 즉 '자유주의적 세계질서'의 종언이라고 논평했다. 얼핏, 언뜻, 옳은 말인 양 착각하기 쉽다. 그러나 그럴듯하지만 그러하지 않은, 사이비似而非 진술이다. 영국과 미국이 자유주의와 민주주의를 전후 세계에 전파해왔던가? 지난 1년 내가 두 눈으로, 두 발로 견문했던 히말라야(미얀마)부터 지중해(모로코)까지, 영·미는 '숨은 신'으로 타지와 타국에 깊숙이 개입해왔다. 곳곳에서 민주주의를 깔아뭉개고, 처처에서 자유주의를 척살했다. 체제 전환과 정권 전복의 사례가 숱하게 쌓여 있다. 입은 비뚤어져도 말은 바로 하라고 했다. '자유주의적 세계질서'는 백면서생의 칠판에서나 존재하는 '가짜 뉴스'에 가깝다. 인도양을 끼고 살아가는 아시아와 아프리카 기층의 실감에 기대어 말하자면, '영미식 조공체제의 종언'이라고 하는 편이 한층 실상에 근접할 것이다.

유대교, 기독교, 이슬람이 공생하고 히잡과 미니스커트가 공존하는 레바논에서 손에 든 책으로 《베이루트에서 예루살렘까지》가 있다. 1980 년대 총기 넘치던 20대 후반의 토머스 프리드먼이 쓴 중동 견문기다. 이스라엘과 팔레스타인 분열의 기저에 깔린 영·미의 패권적 세계질서에 대한 직관이 번뜩거린다. 그러나 탈냉전이 시작되기가 무섭게 그의 명민하던 지성은 부드럽게, 유연하게, 무디어져 갔다. 정보화와 세계화를 찬양하는 설교자이자 전도사가 되었다. 부역의 대가는 달콤했다. 〈뉴욕 타임스〉 칼럼니스트라는 근사한 명함을 들고 전 세계를 주유하며 펜대를 굴리며 살게 되었다. 그 소신으로, 소산으로 발간한 책이 《세계는 평평하다》The World is Flat다. 1퍼센트 글로벌 엘리트들에게 평탄한 세계가 만들어졌던 것이다. 2005년 출간 즉시 글로벌 베스트셀러가 된다. 그러나 불과 3년 후, 미국과 유럽이 세계 금융위기의 진앙지가 되었다. 1980년대의 남미, 1990년대의 동아시아, 2000년대의 중앙아시아와 동유럽이 경험했던 울퉁불퉁 '세계화의 덫'이 부메랑이 되어 구미의 심장부를 강타한 것이다. 영어로는 블로백Blow Back, 역풍이 적합할 것이다. 사자성어로는 인과응보因果應報가 어울릴 듯하다. 사필귀정事必歸正일지는 조금 더 지켜보아야 하겠다.

소 뒷걸음으로 쥐 잡는 격이지만, 다른 의미에서 세계는 정녕 평평해 졌다. 선진국과 후진국, 제1세계와 제3세계가 극적으로 평준화되었다. 미국 대통령이라는 작자의 면모가 전혀 낯설지가 않다. 지성은 빈곤하고 품성은 천박한 반면으로 선전과 선동에는 능란하다. 몰지각하고, 몰상식하며, 몰염치한 미디어형 정치인의 표본이다. 미국이 음양으로 지원해왔던 '제3세계형 지도자'와도 흡사한 것도 같다. 한국에서, 필리핀에서, 파키스탄에서, 이란에서, 터키에서, 이집트에서, 이라크에서, 칠레에서 미국이 후원해왔던 개발독재형 지도자의 수준에 근사한 것이다.

레바논 베이루트 시내에 있는 아르메니아 교회.

마침내 미국인도 지구촌의 주민이 되었다.

따라서 미국 예외주의 또한 더 이상 통용되지 않는다. 평준화된 세계, 미국 우선주의, 미국 제일주의America First를 내세운다. 세계 시장과 세계 평화의 공공재를 제공하던 패권국가이기를 그친 것이다. 세계전도를 펼쳐놓고 지구본을 돌리며 천하를 먼저 근심하던 제국의 태도를 거두어버렸다. 하여 자국의 시장을 개방하여 '반공주의 조공국'들의 발전을 견인했던 왕년의 품 넓었던 대미제국은 깨끗하게 잊어도 좋겠다. 그저 국익을 으뜸으로 치는 고만고만한 '보통국가'로 강등한 것이다. 여럿 가운데 하나one of them, 흔하고 평범한 나라가 되었다. 그러니 성조기는 그만 좀 흔들고, 미국 유학도 줄이는 편이 낫겠다. 재조지은再造之恩*에 감복만 하기에는 세월이 너무도 흘러버렸다.

그러나 오판은 삼가기로 하자. 대서양 사이가 벌어지고 태평양이 멀어진다고 해서, 탈세계화 또한 정명正名은 아니기 때문이다. 유럽과 미국이 일방으로 돌출되었던 세계화의 특정 단계가 끝나고 있을 뿐이다. 19세기 유럽식 문명화와 20세기 미국식 세계화가 지구촌 곳곳에서 파면되고 있을 따름이다. 즉 종언을 고하고 있는 것은 '구미적 세계화'이지 세계화 전체가 아니다. 오히려 '탈서구적 세계화'가 갈수록 면면하게, 도저하게 개창되고 있다. 하여 '불확실성의 시대'라는 수사 또한 진부할뿐더러 정곡을 짚지 못한 말이다. 세계사의 흐름은 더더욱 또렷하게 '다른 백 년'으로, '다른 세계화'로 진입하고 있기 때문이다. 그 '다른 세계화'의 최전선으로 '중동'이라 불리던 곳을 꼽을 수도 있을 것이다. 구미의 강점과 강압으로 가장 자잘하게 쪼개졌던 서아시아 대분열체제

---

* 거의 망하게 된 것을 구원하여 도와준 은혜. 임진왜란으로 망국의 위기에 처한 조선을 명나라가 구해주었다는 의미로 주로 사용되었다.

에도 새 질서가 움트고 있다.

역세계화Counter-Globalization:
아스타나에서 이슬라마바드까지

그 시금석이 시리아전쟁이었다. 평화협상 단계에 들어섰다. 단연 돋보이는 것은 러시아다. 무장투쟁을 방기한 반정부 세력을 야당으로 인정하는 중재 역할을 맡아 교섭을 주도하고 있다. 정권 전복과 체제 전환만이 유일선이라며 내전을 지속시켰던 미국과는 전혀 다른 처방전을 내렸다. 민주주의를 전파하는 '선의의 전쟁'을 지속하기보다는, '나쁜 평화'가 낫다는 입장이 주효한 것이다. 그 냉엄한 판단 아래 연립정권 수립, 헌법 개정, 신헌법에 의한 총선 실시, 신정권 탄생이라는 국가 재건 로드맵을 제시할 수 있었다. 이로써 출범하는 장차의 시리아는 20세기의 시리아와는 퍽이나 다른 모습일 것 같다. 지난 세기 인공 국가 시리아를 주조해내었던 영국과 프랑스는 전혀 힘을 쓰지 못하고 있기 때문이다. 러시아를 필두로 이란과 터키가 협조한다. 영국, 프랑스, 미국이 아니라 러시아, 이란, 터키가 신중동질서 재편의 주역이 되고 있다. 일백 년 만의 일대 반전이다.

과연 시리아 평화협상의 장소 또한 의미심장하다. 아스타나였다. 카자흐스탄의 수도다. 왕년이라면 유럽의 어드메였을 것이다. 파리나 제네바가 단골 도시였다. 구미歐美(유메리카)적 질서에서 구아歐亞(유라시아)적 질서로의 이행을 보여주는 상징적인 풍경이다. 심통이 난 구미 언론은 '알레포 학살'이라는 프로파간다를 연신 발신했다. 혹여 내가 서구 매체만 읽을 수 있었다면 그 '가짜 뉴스'에 깜빡 속아 넘어갔을지 모르겠다. 하지만 이제는 러시아와 이란, 터키 언론도 참조할 수 있게 되었다. 그곳에서는 '알레포 해방'이라는 표현이 더 자주 등장했다. 아무래도 '학살'과 '해방' 사이에, 회색빛 진실이 어렴풋이 자리할 것이다.

'해방'이라는 수사를 일방으로 수긍하지는 않지만, 구미의 '인도주의적 제국주의'가 탈냉전 이후 중동의 대혼란을 야기했다는 러시아-터키-이란 언론의 논조에는 수긍하는 편이다. 이슬람 세계의 움마를 해체시키고 외부 세력이 주입한 작위적 질서, 국가간체제(Made in the West)가 근원적 병통이다. 여기에 (자유)민주주의를 호모 사피엔스 진화의 최종 도달지라고 주장하는 유사 역사학의 가짜 역사관(=역사의 종언)이 거듭 실책을 반복했다. 남아시아의 아프가니스탄부터 중동의 시라크(시리아-이라크)를 지나 북아프리카의 리비아까지 도처를 쑥대밭으로 만든 것이다. 게다가 체제 전복에는 열성이건만, 정작 수습에는 뒷짐이다. 탓에 혜초의 《왕오천축국전》을 아프가니스탄 카불에서 기념하려 했던 견문 2년차 계획도 틀어지고 말았다. 천 년 전 '아랍의 장안'이었던 바그다드를 가보지 못한 것 또한 두고두고 아쉬움으로 남는다.

실제로 아프가니스탄전쟁 이후 미국이 심은 '민주주의 괴뢰 정부'는 작동하지 않고 있다. 겨우 수도만을 간신히 지켜내고 있을 뿐이다. 카불 밖 광활한 산악지대는 여전히 탈레반이 장악하고 있다. 아니, 갈수록 세력이 더 강성해지고 있다. 여기서도 해결사를 자처하고 나선 나라가 러시아다. 탈레반의 후견 역할을 하는 파키스탄에 접근한다. 파키스탄과 돈독한 중국도 협조하고 있다. 아프가니스탄의 서쪽에 자리한 이란도 동참시키고 있다. 러시아-중국-파키스탄-이란이 협력하여 카불 정권과 탈레반 간 중재와 평화협상을 진척시키고 있는 것이다. 눈썰미가 있는 이라면, 이 국가들이 공히 상하이협력기구(SCO) 참여국임을 알아차릴 수 있을 것이다. 나토 공습으로 너덜너덜해진 아프가니스탄을 상하이협력기구가 재건하고 있다.

재차 시리아 평화협상이 시작되었던 아스타나를 상기해보자. 그곳은 2013년 시진핑이 일대일로 구상을 처음 발표한 장소이기도 하다. 과연 시리아가 재건되면 상하이협력기구에 합류할 것이라는 소식이 들려온다. 시리아가 안정되면 각종 인프라 사업을 주도함으로써 다마스쿠스를 중동과 유라시아를 통합하는 일대일로의 거점으로 삼는다는 계획도 입안되었다. 군사 외교적으로는 상하이협력기구, 경제와 문화로는 일대일로와 접속하는 신중동이 탄생하고 있는 것이다. 지중해를 마주 보고 프랑스의 식민지가 되었던 지난 백 년과의 급진적인 결별이다.

혹자는 냉소적으로 혹평한다. 미국, 영국, 프랑스에서 러시아, 중국, 터키, 이란 등 주도국의 면모만 달라질 뿐 강대국 정치의 본질은 다르지 않다는 것이다. 동의하지 않는다. 첫째, 더 이상 20세기형 식민지가 아니다. 둘째, 구미식 분할지배를 가동시키는 것도 아니다. 촘촘하게 연결하고 통 크게 통합한다. 서아시아(및 북아프리카) 대분열체제의 기원이 되었던 사이크스-피코 협정 백 년 만에 대통합체제, 대공존체제의 맹아가 싹트고 있는 것이다. 물론 적폐의 청산까지는 지난하고 험난한 여정일 것이다. 그러나 미래는 이미 와 있다. 다만 널리 퍼지지 않았을 뿐이다.

딱한 사정은 중동의 대반전과 역逆세계화의 풍경이 제대로 전달되지 않고 있다는 점이다. 멀리 갈 것도 없다. 2016년 말 푸틴이 일본을 방문했다. 12월 16일 기자회견에서는 중동 신질서의 방침을 소상하게 밝혔다. 그럼에도 거의 보도되지 않았다. 기껏 러시아와 일본 간 북방 영토 문제만이 조명되었다. 푸틴은 현 시기 유라시아 지정학의 최고봉에 서 있는 인물이다. 모스크바에서 유라시아를 아래로 내려다보며 아라비아와 홋카이도를 한눈으로 조감한다. 그 폭넓은 시야 안에서 극동과 중동을 동시에 사고하며 수를 두는 것이다. 그의 육성으로 직접 밝혔던 유라시아 구상을 소상하게 살펴볼 필요가 있었다. 그럼에도 진보 언론도, 보수 언론도 북방 영토 문제만 치중했던 일본 언론 베껴 쓰기에 급급했다. 재차 정보 습득 경로의 편향, '기울어진 운동장'을 지적하지 않을 수 없다. 지식과 정보의 속국 상태가 여전하다. 부디 중국어, 러시아어, 아랍어 등 유라시아 중추 문명권의 보도를 참조하면서 세계의 변화를 다기하게 살피기를 간곡하게 권한다. 아는 만큼 보이는 법이며, 읽는 만큼 아는 법이다. 다언어 간 교차 검증이 팩트 체크의 기본이다.

하나만 일러두자. ECO라는 것도 있다. 'Economic Cooperation Organization'(경제협력기구)의 약칭이다. 1985년 테헤란에서 발족했다. 이란과 터키, 파키스탄이 원년 멤버. 공히 이슬람 제국의 후예들임을 각별히 주목해야 할 것이다. 각기 페르시아와 오스만제국, 무굴제국의 후신임을 자처한다. 이들이 이슬람 세계의 재건과 쇄신을 위하여 30년 넘게 뜻을 모아온 것이다. 유럽연합(EU)에 필적하는 경제공동체를 목표로 삼고 있다.

나아가 한결 민주적인 국제기구를 도모한다. 문화부는 이란에, 경제부는 터키에, 과학부는 파키스탄에 본부를 두고 있다. 응당 삼국연합으로 그치지도 않는다. 터키를 통해서는 북아프리카와 남유럽으로, 이란을 통해서는 중앙아시아로, 파키스탄을 통해서는 동남아시아까지 연결된다. 2017년 3월 1일 파키스탄의 이슬라마바드에서 열린 정상회담에는 유라시아 10개국이 참여했다. 올해의 열쇠말로는 이슬람 사상의 근간이 되는 '공정'을 내세웠다. 실제로 ECO 외에도 이슬람협력기구(OIC)에 포함된 60개가 넘는 국가들 사이에 다양한 형태의 지역협력체가 가동되고 있다. 국가와 민족으로 분열되지 않았던 이슬람 세계의 독자적인 공동체, 움마가 소생하고 있는 것이다.

신세계화New-Globalization: 콜롬보에서 예루살렘까지

2015년 8월 싱가포르에서 만났던 두아라 교수를 재회한 것은 2016년 4월 '인도양의 진주' 스리랑카에서였다. 석양이 유독 아름다운 콜롬보에서 인도양 세계의 해양 도시 연결망을 주제로 국제회의가 열린 것이다. 콜롬보는 나로서도 각별한 장소다. 박사 논문의 한 챕터였던 아시아-아프리카 작가회의의 본부가 자리했던 곳이기 때문이다. 더 오래 전, '실론'이라고 불리었을 때 이곳을 방문한 이들도 범상치가 않다. 1411년 북쪽에서 정화鄭和가 내려왔다. 그의 대원정선이 정박했던 갈 항에는 기념비도 세워두었다. 한문과 타밀어, 페르시아어로 태평천하를 다짐했다. 정화보다 더 이른 시기에 서쪽에서 온 반가운 손님으로는 이븐 바투타를 꼽을 수 있다. 신드바드가 발견했다는 전설의 보물섬이 바로 이곳 스리랑카였다.

회의 참가자들의 면모도 다종다양했다. 자카르타부터 몰디브, 케냐의 나이로비까지 인도양을 접하는 아시아-아프리카 연안 도시 지식인들이 집결했다. 장소가 다시금 의미심장하다. 벵골만과 아라비아해로 구성된 인도양의 한복판에 자리한다. 인도양은 이미 세계에서 가장 물류가 활달한 바다다. 남아시아에서 가장 활기찬 항구가 콜롬보 항이기도 하다. 인도의 뭄바이 항을 제친 것이 2013년이라고 한다. 여기에 함반토타 항구까지 건설이 한창이다. 중국 자본이 대거 투입되었다. 함반토타가 광저우와 자매도시를 맺은 것이 2007년이라고 한다. 인도양 세계와 중화세계를 접속시키고 있다. 광둥-홍콩-마카오를 묶는 남중국을 남아시아와 결합시키고 있다. 동아시아의 제조품이 중동과 아프리카, 유럽까지 판매되는 중간지 역할을 맡게 된다. 나아가 콜롬보를 남아시아의 국제금융도시로 탈바꿈시킬 것이라고 한다. 동북아의 상하이, 동남아의 싱가포르, 중동의 두바이를 모델로 삼고 있다.

바닷길만 활짝 열리고 있는 것도 아니다. 2016년 5월에 방문한 네팔에서는 동아시아와 남아시아의 험준한 장벽이었던 히말라야에도 어마어마한 길이의 터널이 뚫리고 있었다. 중국의 동부와 연결되었던 티베트의 고속철도와 고속도로가 히말라야를 넘어 인도 아대륙까지 이어지고 있는 것이다. 말 그대로 '범아시아적 연결망'의 구축이다. 해양의 스리랑카도, 내륙의 네팔도 마다할 이유가 크지 않다. 압도적인 대국 인도의 곁에서 살아야 하는 소국의 숙명을 안고 있는 처지다. 역외 대국인 중국과의 연결망을 통해 남아시아 특유의 비대칭성을 교정하는 세력 균형을 취하고 있다.

싱가포르에서 만난 또 다른 인도계 지식인으로 키쇼어 마부바니가 있었다. 그분의 소개로 델리에서 만난 이가 샤시 타루르였다. 이번에는 그의 권유로 오만의 수도 무스카트를 방문해보았다. 오만에서 대사를 역임한 적이 있었다고 한다. 동남아-인도-중동으로 이어지는 인디안 디아스포라 연결망의 혜택을 입은 셈이다. 무스카트는 아라비아반도 동쪽 끝자락에 자리한다. 가장 영롱한 월출을 감상할 수 있었다. 한낮의 혹서가 지나고 떠오르는 달빛의 청량감을 만끽할 수 있었다. 왜 무슬림이 유독 달을 사랑하는지를 이해할 수 있을 듯했다. 달을 노래하기를 즐겨했던 대당제국의 시성 이백은 필시 아랍 출신이었을 것이다.

저 달빛 너머로 파키스탄의 과다르 항과 인도의 구자라트가 지척이었다. 서인도와 아라비아반도가 이웃지간임이 확연하다. '무스카트의 보석'이라는 대규모 전시회가 열린 것은 2010년이다. 아라비아해를 오갔던 전통적인 항해선을 복원한 것이다. 그 복원 사업의 주역이 인도의 케랄라 출신 뱃사람들이었음이 흥미롭다. 석유자본에 힘입어 급속한 현대화가 진척된 오만에 견주어 케랄라에서는 여전히 옛 방식으로 어선을 만들고 있기 때문이다. 9세기 이래 천 년간 무스카트와 케랄라, 스리

스리랑카 갈 항의 정화 대원정 기념비.

네팔과 티베트를 잇는 국경지대의 다리.

랑카를 거쳐 싱가포르까지 누볐던 배라고 한다. 인도양 세계의 귀환을, 구세계의 재건을 상징하는 행사였다. 누가 21세기를 '태평양의 세기'라고 했던가. 대서양의 세기(19세기)와 태평양의 세기(20세기)를 지나 지난 2천 년 호모 사피엔스의 물류망과 문류망의 중심이었던 인도양의 세기가 재귀하고 있다 하겠다.

물론 태평양도 마냥 한적하지만은 않다. '다른 태평양'이 꿈틀거린다. 미국이 주도하고 일본이 거들었던 '환태평양'(TPP)은 트럼프의 취임과 함께 수장되었다. 하지만 미국의 자진 철수에도 태평양은 유장히 전진한다. 트럼프 당선 직후 아시아태평양경제협력체(APEC) 정상회담이 열린 장소가 페루의 수도 리마였다. 미국의 보호무역주의를 성토하고 자유무역의 수호를 다짐하는 회합의 장이 되었다. 특히 중국이 태평양을 공유하는 아시아와 아메리카 간 자유무역을 선도해가는 책임대국 역할을 자임했다. 중국의 개혁개방에서 세계의 개혁개방을 주도해가겠다는 뜻이다.

리마에서는 페루와 칠레가 앞다투어 역내포괄적경제동반자협정(RCEP) 가입 의사를 밝히기도 했다. RCEP에는 아세안 10개국에 중국, 인도, 일본, 한국은 물론 호주와 뉴질랜드까지 참여하고 있다. RCEP가 중국이 주도하는 국제 경제기구라는 오해가 상당하다. 미/일의 TPP와 중국의 RCEP를 대비시키는 '가짜 뉴스'가 범람한다. 팩트 체크를 하노라면 전혀 그러하지 않다. RCEP의 허브는 아세안이다. 중국과 인도, 일본과 호주를 바큇살로 엮는다. 그중에서도 동남아시아 최대 국가 인도네시아가 견인하고 있다.

2015년 4월 인도네시아를 방문했을 때 만난 지식인으로 라이잘 쿠크마가 있었다. '인도태평양' 구상을 제출했던 인물이다. 인도양과 태평양 두 바다를 잇고, 아시아와 아프리카 두 대륙을 연결하는 네트워크 국가로서 인도네시아를 자리매김했다. 2년 사이 더욱 진일보했다. 인도태평양 너머 아메리카까지 장착시켜 범태평양 구상으로 진화한 것이다. 중국을 봉쇄하지도 않을뿐더러 이슬람을 배타하지도 않는 '다른 환태평양'이다. 과연 세계 최대의 이슬람 국가이자 인도태평양에 자리한 인도네시아의 위치와 위상이 절묘하다.

대반전의 물결은 심지어 이스라엘에서도 목도할 수 있었다. 2016년 연말, 성탄절 전후로 예루살렘을 방문했다. 이스라엘을 미국과의 특수 관계로만 접근하는 독법 또한 관성적이다. 변화의 지표는 통계 수치에서 나온다. 무역과 투자에서 '아시아로의 축의 이동'이 확연하다. 중국, 인도, 일본, 한국, 대만, 싱가포르, 베트남과의 연계가 갈수록 역력하다. 일대일로의 바람이 예루살렘까지 불고 있는 것이다. 지중해와 홍해를 잇는 고속철도망이, 홍해와 사해를 잇는 고속도로가 건설되고 있었다. 아시아와 아프리카를 잇는 허브로, 요르단과 이집트를 연결하는 가교국가로 이스라엘을 전변시키는 것이다.

오프라인만으로 그치지도 않는다. 온라인 비단길, 디지털 실크로드에서도 이스라엘의 역할이 다대하다. 산업과 상업을 온라인으로 결합하는 중국의 4차 산업혁명 프로젝트 '인터넷+'의 10년 계획에 이스라엘이 적극 협력하고 있다. 이스라엘의 정보산업과 중국의 인프라산업을 결합함으로써 서유라시아 연결망을 재편하고 있는 것이다. 과연 이스라엘 또한 아시아인프라투자은행(AIIB)에 가입했음이다. 최대 적성국 이란도 반대하지 않았음이 인상적이다. 중국이 만든 플랫폼을 통하여 이스라엘과 이슬람 간 우회적 접촉이 가능할지도 모르겠다. 모름지기 항심恒心 앞에 항산恒産이 있다. 구미와 일방으로 통했던 이스라엘의 연결망이 아랍과 아시아와 접속된다면, 항심이 달라지지 않으리라는 법도 없다고 하겠다. 본디 예루살렘부터가 유대교와 기독교, 이슬람이 공히 모시는 일지삼교一地三教의 성소가 아니던가. 중동의 외딴섬으로 서아시아 대분열체제의 화근 노릇을 했던 이스라엘이 유라시아 대공존체제의 동반자가 될 수 있을지 주시할 일이다.

세계사의 대세를 확인해준 것은 2017년 1월의 다보스 포럼이다. 1퍼센트 글로벌 엘리트들이 스위스의 알프스에 집결하는 연례행사다. 올해는 유독 특별했다. 사상 처음으로 미국 대통령이 불참했다. 반면 중국의 국가주석이 최초로 참여했다. 미국의 탈세계화에 맞서 중국이 신세계화의 주역임을 온 천하에 천명하는 자리가 되었다. 주빈 자리를 꿰찬 시진핑은 승자 독식의 신자유주의가 아니라 공영共榮주의에 바탕한 포용적 세계화를 주창했다. 탈서구적Post-West 세계화야말로 21세기의 뉴노멀이자 신상태임을 지구촌에 널리 선포한 것이다.

중국공산당 총서기가 대동한 이들 가운데는 80여 명의 글로벌 자본가들도 있었다. 알리바바의 마윈, 완다 그룹의 왕젠린, 바이두의 리엔훙 등이 동행했다. 가장 돋보인 인물은 마윈이다. 다보스 포럼 직전 뉴욕에 있는 트럼프 타워를 방문했다. 알리바바가 구축한 범유라시아적 네트워크를 활용하여 미국의 중소기업 상품을 팔 수 있도록 돕겠노라며 트럼프를 유혹했다. 새로운 일자리 백만 개를 미국에 제공하는 알리바바의 마법을 선사하겠다는 것이다. 당근을 내민 만큼이나 따끔한 채찍도 아끼지 않았다. 탈냉전 이래 미국은 제3의 물결을 타고 IBM부터 MS, 애플까지 엄청난 돈을 벌어왔다. 문제는 그 돈을 어디에 썼느냐는 것이다. 지난 30년 (공식적으로) 13차례의 전쟁을 통하여 천문학적인 자금을 낭비해왔다. 그 돈을 인프라에 투자했다면 어떠했을 것인가? 블루칼라와 화이트칼라 노동자를 지원했다면 어찌되었을 것인가? 중국이 미국의 일자리를 앗아간 것이 아니라고 했다. 민주당과 공화당이 지배하는 워싱턴의 낡은 정치체제가 월가와 할리우드, 군산복합체와 실리콘밸리만 대변하느라 '실패 국가'로 전락하고 말았다는 것이다.

마윈의 쓴소리는 아웃사이더 트럼프의 현실 인식과 합치하는 바가 없지 않다. 트럼프 또한 미국의 인프라 재건 방침을 밝히고 있다. 복병은 역시나 자본이다. 연방정부는 빚투성이다. 다른 나라라면 이미 여러 차례 파산했을 것이다. 달러를 찍어내어 근근이 연명해왔다. 흥미롭게도 다보스 포럼 직전, 홍콩에서 열린 아시아금융포럼(AFF)에서 중국의 국부 펀드로 미국의 인프라 건설 자금을 충당하자는 제안이 나왔다. 중국을 촘촘하게 엮어낸 고속철, 고속도로 연결망을 유라시아만이 아니라 아메리카까지 깔아보자는 것이다. 150년 전 중국의 이주노동자 쿨리* 가 대륙횡단철도를 건설했다면, 이제는 중국의 자본과 기술력으로 고속철도망으로 업그레이드시키자는 것이다. 왕년의 실크로드가 로마와 장안을 이었다면, 새 천년의 신실크로드로 동반구의 유라시아와 서반구의 아메리카를 이어보자는 제안이다. 구대륙을 하나로 엮었던 일대일로 구상이 신대륙까지 아우르는 고/금 합작 버전으로 업데이트된 것이다. 다보스 포럼에 참여한 아시아인프라투자은행 총재 진리췬도 기민하게 응답했다. 이참에 미국까지 아시아인프라투자은행에 가입할 것을 적극 권장한 것이다. 지구촌을 천하로 삼는 제국의 기질이 중원에서 재점화하고 있는 듯하다.

오만의 수도 무스카트에서 복원된 인도양 항해선.

일지삼교의 성소, 예루살렘.

진세계화(Re-Orient): 대大유라시아 구상

안개가 자욱한 음울한 도시 런던이 '해가 지지 않는' 대영제국의 영화를 (잠시) 누릴 수 있었던 것에는 무굴제국 정복이 결정적이었다. 그 영국 총독부가 자리했던 도시가 콜카타이다. 빅토리아 여왕을 추모하는 기념관(Victoria Memorial)이 지금도 우뚝하다. 그곳을 '식민지박물관'으로 변경하는 계획이 인도 의회에 제출되었다. 제안자가 바로 샤시 타루르다. 한때 세계 부의 27퍼센트를 점하던 무굴제국이 어찌하여 대영제국 통치 아래서 세계에서 가장 가난한 인도로 전락한 것인지, '식민지 근대화'의 허상을 밝히는 장소로 만들 것이라고 한다. 또 영국이 떠난 1947년 이후 남아시아는 왜 인도/파키스탄/방글라데시의 대분할체제로 쪼개진 것인지, '구미적 세계화'의 적폐를 기록하고 전승하는 학습장으로 삼을 것이라고 한다. 제국주의를 자랑하던 대영박물관이 아니라 제국주의를 성찰하는 인도박물관을 지음으로써, 인도 독립 70주년을 맞이하는 2017년을 세계적으로 기념하자는 것이다. 헛개화에서 진개화로, 가짜 근대화에서 진짜 근대화로, 패권적 세계화에서 탈패권적 세계화로 이행하는 '2017년 체제'의 전범이라고 하겠다. 그가 유엔 사무총장이 되지 못했던 저간의 사정이 다시금 안타깝다.

콜카타가 동인도에 자리한다면, 서인도에는 고아Goa가 있다. 바스쿠다 가마가 다녀갔던 곳이다. 포르투갈의 식민지가 되었던 곳이다. 그곳에서 2016년 10월 브릭스 정상회담이 열렸다. 서세동점의 출발을 알렸던 상징적인 장소에서 탈서구적 세계화의 주역들이 회동한 것이다. 앞서 5월에는 흑해의 휴양 도시 소치에서도 러시아-아세안 정상회의가 열렸다. 2025년까지 유라시아경제연합(북방)과 아세안(남방)을 통합하는 대유라시아 구상이 제출되었다.

고아에서 아라비아해를 건너면 곧장 사우디아라비아에 닿는다. 지난 세기 미국의 중동 정책을 대리하는 핵심 동맹국이었다. 그 '속국 왕정' 사우디아라비아마저도 재빠르게 방향을 선회하고 있다. 살만 국왕이 몸소 아시아를 순방하는 전례 없는 이벤트를 선보였다. 말레이시아와 인도네시아를 지나 일본과 중국까지 장장 한 달에 이르는 대장정이었다. 단기적으로는 석유 공급지의 다변화를 꾀하는 것이며, 장기적으로는 탈석유 시대를 대비하여 이슬람-아시아 연결망에 긴밀히 (재)접속하려는 대전략에 바탕한 것이다. 여기에 영국의 식민지이자 미국의 동맹국이었던 호주가 아세안 가입을 적극 모색하고 있고, 그 아세안과 유럽연합 간 자유무역협정이 논의되고 있다는 점까지 보탠다면, 2025년 대유라시아 연합이 마냥 허황한 공상만은 아닐 것도 같다.

물류의 대반전은 문류의 쇄신도 촉발한다. 하부구조와 상부구조는 연동되기 마련이다. 주목할 장소는 항저우다. 2016년 12월 포스트-반둥 시대를 표방하는 아시아-아프리카-라틴아메리카 예술연구원이 들어섰다. 2015년 반둥 회의 60주년을 기념했던 반둥 포럼의 후신이다. 반둥 서원Bandung School을 지구촌 곳곳에 세우는 글로벌 프로젝트도 발주되었다고 한다. 항저우가 어떤 곳인가. 동아시아 문예공화국의 시심을 자극했던 서호西湖의 도시로 그치지 않는다. 《동방견문록》의 마르코 폴로가 찬탄해 마지않았던 세계도시의 원형이었다. 바로 그 도시에서 신세계질서의 지각변동을 알리는 G20 회의가 열린 이후에, 대륙 간 민간 회의도 열렸던 것이다. 마르코 폴로가 견문했던, 바스쿠 다 가마가 여행했던, 동인도회사가 진출했던, 19세기 이전 아시아 중심의 세계가 성큼성큼 되돌아오고 있는 것이다.

그럼에도 유독 역류하던 극동의 한 나라가 있었다. 내부자들의 농단과 외부 세력의 농락으로 국정이 장기간 표류했다. 개성공단을 폐쇄하여 제 발등을 찍더니, 사드를 배치한답시고 제 숨통을 죄는 자충수를 연

범아시아적 연결망이 열리고 있는 히말라야의 한 마을(네팔).

발했다. 식민지 근대화, 분단국 산업화, 속국 민주화의 백 년 누습을 벗어나지 못하고 역주행을 거듭했던 것이다. 이참에 중국에 대한 경제적 의존에서 벗어나자는 황당한 주장도 들려온다. 식민지 이래 일백 년이 넘도록 단 하루도 멈추지 않았던 군사적 종속은 눈에 들지 않는 모양이다. 중국 시장을 동남아로, 인도로 대체하면 된다는 어불성설도 파다하다. 하나만 설피 알고 둘은 모르며, 둘을 겨우 알아도 열은 미처 모르는 흰소리다. 동남아도, 인도도, 중앙아시아도, 중동도, 나아가 유럽마저도 중국과 더불어 '동반 성장'하고 있다. 이 유라시아의 거대한 분업체제에서 이탈하는 '쇄국 정책'과 '주체 노선'은 망국의 첩경이다.

천만다행으로 광화문을 장기간 점령한(Occupy Movement) 촛불혁명으로 시대착오적인 대반동(De-Orient)의 흐름은 막아내었다. 서아시아 대분열체제, 남아시아 대분할체제, 동아시아 대분단체제의 적폐를 청산하고 해소해가는 세계사의 대반전(Re-Orient)에 합류할 수 있는 물꼬를 재차 틔운 것이다. 실로 민심은 천심이다. 오작동을 반복하며 앙시앵레짐으로 전락한 '서구 민주'를 돌파하는 '동방 민주'의 쾌거가 아닐 수 없다. 축하를 나누고, 축배를 건넨다.

극동에서 타오르는 촛불을 멀리서 조감하노라니, 120년 전 동학도의 횃불이 떠올랐다. 2016년이 마침 원불교 개창 100주년이라는 사실도 포개어 보였다. 물질이 개벽하니 정신도 개벽되어야 한다 하셨던 선지자先知者의 말씀이 성성하게 들려오는 듯했다. 식민지로 전락한 후 더욱 기승을 부렸던 개화파의 독주를 근심하셨을 것이다. 개화와 개벽의 공진화를 고심하고 숙고하셨을 터이다. 물질 개벽의 총아인 사드의 배치 장소가 하필이면 정신 개벽의 성소, 성주라는 점도 참으로 오묘하다. 따라서 촛불 이후가 고작 정권 교체로만 그쳐서는 족하기 어려울 것이다. 시대 교체 너머 문명 교체(=Reset World)까지 내다보아야 한다. 개화파와 개벽파의 대연정으로 지난 백 년 세뇌되었던 서구화=근대화의 주박마저 허물어야 할 것이다. 세계화의 폭주로 심신이 지친 헬조선을 힐링하고 디톡스하는 탈진실 시대의 문명해방운동으로 승화되어야 할 것이다. 좌/우가 공히 봉인했던 전통문명의 숙지熟知를 재발굴하고 재숙성시킴으로써 '문명론의 신개략', '신문명론의 개략'을 새로이 써야 할 것이다.

그럴수록 더더욱 긴 호흡으로, 깊은 호흡으로, 근본을 천착하고 기원을 탐색해볼 필요가 크다고 하겠다. 급할수록 돌아가라 하셨다. 급급하고 긍긍하면 일을 그르치기 십상이다. 새 판을 앞두고, 지난 판을 회람하는 복기가 종요롭다. 마침 지난 200년 '구미적 세계화'의 시발이 되었던 유라시아의 극서지방, 유럽을 둘러보고 있다. 2017년 새해를 맞이한 곳은 포르투갈의 리스본이었다. 지중해 건너 모로코를 마주하고 있는 나라다. 모로코 출신 이븐 바투타와는 성질을 전혀 달리했던 바스쿠 다 가마의 여행이 시작되었던 장소다. 구세계와 신세계를 날카롭게 갈랐던 콜럼버스의 대항해가 시작된 곳이기도 하다. 극동의 한반도 출신이 극서의 이베리아반도까지 닿는 데 꼬박 2년이 걸렸다. 이제는 고국으로, 고향으로, 집으로 되돌아가는 귀로의 여정이다. 파리부터 모스크바까지, 지난 백 년의 천하대란을 일으켰던 동/서 유럽의 혁명을 되짚고 곱씹어보려 한다. 내 나름으로 남북 간 대연정, 대통합을 준비하는 밑공부로 삼고자 한다. '유라시아 견문' 3년차는, 극서極西 항구 리스본에서 출발한다.